臺灣學者中國史研究論叢

經濟脈動

陳國棟　羅彤華　主編

中國大百科全書出版社

總編輯：徐惟誠　　　　社　長：田勝立

圖書在版編目（CIP）數據

經濟脈動/陳國棟,羅彤華主編. —北京:中國大百科全書出版社,
2005.4

（臺灣學者中國史研究論叢:6/邢義田,黃寬重,鄧小南主編）

ISBN 7－5000－7306－2

Ⅰ.經… Ⅱ.①陳…②羅… Ⅲ.經濟史—中國—古代—文集
Ⅳ.F129.2-53

中國版本圖書館 CIP 數據核字(2005)第 039419 號

中國大百科全書出版社出版發行
（北京阜成門北大街 17 號　郵政編碼:100037　電話:010－68315609）
http://www.ecph.com.cn
北京市智力達印刷有限公司印刷　新華書店經銷
開本:635 毫米×970 毫米　1/16　印張:26.5　字數:420 千字
2005 年 4 月第 1 版　2005 年 4 月第 1 次印刷
印數:1－5000 冊
ISBN 7－5000－7306－2/K·457
定價:45.00 元

本書如有印裝質量問題,可與出版社聯系調換。

目　　錄

出版説明 ……………………………………………………（1）

總序 ……………………………………… 邢義田（1）

導言 ……………………………… 羅彤華　陳國棟（1）

從春秋到兩漢我國古代的氣候變遷

　　——兼論《管子·輕重》著作的年代 ……………… 陳良佐（1）

漢代的精耕農作與市場經濟 ………………………… 許倬雲（36）

三至六世紀浙東地區的經濟發展 …………………… 劉淑芬（48）

天寶荔枝道 …………………………………… 嚴耕望（86）

唐代西州的布價

　　——從物價看古代中國的棉紡織業 ……………… 趙　岡（95）

唐代和糴問題試論 ………………………… 羅彤華（100）

南宋的社倉 ………………………………… 梁庚堯（136）

李椿年與南宋土地經界 …………………… 王德毅（164）

宋代以絲織品作爲賦税的收入與支出情形 ……… 趙雅書（193）

北亞遊牧民族南侵各種原因的檢討 ……………… 蕭啓慶（230）

《兼葭堂稿》與陸楫“反禁奢”思想之傳衍 ……… 林麗月（244）

明代中期食鹽運銷制度的變遷 ……………………… 徐　泓（260）

美洲白銀與婦女貞節：1603年馬尼拉大屠殺的前因與後果 …………

　　………………………………………… 張彬村（291）

清代倉儲制度穩定功能之檢討 …………………… 劉翠溶（317）

論清代中葉廣東行商經營不善的原因 …………… 陳國棟（347）

十八世紀東南沿海米價市場的整合性分析 …………………

　　……………………… 王業鍵　陳仁義　周昭宏（375）

出 版 説 明

　　《臺灣學者中國史研究論叢》是數十年來臺灣學者在中國史領域代表性著述的匯編。叢書共分十三個專題，多角度多層面地反映海峽對岸中國史學的豐碩成果，如此大規模推介，在大陸尚屬首次。

　　叢書充分尊重臺灣學者的觀點、表達習慣和文字用法，凡不引起歧義之處，都儘可能遵照原稿。作者觀點與大陸主流觀點不同之處，請讀者審別。由於出版年代、刊物、背景不同，各篇論文體例不盡相同，所以本叢書在格式上未強求統一，以保持原作最初發表時的風貌。各篇論文之后都附有該論文的原刊信息和作者小傳，以便讀者檢索。

　　在用字方面，既尊重原作者的用法，又充分考慮到海峽兩岸不同的用字和用詞習慣，對原稿用字不一致的情況進行了一些處理。

　　錯誤之處，在所難免，敬請方家指正。

論叢編委會

2005 年 3 月

總　　序

邢義田

　　爲了增進海峽兩岸在中國史研究上的相互認識，我們在中國大百科全書出版社的支持下，從過去五十年臺灣學者研究中國史的相關論文選出一百七十八篇，約五百三十萬言，輯成《臺灣學者中國史研究論叢》十三冊。

　　十三冊的子題分別是：史學方法與歷史解釋、制度與國家、政治與權力、思想與學術、社會變遷、經濟脈動、城市與鄉村、家族與社會、婦女與社會、生活與文化、禮俗與宗教、生命與醫療、美術與考古。這些子題雖不能涵蓋臺灣學者在中國史研究上的各方面，主體應已在內，趨勢大致可現。

　　這十三冊分由研究領域較爲相近的青壯學者一或二人擔任主編，負責挑選論文和撰寫分冊導言。選文的一個原則是只收臺灣學者的或在臺灣出版的。由於是分別挑選，曾有少數作者的論文篇數較多或被重複收入。爲了容納更多學者的論文，主編們協議全套書中，一人之作以不超過四篇、同一冊不超過一篇爲原則。限於篇幅，又有不少佳作因爲過長，被迫抽出。這是選集的無奈。另一個選錄原則是以近期出版者爲主，以便展現較新的趨勢和成果。不過，稍一翻閱，不難發現，各冊情況不一。有些收錄的幾乎都是近十餘年的論文，有些則有較多幾十年前的舊作。這正好反映了臺灣中國史研究方向和重心的轉移。

　　各冊導言的宗旨，在於綜論臺灣中國史研究在不同階段的內外背景和發展大勢，其次則在介紹各冊作者和論文的特色。不過，導言的寫法沒有硬性規定，寫出來各有千秋。有些偏於介紹收錄的論文和作者或收錄的緣由，有些偏於介紹世界性史學研究的大趨勢，有些又以自己對某一領域的看法爲主軸。最後我們決定不作統一，以保持導言的特色。這樣或許有助於大家認識臺灣史學工作者的多樣風貌吧。

此外必須說明的是所收論文早晚相差半世紀，體例各有不同。我們不作統一，以維持原貌。有些作者已經過世，無從改訂。多數作者仍然健在，他們或未修改，或利用這次再刊的機會，作了增刪修訂。不論如何，各文之後附記原刊數據，以利有興趣的讀者進一步查考。

半個多世紀以來，海峽兩岸的中國史研究是在十分特殊的歷史境遇下各自發展的。大陸的情況無須多說。[1] 臺灣的中國史研究早期是由一批 1949 年前後來臺的文史和考古學者帶進臺灣的學術園地如臺灣大學、師範大學（原稱師範學院）和中央研究院的。[2] 從 1949 到 1987 年解除戒嚴，臺灣學界除了極少數的個人和單位，有將近四十年無法自由接觸大陸學者的研究和考古發掘成果。猶記在大學和研究所讀書時，不少重要的著作，即使是二十世紀二三十年代已經出版的，都以油印或傳抄的方式在地下流傳。出版社也必須更動書名，改換作者名號，刪除刺眼的字句，才能出版這些著作。在如此隔絕的環境下，臺灣史學研究的一大特色就是走在馬克思理論之外。

臺灣史學另一大特色則是追隨一波波歐美流行的理論，始終沒有建立起一套對中國史發展較具理論或體系性的說法。記得六十年代讀大學時，師長要我們讀鄧之誠、柳詒徵、張蔭麟或錢穆的通史。幾十年後的今天，大學裏仍有不少教師以錢穆的《國史大綱》當教本。[3] 中國通史之作不是沒有，能取而代之的竟然少之又少。說好聽一點，是歷史研究和著作趨向專精，合乎學術細密分工和專業化的世界潮流；說難聽點，是瑣細化，少有人致力於貫通、綜合和整體解釋，忽略了歷史文化發展的大勢和精神。

這一趨向有內外多方面的原因。二十世紀五六十年代臺灣學者之中，並不缺融會古今、兼涉中外的通人。然而初來臺灣，生活艱

〔1〕 可參逯耀東《中共史學的發展與演變》，臺北：時報文化公司，1979 年；張玉法《臺海兩岸史學發展之異同（1949～1994）》，《近代中國史研究通訊》18（1994），頁 47～76。
〔2〕 在日本統治臺灣的時期，臺灣唯一一所高等學府是臺北帝國大學。臺灣收復後，日籍研究人員離臺，仍在臺大的教員有楊雲萍、曹永和、徐先堯等少數人。但他們的研究此後並沒有成為主導的力量。請參高明士、古偉瀛編《戰後臺灣的歷史學研究，1945～2000》，臺北：國家科學委員會，2004 年，頁 3。
〔3〕 參高明士、古偉瀛編著《戰後臺灣的歷史學研究，1945～2000》，頁 6。

困，爲了衣食，絕大部分學者無法安心治學著述。加上形格勢禁，爲求免禍，或噤而不言，不立文字；或退守象牙之塔，餖飣補注；或遠走海外，論學異邦。這一階段臺灣百廢待舉，學校圖書普遍缺乏，和外界也少聯繫。新生的一代同樣爲生活所苦，或兼差，或家教，能專心學業者不多。唯有少數佼佼者，因緣際會，得赴異國深造；七八十年代以後陸續回臺，引領風騷，才開展出一片新的局面。

除了外部的因素，一個史學内部的原因是早期來臺的學者有感於過去濫套理論和綜論大勢的流弊，多認爲在綜論大局之前，應更審慎地深入史料，作歷史事件、個人、區域或某一歷史時期窄而深的研究，爲建立理論立下更爲穩固的史實基礎。早在二十世紀二三十年代，陶希聖經歷所謂社會史論戰之後，即深感徒言理論之無益，毅然創辦《食貨》月刊，召集同志，爬梳史料。本於同樣的宗旨，1971 年《食貨》在臺灣恢復出刊，成爲臺灣史學論著發表的重要陣地。來臺的歷史語言研究所在傅斯年的帶領下，也一直以史料工作爲重心。

這一走向其實正和歐美史學界的趨勢相呼應。二十世紀之初，除了馬克思，另有史賓格勒、湯恩比等大師先後綜論世界歷史和文明的發展。此一潮流在第二次世界大戰以後漸漸退去，歷史研究趨向講求實證經驗，深窄專精。以檔案分析見長的德國蘭克（L. V. Ranke）史學，有很長一段時間成爲臺灣史學的一個主要典範。中央研究院歷史語言研究所先後整理出版了《明實錄》和部分明清檔案，後者的整理至今仍在進行；中央研究院近代史研究所在郭廷以先生的率領下，自 1957 年起整理出版了《海防檔》、《中俄關係史料》、《礦務檔》、《中法越南交涉檔》、《教務教案文件》等一系列的史料；臺灣大學和政治大學則有學者致力於琉球寶案和淡新檔案的整理和研究。基於以上和其他不及細説的内外因素，臺灣的歷史學者除了錢穆等極少數，很少對中國史作全盤性的宏觀綜論。[4]

二十世紀七八十年代是臺灣史學發展的關鍵年代。外在環境雖然荊棘滿佈，但已脫離初期的兵荒馬亂。經濟快速起飛，學校增加，設備改善，對外交流日益暢通，新的刺激源源而入。以臺大爲例，

---

[4] 參張玉法，前引文，頁76。

七十年代初,研究圖書館啓用,教師和研究生可自由進入書庫,複印機隨後開始使用,大大增加了隨意翻書的樂趣和免抄書的方便。六七十年代在中外不同基金會的資助下, 也不斷有中外學者來校講學。猶記大學時聽社會學家黃文山教授講文化學體系。他曾應人類學巨子克魯伯 (A. L. Kroeber) 之邀, 任哥倫比亞大學客座學人, 也曾翻譯社會學名家素羅金 (P. A. Sorokin) 的《當代社會學》、《今日社會學學說》和李約瑟 (J. Needham) 的《中國科學與技術史》等名著。聲名如雷, 聽者滿坑滿谷。研究所時, 則聽以寫《征服者與統治者:中古中國的社會勢力》(*Conquerors and Rulers: Social Forces in Medieval China*) 著名的芝加哥大學歷史教授艾柏哈 (Wolfram Eberhard) 講中國社會史。

除了正式的課程, 校園內演講極多。二十世紀七十年代以後,言論的尺度稍見放寬, 一些勇於挑戰現實和學術的言論、書籍和雜誌紛紛在校園內外, 以地上或地下的形式出籠。以介紹社會科學爲主的《思與言》雜誌自 1963 年創刊, 曾在校園內造成風潮。心理學、社會學、人類學、政治學和經濟學等社會科學幾乎成爲歷史系學生必修的課程, 儘管大家不一定能會通消化。走出充滿科學主義色彩的教室, 於椰子樹下, 月光之中, 大家不是爭論沙特、老、莊,就是膜拜寒山、拾得。邏輯實證論、存在主義、普普藝術和野獸派,風靡一時, 無數的心靈爲之擺蕩在五光十色的思潮之間。屢禁屢出的《文星》雜誌更帶給青年學子難以言喻的刺激和解放。以個人經驗而言, 其衝擊恐不下於孫中山出洋, 見到滄海之闊、輪舟之奇。臺灣內外的形勢也影響著這時的校園。"文化大革命"、反越戰、萌芽中的婦女解放和政治反對運動, 曾使校園內躁動不安, 充滿虛無、飄蕩和萬流競奔的景象。

這一階段臺灣史學研究的主流風氣, 除了延續史料整理的傳統,無疑是以利用社會科學、行爲科學的方法治史, 或以所謂的科際整合爲特色。在研究的主題上有從傳統的政治史、制度史轉向社會史和經濟史的趨勢。這和 1967 年開始許倬雲主持臺大歷史系, 舉辦社會經濟史研討會, 推動相關研究;陶希聖之子陶晉生在臺大歷史研究所教授研究實習, 支持食貨討論會, 有密切的關係。1978 年張玉法出版《歷史學的新領域》, 1981 年康樂、黃進興合編《歷史學與

社會科學》，可以作爲這一時期尋找新理論、探索新方向努力的象
徵。

二十世紀八九十年代以後，社會學大師韋伯（Max Weber）和法
國年鑒學派的理論大爲流行。1979 年創刊的《史學評論》不但反省
了史學的趨勢，也介紹了年鑒學派、心態史學和其他新的史學理論。
從 1984 年起，康樂主持新橋譯叢，邀集同志，有系統地翻譯韋伯、
年鑒學派和其他歐美史學名著。這一工作至今仍在進行。約略同時，
一批批在歐美教書的學者和留學歐美的後進，紛紛回臺，掀起一波
波結構功能論、現代化理論、解構主義、後現代主義、思想史、文
化史和文化研究的風潮。1988 年《食貨》與《史學評論》先後停
刊，1990 年《新史學》繼之創刊。1992 年黃進興出版《歷史主義與
歷史理論》，1993 年周樑楷出版《歷史學的思維》，2000 年古偉瀛、
王晴佳出版《後現代與歷史學》。臺灣史學研究的理論、取向和題材
從此進入更爲多元、多彩多姿的戰國時代。仔細的讀者當能從這套
書的不同分冊窺見變化的痕跡。[5]

曾影響臺灣中國史研究甚巨的許倬雲教授在一篇回顧性的文章
裏說：“回顧五十年來臺灣歷史學門的發展軌跡，我在衰暮之年，能
看到今天的滿園春色，終究是一件快事。”[6] 在 2005 年來臨的前
夕，我們懷著同樣的心情，願意將滿園關不住的春色，獻給海峽對
岸的讀者。

2004 年 12 月

〔5〕 請參本叢書《史學方法與歷史解釋》彭明輝所寫《導論：方法、方法論與歷史解
釋》；王晴佳《臺灣史學五十年：傳承、方法、趨向》，臺北：麥田出版，2002 年。
〔6〕 許倬雲《錦瑟無端五十弦——憶臺灣半世紀的史學概況》，收入中央研究院歷史語
言研究所編《中央研究院歷史語言研究所七十五周年紀念文集》，臺北：中央研究
院歷史語言研究所，2004 年，頁 14。

導　　言

羅彤華　陳國棟

　　就臺灣的中國經濟史這個範疇而言，研究宋、元以下的學者較多，也比較具特色，不過，隋唐以前的探索，臺灣的經濟史學者也不曾缺席。整體而言，五十年來累積了相當可觀的成果。我們在選錄文章時，限於個人學養，耳目不周，掛一漏萬，滄海遺珠，在所難免，萬請讀者海涵。

　　在有限的時間內，我們檢視了臺灣地區過去五十年在中國經濟史研究上的業績，並且在此簡單地加以介紹。前面一半導論，由羅彤華主稿，後面一半由陳國棟撰寫，大致從宋、元時期斷開。內容各分成兩部分：一方面對整體研究狀況作一鳥瞰，另一方面則對收錄在本集中的作者及作品稍作描述。讀者細繹各文、參考其注解出處，當可窺測五十餘年來，臺灣學者在中國經濟史研究上鍥而不捨的努力與求新求變的精神。

　　相對於研究宋代以後的學者稍具規模，臺灣學術界在隋唐以前的研究上，顯然面對著兩個困境：一是對內無法形成龐大的學術社群，二是對外難以受到國外學術界的關注。就前者而言，臺灣雖然不乏極有成就的大師級人物，但或常住國外，或鮮少指導學生，所以頗難帶動相關領域的研究風潮，使隋、唐以前經濟史的研究呈現散兵游勇、各自為政的情況，彼此間因缺乏對話機會與相互激蕩，不易擴大學術社群，難以吸引有志者參與。再就後者而言，由於臺灣對這個時期的研究數量少，而且議題零散，再加上與外界的交流不夠，海外地區對本地的學術資訊認識也不足，即使某些領域的研究品質相當高，卻仍未受到國外學界應有的重視。在此謹擇要介紹部分的研究成果如後：

　　1950 年代以來，臺灣研究先秦兩漢經濟史的主題，大致環繞於土地與農業方面。在西周土地制度與秦漢土地兼併問題方面，勞榦、管東貴、韓復智、侯家駒、葉達雄等人都做過專門研究，但自 1990

年代以後，這股研究風氣已見式微。關於古代經濟史，臺灣學者在
農業技術方面選取了獨特的議題，並提出具突破性的論點，特別值
得注意的是許倬雲與陳良佐兩位先生。許倬雲討論自西周至漢代的
農業技術，以及農業經濟與市場經濟的關係，認爲漢代農業朝向精
耕細作方向進展，並引導出層級不同的貿易網。陳良佐在春秋至兩
漢間的氣候變遷、古代的農田施肥問題，以及古代農具的使用與演
變方面，都有系列研究，爲中國古代農業技術研究的推進做出重要
貢獻。

近五十餘年來，臺灣在中古經濟史方面的研究風氣不是很興盛，
魏晉南北朝時期的議題與成果，尤似點綴般地出現，僅劉淑芬在商
業貿易、區域經濟與城市經濟方面有較引人注目的論述。隋唐時期
雖然研究方向相對具多元性，文章篇數也遠較魏晉南北朝時期爲多，
但真正能結合敦煌吐魯番文書來論證者，不過一二人而已，也因此
臺灣大學高明士教授邀請兩岸三地學者編成《隋唐文化研究叢書》
時，經濟方面就由韓國磐、陳國燦、張澤咸三位大陸學者負責，顯
示臺灣的隋唐經濟史研究不免有其局限。

隋唐經濟史議題中，臺灣方面成就最突出、最具代表性的是嚴
耕望的交通史研究。嚴氏主要在考索唐代各交通線，但追溯源流常
及於上古秦漢時代，其大作《唐代交通圖考》原本預定出版十卷，
不幸只出到第六卷，先生即已辭世。該書體大思精，論證綿密，對
於交通動線沿途所經州府軍鎮、館驛津梁、山川形勢、道里遠近、
古跡詩篇等，皆綱舉目張，史料備盡，並輔以地圖説明，是治中古
史者不得不參考的重要典籍。近年注意歷史地理之研究者還有廖幼
華，對嶺南交通與河北水道都曾投注心力。

在國家財政方面，是隋唐經濟史議題中另外一個比較有成果的
部分。盧建榮在 1980 年代前期對財政決策人物與措施有系列討論。
羅彤華則自 1990 年代末起，於官本放貸與和糴問題有專門研究，探
討政府如何運用預算外收入及調度糧穀的措施，來填補財政空缺。

在人民的經濟生活上，臺灣學者的研究有幾個重點可予介紹，
就農業與土地制度來説，值得注意的如：侯家駒在農民耕作力與畝
產量上批判谷霽光、李伯重的説法。吳章銓對農民問題有專著。黃
耀能研究自上古至隋唐的農田水利事業。林天蔚、羅彤華利用出土

文書探討均田制及租佃制。在商貿與物價方面，章群、莊申都處理過絹馬貿易。趙岡根據一份吐魯番出土的物價資料，推斷棉花在當地的商品性質。至於百姓的實際生活，羅彤華從借貸的角度，論析質借制度、利率、債務擔保等問題。

臺灣的中國經濟史研究，宋代以後的情形較隋唐以前蓬勃許多。在臺灣大學王德毅教授與文化大學宋晞教授的引領下，培育了不少宋代經濟史的人才，研究成果也稱豐碩。在國家財稅方面，宋代政府飽受財政壓力，王德毅、梁庚堯分別探究國計難題、歲幣與軍糧問題。為了解決國家重負，政府實施各類賦稅以維持開支，宋晞、王德毅、方豪、趙雅書等，各就田賦、商稅、雜稅等闡述制度特色與運作實況。人力也是國家資源，臺灣學者對宋代役法的討論也相當深入，宋晞、王德毅與青年學者黃繁光都對此做了闡釋。專賣制度有利於平衡財政收支，其中以鹽的專賣最引人注目，梁庚堯在這方面深有成就，他全面性地探索私鹽問題和官鹽各產區的生產、運銷制度及對財政的影響。此外，朱重聖在茶的專賣上也頗有心得。

歷經唐、宋變革後，宋代無論農業或工商業都有顯著的發展，臺灣學者在各議題上的表現其實很突出。在農業與土地方面，最值得注意的是梁庚堯的研究，梁氏有兩本專著與多篇論文，分別處理南宋的農地利用與農村經濟問題，以及各地區的農業發展狀況。手工業是促進商品流通的條件，趙雅書特別在絲織業研究方面卓有成果，他討論絲織業的分佈情形，及其經營方式與技術。至於官府工場組織與工匠來源，可參考韓桂華的論述。在商業貿易方面，臺灣學者的成就也相當亮眼。關於商業中心、商人政策與商業活動，宋晞有一連串的研究。梁庚堯則頗為注意政府與商業、商人的關係。宋代的對外貿易活絡，研究者相當不少，宋晞尤其在宋與高麗的貿易上著力甚深。在交通運輸方面，韓桂華注意宋代的綱運。此外，宋代海上交通發達，泉州具備良好的發展條件，方豪、李東華都曾以泉州為研究核心。

臺灣的歷史研究社群不能說太小，但是也不大。學者們關心的議題，古今中外都有，人力分散，各自為政，過去五十餘年間，並沒有形成特別的共同主題或所謂的"學派"。個別的領域從業人口不多，自創學說或方法的情況也不大常見。不過，臺灣擁有相對較為開放的社會條件，歐美、日本的研究可獲得，而大陸學者的作品也不乏有參考的機會。大陸與日本對各個斷代的中國經濟史研究皆有一定的影響，歐、美學術則在有意無意間爲本地的明、清、近代經濟史研究的動向注入新的激素。

就五十年來，臺灣地區有關明、清以來中國經濟史之研究而言，早期全漢昇先生對這個行道的貢獻最大，研究的議題廣泛。王業鍵先生是他最爲知名的弟子，主要的研究以清代的物價爲主。二十世紀七十年代中期以後，費景漢先生與劉翠溶女士也大力提倡中國經濟史的研究。全漢昇、費景漢、王業鍵與劉翠溶都是中央研究院的院士，俱有崇高的學術地位，影響力自然不小。他們幾位的主要研究，反應出上個世紀九十年代初以前的一項主流——"歷史計量學"（cliometrics）的受重視。

話說回來，在當時，"歷史計量學"這個術語並沒有廣泛流通；真正風行的做法是對數字證據與數量方法（quantitative methods）的偏好。本來經濟史就是一門重視"度量"（measurement）的學問，一如英國著名的經濟史學者克拉判（John H. Clapham）在二十世紀三十年代所提出的名言："經濟史在方法論上的獨特性，基本上是依這門學問對數量的興趣而轉移"的。到五十年代以後，因爲"經濟計量學"（econometrics）的發達，促使經濟史的發展也朝同一個角度轉向。不過，原始的歷史數據品質並不一致，要使用史料中的數字，必須經過繁複的檢證與分析；在沒有直接數字可用時，還得從事細密的爬梳與計算。王業鍵與劉翠溶在這方面致力最深。王業鍵有關中國雨雪糧價的研究，開始於三十餘年之前，到目前爲止仍然鍥而不捨；劉翠溶的人口史研究，以 1992 年的專書《明清時期家族人口與社會經濟變遷》（臺北：中央研究院經濟研究所）作一個終結，轉向致力於環境史的研究。

除了對數據與計量方法的重視以外，九十年代以前，臺灣的經濟史研究也多少受到第二次世界大戰後，"經濟成長理論"的影響。戰後一些新興的國家與地區迅速地走向工業化，對於經濟的進步與人類福祉的提升充滿信心。這種看法，也影響到明、清與近代經濟史的研究，預設了某種"進步"的必然性，試圖在研究過程中找尋中國經濟史中所展現的發展實況與阻滯發展的因素。這樣的一個研究取徑，在某種程度上也受到大陸地區"資本主義萌芽問題"討論的影響。

然而戰後世界上衆多地區從事經濟發展的結果，使得資源過度被開發利用，造成對地球環境的嚴重負面衝擊。八十年代以後，環境主義興起，使得經濟史家也不能漠視人類在經濟進步的過程中對環境的破壞。環境史成爲新的研究時尚。劉翠溶院士與澳洲國立大學的伊懋可（Mark Elvin）教授共同主編的《積漸所至：中國環境史論文集》（臺北：中央研究院經濟研究所，1995）可謂開啓臺灣研究環境史的先聲，九十年代中期以後，許多大學研究生也拿環境史當課題。

九十年代以後，還有一項理論與做法影響到臺灣的經濟史研究，那就是諾貝爾經濟學獎的得主諾斯（Douglas North）所建構的制度經濟學理論，特別是有關"交易成本"（transaction cost）這類的概念，就被大量地加以介紹、討論與運用。這些理論，配合九十年代以前施堅雅（G. William Skinner）所引介的"中地理論"、"行銷系統"、"經濟區域"等主張，也都讓臺灣的經濟史從業者在有關市場、商路、商業活動等的研究上，獲得一些別開生面的刺激。

晚近以來，在臺灣的中國經濟史研究，有脫離重視數據與數量化的趨勢，轉而向環境史或社會、文化史靠攏。

轉向環境史的研究是經濟史研究的一個新出路，可是到目前爲止，成績仍然有限。根本的原因還是在於中國文獻不但不能提供有效的數據，甚至連可供詮釋用的純文字描述也不多。環境變遷在工業化之前是一個緩慢的過程，單憑一個當代識字者的直接觀察很難看出什麼。中國史料關心的通常是災難（書上叫做"祥異"），而不是環境。結果，研究者只能重複原來傳統經濟史的資料，將經濟變遷直接説成是環境變遷。

另一批原來對經濟史有興趣的人，轉而向社會、文化史靠攏，特別是强調所謂"物質文化"（material culture）的研究，重視歷史文物或遺跡（relics）的分析，從而推斷某一個時代人群的生活內容及其變遷。"物質文化"的分析原本是人類學家、考古學家的專業領域，此時給了歷史學家新的靈感與新的出路。當然，這一次的轉向也不是臺灣學者的創獲，與每一個階段的轉向相同，還是從境外沿襲而來。直接提供借鑒的，或許是法國學者布勞岱耳（Fernand Braudel）的《十五至十八世紀的物質文明、經濟和資本主義》三部曲等書吧。法國的“年鑒學派”（the *Anal* school）在臺灣擁有相當數量的讀者，不過，比較直接的，還是透過美國的學術界將物質文化的研究帶到經濟史的研究，而在臺灣產生一些追隨者。物質文化的研究介入原有的傳統社會經濟史研究，以社會文化史的姿態蔚爲臺灣歷史研究的一股勢力，有些原來從事經濟史研究的學者也被吸引過來。這種研究比較適合一般歷史學家的口味，但也離傳統的經濟史研究越來越遠。

臺灣的中國明清、近代經濟史研究的轉向，主要的原因可說是“能事已竭”（exhaustion of possibility）與技術瓶頸兩大因素。

所謂的“能事已竭”指的是可開發、重建的統計值（statistics）素材越來越少。前此，本地和世界各地的學者已在人口、物價、貿易統計數字、生產力評估、聚落數量……方面取得豐碩的成果，新的材料及新的議題都不容易獲得，不得不改弦易轍。

所謂“技術瓶頸”則很容易明白。數十年來，臺灣的經濟學界極少培養出以經濟史爲專業的學生，大學開設經濟史課程，除少數例外，都由有歷史學背景的教師來擔任。一般經濟史的學術活動，參加者幾乎也是清一色的歷史學家。歷史學家的專業技能是搜集、考證及綜合分析他的材料。雖然他們強調“輔助學科”，也會研讀一些包括經濟學在內的社會科學文獻，但非科班出身，通常無法圓熟地掌握相關理論及分析工具（如數學、統計學……之類）。當重建數據和數據系列的困難度越來越嚴重，還有有關經濟現象的描述越來越以統計值的方式呈現時，有歷史學背景的經濟史學家也就越來越只能袖手旁觀、望洋興嘆了。

末了，我們還得說臺灣地區的經濟思想史研究作得不够。經濟史的研究原本也應注意歷史上人們對經濟問題的思考，也就是說經濟思想史也應該有人加以研究。不過，過去五十餘年間，臺灣在這方面的研究相當遜色，只有零星的少數作品而已。

整體說來，臺灣的明、清與近代經濟史研究雖然沒有產生重大的理論，但是曾經加入此一主題的研究者先後也有數十人以上，而個別的研究成果爲數也不算少，說得上是粲然可觀。限於篇幅，我們不可能在此逐一加以介紹。

《經濟脈動》是"臺灣學者中國史研究論叢"當中的一本專冊。由於我們的篇幅只能容納十多篇文章，只好以割愛已故學者的作品、避免已另行結集成書的作品、不收錄使用中文以外的文字發表的作品爲原則來縮小選文範圍。

目前收錄在本冊的六篇明、清與近代經濟史的文章，作者的年齡差不多都在五十歲以上，代表比較資深的一群人。不過收錄的單篇著作，倒不一定是當事人最近的作品。我們希望能透過這個選集，一方面將部分本地的經濟史學家介紹給大陸的讀者，同時或多或少也反映本地明清經濟史研究的多樣性。

以下稍事介紹選錄於本冊的作者與作品。

陳良佐先生目前已自清華大學歷史研究所退休，他的研究領域爲中國農業史與科技史。本冊所選《從春秋到兩漢我國古代的氣候變遷──兼論〈管子·輕重〉著作的年代》與另篇《再探戰國到兩漢的氣候變遷》，是針對竺可楨在 1972 年發表《中國近五千年來氣候變遷的初步研究》而來，竺氏利用物候資料研究氣候變化，認爲春秋時期到公元初是溫暖期，東漢則趨於寒冷。陳先生對此提出反駁，他根據冬麥收穫期與播種期，以及文獻中陰陽失序和特殊氣候的記載，認爲從春秋到漢景帝是溫暖期，武帝至宣帝間爲進入寒冷期的震蕩期，漢元帝以後的百餘年爲低溫期，至東漢明帝才略有改善，桓帝以後又再度惡化。至於《管子·輕重》的寫作年代，據物候所見，約當在戰國中期或中期以前。

許倬雲先生是中研院院士，長期在美國匹茲堡大學（University of Pittsburgh）任教，並歷任國內外各著名大學的講座教授。其專長爲中國古代史與社會經濟史，本冊所選《漢代的精耕農作與市場經濟》與姊妹作《漢代的市場化農業經濟》都在考察農業與市場的關係，其更完整的論述則於英文專著中表達（*Han Agriculture: the Formation of Early Chinese Agrarian Economy*, 206 B. C. ~ 220 A. D.）。許倬雲認爲，隨著漢代人口與耕地比率漸趨失衡，爲了解決糧食生產問題，勢必要提高單位面積產量，而代田法、區種法及各種農書的出現，顯示漢代農業已朝向精耕細作方向進展，並使部分生產專業化、商品化，而由近村貿易發展爲一個貿易市場網，甚至逐級提升至全國性的經濟網。但是商業活動的水平隨著政治安定度而升降，如國家分裂，則此貿易網就會逐步縮小。

劉淑芬女士是中研院史語所研究員，研究範圍是中國都市史與六朝史。《三至六世紀浙東地區的經濟發展》在檢討作爲六朝財賦重地的浙東地區，其開發情形及移民的貢獻。作者認爲，浙東地區在漢末移民潮來到之前，部分地區業已開發，寧紹平原尤其吸引北方移民來此定居。而三至六世紀的浙東，水利興修，城市增加，製造業興盛，農業發展，運輸線暢通，莊園產品出售求利，使商業蓬勃發展，國內外貿易開展。漢末、永嘉兩次移民，提供當地勞力與資金，有助浙東的繁榮。北方大族與土著大族在經濟利益上也沒有嚴重衝突，甚至可能攜手合作。

嚴耕望先生是已故中研院院士，其研究範圍包括漢唐制度史與交通史。其大著《唐代交通圖考》已出版京都關內區、河隴磧西區、秦嶺仇池區、山劍滇黔區、河東河北區、河南淮南區等六卷。嚴先生論著的特色是體系周備嚴謹，考證功夫細密，本冊選文《天寶荔枝道》即可見一般。據白居易說法，荔枝採摘三日而色香味俱變，若貴妃欲嘗鮮，則由涪州飛驛入長安較爲合理。其路線爲自涪州治所涪陵縣取蜀江水路三百五十里，至忠州治所臨江縣，又二百六十里至萬州治所南浦縣，又直北取陸路小道一百六十里至開州治所盛山縣，又直北經通州之宣漢縣，越巴山山脈，至洋州治所西鄉縣，蓋凡八百四十里。又東北取子午谷路，越大秦嶺，入子午關，約六百三十里至長安。共凡二千二百四十里。按唐代規制，急驛日行五百里，爲貴妃嘗新，飛騎日行近七百里，三日而達長安，超乎規制最大之速度。

趙岡先生是美國威斯康辛大學（University of Wisconsin）經濟系的教授，退休後曾任職於中華經濟研究院。趙先生以研究明清經濟史爲主，也有不少通論性的專著。本冊所選《唐代西州的布價——從物價看古代中國的棉紡織業》，其實是對其大作《中國棉業史》棉花的生產與種植傳入中國千餘年，仍未能在內地廣泛傳播，提出的一個補充解釋。這篇文章所使用的物價資料，是出自吐魯番地區的一份天寶二年交河郡市估案，雖然中外學者對這份文書已有不少研究，卻鮮有人注意到所載物價中隱含的另層深意。趙岡從一斤棉花價值比一尺粗布價值還低，但細緤中估爲次緤、粗緤中估的二至四倍多，判斷當時種棉容易而織布難。又由細緤三等價格變動不大，而另兩種緤布之價格變動大，推測細緤爲奢侈品，次緤、粗緤爲一般商品。因棉花須有獨創的紡織技術，導致生產成本高，在市場上難與絲麻相競爭，故流通不廣。

　　羅彤華女士任職於政治大學歷史系，近年之研究重點在唐代民間借貸、官方放貸與國家財政問題。本册所選《唐代和糴問題試論》，在探討政府如何用和糴之法，靈活調度糧穀，以補充財政之不足，文中並針對和糴的功能、操作法、糴本等議題提出看法。作者認爲，和糴功能由西北供軍延伸向京畿官用及平價、備荒之民用，其操作法亦因此由只糴不糶，既而兼行既糴且糶。糴本的多寡有無視時局與財務狀況而定，可分爲發展期、匱乏期、雙軌期、崩解期四個階段。政府能否順利取得民間剩餘穀物，加價收糴是否對商人具吸引力，也是和糴成敗的關鍵。文中還論證敦煌文書裏交糴、和糴的關係，認爲交糴是軍倉利用估價價差，造假賬牟利的方式，是和糴的弊端之一。

　　梁庚堯先生是臺灣大學歷史系教授，研究領域是宋史與中國社會經濟史。《南宋的社倉》一文，在探討該種社會互助制度的淵源與發展。作者認爲，朱熹一方面體驗到農村糧食問題所造成的社會不安，再方面發揮理學家的社會理想，故創立社倉。社倉在朱熹及其門人和理學同道的推行下，廣及全國各地。社倉的經營具多樣性：有貸放式社倉，即以田產作社倉貸本，藉田租收入取代利息；有平糴式社倉，係對無田細民賑糶，勸導富家設義廩；也有結合社倉、舉子倉、義役等社會互助組織，使同一經濟來源透過不同方式，濟助農家生活。政府對社倉的控制雖然日益增強，但社倉的民間性仍維持不墜，在鄉居士人的主持管理下，發揮穩定農村社會的作用。

　　王德毅先生是臺灣大學歷史系教授，專長是宋史與史學史，也編纂不少史料工具書。本册所選《李椿年與南宋土地經界》，在介紹李椿年於南宋紹興十二年至十九年所提出的土地經界法，並檢討經界的實施情形及所衍生的弊病。文中述及李椿年倡行土地經界的始末、土地形狀及計畝之法，與施行過程。作者認爲，土地經界的立意雖好，卻無法順利推行，因爲像李椿年這樣通曉經界又能任勞任怨的官員究屬少數，反之，沮壞經界者不少，危言聳聽者亦多，諸縣在推行此法時簿籍堆積，圖表甚巨，費用耗繁，亦使政策無法順利推展。經界法是整理土地、均平賦役最有效的根本辦法，但經界後賦稅仍不均，究其原因，還是由於官吏的好逸惡勞，不肯切實執行。作者認爲經界之害小而利大，對李椿年的土地經界給予很高的評價。

趙雅書先生甫自臺灣大學歷史系退休，研究範圍是宋史與中國經濟史。作者對宋代的絲織業很有研究，《宋代以絲織品作爲賦稅的收入與支出情形》一文，是從絲織品作爲賦稅的收支方面，觀察其在官方的用途。作者指出，絲織品在宋代每年都有大量的賦入，但絲織品的收支常不能平衡。絲織品的支出用途主要有五：（一）軍人衣料，（二）恩賞、賜物、郊祀、聖節，（三）官員俸祿，（四）糧草市糴，（五）歲幣、歲賜。宋代絲織品的賦入與支出數額都很龐大，但如何平衡收支，成爲財政上的一大難題，只有求助雜稅的收入。兩宋是一個絲織業極其發達的時代，本文的討論是以中央集權的王朝爲背景，以官方用途爲主，若再加上民間市場的消費，則宋代絲織品的生產總數，還要遠超過估計。

蕭啓慶先生爲中央研究院院士及（臺灣）清華大學講座教授，作品很多，最新的結集爲《元代史新探》。收錄在本冊中的《北亞遊牧民族南侵各種原因的檢討》一文爲其早年（1972）的作品，曾經被收錄到不同的論文集中，並且一直都是大學課程的指定閱讀作品。本文受到重視，主要的原因是它以宏觀的角度，檢討中國北方的遊牧民族在怎樣的條件下要“南下牧馬”、農業民族與遊牧民族之間如何互動？見解精闢，是入行必讀之佳作。

林麗月女士爲臺灣師範大學博士，主要研究範圍亦爲明代史，目前擔任師大歷史系主任。她的《〈兼葭堂稿〉與陸楫“反禁奢”思想之傳衍》這篇文章，主要在探討明代中葉松江府人士陸楫（1515～1552）所提出的《禁奢辨》一文。一般學者引用陸楫此項作品，都求諸《紀錄彙編》。林女士一方面找出陸楫的文集，指出其原始出處，同時還做了兩項工作：一是分析陸楫發明“反禁奢”思想的時代、環境與家庭因素；一是梳理出“反禁奢”思想的流衍狀況。可以說，就“反禁奢”這重要的經濟思想而言，重建了再清楚不過的歷史進程。

　　徐泓先生爲臺大歷史系博士，主要研究範圍爲明代史，關心歷史教育，曾經擔任多項學術行政工作。收在本集子的《明代中期食鹽運銷制度的變遷》（1975年發表）釐清明代鹽政的重大變革，指出明初原先實行的官賣制與通商制實行過程的波折，導致明代中期"運司納銀"制度的普遍施行，此後形成邊商、內商與水商分工銷鹽的局面。同時也點出新的制度所産生的大資本家以及新安商人、山陝商人在中國鹽業上的崛起。觸及資本、商人與鹽業等重大問題。

　　張彬村先生畢業於美國普林斯頓大學，目前任職中央研究院人文社會科學研究中心。研究的重點爲中國海洋史與中國經濟史。收錄在本集中的《美洲白銀與婦女貞節：1603年馬尼拉大屠殺的前因與後果》，重點有二：一在分析"貞節"這樣的觀念，如何透過政府與儒者的作爲，在明代成爲民間的一項重要的倫理道德標準；另一點則涉及福建一帶人出海謀生，將家室留於故國，而一旦身在海外遭遇不測，家人（特別是婦女）如何自處。學界對美洲白銀在中國財政、經濟上所發揮的作用已有相當的理解；本文别闢蹊徑，把民間社會的婦女問題拉進來討論，極具參考價值。

　　劉翠溶女士自哈佛大學獲得博士學位，曾在中央研究院經濟研究所任職多年，但也長期在臺大歷史系授課。她的代表性領域爲人口史及環境史，已如前述，而這兩組議題的作品也比較多人閱讀。因此，徵得劉女士同意而收錄在本册的論文《清代倉儲制度穩定功能之檢討》或許有助於讀者對其研究範圍之廣泛的理解。本文主要以《大清會典事例》及地方志爲素材，利用數量方法，檢證清代常平倉及其他公共糧倉在平抑米價以及賑濟災荒上所呈現的功能。

　　陳國棟的研究志趣在清代前期的海洋貿易史。碩、博士論文分别處理粵海關及廣東行商。由於2002年4月之前，任職於中央研究院經濟研究所，配合該所建議，改作中國帆船貿易研究。隨後因緣時會，也發表了一些環境史、經濟思想史等方面的作品。收在本集子的《論清代中葉廣東行商經營不善的原因》一文，爲其博士論文的摘要。原論文係以英文寫成，篇幅甚長，因此在1990年時發表這份中文稿子。讀者或可從當中發現對中國涉外經濟史而言，可開發的西方史料，還是個無盡的寶藏。

　　王業鍵先生早年就讀於臺灣大學經濟學系，師事全漢昇先生。獲得哈佛大學博士學位後，先在中央研究院歷史語言研究所工作了幾年，然後就長期赴美，任教於肯特大學（Kent State University）。1994 年自該大學退休返臺，從事教學與研究。他的研究範圍完全集中在明清與近代的經濟史，著作繁夥。中文專書有《中國近代貨幣與銀行的演進，1644～1937》（中央研究院經濟研究所，1981）。他的大部分論文也在最近結集成《清代經濟史論文集》（臺北：稻香出版社，2003），共三冊，前兩冊收錄中文作品。本次選錄的《十八世紀東南沿海米價市場的整合性分析》，雖然也已經收錄該論文集，可是物價研究畢竟是王先生研究之精萃，而本文恰能代表他的重要成就。本文作者共同列名的尚有陳仁義和周昭宏兩位先生。前者是一位統計學家，後者是王先生的助理。這點也同時說明了王業鍵先生帶給臺灣經濟史研究的技術努力。

　　由於本文提到的學者，以及其他在臺灣從事中國明清與近代經濟史學者的簡歷及著作目錄，都可經由網際網路搜尋而得，我們只簡短介紹到此。

　　經濟史是歷史學的一支，是建構完整歷史知識所不可或缺的一環。但是經濟史也是廣義的經濟學的一部分，它作爲經濟思想的背景知識，而經濟思想又是經濟理論的基礎。因爲這樣的兩屬關係，本來具有歷史學背景或具有經濟學背景的學者都可以投入經濟史的研究，兩者之間也應該有所交流。在過去二十多年中，有一段時間，的確，經濟史在臺灣的經濟學界還受到適度的重視。不過，最近幾年以來，經濟史正在迅速地從經濟學的領域退卻。另一方面，由於經濟史的研究潛在地涉及經濟學的學理或數學、統計學等工具方面的問題，有特殊的困難度，近年來投身經濟史研究的歷史學家人數也有萎縮的現象。如何突破困境，發展出新的研究方向，正是目前臺灣的中國經濟史研究者有待努力的方向。

從春秋到兩漢我國古代的氣候變遷

——兼論《管子·輕重》著作的年代

陳良佐

一、引　言

　　近代科學家研究地球上氣候的變化有多種途徑，例如冰川與雪線的進退，孢粉，年輪指數，考古學家發現在同一地點出土的喜暖、喜濕熱與耐寒的動物骨骼的變化等等。然而這些方法，在時間上都屬於大尺度，不能嚴格地反映出氣候變化的年代。例如在同一地點上下兩個地層出現針葉與闊葉林的花粉量的變動，足以顯示該地氣候曾經歷由暖變冷或由冷變暖的過程。然而闊葉林與針葉林之間的消長是一個緩慢的過程，在地層中保存下來的花粉、孢子更是如此。因此利用孢粉研究和碳 14 的斷代得到的結論，與古時氣候變化，實際上有很大的差距。

　　在近代氣象學還未產生以前，物候是研究歷史上氣候變遷最佳的途徑。所謂物候，就是人類觀察一年之中動植物、霜、冰等等隨著氣候變化所呈現出的各種現象，例如何時降霜、雪，結冰，開凍，植物抽芽、發枝開花、結果，候鳥春來秋往等等。[1] 物候的早晚可以具體地反映氣候是溫暖或是寒冷。竺可楨先生在 1972 年發表了《中國近五千年來氣候變遷的初步研究》，[2] 其中他利用了文獻中物候資料來研究公元前 1100 年～公元 1400 年中國氣候的變化。這篇文章受到了世人的矚目。竺氏雖然稱此文爲初步研究，然而學者們對其中的論點似乎視之爲定論，不斷地引用。竺氏認爲春秋時期到

---

〔1〕　按物候學（phenology）是研究動植物生活週期的現象與氣候的關係，特別是與季節變化的關係的一門科學。本文所謂之物候含義較廣，包括了霜期與冰期等，如初霜期與終霜期，結冰期與冰融期等。

〔2〕《考古學報》1972 年第 1 期，頁 15～58。

公元初（前770～公元23）是我國歷史時期第二個溫暖期，到了
"東漢時代，即公元之初，我國天氣有趨於寒冷的趨勢"。[3] 此説除
了一兩位學者以外，直到現在（1988），衆人皆從之。[4]

西漢是氣候溫暖期。竺氏根據《史記·貨殖列傳》的記載，江
陵有橘，陳、夏有漆，渭川有竹。又《史記·河渠書》，"淇園之
竹"。淇，今河南淇縣。[5] 竺氏云，"橘、漆、竹皆爲副熱帶植物"，
"可知司馬遷時亞熱帶植物的北界比現時推向北方"。[6]

按，春秋戰國是一個溫暖期，當無疑問。然而西漢時代是否也
是一個溫暖期，不無疑問。竺氏引《史記·貨殖列傳》一些副熱帶
作物，是漢武帝時代，抑或武帝以前的時代，實在難以遽下斷言。
至於河南淇縣產竹，仍然不能作爲溫暖氣候的唯一指標。因爲從漢
代到現在，黃河中下游竹子並未完全絕跡。東漢桓帝洛陽有竹
園。[7] 現在河南陝縣、輝縣的百泉，山西平陸縣還是產竹。[8] 山東
從戰國到現在一直都有竹子，[9] 作者（山東福山）家廟園中有竹，
寒冬雪下，竹葉依舊青翠不凋。漢代的淇縣，春秋時的衛地。根據
《詩經·衛風》，春秋時淇水（今之淇河）兩岸的竹子比之西漢似乎
更普遍。[10] 而《史記·河渠書》淇地的竹是政府在衛地之"苑
也"。[11] 這是説明黃河流域在武帝時，產竹區只限於某些特定的地

---

〔3〕 同前注，頁20～21。
〔4〕 柳又春、唐其煌《氣候變遷》，北京：氣象出版社，1986年，頁21～22、27。王育
民《中國歷史地理概論》，北京：人民教育出版社，1987年，頁216～217。《氣候
變化與朝代的興衰》，見《地理知識》1987年第8期，頁24。陝西師範大學地理系
編《西安市地理志》，西安：陝西人民出版社，1988年，頁123～124。以上資料皆
從竺氏。而提出一些修正意見，作者只見到一篇文章中二小段文字説明。見龔高
法、張丕遠《氣候寒暖變化及其對農業生產的影響》，《紀念科學家竺可楨論文集》，
北京：科學普及出版社，1982年，頁199～200。
〔5〕 錢穆《史記地名考》，臺北：三民書局，1984年，頁544。
〔6〕 竺氏，頁21。
〔7〕 見《後漢書·桓帝紀》。
〔8〕 《河南陝縣志》卷一三，1935年，頁4a："竹：有青竹、黃竹、斑竹、苦竹各種。"
又石璋如先生見告。
〔9〕 《史記·樂毅列傳》云："薊丘之植植於汶篁。"《索隱》："薊丘，燕所都之地也。
言燕之薊丘所植，皆植齊王汶上之竹也。"（見《史記》卷八〇，頁2431～2432）
又中研院近代史研究所張存武先生見告，他家鄉臨朐直到現在仍生長一種巨竹。
〔10〕 《詩經·衛風》中《淇奧》、《竹竿》均提及竹子。
〔11〕 《史記·河渠書》："下淇園之竹以爲楗"，《集解》引晉灼曰："衛之苑也，多竹
篠。"

方。黃河流域產竹地區的萎縮，其原因並不能完全歸於氣候。

竺氏又云："東漢時代，即公元之初，我國氣候有趨於寒冷趨勢，有幾次冬天嚴寒，晚春國都洛陽還降霜降雪，凍死了不少窮苦人民。"[12] 竺氏根據甚麼文獻，作者不得其詳。就作者發現的資料，除了劉盆子的士卒在北地、安定有凍死者，東漢初期洛陽並未發生凍死人的低溫。

二、農書中所反映的氣候

用物候來研究歷史上氣候的變遷，必須有一個先決的條件，就是時、空的嚴格界定。換言之，就是物候確實的地點和時間。這一類物候資料，在古代實在不多。所以利用物候研究古代氣候的變遷有很多的困難。《詩經·豳風·七月》、《夏小正》、《月令》等書，都保存了古代之物候。然而它們都有一共同點，以月來定時間，只有當物候相差在一個月的時候，纔能將氣候的變動標示出來。例如《豳風·七月》有"十月蟋蟀，入我床下"，而《呂氏春秋·季秋紀》，九月"蟄蟲咸俯在穴"。這是說明《詩經》時代，秋季的節令比之戰國延後一個月，氣候溫暖。

我國史書五行志通常都記錄了一些反常的物候。例如某年大寒，或夏降霜等。這類資料對瞭解氣候之變化非常重要，有一定的貢獻，但有一缺點，記錄這類資料的當事人往往皆有政治作用，其可靠性不是絕無問題。五行志未記載者，也不表示未曾發生異常氣候。而且五行志這類的記載最好是多次又連續，否則只能表示氣候偶然性的變動。所以利用五行志來研究氣候的變遷，也有些局限。

研究歷史上氣候變遷最好的資料是農書。因爲農書無上述五行志那些缺點。農書記錄下來的播種、收穫的時間，代表相當長的一個時期的物候，絕非臨時性的。而且中國傳統農業是遵循節氣，或當地的物候。農書中往往以節氣爲準記載了許多物候。而節氣在現行陽曆中大致是固定不變。因此可以從農書中記載的物候比較準確地界定當時的氣候。例如《呂氏春秋·任地》：

冬至後五旬七日菖始生。菖者，百草之先生者也，於

---

[12] 竺氏，頁21。

是始耕。

高誘《注》云：

　　"菖，菖蒲，水草也。冬至後五十七日而挺生。"

　　"《傳》曰'土發而耕'，此之謂也。"

《呂氏春秋·上農等四篇校釋》：

　　高《注》是。菖，即今之菖蒲（Acorus calamus L.），
是淺水中多年生草本植物。冬至後五十七日菖蒲開始生長。
他以菖蒲是百草之最先生的，可以視菖蒲出生爲開始耕地
之時。[13]

按冬至在十二月二十二號(12/22)，冬至後五十七天,在立春(2/4)後
十三天,雨水(2/19)前的兩天。這條物候很準確地説明戰國晚期春天
土地解凍的時間。現在關中土壤結冰期始於十一月,終於次年三
月。[14] 至於春耕的時間,大致在驚蟄(3/5)附近。《中國農諺》云:[15]

　　前晌驚了蟄，後晌拿犁別。〔甘肅（慶陽）〕

　　驚蟄一犁土，春分地氣通。〔山西，陝西，甘肅〕

又現在陝西菖蒲生葉時爲三月上旬。[16] 這是説明現在陝西春天的物
候比之戰國延後了十幾天。至於清代，則更爲延後。張標《農丹》
（1660）云:[17]

　　《呂氏春秋》云:"冬至後五旬七日菖生。……始耕。"

　　今北方地寒，有冬至六、七旬而菖蒲未生者矣。但俟菖蒲
生而耕，則南北皆宜，不必拘日數也。

　　穀類作物，在一年之中皆有其最適宜生長期。如果能確切掌握
古時某種作物播種收穫的時間，就可以具體地反映出當時的氣候。

　　我國農書中記載了許多作物的栽培，而本文主要選擇冬麥的栽
培來研究中國古代氣候的變遷，其理由有以下數點：

　　1. 冬麥歷經秋、冬、春、夏四季。

　　2. 冬麥對氣候的反映比較敏感。在同一地區最適宜的播種與收

〔13〕 夏緯英《呂氏春秋上農等四篇校釋》，頁49。
〔14〕 萗樹人《陝西自然地理》，西安:陝西人民出版社,1981年,頁111。
〔15〕 農業出版社編輯部《中國農諺》下冊,北京:農業出版社,1987年,頁37。以下又簡稱
　　　 《農諺》。
〔16〕 王育民《中國歷史地理概論》上冊，頁217。
〔17〕 《農丹》（《藕香零拾叢書》本），頁3b。

割時間很短，大約在十天左右（見後）。

3. 文獻記載冬麥播種與收穫的資料比較明確，其中以播種時間尤爲重要。

4. 文獻中記錄冬麥的播種與收穫的時間，標示一個相當長的物候，可以顯示某一長時期的物候，絕非短暫的現象。

三、冬麥收穫期所反映的氣候

冬麥的收穫期"因地勢、氣候之不同，相差甚大"，"廣東三月收麥，而察哈爾則八月中下旬"。[18] 換言之，冬麥收穫期的早晚，除了品種的因素以外，幾乎完全由氣候來決定。地勢高者，收穫期略晚，因高地氣温較低。反而言之，冬麥的收穫期之早晚，足以反映氣候。在同一地區，不同時代的冬麥收穫時間之差異，足以説明該地氣候之變遷。冬麥收穫早者，反映氣候温暖；晚者，則氣候趨向寒冷。

近代黃河中下游的陝西、山西、山東、河北等地的冬麥收穫期大致在六月上旬至中旬，或中旬至下旬，[19] 約小滿（5/21）十天以後，夏至（6/21）以前二十天左右。《中國農諺》:[20]

> 小滿十日遍地黃。〔河北，河南，陝西〕
>
> 大麥不過芒種（6/6），小麥不過夏至。（山西，山東，
>
> 河南，陝西）
>
> 麥過了芒種，過不了夏至。〔山東，河北〕

黃河中下游，除了沿海一帶，冬麥的收穫期由東到西，由南到北，逐漸向前推移。當春天來臨，氣温上升，麥的生長極爲快速。農諺云："驚蟄、春分，麥苗一夜長一寸。"[21] 到了接近冬麥成熟的階段，"昨天還很青綠，一夜之間，便變成一片金黃。這時候便立刻要收穫，稍一延誤，一陣風吹過，麥粒被風吹落地上"。[22] 冬麥成

〔18〕 金善寶《實用小麥論》，1977 年。盧守耕修訂，臺北：商務印書館，頁 260、261～262。

〔19〕 白水《隴東農民的生活》，《甘肅文獻》第 4 期，臺北，1975 年，頁 80。又見《河北、山西冬小麥栽培技術研究》（1953～1955 年）。

〔20〕 《農諺》上册，頁 308、311、312。

〔21〕 《農諺》下册，頁 296。

〔22〕 見前注白水，頁 80。

熟期不僅怕遭到風害，也怕遇到雨。《農桑輯要》云：

> 古語云：「收麥如救火。」若少遲慢，一值陰雨，即為
> 災傷。[23]

又丁宜曾《農圃便覽》（1755）：

> 麥熟時，帶青割一半，合熟一半。……若候齊熟，倘
> 遇風雨，必致拋散。[24]

黃河流域中下游，在同一地區冬麥的收穫期很短，不超過十天。山東、河北的農諺云：「秋三月，麥十天。」[25] 在冀南、豫北衛河平原「需要在三五日內將麥收完」。[26] 所以冬麥的收割期非常短。

（一）春秋時代冬麥收穫期——夏正四月

《左傳》記載了兩次麥熟的時間，都在夏正四月。《左傳》隱公三年（前720）：

> 四月，鄭祭足帥師取溫之麥。秋，又取成周之禾。

杜《注》云：

> 四月，今二月也。秋，今之夏也。麥、禾皆未熟。言
> 取者，蓋芟踐之。[27]

杜氏誤。楊伯峻云：

> 四月，夏正之四月，麥已熟，故鄭人帥師割取之。趙
> 翼《陔餘叢考》卷二所謂「是鄭用夏正也」。杜預以為周
> 正之四月，即夏正之二月，麥未熟，鄭人故意芟踐之，
> 誤。[28]

按，楊氏是。筆者曾經根據冬麥在春天生育的情形，辨正了杜說之誤。[29] 又楊氏云：

> 溫，周王畿內之小國，當在今河南省溫縣稍南三十里
> 之地。[30]

今溫縣北之潞安盆地（長治縣一帶），以及西北山西之晉城、陽城一

[23] 《四部備要》本，卷二，頁4a。
[24] 王毓瑚校點《農圃便覽》，上海：中華書局，1957年，頁46。
[25] 《農諺》上冊，頁322。
[26] 王鈞衡《衛河平原農耕與環境的相關性》，《地理》第1卷第2期，重慶，1940年。
[27] 《十三經注疏》本，卷三，頁6a。
[28] 楊氏《春秋左傳注》上冊，北京：中華書局，1981年，頁27。
[29] 見拙文《我國古代的麥》，《大陸雜誌》70卷第2期，頁33。
[30] 同注〔28〕。

帶冬麥的收穫期爲六月中、下旬。[31] 晉城、陽城冬麥收穫期當在六月中旬，因爲此地之緯度低於長治。故今河南溫縣冬麥的收穫期當在六月初旬到中旬之間。而春秋時代溫縣冬麥的收穫在夏正四月，今之五月。這是說明春秋時代春天之物候不晚於今日。

《左傳》成公十年（前581）："六月丙午，晉侯欲麥，使甸人獻麥。"杜《注》云：

> 周六月，今四月，麥始熟。[32]

楊伯峻云：

> 晉侯欲麥，即嘗新。《禮記·月令》與《呂氏春秋·孟
> 夏紀》俱載有嘗新之禮。……

> 甸人，天子諸侯俱有此官，據《禮記·祭義》，諸侯有藉田
> 百畝，甸人主管藉田，……亦即《周禮·天官》之甸師。[33]

《呂氏春秋·孟夏紀》"農乃升麥"，陳奇猷《注》云：

> 《任地》云："孟夏之昔，殺三葉而獲大麥。"則此所
> 謂升麥者，穫大麥也。[34]

陳氏之論，是。因此，晉侯嘗新之麥，當爲冬大麥。冬大麥成熟的時期比小麥提前約半個月。[35]

按晉國之都城絳，"在今翼城東南十五里。"[36] 翼城在澮河的北岸，北爲臨汾，西南爲運城。而這一地區現在冬小麥收穫期"爲五月底至六月上旬"。[37] 如果此區域冬小麥的收穫期爲芒種（6/6），則冬大麥的收穫期大致在小滿（5/21）前後。小滿通常在夏正四月，因此春秋時代此地區冬大麥成熟期與現今是在同一個月。

按晉南盆地是黃河中游最溫暖的地區。此區年平均氣溫爲12.5℃（臨汾）~13.5℃（運城），[38] 超過山東魯南平原之12℃~

---

〔31〕 華北農業科學研究所小麥綜合研究組《河北·山西冬小麥栽培技術研究》（1953~
1955年），北京：財政經濟出版社，1957年，頁16。

〔32〕 《春秋左傳注疏》卷二六，頁29b，《十三經注疏》本。

〔33〕 楊氏，上冊，頁850。

〔34〕 陳奇猷《呂氏春秋校釋》卷四，上海：學林出版社，1984年，頁193。

〔35〕 令公《北地麥浪幾種多》，1984年《民族晚報》，6月12日，第7版。又《中國農
諺》搜集山東、山西、河南、陝西的農諺："大麥不過芒種，小麥不過夏至。"（頁
311）從芒種到夏至恰好是十五天。

〔36〕 《左傳》莊公二十六年，楊氏《注》。

〔37〕 同注〔31〕，頁17。

〔38〕 同注〔37〕。

13.5℃。[39] 運城年平均氣温高於關中任何一縣市。[40] 此地區 "屬南暖温帶，可一年兩熟"。[41] 而且這一地區春季氣温上升早，小麥生育快。[42] 所以此地冬麥成熟期也就比其他地方早。

從上述兩則冬麥收穫期，可知春秋時代春夏之物候不晚於今日。如果與清代相比，春秋時代春夏之物候則更爲提前。按，清代晉中冬大麥收穫期在夏至左右，而冬小麥當在七月初旬左右。祁寯藻《馬首農言》（1836）云：

> 草麥、拐麥穫在夏至。俗謂："得節不得節，夏至吃大麥。"春麥至伏乃刈之。俗云："麥子不受伏家氣。"謂熟在伏前也。[43]

夏至穫大麥，則冬小麥成熟期則延至七月上旬或中旬。春麥則晚到夏至後，頭伏前。[44] 祁寯藻，山西壽陽人。[45] 按現在山西省太原盆地冬小麥收穫期爲 6 月下旬。[46] 壽陽縣在晉中太原市之東，小麥收穫期當與太原地區相同。因此可知清代山西這一地區冬小麥收穫期大致與今日冬大麥相同，比之今日晚了十餘天，比之春秋時代就更晚了。

（二）戰國中期冬麥收穫期──夏至以前

《孟子·告子上》："今夫麰麥，播種而耰之，……至於日至之時，皆熟矣。"多數學者釋麰爲大麥。此説對錯姑且不論；可以肯定的是，麰麥絶非僅指大麥而言，乃包括了大麥與小麥。有的學者主張我國古代只有大麥。小麥是公元前第三世紀，或漢張騫通西域以後由西方傳來。[47] 事實上，小麥、大麥是我國自古以來就栽培的兩種作物。我國發現了戰國晚期磨麥粉的石磨。[48] 1955 年，在安徽亳縣發現了春秋

〔39〕孫慶基等主編《山東省地理》，濟南：山東教育出版社，1987 年，頁 127。

〔40〕《陝西自然地理》，頁 92 表 4 ~ 6；關中年平均氣温最高者是大荔、西安，分別爲 13.4℃、13.3℃。

〔41〕張維邦主編《山西省經濟地理》，北京：新華出版社，1987 年，頁 9。

〔42〕同注〔37〕。

〔43〕王毓瑚輯《秦晉農言》，上海：中華書局，1951 年，頁 111。

〔44〕頭伏，夏至後第三個庚日。見《中國天文史話》，臺北：明文書局，1983 年。

〔45〕同前注，頁 104。

〔46〕同注〔31〕，頁 15。按晉中盆地和晉北忻定平原，即太原以及北之忻縣、定襄一帶。此地區冬小麥的收穫期爲 6 月下旬，或 7 月上旬。太原盆地在南方，故收穫期當提前，爲 6 月下旬。

〔47〕見拙文《我國古代的麥》上，頁 19。

〔48〕陝西文物管理委員會《秦都櫟陽遺址初步勘探記》，《文物》1966（1），頁 14、146 ~ 147。

時代古小麥。[49] 1985 年,甘肅民樂縣首次在新石器時代的遺址中發現了大量的炭化大麥、小麥、黑麥籽粒,遺址中木炭測定的年代距今5000 ± 159。[50]

又《孟子》中的麰麥不是春麥,而是冬麥。因爲山東、河南並非春麥區。而且春麥的收穫期通常在夏至以後,例如河北靜海秋澇不能播種的一些地區,春麥的成熟期是六月二十三至三十號。[51]

又《管子·輕重己》:"以春日至始,數九十二日,謂之夏至,而麥熟。"春日,即春分（3/21）,至夏至（6/21）恰好是 92 天。所以《管子》、《孟子》中的"日至"和"夏至"與今日同。

這兩書所謂夏至穫麥,乃是説夏至以前所有的麥都收穫了。因此,戰國中期冬麥的收穫期不晚於今黄河流域中下游。

（三） 戰國晚期冬麥收穫期——夏正四月底至五月上旬

《吕氏春秋·孟夏季》:

> 是月也,以立夏……農乃收麥升獻。天子乃以彘嘗麥,先薦寢廟（高誘《注》云:"麥始熟,故曰嘗。"）……靡草死,麥秋至。[52]

《禮記·月令》鄭玄《注》云:"靡草,薺、亭歷之屬。"[53] 又《吕氏春秋·任地》:[54]

> 孟夏之昔,殺三葉而穫大麥。

高誘《注》云:

> 昔,終也。三葉,薺、亭歷、菥蓂也;是月之季枯死,大麥熟而可穫。

王念孫《注》云:

> 昔,猶夕也。《尚書大傳》云:"月之朝,月之中,月之昔。"鄭《注》:"上旬爲朝,中旬爲中,下旬爲夕。"

孟夏,即夏曆四月。夏緯英先生説:"薺、亭歷、蓂,三種都是

〔49〕 見注〔47〕,頁 27。

〔50〕 中國科學院遺傳研究所,李璠等《甘肅省民樂縣灰山新石器遺址農業遺存新發現》,《農業考古》1989（1）,頁 56～61。

〔51〕 同注〔31〕,頁 137～138。

〔52〕 許維遹《吕氏春秋集釋》卷四,頁 3b。

〔53〕 《禮記注疏》（《十三經注疏》本）卷一五,頁 20a。

〔54〕 同注〔52〕,卷二六,頁 12a。

十字花科植物，至夏曆四月之末即枯死，而大麥適於此時成熟。"[55]
按，夏曆四月通常有立夏（5/6）、小滿（5/21）兩個節氣，有時是
小滿、芒種（6/6）。《呂氏春秋》大麥的收穫大致在小滿與芒種之
間；而冬小麥在芒種以後，夏至以前。戰國末期冬麥收穫期與今日
黃河中下游來比，大致相同或略有提前。

（四）東漢冬小麥收穫期——夏至以後

西漢冬麥的收穫期，無資料可尋。而東漢冬麥的收穫期在夏至
以後。崔寔《四民月令》云：[56]

> 夏至之日，薦麥、魚於祖禰。

> 六月初伏，薦麥、瓜於祖禰。

上引第一個薦麥與《呂氏春秋·孟夏紀》相同，是獻給祖先嘗新的大
麥。又《孟子·告子上》麰麥"於日至之時皆熟"，趙岐《注》云：[57]

> 麰麥，大麥也。

按，趙氏是以東漢時大麥成熟的時間來解釋《孟子》。

據石聲漢先生的考證，《四民月令》是崔寔中年"住洛陽時所
寫，在召拜議郎、遷大將軍梁冀司馬之前"。[58] 梁冀於漢順帝永和
六年（141）拜大將軍，桓帝延熹二年（159）被殺。[59] 至於趙岐，
乃長陵人（長安、渭水以北），生於洛陽，桓帝永興二年（154）"辟
司空掾"，漢獻帝初平三年（192）"遷太僕"。[60] 因此，趙岐云夏至
時大麥熟，當指洛陽、長安東漢末期的物候。

根據前述，東漢末期冬大麥於夏至前後成熟，而冬小麥一定是
在夏至後成熟。前引《四民月令》云，"六月初伏，薦麥"，此次所
薦之麥當是冬小麥。所謂之初伏，是指夏至後第三個庚日，例如
1977 年 6 月 21 日夏至，"干支爲己酉，22 日爲第一庚日庚戌，則第
三庚日爲 7 月 12 日，干支爲庚午"，初伏就是從這一天開始。[61] 而
今日黃河流域冬麥成熟期都在夏至前。由此而論，東漢冬小麥成熟

---

〔55〕 同注〔14〕，頁 50。

〔56〕 石聲漢《四民月令校注》，頁 41、49。

〔57〕 《孟子注疏》卷一一上，頁 9，《十三經注疏》本。

〔58〕 同注〔56〕，頁 93。

〔59〕 見《後漢書》卷三四《梁統列傳》。

〔60〕 《後漢書》卷六四《吳延史盧趙列傳》，又見《孝獻帝紀第九》。

〔61〕 《中國天文史話》，頁 64。

的時間大概比今日最少晚了半個多月。東漢大麥的收穫期若以夏至（6/21）爲準，比之戰國末期（以六月六號芒種爲準）則晚了有半個月。今黃河流域中下游大麥收穫期若以芒種爲準，則東漢大麥收穫期比之今日也是晚了 15 天。這個結果説明東漢安帝以後春夏之氣溫低於今日，比之戰國時代也是如此。

然而《四民月令》記載春天另外一些物候，又與今日大致相同，例如正月"可種春麥"、"可種蘿韭、芥"；二月"可種稙禾"、"榆莢成"；[62] "三月桃花，農人候時而種也"。[63] 這種情形可能是春夏氣溫雖然偏低，還不至於嚴重地影響農事。

四、冬麥播種期

冬麥播種期因當地緯度、地勢之高低以及品種而不同。緯度、地勢高者，早播；反之，晚播。[64] 換言之，氣溫高者，晚播；反之，早播。

氣候溫暖的地區，冬麥播種的時間長。《中國農諺》云：[65]

> 種麥三個月，收在一個月。〔安徽〕
>
> 三個月種，一個月收。（原注：意指冬小麥播期長。）〔湖北〕
>
> 大麥種到年，只愁没有田。〔上海，浙江〕

氣候寒冷的黃河流域，冬麥的播種期也可以很長，甚至農曆十月還可以下種。《中國農諺》：[66]

> 十月地不凍，有子盡管種。〔河南〕
>
> 一日不上凍，有子盡管種。〔河南〕
>
> 麥種三個月。〔陝西（關中）〕

黃河流域冬麥雖然也有三個月的播種期，然而最適宜的時間卻很短，大約在十天左右，最長不超過二十天（見後文）。

冬麥晚播有很多的缺點，如易受凍害，不分蘖，播種量加多，收穫少。《中國農諺》：[67]

> 早麥要稀，晚麥要密。〔山東〕

---

〔62〕 同注〔56〕。種韭，見《齊民要術·種蘿韭第二○》，頁 13、20～21。
〔63〕 《太平御覽》卷九六七，果部四，桃。
〔64〕 《實用小麥論》，頁 204。
〔65〕 頁 262、235。
〔66〕 頁 250、257、262。
〔67〕 頁 228、250。

白露五升，寒露一斗。〔江北，河南，山西，山東〕

十月下種，種一缸，打一瓮。（作者按：指晚種收穫少。）〔山東〕

十月種麥一桿槍。（作者按：冬麥不分蘗。）〔安徽（阜陽）〕

霜降不倒針，不如土裏悶。〔河北（隆堯）〕

立冬不倒針，不如土裏悶。〔河南，河北，山東〕

晚播的冬麥，一定要在寒冬以前，苗不是直立的針狀，而是葉子爬伏在地面。這種狀態，山東俗語稱之"盤墩（或根）"。按此時冬麥行根已深，而且也已分蘗，能耐寒冬。否則的話，則易受凍害，還不如不出苗，以待來春。冬麥播種必須在適當的時間，晚播者不能分蘗。山東武城有一句農諺云："秋分後五天，蘗稠麥葉寬；霜降前五天，麥長獨桿鞭。"[68] "獨桿鞭"即不分蘗。

冬麥早播第一個缺點，氣候溫暖會招致病蟲害。美國作物學家Martin 與 Leonard 說：

冬小麥過早播種之主要缺點爲招致踞腐病（按，由Helminthos – porium sotivum 等病原菌所引起）之可能。此病係在溫暖環境下發生[69]

冬麥早播另一個最嚴重的缺點，就是當年生長過於繁盛易受霜害[70] 如果當年冬麥拔節以後遇見霜害，就完全枯死。

西漢時，對冬麥早播的兩大缺點，有充分的認識。《氾勝之書》云：

種麥得時，無不善。……早種，則蟲而有節；晚種，則穗小而少實[71]

蟲而有節是指天氣還暖，蟲未入蟄，麥苗易受蟲害或病害。又因天暖，生長迅速，以致麥苗"拔節"，一遇霜雪，即凍死。播種太晚，分蘗少，苗過於幼嫩，易受霜害，以致來年不僅穗的數量少，也長不大，收穫減低。

我國宋元以後，黃河流域爲著避免冬麥生長過於旺盛，往往春

---

〔68〕《農諺》，頁243。

〔69〕《作物栽培原理》，湯文通譯，臺北：正中書局，1970 年，頁398、402。

〔70〕《實用小麥論》，頁204。

〔71〕《齊民要術·大小麥第一○》。

分前在麥田裏牧放牛羊。吳懟《種藝必用》:

> 麥苗盛時，須使〔人〕縱牧其間，踩踐令稍實，〔則〕
> 其收倍多。[72]

據云,《種藝必用》乃金末元初編成。[73] 又包世臣《齊民四術》(1801):

> 麥宜冬有雪斂之，便不甚長，又土潤，則傳科大（按，
> 分藥多）。其冬暖起節者，遇〔霜〕雪，常折損。中州春分
> 前縱馬牛食麥，至〔春〕分日乃禁。[74]

根據前文，冬麥的播種可以很長。但早播或晚播皆有嚴重的缺點。因此天氣寒冷的黃河流域，各地都有其最適宜的播種期。山東德縣有一句農諺云:

> 麥出土，離冬四十五。[75]

冬，可能指結冰或立冬而言。這一冬麥播種期與近代農學家的主張大致吻合。作物學家説:

> 秋播時以結冰前 45 日爲宜，因當寒冷時，小麥之定根
> 已具，而耐越冬，麥苗不致有凍裂之慮。[76]

今黃河中下游冬麥從播種到出苗約六七天。[77] 立冬(11/8)前 45 天在秋分後，上述德縣冬麥播種期大約在秋分前五六天。在美國冬麥播種最適當的時期爲"一星期至十天"。[78] 今日我國黃河中下游大部分地區冬麥最適宜的播種期在秋分至寒露半個月之內。《中國農諺》:[79]

> 秋分宜種麥。〔河南（新鄉）〕
>
> 白露早，寒露遲，秋分種麥正當時。〔陝西（武功）〕
>
> 種麥過秋分，地凉不行根。〔陝西（延安）〕
>
> 秋分種麥正當時。〔山東，山西（太原）〕
>
> 秋分早，霜降遲，寒露種麥正當時。〔河南（原注:適合豫
> 中、豫東平原地區。汝南、平輿、固始、禹縣、平頂山、扶溝、魯

---

〔72〕《永樂大典》卷一三一九四，頁 12b。

〔73〕 王毓瑚《中國農學書目》，上海:農業出版社，1964 年，頁 106。

〔74〕《安吳四種·農上》卷二五上，頁 4b。

〔75〕《農諺》，頁 265。

〔76〕 汪呈因《食用作物學》，臺北:正中書局，1966 年，頁 211。

〔77〕 金善寶《中國小麥品種及其系譜·全國主要小麥育種點及其氣象條件和小麥物候期表—》，北京:農業出版社，1983 年。

〔78〕《作物學原理》，頁 401。

〔79〕 頁 242 ~ 243、245。

山、正陽、鄧縣、息縣），山西，山東（原注：流行魯東地區），江
蘇（高郵、淮陰），安徽（阜陽）〕

上引最後一條農諺，對河南而言，它適合的地區在黃河以南，其主
要地區是豫中、豫東南、豫西南。豫中以南，冬麥播種最適當的時
期是寒露以後至霜降左右。河南正陽、鎮平兩縣的農諺云：

　　　寒露到霜降，種麥日夜忙。[80]

至於豫中以北，大致在今隴海鐵路沿線以北，冬麥播種期在秋分與
寒露之間。鄭州冬麥的播種期在十月上旬（寒露）左右。[81] 豫北、
冀南、山東西部一帶，冬麥播種期在九、十月之交，[82] 大致在秋分
與寒露之間。山東濰縣冬麥播種在寒露附近。《濰縣志·五穀》：

　　　高粱與穀皆清明前〔後〕播種，秋分後收穫，接種小

　　麥，於翌年芒種後收穫。[83]

高粱與穀秋分後收穫。收穫後，必須整地後才能種小麥，所以冬麥
播種期大致在寒露附近。

　　1953～1955 年山西、河北等處冬麥的播種期如下表：[84]

地　　點	播　種　期
1. 晉中：晉中盆地和晉北忻定平原（太原、忻縣等地）	9 月上、中旬（白露至秋分）
2. 晉東南：漳河上游、潞安盆地、晉城、陽城平川地	9 月上、中旬
3. 晉南：臨汾、運城平川地	9 月下旬至 10 月上旬（秋分至寒露）
4. 冀東：唐山、通縣	9 月中、下旬
5. 冀南：石家莊、邢台、邯鄲	9 月下旬至 10 月上旬
6. 冀南：饒陽、獻縣以南，南運河以西，廣宗以北	9 月下旬

　　根據前引諸多資料，我國黃河中下游，隴海鐵路沿線以北，渭河、
汾水下游以及黃河沿岸的冬麥播種期，大致在秋分至寒露之間，即 9
月 23 號至 10 月 8 號。

---

〔80〕《農諺》，頁 245。
〔81〕 同注〔77〕，冬麥於 10/12 播種。
〔82〕 同注〔26〕，頁 181。
〔83〕《濰縣志》卷二四，1941 年，頁 18b。
〔84〕 同注〔31〕，頁 15～20。

五、冬麥播種期所反映的古代氣候

(一) 夏正九月播種期——戰國中期以前

文獻中九月種麥只有《夏小正》與《管子》兩處。[85] 《夏小正》云：[86]

> 九月……榮鞠，〔樹麥〕。

> 〔戴德《傳》曰：〕鞠，草也。鞠榮而樹麥，時之急也。

宋本《夏小正》正文無"樹麥"二字，王筠《夏小正正義》補之。[87] 又據畢沅云，南宋一些本子，經文中有"樹麥"二字。[88] 若《夏小正》記載的這一則是黃河流域的物候，則當時秋天之物候比之戰國時代延後約一個月。[89]

又《管子·輕重乙》："九月種麥，日至而穫。"[90] 《輕重乙》所言，不論是否指齊地，其反映的物候屬於黃河流域中下游，當無疑問。"九月種麥"比之戰國晚期延後。所以《輕重乙》篇"九月種麥"當在戰國晚期以前。九月，今之十月，有寒露、霜降兩個節氣。假設今日黃河流域中下游冬麥播種期以秋分爲準，《管子》時代以寒露爲準，則《管子》冬麥播種期比之今日晚了半個月。這是說明《管子》時代秋天的氣溫比之今日略高。

《孟子》未載冬麥播種的時期，但就一條間接資料來看，孟子的時代，冬麥播種期與《管子》相同，大致也在夏正九月。《孟子·梁惠王上》：

> 七、八月之間旱，則苗槁矣。天油然作云，沛然下雨，
> 苗浡然而興之矣。

孟子的時代，夏正七、八月間作物還是生長的時期，苗當指粟、菽

---

[85] 《齊民要術·種穀第三》引《淮南子·主術訓》："虛中，即種宿麥。"《齊民要術》注："虛昏中，九月。"但《淮南子》高誘《注》："虛，北方玄武之宿，八月。"據黃一農博士的推算，八月與九月，虛星黃昏時在正南，時間相距在兩千年以上。故《齊民要術》注中"九"乃"八"之誤字。

[86] 宋本《大戴禮記·夏小正第四七》卷二，頁9b，《四部叢刊初編》本。

[87] 見《天壤閣叢書》，頁11a。

[88] 《夏小正考注》，頁21b："朱子本，經有樹麥二字。王應麟又以'鞠榮而樹麥'五字作經。"《經訓堂叢書》。

[89] 有大陸學者的研究，《夏小正》反映"淮河、長江沿海一帶的物候情況"。見洪世年、陳文言《中國氣象史》，北京：農業出版社，1983年，頁22～23。

[90] 卷二四，頁4a，《四部備要》本。

而言。現在黃河中下游粟的成熟期在白露（9/8），豆子在寒露（10/8）。《農諺》：[91]

> 麥到夏至穀到秋，寒露纔把豆子收。〔山東、山西、河南、河北〕

> 白露穀，寒露豆。〔山東〕

孟子的時代，粟的收穫期與《管子》大致相同，在秋分（9/23）左右（見後）。現在黃河中下游穀子成熟以後才種冬麥。根據這些資料來推算，孟子時代冬麥播種期，應當與《管子》相同，在夏正九月。

（二）夏正八月冬麥播種期——戰國晚期

《呂氏春秋·仲秋紀》，仲秋之月“乃勸種麥”。高誘《注》：“仲秋之月，夏之八月。”[92]其他諸書如《禮記·月令》、《淮南子·時則訓》、《逸周書·月令解》皆與《呂氏春秋》大致相同。《呂氏春秋·十二紀》乃呂不韋門客“本之古農書並雜以陰陽家説增删而成”。[93] 夏正八月，通常有白露、秋分兩個節氣。《仲秋紀》八月種麥如果是指秋分左右，則秋天物候比之今日大致相同。

（三）夏正七、八月冬麥播種期——西漢成帝

《齊民要術·大小麥第十》引《氾勝之書》：“夏至後，七十日種宿麥。”夏至後七十天，今8月30號，在處暑(8/23)後七天，白露(9/8)前八天。冬麥播種全部時間，如以10天計，則播種在白露節後二天結束。

《漢書·藝文志》云，氾勝之“成帝時（前33～前7）爲議郎。”劉向《别録》云：“使教田三輔，好田者師之。”因此《氾勝之書》種冬麥的時期，當是西漢晚期關中地區的物候。

現在關中平川冬麥的播種期在秋分左右。《農諺》云：[94]

> 白露種高山，秋分種平川。〔陝西（長安）、河南（豫西、靈寶）〕

> 白露種高山，秋分種平川，寒露種沙（或河）灘。〔山東，河南（豫西），山西（聞喜）〕

〔91〕《農諺》上册，頁588。
〔92〕陳奇猷《呂氏春秋校釋》卷八，上海：學林出版社，1984年，頁422。
〔93〕同前注，卷一，頁3。其他學者如萬國鼎、徐復觀等人之看法與陳氏同。見萬著《呂氏春秋的性質及其在農學史上的價值》，《農史研究集刊》第2册，北京：農業出版社，1960年，頁182；徐氏《兩漢思想史》卷二，臺北：臺灣學生書店，1979年，頁14。
〔94〕上册，頁240～241。

　　　　白露種高山，秋分種平川，寒露種的兩河邊。〔陝西
　　（關中），山西（太原）〕
白露種高山，因高地氣溫低；秋分種平川地，因氣溫比高山高；寒
露種河邊地，因兩河邊氣溫比平川地又高，而且土地也比較肥沃。
　　根據前述，氾勝之時關中平川地種冬麥始於 8 月 30 號，而現在
關中平原地始於秋分（9/23），則西漢成帝時冬麥播種期比之今日提
早了約二十餘天。
　　又根據《氾勝之書》的記載，關中初霜期比之今日提早了一個
月以上。《齊民要術·種穀第三》引《氾勝之書》：

　　　　種禾，夏至後八十、九十日，常夜半候之，天有霜，若白露
　　下，以平明時，令兩人持長索，相對，各持一端，以㓝禾中，去
　　霜露。日出乃止。如此，禾稼五穀不傷矣[95]

夏至後八十天在白露（9/8）後一二天；九十天在秋分（9/23）前
三四天。而現在關中初霜期在 10 月中旬、下旬。[96] 設定關中初霜期
爲 10 月 15 日；[97]《氾勝之書》初霜期爲白露以後的五天，則西漢
成帝時初霜期，比之今日提早了約三十二天。
　　西漢時不僅初霜期提前，就是春天低氣溫也比東漢時延後。
《齊民要術·大豆第六》引《氾勝之書》云：

　　　　三月榆莢時，有雨，高田可種大豆。

而《齊民要術·白楊第四十六》引《四民月令》云：

　　　　二月榆莢成，及青收，乾以爲旨蓄。

榆樹開花結莢，東漢時爲二月，西漢時則爲三月。這説明西漢時春
天的物候比之東漢晚。
　　（四）夏正八月冬麥播種期——東漢晚期
　　《齊民要術·大小麥第十》引《四民月令》云：

　　　　凡種大小麥，得白露節，可種薄田；秋分，種中田；

---

[95]　石聲漢《氾勝之書今釋》(初稿)，石氏云："㓝，正是平著蕩去、括去〔霜、露〕的意思。"
　　　北京：農業出版社，1956 年，頁 18。
[96]　《陝西自然地理》，又唐海彬主編《陝西省經濟地理》，圖七，北京：新華出版社，
　　　1988 年，頁 137。又見陝西師範大學地理系編《西安市地理志》，表 4～33，西安：
　　　陝西人民出版社，1988 年，頁 119。
[97]　《西安市地理志》，頁 119 表 4～33，關中七個縣市的初霜期；西安爲 10/11，周至
　　　10/26，其餘五地皆在 10/22。

後十日，種美田。

崔寔冬麥播種期，除了氣候因素外，還依著田地的肥力高下而分先後。

根據前引農諺，寒露（10/8）時今日關中在兩河邊種麥。而河流的兩岸通常是河流沖積土，土壤肥沃，相當《四民月令》中的"美田"。以此爲準，《四民月令》中美田的冬麥播種期（9/23 後 10 天）比之今日關中地區提前了五六天。其中的薄田的冬麥播種期比之西漢成帝時也晚了七八天。

綜合前述，春秋時期冬麥的收穫期大致在夏正四月，而戰國晚期在夏正四月底至五月上旬，東漢在夏至前後。而今日黃河流域中下游無論是冬大麥還是冬小麥的收穫期都在夏至以前，比東漢約提前了半個月。

至於冬麥的播種期，戰國中期以前最晚，在夏正九月，大致在霜降前後半個月之內，比之今日最少晚了半個月。西漢成帝時期冬麥播種期最早，在白露節前後，比之今日提前了二十多天。一般的情形，戰國以及東漢晚期冬麥播種期與今日大體相同，在夏正八月。今日冬麥播種期以秋分爲準，則戰國似乎稍晚，而東漢略有提前。

根據冬麥收穫期與播種期所反映的氣候，春秋時代比之戰國溫暖。春秋、戰國的氣溫高過今日。而兩漢時代的氣溫略低於戰國和現在。西漢成帝時的氣溫最低。

六、兩漢異常氣候所反映的氣候變遷

史籍中常常記錄了一些異常的氣候，這些異常的氣候往往是極端或反常的氣溫。孤立的極端氣溫不能作爲某一個時期是寒冷期或溫暖期的指標。例如 1955 年 1 月 11 日安徽壽縣的低氣溫是 −24℃。[98] 吾人不能就以此來説明六十年代是寒冷期。若是六十年代低氣溫連續地或不斷地出現，這就值得重視了。

史籍中記錄的一些異常氣溫，固然有的在年代上是連續的，然而多數是不連續的。那麼，文獻異常氣候的記載是否對氣候的變遷就毫無意義？本文處理這個問題的方法是將西漢與東漢分成若干期，一面求其高低溫出現的年平均值，另一面比較不同時期高低溫出現

---

[98] 《中華人民共和國分省地圖集》，北京：中國地圖出版社，頁51。

的頻率。例如將西漢初期與漢成帝以後作比較，則後者不僅有連續低溫的出現，而且低溫出現的次數多。這樣的結果，對西漢的氣候變遷應當不是毫無意義。

《漢書》以及其他少數文獻記載了西漢時期異常的物候，今列於下表。

西漢高溫氣候表（一）

年　　代	文獻（未標明書名者，皆指《漢書》）	卷 與 頁
惠帝二年（前 193）	《漢書·五行志中之下》："冬雷，桃、李華，常奧之罰也。"	卷 二 七 中 下，頁 1420
惠帝五年（前 190）	《惠帝紀》："冬十月，雷；桃、李華，棗實。"	卷二，頁 90
呂后元年（前 187）	《高后紀》："秋，桃、李華。"	卷三，頁 96
文帝六年（前 174）	《文帝紀》："冬十月，桃、李華。"	卷四，頁 121
景帝六年（前 151）	《景帝紀》："冬十二月，雷，霖雨。"	卷五，頁 144
武帝元狩六年（前 117）	《五行志》："冬，無冰。"	卷 二 七 中 下，頁 1409
武帝元封四年（前 107）	《武帝紀》："夏，大旱，民多喝死。"師古曰："中熱而死也。"	卷六，頁 195
昭帝始元元年（前 86）	《昭帝紀》："冬，無冰。"	卷七，頁 220
成帝建始四年（前 29）	《成帝紀》："夏四月，雨雪。……秋，桃、李實。"	卷一〇，頁 302
王莽始建國元年（公元 9）	《王莽傳》："冬，雷，桐華。"	卷九九中，頁 4116
王莽始建國二年（公元 10）	《王莽傳》："冬，十二月，雷。"	卷九九中，頁 4121

上表中的物候，《漢書》未指明確的地點，可能是指京師三輔一帶的地區。

呂后元年"秋，桃、李華"；成帝建始四年"秋，桃、李實"，從表面看，這兩年的氣候類似，秋天氣溫高。實際成帝時是春夏寒冷的一年，桃、李到了秋天才成熟，所以應當從高溫年份中除掉。

漢高祖元年（前 206）到新莽末年（公元 24）共二百三十年，氣溫高的年份有十次。漢高祖元年到漢景帝末年（前 141）這六十六年中，高溫的氣候有五次，年平均 0.0758（x）。而武帝元年（前140）到新莽末年（公元24）這一百六十四年中，高溫的氣候僅有五次，年平均 0.03049（x）。這似乎表明西漢景帝以前出現高溫的氣候多於漢武帝以後。

西漢出現低溫的次數多於高溫出現的次數，今列於下表。

西漢低溫氣候表（二）

年　代	地　區	現　象	文獻（未標明書名者皆指《漢書》）	卷與頁
漢高祖七年（前200）	今山西	大寒	《漢書·高祖紀》："冬十月，上至樓煩，[99] 會大寒，士卒墮指什二、三。遂至平城。"按，此次大寒似乎出於漢人意料之外。	卷一下，頁63
文帝四年（前176）		六月大雪	《五行志》："六月，大雨雪。"	卷二七中下，頁1420
景帝中元六年（前144）		三月雪	《景帝紀》："春三月，雨雪。"	卷五，頁149
武帝元光四年（前131）		四月隕霜	《武帝紀》："夏四月，隕霜殺草木。"	卷六，頁164
武帝元狩二年（前121）		十二月大雪，凍死人	《武帝紀》："十二月，大雨雪，民凍死。"	卷六，頁174
			《五行志》："民多凍死。"	卷二七中下，頁1427
元鼎二年（前115）		三月大雪	《五行志》："三月，雪，平地厚五尺。"	卷二七中下，頁1424
			《武帝紀》："三月，大雨雪。"	卷六，頁182
元鼎三年（前114）	黃河流域中下游	四月下雪	《五行志》："三月水冰，四月雨雪，關東十餘郡人相食。"	卷二七中下，頁1424
元封二年（前109）	三輔	大寒、大雪，人畜凍死	《西京雜記》："元封二年，大寒，雪深五尺；野鳥獸皆死；牛馬皆如蝟；三輔人民，凍死者十有二、三。"	卷二，頁3a，《筆記小說大觀》
征和年間（前92～前89）		大雪	《古今注》："武帝征和四年，大雪，松柏皆折。"	《北堂書鈔》卷一五二，頁3b

---

〔99〕《漢書·地理志》，樓煩在雁門郡。錢穆《史記地名考》（頁880）云，漢之樓煩在"今山西寧武、神池、五寨諸縣界"。此次大寒似乎是漢所料未及。換言之，在漢初有那樣的寒潮是反常的現象。

年　　代	地　區	現　象	文獻(未標明書名者皆指《漢書》)	卷與頁
元帝永光元年(前43)	黃河流域中下游	三月,下霜、雪,夏寒	《元帝紀》:"三月,……是月雨雪,隕霜傷麥稼,秋罷。"	卷九,頁287
			《五行志》:"三月,隕霜殺桑。九月二日,隕霜殺稼,天下大饑。"	卷二七中下,頁1427
			《五行志》:"元帝永光元年四月,日色青白,亡景,正中時有景亡光,是夏寒,至九月,日乃有光。"	卷二七中下,頁1507
			《于定國傳》:"永光元年,春霜夏寒,日青亡光,……郎有從東方來者,言民父子相棄。"	卷七一,頁 3044 ~ 3045
建昭二年(前37)	齊、楚	大雪	《元帝紀》:"冬十一月,齊、楚……大雨雪。"	卷九,頁294
			《五行志》:"十一月,齊、楚地大雪,深五尺。"	卷二七中下,頁1425
建昭四年(前35)	長安	春大雪,燕凍死	《五行志》:"三月,雨雪,燕多死。谷永對曰:'皇后桑蠶以治祭服,共事天地宗廟,正以是日疾風自西北,大寒雨雪。'"	卷二七中下,頁1425
成帝建始四年(前29)		四月大雪	《成帝紀》:"夏四月,雨雪。"	卷一〇,頁308
陽朔二年(前23)	長安	春寒	《成帝紀》:"春,寒。……今公卿大夫或不信陰陽……所奏請多違時政。"	卷一〇,頁312
陽朔四年(前21)		四月,雪	《五行志》:"四月,雨雪,燕雀死。"	卷二七中下,頁1426
陽朔年間(前21~前24)		夏霜	《揚雄傳》:"漢十世之陽朔兮……遭季夏之凝霜兮。"	卷八七,頁3516~3519
哀帝元壽元年(前2《通鑑》)		春寒	《王嘉傳》:"今春月寒氣錯繆,霜露數降。"	卷八六,頁3501

年　代	地　區	現　象	文獻(未標明書名者皆指《漢書》)	卷與頁
王莽天鳳元年(公元14)	黃河流域中下游	四月隕霜	《王莽傳》:"四月,隕霜,殺草木,瀕海尤甚。六月,黃霧四塞,七月,大風拔樹……雨雹。"	卷九九中,頁4136
天鳳三年(公元16)	黃河流域中下游	大雪,松柏咸枯	《王莽傳》:"二月乙酉,……大雨雪,關東尤甚。深者一丈,竹柏咸枯。"	卷九九中,頁4141
天鳳四年(公元17)	長安	八月大寒,人、畜凍死	《王莽傳》:"是歲八月,莽親自南郊,……大寒,百官人馬有凍死者。"	卷九九下,頁4151
地皇二年(公元21)	黃河流域中下游	秋,隕霜殺菽	《王莽傳》:"秋,隕霜殺菽,關東大饑,蝗。"按,隕霜殺菽,説明初霜期提前。	卷九九下,頁4167
新莽末年(公元22~24)	全國	連年旱、〔蝗〕、霜	《東觀漢記·帝紀一》:"王莽末,天下旱、〔蝗〕、霜連年,百穀不成。"	卷一,頁12a《四庫》本
			《後漢記·光武皇帝紀》:"自王莽末,天下旱、蝗,稼穀不成。"	卷五,頁13b《四庫》本
			《漢書·食貨志第四上》:"末年……莽……詔曰:'……枯旱、霜、蝗。'"	卷二四上,頁1145

　　上表西漢低氣溫共有二十二條。表中《揚雄傳》所述之夏霜,可能不是僅有一年,大概是陽朔(前24～前21)四年連續地發生。又王莽末年全國性的霜害也是連年發生。西漢低溫的氣候以二十二次來計算(成帝陽朔年間以三次計,王莽末年皆以一次計算),從漢高祖到漢景帝六十六年中發生了三次,平均0.0455(x)。從漢武帝到王莽末年一百六十四年中,發生了十九次,年平均0.1159(x)。這是說明漢景帝以前出現低溫的氣候遠少於漢武帝以後。如果將以上高溫、低溫表合併觀察,似乎可以看出西漢時代氣候變化的趨勢。

西漢每二十年間高低溫的次數(三)

類　別 次數　地區 年　代	高　溫　次　數					低　溫　次　數				
	黃河流域中游	黃河流域下游	黃河流域中下游或全國	長安	總計	黃河流域中游	黃河流域下游	黃河流域中下游或全國	長安	總計
前206～前201										

續表

前200～前181	3		(3)	3	1 (山西)				1
前180～前161	1		(1)	1	1			(1)	1
前160～前141	1		(1)	1				(1)	1
前140～前121(武帝)					2			(2)	2
前120～前101(武帝)	2		(2)	2	2	1		(1)	3
前100～前81	1		1	1		1		(1)	1
前80～前61(昭、宣)									
前60～前41							1		1
前40～前21(元成)						1	2(3)		6 +
前20～前1					1			(1)	1
1～23(王莽)	2		(2)	2			4	1	5 +
總　　計			10					22 +	

括號(　)內者表示高低溫可能發生的地區

從以上之表大致可以發現幾個事實：1. 高溫次數從西漢初年開始有漸次減少的趨勢；2. 相反的情形，低氣溫則有增加的趨勢；3. 低氣溫出現較多的年份是漢武帝、成帝與王莽的時代；4. 高溫與低溫皆出現的次數較多者是武帝與王莽的時期。這似乎說明這兩時期異常氣候較多，而凍死人的極寒氣溫也是出現在武帝與王莽的時代。

昭、宣時代的氣候，比之武帝似乎有所改善，沒有低溫的記錄，只有一次暖冬。

從上表所列以及其他文獻資料，宣帝末元帝初氣候進入不穩定的低溫期。除了上表所列者以外，《元帝紀》、《成帝紀》、《王莽傳》等多次提到陰陽失序，陰陽不和等語。該語包括氣候失常形成的自然災害，如水、旱、蝗以及寒冷異常的氣溫。今將漢元帝以後之記載列之於下：

西漢"陰陽失序"表(四)

時　　期	文獻(未標明者指《漢書》)	卷與頁
元 帝 1. 初元元年(前48)	《元帝紀》:"九月,關東郡國十一大水,饑……詔曰:'間者陰陽不調,黎民饑寒……。'"	卷九,頁280
2. 初元二年(前47)	《元帝紀》:"六月,關東饑,齊地人相食。秋七月,詔曰:'歲比災害,……今秋禾麥頗傷,陰陽不和,其咎安在?'"按:六月"關東饑"是因冬麥失收。冬麥失收可能是春夏氣候失常。	卷九,頁282～283
3. 初元三年(前46)	《元帝紀》:"六月,詔曰:'蓋聞安民之道,本繇陰陽,間者陰陽錯謬,風雨不時。'"	卷九,頁284
4. 初元四年(前45)	《元帝紀》:"夏四月,……詔曰:'朕之不逮,……元元失望,……陰陽爲變……乃者關東連連遭災害。'"	卷九,頁285
5. 永光二年(前42)	《元帝紀》:"二年春二月,詔曰:'……今朕獲承高祖之洪業……然而陰陽未調,三光(日、月、星)晻昧。元元大困。'"	卷九,頁288
6. 永光二年(前42)	《元帝紀》:"三月……日有蝕之。詔曰:'朕戰戰栗栗……惟陰陽不調,未燭其咎。'"	卷九,頁289
7. 建昭四年(前35)	《元帝紀》:"夏四月,詔曰:'朕……夙夜栗栗,……間者陰陽不調,五行失序,百姓饑饉。'"	卷九,頁295
成 帝 1. 陽朔二年(前23)	《成帝紀》:"二年春,寒。詔曰:'昔在帝堯立羲、和之官,命以四時之事,令不失其序。……明以陰陽爲本也。……今公卿……不信陰陽……所奏請多違時政,……而欲望陰陽和調,豈不謬哉!'"	卷一〇,頁312
2. 鴻嘉元年(前20)	《成帝紀》:"春二月,詔曰:'朕……德不能綏,刑罰不中,……是以陰陽錯謬,寒暑失序。'"師古曰:"序,次也。"	卷一〇,頁315～316
哀 帝 1. 元壽元年(前2)	《哀帝紀》:"春正月,……詔曰:'朕……宿夜憂勞,未皇寧息,惟陰陽不調,元元不贍,未睹厥咎。'"	卷一一,頁343

時　　期		文獻（未標明者指《漢書》）	卷與頁
王 莽	1. 天鳳三年（公元16）	《王莽傳》："五月，莽……曰：'予遭陽九之厄，百六之會，國用不足，民人騷動。'"	卷九九中，頁4143
		《漢書·曆志第一上》："《易》九厄曰……陽九；陰九。"孟康曰："一元之中，有五陽四陰。陽旱陰水，九、七、五、三、〔一〕，皆陽數也，故曰陽之九厄。"按：今日釋陽九爲厄運。《王莽傳》中"陽九之厄"乃指陰陽不調。	卷二一上，頁984~987
	2. 地皇元年（公元20）	《王莽傳》："七月……復下書曰：'……有列風雷雨發屋折木之變，……予甚恐焉。……即位以來，陰陽未和，風雨不時，數遇枯旱蝗螟爲災，穀稼鮮耗，百姓苦饑。'"	卷九九下，頁4159~4160
	3. 地皇元年（公元20）	《王莽傳》："七月……乃下書曰：'予受命遭陽九之厄，百六之會，……百姓匱乏。'"	同上，頁4161
	4. 地皇三年（公元22）	《王莽傳》："二月，……關東人相食。四月，……天大雨……莽曰：'惟陽九之厄……枯旱、霜、蝗、饑饉薦臻……。'"	同上，頁4175

　　從以上資料，可以確定地説，漢元帝以後，西漢的氣候進入了不穩定的低溫期。漢成帝到王莽是西漢氣溫最低的時期，這與《氾勝之書》作物所反映的氣候完全一致。

七、東漢異常物候所反映的氣候

　　《後漢書》以及其他少數文獻記載了後漢時期一些異常物候。文獻記載高溫的次數很少，目前只發現了二次。《後漢書·五行二》：

　　　　中興以來，亦有冬溫，而記不錄云。[100]

此條記載語焉不詳，未指明時間和次數。第二次是漢獻帝興平元年

---

[100]　《後漢書·志第十四》，頁3298。

（194）晚秋初冬出現反常氣溫。《後漢書·獻帝紀》：

> 興平元年，……三輔大旱，……九月，桑復生椹，人
> 得以食。[101]

在黃河流域下游也是同樣的情形。劉叔和《異苑》云：

> 漢興平元年，九月桑再椹。時劉玄德軍於沛，年荒穀
> 貴，士衆皆饑，仰以爲糧。[102]

按，"桑再椹"似乎是一次反常的氣溫所造成。它可能是桑樹生椹
後，再遇夏寒，桑落葉，秋天氣溫又回升，於是"桑再椹"。[103] 梁
任昉《述異記》云：[104]

> 耆舊説，桓、靈之世，汝潁間，……桃李不實，花而
> 復落，落而復花。

"花而復落，落而復花"足以説明桓、靈年間春夏氣溫寒暖反常的情形。

此外，《後漢書》又記載了"冬無宿雪，今春無澍雨"以及與
此語類似者共有四次。[105] 根據最後的一句，這四次大概是乾寒無雪
的冬天。[106]

根據上述資料，很難判斷東漢高溫或暖冬出現的情況。相反的
情形，可以斷言在桓、靈間是春夏寒暖失序的一個時期。

從王莽亡後（23）至魏文帝黃初六年（225），這二百餘年間，
文獻共記載了二十次寒冷的氣候，今列於下表：

---

[101] 卷九，頁377。

[102] 《異苑》卷二，《四庫全書·子部小説家》，頁5a。

[103] 《後漢書·五行志》云，漢獻帝初平四年（193），"六月，寒風如冬時"。如果這種
低溫的夏季同樣發生在興平元年，結椹的桑樹可能會落葉。假設以後再出現高溫的
秋天，就會"桑再椹"。按黃河流域四、五月收桑椹。蒲松齡《農桑經》云：四、
五月，收黑魯桑椹。……（見李長年《農桑經校注》，臺北：明文書局，1984年，
頁88）又李時珍重湯煮……。（卷三六，頁3a，光緒三十一年刊本）四、五月桑椹
成熟，到了九月，桑再椹應當有充足的時間。

[104] 《述異記》卷下，《四庫》本，頁4b。

[105] 1、《明帝紀》永平四年（公元61），"京都冬無宿雪，春不燠沐"《注》云："燠，
暖也；沐，潤澤也。"卷二，頁107。2、《和帝紀》永元十二年（100），"京師去冬
無宿雪，今春無澍雨"。卷四，頁186。3、《楊震傳》安帝延光二年（123），"又冬
無宿雪，春節未雨"。卷五五，頁1765。4、《順帝紀》陽嘉元年（132），"冬鮮宿
雪，春無澍雨"。卷六，頁259。

[106] 此四條，作者原來釋爲暖冬，後經中研院同仁蔡哲茂先生建議而更正之，謹此致
謝。

東漢魏初低溫氣候表（五）

年　代	地　區	現　象	文獻（未標明書名者，皆指《後漢書》）	卷與頁
建武二年（公元26）《通鑑》	今陝西彬縣西北	大雪，士多凍死	《劉盆子傳》：“盆子，……遂入安定、北地……逢大雪，坑谷皆滿，士多凍死。”	卷一一，頁483
建武三年（公元27）		五月下霜	《五行六》，《注》引《潛潭巴》：“〔五月〕乙卯蝕，雷不行，雪殺草……。”	《志》第一八，頁3358
建武七年（公元31）		春寒	《鄭興傳》：“三月……興上疏曰：‘今年正月繁霜，自爾以來，率多寒日。’”	卷三六，頁1222
建武、永平年間	洛陽	大雪	《袁安傳》：《注》引《汝南先賢傳》：“時大雪積地丈餘，洛陽令……令人除雪入戶，見安僵臥。”	卷四五，頁1518
明帝永平元年（公元58）	洛陽	六月下霜	《禮儀中》：《注》引《古今注》：“永平元年六月乙卯，初令百官貙膢（按，嘗新之禮），白幕皆霜。”	《志》第五，頁3124
章帝元和元年（公元84）《通鑑》		夏寒	《韋彪傳》：“彪……因盛夏多寒，上疏諫曰：‘……伏見立夏以來，當暑而寒。’”	卷二六，頁918
和帝末年（104）		春寒	《魯恭傳》：“初，和帝末，……恭上疏諫曰：‘……自永元十五年（103年）以來……比年水旱傷稼，……。自三月以來，陰寒不暖。’”	卷二五，頁880
殤帝延平元年（106）		夏涼	《殤帝紀》：“自夏以來，陰雨過節，煩（按，同暖）氣不效。”	卷四，頁197
安帝永初七年（113）		夏寒	《陳忠傳》：“前年勃海張伯路，[107] 可爲至戒。……頃季夏大暑，而消息不協，寒氣錯時，水涌爲變。”《注》引《前漢書音義》：“息卦曰太陽，消卦曰太陰。”（按，消息即陰陽。）	卷四六，頁1559～1560
順帝永建三年（128）		春夏低溫	《黃瓊傳》：“自癸巳（三月二十三？）以來，仍西北風，甘澤不集，寒涼尚結。”	卷六一，頁2034～2035
陽嘉二年（133）		春寒	《郎顗傳》：“又頃前數日，寒過其節，冰既解釋，還復凝合。……今立春之後，……當溫而寒，違反時節，……數年以來，穀收稍減，家貧戶罄，歲不如昔。”	卷三〇下，頁1055、1060

---

〔107〕 《後漢書》卷三八，頁1277，《法雄傳》云：“永初三年，海賊張伯路……寇……五年春，……雄率郡兵擊破之……平之。”

年　代	地　區	現　象	文獻(未標明書名者,皆指《後漢書》)	卷與頁
桓帝延熹二年(159)《通鑑》		寒暖失常	《陳蕃傳》:"蕃乃上疏諫曰:'……故……陰陽謬序,稼用不成……又比年收斂,十傷五六,萬人饑寒。'"	卷六六,頁2161
延熹七年(164)		延熹五年至七年三年間,春冷,夏降霜	《寇榮傳》:"……臣奔走以來,三離寒暑,陰陽易位,當燠反寒,春常凄風,夏降霜雹,又連年大風。"	卷一六,頁631
延熹八年(165)	八九個州郡	春寒	延熹八年十一月殿門失火,《五行二·注》引《袁山松書》陳蕃等人上書云:"古之火皆君弱臣強……前入春節,連寒,木冰,暴風折樹,又八九州郡並言隕霜殺菽。"	《志》第十四,頁3296
延熹九年(166)	洛陽	春夏寒,冬大寒	《桓帝紀》:"冬十二月,洛城傍竹柏枯傷。"	卷七,頁318
			《襄楷傳》:"冬,大寒,殺鳥獸,害魚鱉,城傍竹柏之葉有傷枯者,……自春夏以來,連有霜雹及大雨雹。"	卷三〇下,頁1076
			謝承《後漢書》引竇武上表曰:"今冬大寒過節,毒害鳥獸,爰及池魚,城傍松竹皆爲傷絕。"	《初學記·傷竹》卷三,頁23a(《四庫》本)
靈帝光和六年(183)	山東東部	冬嚴寒	《靈帝紀》:"冬,東海、東萊、琅邪井中冰厚尺餘。"	卷八,頁347
獻帝初平四年(193)		夏寒	《五行三》:"六月,寒風如冬時。"	《志》第十五,頁3313
興平二年(195)	河南陝縣以西	冬寒	《獻帝紀》:"二年……十二月……李傕等復來追戰,……殺略宮人,…進幸陝,夜渡河。"	卷九,頁378
			《董卓傳》:"……傕等復來戰,……其宮女皆爲傕兵所掠奪,凍溺死者甚衆。"	卷七二,頁2340
建安二年(197)	江淮之間	冬寒	《袁術傳》:"……術……度淮……加天旱歲荒,士民凍餒,江、淮間相食殆盡。"	卷七五,頁2442
魏文帝黃初六年(225)	江、淮之間	冬寒、河水結冰	《文帝紀》:"冬十月,行幸廣陵故城(按,揚州),臨江觀兵,……是歲大寒,水道冰,舟不得入江,乃引〔兵〕還。"	《三國志·魏書》卷二,頁85

從光武帝建武元年（公元25）到魏文帝黃初六年（225）二百年間，根據上表共有二十二次低溫記載（其中延熹五年到七年有三年連續低溫，當以三次計。按上表實際多於二十二次低溫。例如《郎顗傳》云"數年以來，穀收稍減"，又《陳蕃傳》云"比歲收斂"，都說明氣候失常是連續的，並非只有一年），平均不到十年出現一次低溫。十年一次的低溫記錄對氣候的變遷沒有多大的意義，不能表明東漢時代就是進入寒冷期。然而上表的記載只是絕對低溫以及寒暖反常的氣溫；而且有些記錄是有明顯的目的，就是要襯托出施政不當或將有重大事故發生。例如上表桓帝延熹九年洛陽竹柏凍傷，《五行二》云："占曰：'天子凶。'"[108] 至於其他的低溫，或雖有低溫而未造成重大傷害者，可能史家多未記載；發生的次數可能也不少。所以以上所列低溫氣候是東漢時代特殊的低溫氣候，不是低溫氣候的全部，僅是一小部分而已。今將東漢這些低溫氣候分為五期，並列出低溫出現的次數和年平均值，從這些數據可以粗略地看出東漢氣候的變遷。

東漢各期低溫出現的次數與年平均值（六）

時　　　期	年	次數	年平均次數
光武帝（25～57）	33	4	0.12（＋）
明帝至和帝（58～105）	48	3	0.0625
殤帝至質帝（106～146）	41	4	0.0976（－）
桓帝至靈帝（147～189）	43	7	0.1628（＋）
獻帝至魏文帝黃初六年（190～225）	36	4	0.1111（＋）

上表說明東漢特殊低溫年平均值，桓帝以後最高，光武以及殤帝至質帝時期次之，明帝至和帝時期最低。東漢初期的氣候是西漢元帝元年（前48）到新莽末年（公元24）低溫期的延續。從元帝到王莽這七十二年中，共有15次低溫的記載（王莽末以三次計），年平均值0.2083（＋），以13次計（王莽末以一次計），年平均值是

---

[108]　《五行二》，頁3299。

0. 1806（－），是兩漢最高的時期。

西漢期間，文獻記錄了四十餘次異常氣候。如果不以任何的主觀方法來處理，而僅以先後出現的時間列成一圖，仍然可以看出其中氣候變動的痕跡。

兩漢異常低溫分佈圖（七）

（此圖是黃一農博士設計與繪製，謹此致謝）

從上表可以看出低溫出現比較密集的時代是西漢武帝、元帝到東漢光武帝年間，以及東漢桓帝以後。

兩漢四百餘年間，文獻中記錄了四十餘次特殊的低溫。如果孤立地來考察這些低溫的記錄，對氣候的變遷沒有重大的意義；其重要性遠不如史書多次記載之"陰陽失序"或"陰陽錯謬"。王莽於地皇元年（公元20）下書云："即位以來，陰陽未和，風雨不時。"這是確切地說明王莽整個時期都是氣候異常。東漢桓、靈年間也是如此。

文獻特殊的氣溫記錄，其最大的功用是這些記錄與作物所反映的物候，以及多次陰陽失序的記載所反映的異常氣候完全一致。

據前表（四），從元帝到王莽時代，十四次記載"陰陽不和"或"陰陽失序"等。其中最主要的自然現象是氣候失常。又前表（五）桓帝延熹年間多次發生"陰陽謬序"或"陰陽易位"。而《述異記》則云，桓、靈年間"花而復落，落而復花"，這是說明桓、靈年間不僅春夏低溫，而且寒暖變化失常。

上圖低溫出現疏密的情形與年平均值，元帝以後以及桓、靈年間"陰陽失序"等等，它們透露的信息與《氾勝之書》、《四民月令》中物候所反映的氣候完全一致。《氾勝之書》，關中地區的初霜期比之今日提前了將近三十多天；冬麥播種期比之戰國以及現在提前約有二十多天。又據《四民月令》與《孟子》趙岐《注》，東漢桓、靈年間大小麥收穫期比之戰國與現在的黃河流域中下游，最少晚了半個月。這非常明確地説明西漢成帝與東漢桓、靈年間是低温的時代。

八、《管子·輕重》的年代

關於《管子·輕重》的斷代，有戰國與漢代兩種説法。這兩種意見，從王國維開始直到現在（1987），仍然爭論不休。主張西漢説者，老一輩的學者有王國維、郭沫若、羅根澤、馬非百等人，[109] 最近的學者有葉世昌、牛力達等人。[110] 主張戰國説的學者有容肇祖、胡家聰、李居洋等少數學者。[111]

研究《管子》功力最深的學者，首推馬非百先生。他著《管子輕重篇新詮》第一章《論〈管子·輕重上〉——關於管子輕重的年代》用了五十頁來討論《輕重》篇的著作年代。馬氏舉了許多論點來證明《輕重》篇著作的下限在王莽的時代。杜正勝先生對於馬氏之論點，駁之甚力，今不贅述。本文僅就《管子》中有關作物栽培所反映的物候，來看《管子·輕重》一些篇章的年代。

前文已經討論了《輕重乙》冬麥播種的時間在夏正九月，大致在寒露（10/8）以後；而《氾勝之書》，則在“夏至以後七十天”，白露（9/7）前七八天。西漢成帝以後，冬麥播種期大致在夏正七月下旬至八月上旬。戰國與東漢冬麥播種期均在夏正八月，今之九月。我國黄河中下游冬麥播種期，西漢成帝前後爲最早，而《夏小正》與《管子》爲最晚。這是反映了兩個不同時代的物候。因此《輕重乙》絕不可能成書於漢成帝以後。

又《輕重己》云：“以夏日至始，數四十六日，夏盡而秋始，而黍熟，天子祀於太祖，其盛以黍。”馬非百引何如璋《注》云：[112]

　　“秋始”謂立秋也。“秋始”下宜加“秋始”二字。元材案：《月令》“仲夏之月，農乃登黍。天子乃以雛嘗黍……。”

---

〔109〕　王著《觀堂別集補遺》；郭著《管子集校》；羅著《管子探源》；馬著《管子輕重篇新詮》。
〔110〕　見《管子研究》第一輯，濟南：山東人民出版社，1987 年。
〔111〕　見容氏《駁馬非百〈關於管子輕重篇的著作年代〉》，《歷史研究》1981 年第 11 期；胡氏《管子·輕重作于戰國考》，《中國史研究》1981 年第 1 期；李氏《對考證〈管子〉的一點看法》，《管子研究》第一輯。
〔112〕　《管子輕重篇新詮》下冊，北京：中華書局，1979 年，頁 738～739。

此列"黍熟"於"夏盡秋始"，與《月令》不同。

馬氏之論，甚是。按夏至後四十六天，恰好是立秋（8/7），一般的情形都在夏正之七月，孟秋之月。《月令》，仲夏登黍，夏正之五月。《淮南子·時則訓》節引《呂氏春秋》，仲夏之月無"農乃登黍"，但有"天子以雛嘗黍"一句，與《月令》同，所以《呂氏春秋·仲夏紀》、《禮記·月令》、《淮南子·時則訓》三者都是以仲夏新熟之黍"先薦寢廟"，顯然與《輕重己》以孟秋新熟之黍"祀於太祖"是兩種不同的祭祀，而且也表示是兩個時代以及黍的兩種不同的栽培時間。

又《輕重己》云："以夏至始，數九十二，謂之秋至，秋至而禾熟。天子祀於太惢。"馬氏《注》云：[113]

秋至即秋分。

禾即穀也。《月令》："孟秋之月，農乃登穀，天子嘗新，先薦寢廟。"

按，禾即粟。夏至後九十二天之後的一二天，就是秋分（9/23），屬仲秋之月，夏正之八月。而《呂氏春秋·孟秋紀》、《禮記·月令》、《淮南子·時則訓》三者都是孟秋以新熟之穀"先薦寢廟"。孟秋之月，夏正之七月，這是很明顯地說明《輕重己》粟熟之物候與戰國晚期、西漢皆不同，而且以初熟的粟祭祀祖先，時間也不一致。

又前引《氾勝之書》，穀在夏至後八十～九十天需要嚴防霜害。夏至後八十天，在白露（9/7）後一二天；九十天，在秋分前三四天。換言之，西漢時穀在秋分時還未熟。（按：北穀當指秋天晚熟的品種。）

又《巨（臣）乘馬》云："日至六十日而陽凍釋，七十日而陰凍釋。陰凍釋而秧稷，百日不秧稷，故春事二十五日之內耳。"馬非百《注》云：[114]

何如璋云："'春事'，春耕之事。"

元材案：日至者，……有二，一爲夏至，二爲冬至。……此指冬至。

劉績云："陽凍，地上也。陰凍，地下也。"猪飼彦博

---

[113] 同前注，頁740。

[114] 同前注，頁123。

云："'七十'下蓋脫'五'字。"……元材案：添五字是。

　　劉績云："'秋'同藝。……言七十日陰凍釋，藝稷。

　　若百日則過時不藝矣。是藝種惟在二十五日之內。"

按，冬至（12/22）後六十天在雨水（2/19）前後；七十五天，在
驚蟄（3/5）內附近；一百天，在清明（4/5）前四五天。又按，上
文藝稷，並非只種稷一種作物，而是以稷來代表春播的所有作物。
《巨乘馬》春作的時期與西漢以及現在都不同。

　　按，現在黃河中、下游春天播種穀子的時間，大致從清明到穀
雨。《農諺》：[115]

　　　　春穀宜晚，夏穀宜早。〔河北，河南（安陽）〕

　　　　清明穀子，穀雨棉。〔河南（封丘）〕

　　　　穀雨前後把種下。〔山東〕

　　　　穀雨前後，種穀點豆。〔山西（太原）〕

上引《氾勝之書》云，"三月榆莢"時"可種禾"。清明，通常在三
月。又《氾勝之書》云：[116]

　　　　三月種秔稻；四月種秫稻。

　　　　冬至後一百一十日，可種稻。

因此可知西漢時春天播種期，比之《巨乘馬》晚了很多。

　　根據前述作物之播種期與收穫期，《巨乘馬》、《輕重乙》、《輕
重己》與戰國、西漢甚至現在都不同，其反映的物候有很大的差異，
因此這三篇絕不可能作於西漢。因此作者認爲《管子》似乎是戰國
中期的著作。

九、結　論

　　本文論述古代氣候之變遷，主要是利用冬麥（大麥與小麥）收
穫期與播種期，其次是文獻中"陰陽失序"以及特殊氣溫的記載。
這三類資料經過本文分析後，它們所反映的氣候變遷是一致的。

　　按，冬麥對氣候的反映極爲敏感。冬麥的收穫期，在同一地區
不超過十天，通常在一周之內，而冬麥在同一地區最適宜的播種期
是一星期至十天。

---

[115]　《農諺》，頁392～393。

[116]　《氾勝之書今釋》，頁21。

在溫暖的氣候，冬麥收穫期早，播種期晚；反之，收穫期晚，播種期提前。

春秋時期冬麥的收穫期在夏正四月，戰國晚期在夏正四月底（小滿在今曆 5 月 21 日），五月上旬，而今黃河流域中下游冬麥的收穫期大致在芒種(6/6)至夏至(6/21)之間。春秋時期冬麥收穫期比之今日黃河流域提前了大約半個月，戰國晚期也比今日略微提前。

戰國中期（孟子時代）以前山東地區冬麥播種期在夏正九月，大致在霜降（10/23）前後，戰國晚期在夏正八月。而今日黃河流域中下游冬麥播種期通常在秋分（9/21）附近至寒露（10/8）。比之今日戰國中期以前冬麥播種期晚了約半個月以上，而戰國晚期可能比今日略晚。

西漢成帝時冬麥播種期在白露（9/8）以前，與今日關中地區相比，提前了約二十多天。

東漢順帝以後冬麥收穫期比之今日最少晚了約半個月，而冬麥播種期提前了五六天。

冬麥收穫期與播種期反映的氣候：戰國中期以前氣候溫暖，氣溫高過戰國後期。春秋戰國時代黃河流域中下游的氣溫高過現在。西漢成帝時是寒冷期，秋冬的物候比現在提前一個多月。東漢順帝以後也是低溫期，春夏氣溫低，冬麥收穫期晚了約半個月。而秋天氣溫大致與今日相當，而秋天的物候略爲提前。

文獻中記載的特殊氣候表示：景帝以前出現暖冬多於漢武帝以後。而寒冷的氣溫則相反。從漢元帝以後到光武年間出現低溫的年份最多，漢成帝到王莽時代最爲嚴重。又從東漢桓帝以後低溫出現的次數僅次於成帝、王莽時期。兩漢文獻低溫與"陰陽失序"的記載，所反映的氣候變遷與《氾勝之書》、《四民月令》完全一致。

綜合冬麥收穫期、播種期，以及特殊氣溫的記載所反映這五六百年間黃河中下游氣候變遷如下文。

從春秋到漢景帝是溫暖期，年平均氣溫高於現在。不過氣候變遷的趨勢是從溫暖走向寒冷，戰國中期以前高過戰國晚期以後。這一時期氣候可能有震蕩反復的變動，但詳情不明。

漢武帝時代可能是氣候從溫暖期進入寒冷期的震蕩期，有多次極端的低溫出現。昭、宣時代的氣候似乎比較穩定。不過宣帝末年

(?) 氣候又開始反復。

　　漢元帝時代氣候便正式進入不穩定的寒冷期，一直到東漢明帝時期才略有改善。在這百餘年低溫期，以漢成帝到王莽時代最爲嚴峻。從明帝(58)到和帝(116)這四十八年的氣溫似乎略有改善。

　　從桓帝以後，氣候再度惡化，不僅春夏氣溫低，而且寒暖失常。這一時期氣候惡劣的程度也許僅次於成帝、王莽時期。

　　至於《管子·輕重》的寫作年代，根據作物所反映的物候，大致在戰國中期，或中期以前。與孟子的時代相去不會太遠。

※ 本文原載《新史學》2 卷 1 期，1991 年。
※ 陳良佐，臺灣大學歷史系，國立清華大學歷史研究所退休教授。

漢代的精耕農作與市場經濟

許倬雲

本文討論的主題是漢代的農業,尤注目於集約精耕與人口增殖的關係。精耕制與以銷售爲部分目的的農户經營,由漢代以至近世,始終是中國農業經濟的特色。茲先由漢代政府對農業的政策開始討論。

秦統一中國，廢封建，行郡縣，諸子不復分封。[1] 由此，秦天子以下，天下莫非齊民，中間的只有代表皇權的守令，皇帝與臣民之間的關係是直接的。這也可説是韓非子理想的實現，使强宗大族不復能專壟斷賦役所自出的人力資源。《韓非子》："悉租税，專民力，所以備難充倉府也，而士卒之逃事伏匿，附託有威之門，以避徭賦而上不得者萬數。"[2]

商君變法，子壯則出分，家有二夫，則倍其賦。論其用心，商鞅大約爲了防範宗族成爲皇權與人民之間的一個權力個體，而使直接皇權的威勢打折扣。[3] 秦始皇對於生產是頗爲注意的，是以《史記》中所見幾條秦刻石的銘文，無不有僇力本業的句子。例如琅邪刻石："勤勞本事，上農除末，黔首是富。"碣石刻石："黎庶無繇，天下咸撫，男樂其疇，女修其業，事各有序，惠彼諸產，久並來田。"[4]《吕氏春秋・上農篇》開章就説："古先聖王之所以導其民者，先務於農，民農非爲地利也，貴其志也。民農則樸，樸則易用，易用則邊境安，主位尊。民農則重，重則少私義，少私義則公法立，力專一。民農則其產復，其產復則重徙，重徙則死其處而無二慮。"[5] 這一段説明了農民對皇權的價值，在於生產，服兵役，守法奉上，所謂農民樸重不徙，正是秦漢大帝國的最好國民。

---

〔1〕《史記會注考證》卷六，頁25～27。
〔2〕《韓非子》(《四部備要》本) 卷一七，頁13～14；又參看卷一八，頁10～11；卷一九，頁8；卷二〇，頁4。
〔3〕《史記會注考證》卷六八，頁8、11。
〔4〕同上，卷六，頁34～46。
〔5〕《吕氏春秋》(《四部備要》本) 卷二六，頁4～11。

漢高肇業，沿秦法不改，中國仍是一個官僚機構統治的社會。漢初諸帝，皇權逐步張大，廢功臣諸侯，削同姓列王，其目的都在消除對皇權有威脅的可能來源。[6] 漢武帝盡一切力量打擊工商人士，桑弘羊筦鹽鐵酒酤，楊可告緡算賦，一方面固是爲了籌措經費，另一方面則使國家權力直接掌握了經濟領域。這一連串的作爲，基本精神仍是以政治力量干預並獨佔社會的各項活動。[7] 最與農業有關的，莫非以政治干預，使農業生産爲漢帝國的經濟基礎。[8]

漢法重農抑商，地租極爲輕微。文帝時（前166），稅率由十五稅一減半爲三十分之一。正式宣佈農爲立國的根本，則是文帝在前元二年（前178）的詔書：“夫農，天下之本也，其開籍田，朕親率耕以給宗廟粢盛。”[9]

自此以後，漢廷屢次下詔，説明政府對農業生産的關懷。文帝前元十二年（前168）一詔尤其注意於糧食的不足。由此而有減稅一事，甚至有時有完全免除地租的恩詔，目的在使“脱産”的農民，回到土地從事生産。[10] 文帝後元元年（前163）一詔，文帝竟懷疑是否因釀酒及飼料二項用途，造成了民食的不足，當然也懷疑是否有太多的農夫脱離生産的工作：“夫度田非益寡而計民未加益，以口量地，其於古猶有餘，而食之甚不足者，其咎安在？無乃百姓之從事於末以害農者蕃？”[11]

上述文帝的詔書，顯然忽略了人口增殖的問題。漢代經過一個世代的休養生息，人民樂業，人口的數字也爲之增加。[12] 太史公則已經注意到這個現象，認爲一個世紀的人口增加率，在有些地方可

---

〔6〕 許倬雲《西漢政權與社會勢力的交互作用》，《中央研究院歷史語言研究所集刊》第35本上册。

〔7〕 《漢書》（《四部備要》本）卷二四下，頁8～13。《鹽鐵論》（《四部備要》本）自然是討論這個問題的重要史料，近人著作，Ch'ü Tung-tsu, *Han Social Structure* (Seattle: University of Washington Press, 1972)，頁196～201。S. N. Eisenstadt, *The Political System of Empires: The Rise and Fall of the Historical Bureaucratic Societies*, New York: The Free Press of Glencoe, 1963，頁121以下。

〔8〕 論漢代的租稅，吉田虎雄《兩漢租稅の研究》，東京，1966年，頁25以下。關於以農立國，參看賀昌群《漢唐間封建土地所有形式》，上海，1964年。

〔9〕 《漢書補注》卷四，頁7。

〔10〕 同上，卷四，頁11。

〔11〕 同上，卷四，頁13。

〔12〕 前述詔書明白地指出了戶口記錄不見增多。

以多到不止二倍或三倍。[13] 太史公的粗略估計可以提供增加率的大致趨勢，然而究屬太過粗略，我們仍無法據此而作推算。倒是《漢書·諸侯王表》有若干有用的記載。這些諸侯大都在高祖初年就封，由立國到國除之間的年代是確定的，十九個國的戶數也見記載。[14] 不過，這一類資料的可靠性，受兩項因素的影響：一則立國就封之初的戶數可能已是低估了，二則人口數字的增多也未嘗不可能因爲人口移入，甚至國界有了改變而未能在史料中看到。反之，因史料性質單純，而且對比的資料出於同一來源，第一項顧慮可以因此減輕其嚴重性。諸侯的封邑分散地域頗不一致，可説全國各個人口密度不同的區域都有封國。區間人口移動在有些地區是增加，有些地區是減少。整體言之，由於取樣侯國分佈各地區，因人口移動而導致的誤差，當可爲之部分的抵銷。而且各封國增殖率的一致性甚高，大率都在百年左右二倍或三倍其原有人口。除這群十九個諸侯國的人口數字外，西漢後半也有三個郡國的人口增殖率可用，其趨勢與上述十九國例證所示頗爲一致。[15] 二十二個例案的增加率以幾何平均值言之，是每年百分之一點六，一個頗爲合理的人口成長率。

漢代常有大量的流民，自然也是人口與耕地比率失去平衡的現象。武帝元狩三年（前120）有七十二萬五千關東貧民由使者部護，送到北邊新秦中安置。元封三年（前108）又有移民二百萬實邊的建議。除這兩件犖犖大者，《漢書》記錄了移民的事不下二十件之多，移動的人口動輒成千累萬。東漢也有不下二十起人口移動的記載。[16] 流民大約最後移往人口較稀的寬鄉，尤以北方沿邊及南方諸郡爲多，[17] 南方人口，增加添設郡縣，更是東漢常見的事。事實上，由漢代開始，中國人口南移是歷史上長期的現象，最後終於改

〔13〕《史記會注考證》卷一八，頁 3～4。
〔14〕《漢書》卷一六。李劍農《先秦兩漢經濟史稿》，北京，1962 年，頁 236～237。漢代郡國人口密度，請參考勞榦《兩漢郡國面積之估計及口數增減之推測》，《中央研究院歷史語言研究所集刊》第 5 本第 2 分，1935 年，頁 215 以下。
〔15〕《漢書》卷一八；卷七六，頁 14。勞榦《兩漢戶籍地理之關係》，《中央研究院歷史語言研究所集刊》第 5 本第 2 分，1935 年，頁 179～214。
〔16〕 王仲犖《關於中國奴隸社會的瓦解及封建關係的形成問題》，《中國古代史分期問題討論集》，北京，1957 年，頁 450～452。
〔17〕 勞榦前引《兩漢戶籍》，頁 192～193、208～214。

變了整個人口的分佈情形。[18]

同時，也有相當數量的過剩人口，可能由政府開放前此未開發的公田而得到耕地。整個漢代，開放公地公田的記載，史不絕書。其中包括山林園囿，或單純的"公地"，地區則包括近畿三輔，太常公田，以及所在郡國的公田。甚至王公大臣也往往奉命捐獻土地，以假給貧民。[19] 大約"公田"來源，最主要的仍是山澤林藪，未開發的土地，依封建習慣是屬於封君的。在漢代，一切未開發的土地當然就屬於皇帝了。這種山林之利，因此屬於少府，即皇室的私產收入，而不屬於大農，即政府的公收入。[20] 第二類的公田是籍沒的私產。武帝一朝，法網繁密，公卿功臣都動輒得咎，財產入官。楊可告緡，中家以上破産不少。凡此構成漢室龐大公田的重要來源。第三類則是公廨職田，由該管單位放佃，收租作爲公費。[21]

第二類及第三類的公田，事實上都是已經墾熟，而且有人耕種的田地。承種者往往不是佃户，即是官奴婢。這兩類的公田，即使由貧户承領，也不過趕走一批舊的，換上一批新的。對整個國家的耕種人口與耕地比率，並無改變，而且也不會使農業生產的總額有何改變。在山林藪澤假民耕種時，農業人口的歸返生產，自有裨益。但到王莽時只是由公卿大夫捐出土地，以給貧民，則其實際增産的意義，遠遜於政治性的均産姿態。最後可以放領的空地，也不過是邊地的一些新土地了。

假給未墾的公地，也只能有限度地解决人口增殖引起的糧食生產問題；[22] 在人口密度特高的核心地區，人口增殖的壓力當更爲可怕。漢代人口分佈本不均匀；這種特殊擁擠的地區包括三輔地區、黃河中下游及四川的成都盆地。[23] 向南的移民使南方增加了不少人

〔18〕 Herold J. Wiens, *China Marches Toward the Tropics* (Hamden, 1952); Hans Bielen-stein, "The Census of China during the Period A. D. 2 ~ 742," *Bulletin of the Museum of Far Eastern Antiquities*, XIX（1947）, pp. 125 ~ 163.

〔19〕 天野元之助《漢代豪族の大土地經營試論》，《瀧川博士還曆紀念論文集》，東京，1957 年，頁 8。

〔20〕 增淵龍夫《中國古代の社會と國家》，東京，1960 年，頁 265 以下。

〔21〕 《漢書》卷二四下，頁 12。《後漢書集解》（藝文影印）卷二九，頁 12 上；卷一一，頁 14 下；卷八〇，頁 11 上。

〔22〕 若人口以每年百分之一的速度增殖，二十五年後，一百人可增殖爲一二八人，而一百年後可增殖爲二七〇人。E. A. Wrigley, *Population and History* (New York, 1971)，頁 206，表 6 ~ 2。

〔23〕 勞榦前引《兩漢郡國》，頁 216 以下。在若干地點，人口密度可以局部性異常得高，參看同氏前引《兩漢户籍》，頁 197 ~ 201。

口，但整個漢代的人口重心仍在北方。中原始終是人口壓力最大的地區。[24]

增加耕地面積是增產的一法。另一方法則是增加單位面積的生產量。漢武內外多事，封禪、塞河、開邊，已將過去幾代的儲積用盡，食糧不足的現象比以往任何一代更為嚴重。[25] 武帝末年，罷戍輪臺，封車千秋為富民侯，象徵武帝轉而注意到農業的增產。[26]

根據正統的馬爾薩斯《人口論》，在生產技術達到一個水平時，人口也有一段穩定的時期。等到另一技術進步使食糧供應更多時，人口才再度喪失穩定。依此理論，人口是跟著經濟情況改變的應變變數。然而人口與經濟改變之間的關係似比馬氏理論所假定的情形更為複雜。新技術的傳播，甚至發明，往往可應人口增加而引起。人口學家 Wrigley 指出，人口與經濟條件之間的互應關係，往往有助於解釋何以在歐洲及其他地區工業化以前的社會，其經濟基礎的農業，仍可以緩慢地，然而逐漸地改進。[27]

Ester Boserup 討論農業生產條件的名著，雖只是薄薄的一本小書，卻是對馬爾薩斯《人口論》的重要修正。近年來，經濟史家對這本小書，已有了不少辯論。她認為人口增殖是農業技術進展的主要因素。歷史上常見的情形，因人口密度高，農夫才以為集約式耕種可以在同一單位面積的農田獲得更多的利潤。換句話說，即使農夫已知道了精耕細作的技術，若人口密度不到一定的水平，農夫也犯不著在一塊小面積土地上用盡氣力。另一方面，人力供應充分，也由人口增殖而不成問題。人口密度高，土地供應少，農夫勢必著眼於單位面積產量的提高，也就是整個生產量的增加。[28]

武帝時，中原郡國人口密度已超過每平方公里一百人，而新開放的公田也很快地不夠分配。人口壓力已很明顯，趙過的“代田”法在武帝末年得到推廣，當與人口壓力的情形，有其對應關係。[29]

---

[24] 勞榦前引《兩漢郡國》，頁 216 以下。比較該文所列兩漢資料，可發現兩漢十二個人口最密郡國中的十個，仍列入東漢十七個最密郡國之中。

[25] 《漢書》卷二四上，頁 7。

[26] 同上，卷二四上，頁 12~13。

[27] Wrigley 前引書，頁 46~50。參看 T. R. Malthus, *First Essay on Population*, London: Royal Economic Society, 1798, 1926 年重印。

[28] Ester Boserup, *The Conditions of Agricultural Growth*, Chicago, 1965, p. 41.

[29] 《漢書補注》卷二四上，頁 13。

在此以前，漢室已長期實行勸農政策。而政府中人對於農業知識的推廣，也未嘗不時時留意，例如董仲舒就曾建議鼓勵三輔關中農戶種植宿麥，董仲舒的奏疏說到：“今關中俗不好種麥……，幸詔大司農使關中民益種宿麥。”[30] 足見其目的爲以增加一次冬季農作，庶幾因收入增加，而改善農戶收入，使農民不致脫離農業生產。

集約農耕的技術，在戰國時已到達相當的水平。《呂氏春秋》的《上農》、《任地》、《辯土》、及《審時》四篇，[31] 爲先秦農作技術的基本觀念，作了理論性的綜合，其中包括選種、精耕細作、合作輪種、防止蟲害、適應土壤條件、使用肥料、注意水源供輸、正條直行，以使空氣流通，但同時使作物疏密恰到好處。[32]

趙過的代田法，大約只是整合他所知的最佳耕作技術，編組成爲完整的耕作程序。壟與畎的排列可以達到正行列的目的。作物根部因不斷隤土附根，也可有助於植根深入。行列正直，使耘田除草都比較方便。畎與壟的“歲代處”，亦即輪流作爲作物生長的行列，也可算是就地換圃。趙過也提倡新農具的使用，所謂“便巧”的耕具。其中包括牛耕的犁、除草用的農具；還有一種輕便的耦犁，大約是播種用的耬車。據說代田法使單位面積的産量大爲提高。趙過受命以代田法訓練三老及若干揀選受訓的力田。還有若干大農的工巧奴奉命在官設的冶坊生産代田法使用的新農具。[33] 這次代田法的實驗與推廣，堪説是中國歷史上第一次有系統的農技改革。

考古學的證據顯示，代田法似乎確曾廣泛地推行於全國各處。居延漢簡中即出現“代田”與“代田倉”等詞，其時間只在趙過在

---

[30] 同上，卷二四上，頁13。

[31] 《呂氏春秋》有關農作的四篇，自然不是農夫所作。但即使文人學士是真正的著者，仍須當時有有關這一類問題的存在，這些知識分子方可下手討論，何況先秦是有一批真正關心農業的農家學者，也親自操作，具有第一手農作經驗的，如《孟子》中的許行之徒。

[32] 許倬雲《兩周農作技術》，《中央研究院歷史語言研究所集刊》第42本第4分，1971年，頁803～818；夏緯瑛《呂氏春秋上農等四篇校釋》，上海，1956年；萬國鼎《呂氏春秋的性質及其在農學上的價值》，《農史研究集刊》第2冊，1960年，頁182～185。

[33] 《漢書》卷二四下，頁13～14。至於代田究竟宜於在大面積農田抑小面積農田，仍是聚訟之點，參看伊藤道雄《代田法の一考察》，《史學雜誌》69卷11期，頁61～78；西嶋定生《中國經濟史研究》，東京，1966年，頁166以下。其實代田法對於大小農田都可使用。

關中初試代田法之後二年，遠至居延邊地，代田法也已付之實行
了。[34] 代田法中用以播種的三足樓，在漢墓畫像石上也清晰可
見。[35]

　　由代田法更上一層樓的精技術爲區種法。區種的創始人據説爲
氾勝之（約在公元前第一世紀）。其法是在小面積作業區用上高度密
集的勞力和肥料，以創造單位面積的高產量。植物種植於成條排列
或成方陣排列的小坎，謂之一區。區的面積、深度及分佈密度，視
作物本身的需要而異。重要的是農夫必須繼續不斷地灌溉與施肥。
區種法在於利用面積太小或不便耕種的邊際田地，達成高產目
的。[36]

　　誠如石聲漢氏指出，氾勝之區種是一種用肥和保墒的耕作方
法。[37] 區種可以用勞力、肥料和適當水分造成小單位的高產。不
過，此法最適用的地方，大約也限於特殊的條件，例如地形崎嶇的
山坡地，土壤易於流失，不能墾拓爲大面積農田，即可用區種來補
救弱點，但仍須具備大量的勞力，方可承擔密集的勞力要求。而肥
源稀少，不能普遍施肥，則選擇重點集中用肥，也不失爲補救之法。
否則，若在大面積農田上，以同樣的方法種植，勞累太過，肥料的
需要量也太高，勢必得不償失。至於《氾勝之書》所説產量的數字，
據説二人耕種一年之收，可食二十六年；這個數字自然也誇大得不
近常情，而原書別處的數字也與此大有差別。[38]

　　即使區種的成績不甚可信，代田與區種的基本原則卻很合理，
大致可以合併爲六項原則：

　　（甲）整地

　　子、正條種植，而不是漫種。

---

[34]　Chang Chun-Shu, "The Colonists and Their Settlements on the Chu-Yen Frontier"，《清華
　　　學報》新 2 號，頁 161～215。

[35]　《山西平陸棗園村壁畫漢墓》，《考古》1959 年第 9 期，頁 463，圖版 104。

[36]　石聲漢《氾勝之書今釋》（北京，1959）；大島利一《氾勝之書について》，《東方
　　　學報》（京都）15 卷 3 期，頁 86～116。

[37]　中國的廐肥，以豬肥爲最常見，也遠在漢代即可見之。漢代明器常見豬圈與廁所相
　　　連，漢代村落遺址，也見此種安排，《遼陽三道濠西漢村址落遺》，《考古學報》
　　　1957 年第 1 期，頁 124。

[38]　石聲漢前引書，頁 64。清代頗有人想重新嘗試區種法，參看王玉瑚《區種十種》，
　　　上海，1955 年。1958 年在河北、河南兩省也曾有實驗，參看萬國鼎《中國農學史
　　　稿》，北京，1959 年，頁 178。

丑、相當程度的深耕。

寅、考慮到農田所在的地形。

（乙）種籽

子、選種。

丑、種籽處理。

（丙）種植

子、"趨時"——趕上最佳的天氣。

丑、勤除草、除蟲。

寅、灌溉保墒。

（丁）改良土壤條件

子、施肥——包括動物肥和綠肥。

丑、作物輪種，以縮短甚至避免田地休耕。

寅、使用豆科作物以改良土壤肥力。

（戊）土地利用

子、一年多作，甚至套作。

丑、在邊際土地上種植蔬菜。

（己）農具

子、使用畜力，以代替人力。

丑、使用特定的農具，作特定的工作。

　　漢代農夫顯然已掌握集約耕作的技術和知識，可以合理有效地連續使用土地，而不須休耕。當然，這種高水平的農耕不是全國皆有之。在大漢天子治下的許多邊地，耕種技術仍很落後。在高水平集約與落後耕作之間，當然也因地因時及因其他條件，會有不同水平的農耕技術存在。在公元前第一世紀，中國的作物種類包括：黍、稷、粱、粟、穄、冬麥、春麥、大豆及其他豆類、麻枲、瓜、瓠、芋、稻、芝麻、苜蓿等類。肥料種類包括人肥、動物肥（羊、牛、豕、馬、禽、鹽矢）及綠肥。水利的控制可以藉助於溝渠井池陂塘，使農業由天水耕作轉變爲灌溉耕作。凡此條件，均可有助集約農業的繼長增高，日趨更爲複雜的境界。[39]

　　集約農作可利用婦女與兒童力從事較爲不勞累的工作，如除草、

---

〔39〕　石聲漢前引書，頁48～49。

除蟲、施肥之類。同時集約農作要求長期而繼續的工作。是以集約農作既可減少季節性的勞力閑置，又可使次級勞動力也投入生產。[40] 一年多作更縮短了土地休閑的時間。然而，中國的北方究竟有相當長期的霜期。漢帝國的核心區域爲關中與中原，冬季頗長，生長季節大受氣候的影響而縮短。於是一歲之中，到底免不了有勞力需求分佈季節性不均勻的現象。春耕秋穫，最爲忙碌，而冬季則不失爲閑季。[41]

閑季中主要勞動力（男性）及全年中未完全使用的次要勞動力（女性及兒童）都可有相當的時間從事其他非農業性的工作。凡此多少吸收了一些季節性的勞力閑置。其成果不是農業活動的間接支援，即是生產可出售的貨品。有一些經濟學家稱這種非農業性活動爲"Z"類活動。[42]

王褒的《僮約》是兩漢時代的幽默作品。髯奴便了，原屬於成都楊家，在王褒由原主買得便了時，便了要求將一應工作全部開單列出。《僮約》中列舉了一個假想農莊的各項農業活動，也包括了修繕漁獵畜牧負販製造各項非農業性的工作。農業活動包括耕種、果蔬園藝各類，修繕工作包括修葺房屋溝渠農具，負販包括菜、家禽、雜貨等等，製造則包括編席結索及竹木器用。負販範圍可到主要道路及小路上的大小市聚。[43] 而出售的貨品都不外由上述非農業活動生產所得。[44]

上面討論的農舍生產無疑會由近村貿易逐步發展爲一個貿易市場網，其網絡足以聯繫若干分散的聚落，使當地交易構成一種市場性質的農業經濟。[45] 宇都宮清吉研究《僮約》，指出《僮約》中的當地貿易可達兩個範圍。一個大圈子以二百公里爲半徑，一個小圈

---

〔40〕 婦幼在田間的工作，東漢史料中頗常見，如丈夫耕田，妻子耘草，例見《後漢書集解》卷八三，頁15。

〔41〕 Boserup，前引書，頁51～53，但本文作者只藉此注説明勞力分佈不勻的現象，並非意謂二十世紀中國的情形可用來證明漢代的情形。

〔42〕 Stephen Hymer and Stephen Resnik, "A Model of An Agrarian Economy with Non-agricultural Activities", *American Economic Review*, 59（1969），p. 492.

〔43〕 《僮約》全文可在嚴可均輯《全漢文》中見之。日本學者宇都宮清吉對《僮約》內容有詳細的分析。見其《漢代社會經濟史研究》，東京，1967年，頁256～380。

〔44〕 Hymer and Resnik 前引文，頁492～497。

〔45〕 John C. H. Fei and Gustav Ranis, "Economic Development in Historical Pespectives" *American Economic Review* 59（1969），pp. 386～395.

子以五十公里爲半徑。[46]《僮約》本身列舉的貿易地點，也可分別
爲大都市、小城、市聚各級，符合網絡分枝的情形。[47]

　　既有交易，一定程度的專業性也就勢所必至了。東漢《四民月
令》大約是搢紳之士的農莊生活，其中所説到的五穀交易，一年之
中數度賣出買入，似乎不爲消費性的購買，倒更像是爲了營求利潤。
同時，《四民月令》的農莊也生産酒醅、漿醋、藥物、腌漬食物；更
不用説，還有絲帛織物。凡此各項，既可自家消費，也可供應市
場。[48] 中國的“月令”式時憲書，古已有之。但《四民月令》似是
第一次把商業活動包括在內。由此可見，東漢時的市場經濟已整合
於農業經濟活動之中，成爲不可分的一部分了。[49]

　　《氾勝之書》也提到了經濟作物的種植，例如種植瓠，不僅瓠白
可作飼料，瓠瓢可作水勺，瓠脂也可作蠟燭。凡此都可在市易之後
變換金錢。[50] 地區性的商業化，逐級提升，最後可以形成全國性的
經濟網。倒過來，區間的專業化，也因區間貿易而更爲發展。[51]
《史記·貨殖列傳》已列了不少各地的土産，例如安邑的棗，燕秦的
栗，蜀漢江陵的橘，淮南常山以南、河濟之間的萩，陳夏的漆，齊
晉的桑麻，渭川的竹，凡此都是以運銷別處爲目的而種植了。[52]

　　東漢史料未見如此全國性的資料，但趙岐即曾見陳留以種藍爲
業，彌望皆是，不植其他。楊震也曾以種藍爲業。[53] 織物的地域性
專業化，在居延及燉煌的漢簡中也可看到。遠在西陲邊塞，戍軍使
用的紡織品則來自河內廣漢及任城。一帛之微，遠輸千里，而其品
質也不過是尋常的貨品，並非什麼罕有的上品。[54]

　　近來發現的考古資料更説明此點。遼陽三道壕的西漢村落出土
了至少七個燒製磚瓦的窰，窰的容量足可燒製一千八百塊磚。據經

〔46〕　宇都宮清吉前引書，頁 349～353。

〔47〕　同上。

〔48〕　現存最佳本爲石聲漢《四民月令校注》，北京，1965 年。又參看楊聯陞《從四民月
令所見到的漢代家族的生產》，《食貨》第 1 卷第 6 期，頁 8 以下。

〔49〕　守屋美都雄《中國古歲時代の研究》，東京，1963 年。

〔50〕　石聲漢前引書，四（10）至四（10）四。

〔51〕　Fei and Ranis，前引文，頁 293。

〔52〕　《史記》卷一二九，頁 11。

〔53〕　嚴可均輯《全後漢文》（世界書局影印本）卷六二，頁 5；《後漢書集解》卷五四，
頁 1 引《續漢志》。

〔54〕　陳直《兩漢經濟史料論叢》，西安，1958 年，頁 68。

手的考古學家報告：兩窰成一組，輪流生火，可以連續生產，不致中斷。在三道壕生產的磚瓦，不僅見於本村遺址，同樣的磚也見於遼陽地區的其他同時代遺址。村外有一條道路遺跡，卵石累積三四層作爲路基，高達 0.35 公尺。路面上有兩條大車的轍痕。路寬七公尺，足夠兩車並馳。[55] 遼東在漢仍爲邊地，經濟上絕非高度發展的地區。一個邊地的村落，可在農業之餘，有此專業化的燒窰生產，有此運輸道路，則非農業性的經濟活動，也就相當可觀了。

市場交易網把農業社會中的個別成員結合於一個巨大的經濟網之中。這種觀點多少不同於一般習見的看法。後者總以爲中國的農業社會由許多自給自足的村落合成，彼此之間各不相涉。[56] 事實上，漢代已有不下二三十個具相當規模的城市，坐落於聯絡各地區的大小幹道上。[57] 漢代的生產力，足可產生繁榮的工商業。但是漢代的重農政策，尤其武帝時代殺鷄取卵的措施，使甫萌活潑生機的工商業，剛發芽即告夭折，夭折於強大皇權的壓力之下。[58] 武宣以降，漢代的官僚機構漸漸形成氣候，士大夫不容政治之外的工商力量構成對其政治獨佔挑戰。中國將發財與升官聯合爲一個成語，即可見政治之外，甚至不再容許另一平行的致富途徑。[59] 商業活動，是以在武帝以後不可能有全面發展的機會。於是生產食物的責任固已由農民擔任，連原可由工商專業擔任的其他貨品的生產工作，也不得不由農村擔任，轉而也吸引了農村中季節性的多餘勞力。

商業活動的水平隨著政治安定度而升降。國家統一，內部交通無阻隔，則貨暢其流，不僅局部性的經濟整合易於做到，甚至全國性的整合也並非不可能。反之，若國家分裂，伏莽遍野，舉步荊棘，則商旅裹足。在這種情形下，農村經濟的觸鬚，逐步縮回。第一步當爲區域性的經濟自足，也就是區域性的經濟割據。逐步縮小，到最後一步即可能構成關著寨門的塢堡自給自足。這種小地區的自給自足，不能與當地的自衛分開。地方領袖即由此脫穎而出，成爲地

[55] 《遼陽三道壕西漢村落遺址》，頁 119、125～126。

[56] 例如 Etienne Balaz, *Chinese Civilization and Bureaucracy* (Translated by H. M. Wright, New Haven, 1964), pp. 15～16。

[57] 宇都宮清吉前引書，頁 109～119。

[58] 許倬雲前引文。

[59] 同上。又 Balaz 前引書，頁 15～18、41～42。

方豪强。光武舅氏樊宏父子，即是此等人物。[60] 大約全國即已分割
爲許多經濟上獨立的小單位，凡事不假外求。[61] 西漢末如此，東漢
末的塢堡，也正是這種關閉性的單位。[62] 其中農民非農業性活動，
遂不免由自産可赴市售賣的貨品，轉變爲生産外來供應中斷後的代
用品。然而，這種由互相隔離自給自足的獨立狀態，終究只是暫時
的現象。到國家再度統一時，孤立的小單位會再度由交易而逐步整
合，再度發展爲一個全國性的經濟網絡。中國的集約農業，終究會
使農民把非農業活動的資金與勞力，轉化爲專業貨品的生産，讓農
民在農業收入之外，享有可觀比例的農舍工業的收入。

※ 本文原載《屈萬里先生七秩榮慶論文集》，收入許倬雲《求古篇》，臺北：
聯經出版事業公司，1982 年。
※ 許倬雲，美國芝加哥大學博士，中央研究院院士、美國匹茲堡大學歷史系退
休名譽教授。

[60] 《後漢書集解》卷三二，頁 1。
[61] 金發根《永嘉亂後北方的豪族》，臺北，1964 年，頁 11～12、28～31。
[62] William Skinner 在十八世紀的中國社會，也發現這種現象。參看其 "Chinese Peasants
and the Closed Community: An Open and Shut Case", *Comparative Studies in Society and
History*, XIII (1971)，頁 270 以下。但須注意者，漢代與十八世紀，政治制度各異，
生產力也不能同日而語，率爾比較，仍須十分謹慎，並且不可忽視其中的差異。

三至六世紀浙東地區的經濟發展

劉淑芬

一、前　言

　　長久以來，歷史學界都以中國文明發源於黃河流域，而後向四周擴散的一元論，來解釋中國歷史的發展；然而，這種説法在 1970年代末期以後，面臨考古新發現的挑戰。其實，以一元論解釋中國歷史的發展，是因爲受到文獻記載的主觀性，以及 1970 年以前考古工作主要限於黃河流域導引的緣故。在考古學方面，七十年代後期以來，考古工作在地域上的拓展及其發現，學者已修正其“黃河中游文化一元論”，逐漸傾向於中國文明起源多樣性的看法。[1] 而就歷史學方面來説，也不一定有足够、具體的資料，充分支持一元論的解釋。因此，一元論的歷史解釋實有重新檢討的必要。

　　今日我們所知道的中國史中，有許多一元論的歷史解釋，江南地區的開發就是其中一個明顯的例子。從來學者都認爲：江南地區的開發是漢代以後才漸次展開的，漢末和永嘉前後是兩個關鍵性的階段。這兩個時期，由於北方的動亂，大量人士向南方遷徙，帶來北方先進的農業和技術，從而促進江南的開發。[2] 甚至有人以唐代的

---

〔1〕　杜正勝《導論——中國上古史研究的一些關鍵問題》，杜正勝編《中國上古史論文選集》，臺北：華世出版社，1979 年。
　　　佟柱臣《中國新石器時代文化的多中心發展論和發展不平衡論》，《文物》1986 年第 2 期。嚴文明《中國史前文化的統一性與多樣性》，《文物》1987 年第 3 期。
〔2〕　三十餘年來，魏晉南北朝史的專著、論文，屢以此觀點解釋江南的開發。唐長孺《三至六世紀江南大土地所有制的發展》，上海：上海人民出版社，1957 年，頁 2：“特別是三世紀以後，大批北方人民帶著他們的先進生産技術流徙南方，江南的生産力獲得迅速的提高。……”何茲全在《魏晉南北朝史略》一書中談及漢末移民時説：“人口南移總是帶著他們的財富、知識和生産技術，所以人口的南移，就是南方的開發。”又述東晉移民潮：“這次北方人口的大量南移，對於南方説，起了很大的開發作用。南下的勞動人民把北方進步的農業技術和農業生産工具都帶到南方去，把南方前此未墾的荒地繼續開墾起來。”上海：上海人民出版社，1958 年，頁 17、77。
　　　韓國磐《南朝經濟試探》，上海人民出版社，1963 年，頁 84：“南渡流民中固然包括地主階級中的豪門大族，但是絶大多數是勞動人民。這些勞動人民帶著比較進步的生

標準來看，認爲六朝時江南的開發仍是有限的，要到了唐代，江南才大規模地開發。[3] 上述的看法，是基於北方文化優於江南的前提下發展出來的，包含兩個層面：（一）漢末以前，江南地區仍是落後的。[4]（二）強調移民的貢獻。這樣的觀點是否正確呢？

近三十餘年來的考古發掘與研究指出：在漢末北方移民到來之前，江南某些地區已有相當程度的發展。如東漢的會稽郡就是一個製造業的中心，在製瓷業方面，還領先北方。此外，關於北方移民對江南開發的貢獻方面，北方的旱地農田的技術和經驗，是否能對江南水鄉澤國的水稻栽培有所助益？這一點也是值得考慮的。由此，我們覺得前述觀點似乎應該再作檢討。

本文主要討論魏晉南北朝浙東地區的發展，藉以檢討上述看法的正確性。在時間上，以漢獻帝建安元年（196），迄隋煬帝大業五年（609）爲斷限。[5] 涵括了漢末、永嘉兩次移民潮。在空間上，浙東地區包括今日浙江省浙江以南的地區，是漢末、永嘉時期許多北方人士避亂南來擇地定居的地區。因此，有利於檢討這個說法。

---

〔2〕 **（續前注）** 產技術和生產工具來到江南，這就不僅大大增加了江南地區的勞動力，並且推動了生產技術的發展。"又，他在《魏晉南北朝史綱》，北京：人民出版社，1983 年，頁 197～203，也重申這個說法。

王仲犖《魏晉南北朝史》，上海：上海人民出版社，1979 年，頁 100 中論及江東的開發說："他們（北方移民）不僅給江南帶來了進步的農業生產工具和先進的生產技能，同時也擴大了江南的耕地面積……。"

傅築夫《中國封建社會經濟史》，北京：人民出版社，1984 年，頁 40："中原人民移居江南之後，把他們先進的技術和經營管理經驗帶到了江南，遂大大提高了江南地區的農業生產技術，使農業生產由粗耕迅速地轉變爲精耕，從而徹底改變了江南地區火耕水耨的落後面貌。"

羅宗真《六朝時期全國經濟重心的南移》，《江海學刊》1984 年第 3 期，頁 75："北方人民的不斷南下，帶來了許多先進的生產技術，……"許輝《東晉南朝時期南方經濟發展的原因》，《史學月刊》1985 年第 5 期，頁 31，也同此說。

王志邦《東晉南朝浙江農業生產的發展》，中國魏晉南北朝學會編《魏晉南北朝史研究》，四川省社會科學院出版社，1986 年，頁 95。

童超《東晉南朝時期的移民浪潮與土地開發》，《歷史研究》1987 年第 4 期。

〔3〕 史念海《隋唐時期長江下游農業的發展》，載史念海《河山集》，北京：三聯書店，1978 年二版。

〔4〕 萬繩楠《魏晉南北朝史論稿》，安徽教育出版社，1983 年，頁 223："在魏晉時期，江南真正得到開發的，只有吳郡。"

〔5〕 通常三國時代自公元 220 年曹丕代漢這一年算起。不過，早在建安元年（196），曹操挾漢獻帝遷許，事實上漢室是名存實亡了。而在此前一年（195，獻帝興平二年），孫策據吳。次年（196）更取得會稽郡，自此浙東地區即在孫吳控制下。故本文的討論自建安元年始。

　　本文除了就農業、商業、製造業、都市與人口方面，檢視此一時期浙東地區發展的情況之外，並將討論下列三個問題。第一，六朝時期江南開發有限説，是否真確？第二，北方移民對浙東地區發展的貢獻如何？他們是否爲促進浙東開發的主要因素？第三，探討北方移民和浙東土著之間的關係。土著和移民間是否有利益上的衝突？如果有的話，他們如何解決這些衝突？

　　在章節的安排上，本文先討論都市與人口，再次爲製造業與商業，而後討論農業，最後談北方大族與浙東的經濟發展。農爲國本，本來應先討論農業，而一般討論江南開發的文章，也幾乎都以農業爲主，[6]不過，衡量農業開發的尺度是耕地面積的擴大與單位面積生產量的成長，六朝的文獻在這方面沒有數字可據以討論，僅是隻言片語的零散資料，很難對此時土地開發有具體明晰的理解。因此本文從郡縣的設置、城市的增加，輔以人口資料，希望能夠大致反映土地開發的情況。因歷代郡縣的設置基本上是中央政治勢力的伸張，部分反映人口與經濟的狀況。再配合製造業和商業的發展情況，期望能勾勒出六朝浙東經濟發展的面貌。至於第三節農業部分，主要是從土地的耕作方式及經營方法，討論當時農業生產力。最後討論北方大族和土著之間的關係，以及北方大族對浙東經濟發展的貢獻。

　　另外，在此必須説明本文遭遇的困難及其導致的限制，第一，六朝時浙東的海岸線和今日的海岸線可能有若干程度的差異，但因無資料可據，在討論沿海地區的發展時，便無法將這一點考慮在内。第二，六朝的史料並不是很豐富，大部分六朝史的論著都盡量利用所有的材料，泛論當時的狀況。然而，中國幅員廣大，各地之間頗有差異，實在不宜一概論之，因此本文嘗試作六朝的區域研究，只討論浙東地區。不過，因六朝史料原本有限，若再將討論範圍縮小到一個區域，相關的資料就更少了，所以在本文某些地方的討論中，資料稍嫌不足。關於這一點，我們也只能期待新資料的發現，再隨時加以補充或修正。

二、城市與人口

　　六朝浙東地區是一個完整的行政單位。在東漢時，浙東有十九個

---

〔6〕　見注〔2〕。

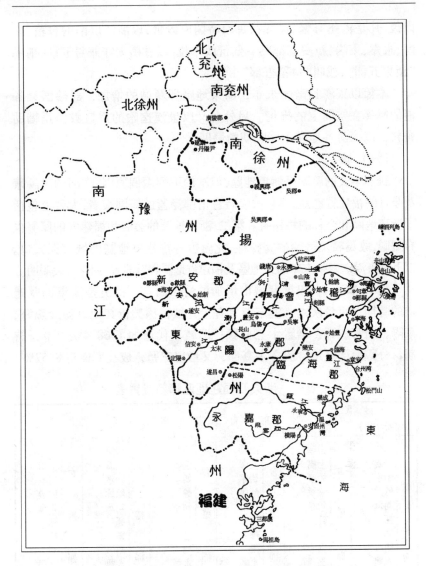

六朝浙東圖（根據譚其驤主編《中國歷史地圖集》）

城市,大部分屬於會稽郡的轄域,[7]到孫吳時析爲四郡三十二城,至
東晉又增置一郡,成爲五郡三十五縣。自此時到梁朝,此地都稱爲"浙
東五郡"。整個六朝時期,揚州是一個文治區域,不設軍府。[8] 東晉

---

〔7〕 其中歙縣及黟縣屬丹陽郡,孫吳以後,以其地爲新都郡。東晉改稱新安郡,爲浙東五
郡之一。

〔8〕 見《六朝的城市與社會·建康與六朝歷史的發展》。

以後,凡是揚州有緊急事故,每臨時開府設督,以浙江以南的會稽、臨海、永嘉、東陽、新安五郡爲一個行政單位,以會稽太守兼督五郡,稱爲"浙東五郡",或叫"會稽五郡"。[9]

　　本節以東漢到南朝末年,浙東地區郡縣城的增加,討論浙東各地的發展在空間上的推衍。另外,又以東漢迄隋的户口數作爲輔助資料,以探討各地在不同時期的發展。

(一) 城　市

　　雖然本文的範圍是浙東地區,但基於下列兩個原因,本節的討論兼及今日的福建省地區。第一,漢時會稽郡涵蓋的範圍很廣,大致上包括了浙東地區和今日的福建省。第二,浙東地區的發展和福建省的開發也有關聯,故爲顧及討論的完整性,此處也談福建省地區的城市與人口。以下將東漢迄南朝末年浙東地區及福建省地區郡縣設置,列作一表説明。

　　如表一所示,以郡縣城市增加的情形而言,孫吳是浙東郡縣遽增的時期,東晉次之。漢末浙東有十九城,孫吳析其地,新設臨海、東陽、新都三郡,增置十三個縣;即較漢代增加了 68.4%。東晉時期,分臨海郡之地,設立永嘉郡,又增置三縣;成長率僅有 8.57%。

表一　浙東及福建地區郡縣設置表

東漢 (建安元年)		孫吳		東晉		宋、齊		梁		陳	
會稽郡	山陰 上虞 始寧 餘姚 句章 鄞 鄮 剡 永興 諸暨	會稽郡	山陰 上虞 始寧 餘姚 句章 鄞 鄮 剡 永興 諸暨	會稽郡	山陰 上虞 始寧 餘姚 句章 鄞 鄮 剡 永興 諸暨	會稽郡	山陰 上虞 始寧 餘姚 句章 鄞 鄮 剡 永興 諸暨	會稽郡	山陰 上虞 始寧 餘姚 句章 鄞 鄮 剡 永興 諸暨	會稽郡	山陰 上虞 始寧 餘姚 句章 鄞 鄮 剡 永興 諸暨
	章安 寧海	臨海郡 257	章安 寧海 臨海 南始平	臨海郡	章安 寧海 臨海 始豐 樂安 347	臨海郡	章安 寧海 臨海 始豐 樂安	臨海郡	章安 寧海 臨海 始豐 樂安	臨海郡	章安 寧海 臨海 始豐 樂安

[9]　《晉書》卷七九《謝琰傳》。

續表

東漢（建安元年）	孫吳	東晉	宋、齊	梁	陳
永寧	永寧 松陽203 安陽	永嘉郡323 ／ 永寧 松陽 安固 樂成 橫陽	永嘉郡 ／ 永寧 松陽 安固 樂成 橫陽	永嘉郡 ／ 永寧 松陽 安固 樂成 橫陽	永嘉郡 ／ 永寧 松陽 安固 樂成 橫陽
會稽郡 ／ 烏傷 長山192 太末 新安192	東陽郡266 ／ 烏傷 長山 永康246 吳寧195 豐安195 太末 定陽218 新安 平昌239	東陽郡 ／ 烏傷 長山 永康 吳寧 豐安 太末 定陽 信安 遂昌	東陽郡 ／ 烏傷 長山 永康 吳寧 豐安 太末 定陽 信安 遂昌	東陽郡 ／ 烏傷 長山 永康 吳寧 豐安 太末 定陽 信安 遂昌 建德	金華郡 ／ 烏傷 長山 永康 武義 豐安 太末 建德 ；信安郡 ／ 信安 定陽
歙 黟	新都郡208 ／ 歙 始新208 黟 黎陽 海陽 新定	新安郡 ／ 歙 始新 黟 黎陽 海寧 遂安	新安郡 ／ 歙 始新 黟 黎陽 海寧 遂安	新安郡 ／ 梁安535 始新 遂安 壽昌 ；新寧郡 ／ 黟 歙 海寧 黎陽	新安郡 ／ 始新 遂安 壽昌 ；新安郡 ／ 黟 歙 海寧 新安
侯官	建安郡260 ／ 建安 吳興 東平 建平 將樂260 昭武 南平 侯官 東安	建安郡 ／ 建安 吳興 東平 建平 將樂 邵陽 延年 綏安399 ；晉安郡282 ／ 侯官 晉安 原豐282 溫麻283 宛平 同安 新羅	建安郡 ／ 建安 吳興 邵武 建陽 將樂 綏成 沙村 ；晉安郡 ／ 侯官 晉安 原豐 溫麻 羅江	建安郡 ／ 建安 吳興 邵武 建陽 將樂 沙村 ；晉安郡 ／ 侯官 原豐 溫麻 ；南安郡 ／ 龍溪 蘭水 晉安	建安郡 ／ 建安 吳興 邵武 建陽 將樂 沙村 綏成 ；晉安郡 ／ 東侯官 原豐 溫麻 ；南安郡 ／ 龍溪 蘭水 南安 蒲田

說明:①見於表中的阿拉伯數字是郡、縣設置年代。

資料來源:①《後漢書·郡國志》、《晉書·地理志》、《宋書·州郡志》、《南齊書·州郡志》、《隋書·地理志》。

②《三國郡縣表附考證》(吳增僅、楊守敬)、《三國疆域表》(謝鍾英)、《補三國疆域志補注》(洪亮吉、謝鍾英)、《三國疆域志疑》(謝鍾英)。《晉書地理志新補正》(畢沅)、《新校晉書地理志》(方愷)、《東晉疆域志》(洪亮吉)、《宋州郡志校勘記》(成孺)、《補梁疆域志》(洪齮孫)、《補陳疆域志》(臧勵龢),以上均收入;《二十五史補編》(開明書店)。

在地形上,浙東可分爲包括以今日紹興市(六朝的山陰)爲中心的寧紹平原、金衢盆地、浙南山地和除了寧紹平原之外沿海的河口小平原如靈江、甌江等河川的下游。從各個時期城市的分佈,看浙東地形區開發的先後順序,則寧紹平原是最早開發的地區,金衢盆地(相當於孫吳以後的東陽郡)次之。

孫吳時期,浙東城市大幅度地成長,有兩個原因。一是移民的因素。漢末的移民潮,數以萬計北方避難南來的人士移入此地,[10]人口遽增,使得爾後控制此地的孫吳政權不得不析土設縣,以利於統治。二是政治因素。浙東地區是孫吳建國的基礎,[11]而當時的浙東地區除了寧紹平原和靈江、甌江、飛云江的河口平原之外,其餘廣大的山區大多是越人散居之處。孫吳一方面爲平息山越的寇擾,以鞏固其在此地的統治;另一方面,也爲了充實軍力軍實,以越人爲兵,或將他們納入郡縣編户,以徵收賦稅力役,於是展開一連串討伐山越的軍事行動。孫吳在對山越作戰的過程中,或是將越人編入軍隊;或是將越人移居平地,增置郡縣以安置和管理他們。

東晉時期,浙東郡縣增加數不多,但值得注意的是,福建省地區郡數有較多的成長。東漢時,福建爲會稽郡的南部,只設冶縣。[12]孫吳時,在此地設建安郡,置有九縣。東晉時析建安郡,設晉安郡,又增置五縣。相較之下,東晉時浙東城市的增加有遲緩下來的現象,下列兩個原因可以解釋此一情況。一是浙東的平原和盆

---

[10] 《魏志》卷一四《蔣濟傳》,建安十四年:"江淮間十餘萬衆,皆驚走吳。"《吳志》二《孫權傳》,建安十八年:"初,曹公恐江濱郡縣爲權所略,徵令内移。民轉相驚,自廬江、九江、蘄春、廬陵户十餘萬皆東渡江,……"

[11] 孫吳以江東六郡起家,《吳志》四《劉繇傳》裴注引袁宏《漢紀》:"劉繇將奔會稽,許子將曰:'會稽富實,策之所貪,……'"

[12] 勞榦《漢晉閩中建置考》,《中央研究院歷史語言研究所集刊》第5本。

地已經充分開發了，所以南來的移民往福建地區定居。另一個因素是東晉時浙東的亂事，促使浙東居民移往福建，關於這一點，在户口部分再加以討論。

從郡縣城市的增加，看浙東各地開發的狀况，則東漢時寧紹平原已經充分開發了，而金衢盆地要到孫吴時才完全開發。東漢浙東十九個郡縣城中，有十城集中在寧紹平原上，它們是：山陰、上虞、始寧、餘姚、句章、鄞、鄮、剡、永興、諸暨。六朝時代此一地區不曾再增置郡縣，可見此地已經充分發展，這和東漢寧紹平原上製造業發達的事實（見本文第三節），是頗爲一致的。東漢金衢盆地上只有六城：烏傷、太末、長山、新安、歙、黟，此起浙東其他地區，此地也算是開發較早的地區。不過，因爲盆地四周山地環繞，多越人，所以山地尚未充分開發，一直要到孫吴征伐山越，此地的開發方深入山區。吴將賀齊討伐歙、黟二縣境内的越人，在其地新設四縣，置新都郡（東晉改稱新安郡）。[13] 另外，孫吴在金衢盆地東部增設五縣：永康、吴寧、豐安、平昌、定陽，至孫皓寶鼎元年（266），更在這裏設東陽郡。孫吴以後，金衢盆地上不曾再增置郡縣。

東晉時期，浙東沿海河口平原和福建地區在開發上有顯著的成績。漢代只在沿海口岸的寧海、章安、永寧（今温州市）設縣，孫吴時在河口平原上增設四縣，併前三縣，成立臨海郡。西晉永嘉以後，此地新置三縣，[14] 又析臨海郡南部，置永嘉郡。

從城市在空間上的分佈看來，東漢三國浙東的城市大都沿著河流發展，包括新安江、浦陽江、曹娥江、靈江、甬江、甌江；東晉以後增加的城市則多在沿海地帶。會稽郡、新安郡、東陽郡的城市大都依傍河岸，而此三郡也是浙東較早開發的地區。臨海郡和永嘉郡的城市最先在海口出現，而後向内陸推進。東漢此一地區僅有三城：寧海（今海寧）、章安（今臨海或臺州）、永寧（今永嘉或作温州），章安瀕臺州灣，永寧臨温州灣，都是近海的港口城市。臨海、永嘉二郡的城市都以章安、永寧爲基點，向河流上游及海岸平原擴

---

〔13〕《吴志》一五《賀齊傳》："（建安）十三年，遷武威中郎將，討丹陽、黟、歙。時武彊、葉鄉、東陽、豐浦四鄉先降，齊表言以葉鄉爲始新縣。……齊復表分歙爲新定、黎陽、休陽，併黟、歙凡六縣。權遂割爲新都郡，齊爲太守，立府於始新，加偏將軍。"

〔14〕西晉太康四年（283），新設橫陽縣。

展，前者如臨海、始豐、樂安；後者有樂成、安固、橫陽。

西漢的浙東還沒有大的商業都會，[15] 東漢時寧紹平原上製造業很發達，其中心都市山陰成爲浙東地區最大的都市，到劉宋時代，山陰已經是南朝境內的大都市。當時，山陰著籍人口有三萬戶，[16] 而劉宋會稽郡十個縣著籍戶數爲 52 228 戶，[17] 則山陰著籍戶數佔了會稽郡的 57.4%，可見這是浙東的超級城市。而值得注意的是，有許多士族、豪族、皇戚、貴臣寓居山陰，他們多擁有大批蔭附人口，因此山陰的實際人口數其實較著籍戶口數，超出了許多。山陰不但人口眾多，而且商業非常興旺，《宋書》上說此地"王公妃主，邸舍相望"，[18] 因爲商業的蓬勃發展，使得傳統縣城中市區的管理和秩序難以維持。[19] 此外，浙東也有其他商業都市的興起，如金衢盆地上的長山（今金華市，六朝的東陽郡治）。[20]

（二）人 口

中國歷史上戶口數的記録，在很多時期呈現若干疑點，因此不能作爲估量發展絕對的標準。六朝因大族擁有大批蔭附人口，所以正史所載的著籍戶口數，並不能代表實際的戶口數。今將《漢書》、《後漢書》、《晉書》、《宋書》、《隋書》所記載浙東諸郡戶口數，列表如下，並嘗試從六朝的政治、社會情況，來理解各時期浙東諸郡戶口數的變化。

一、表二所列西晉戶口數，係太康元年（280），也就是晉武帝滅掉孫吳那一年的戶口數，因此可視之爲孫吳末年的戶口數。至於永嘉南渡所增加的人口，則只能參考《宋書》所提供的資料。二、《隋書·地理志》所載是隋煬帝大業五年（609）的戶數，由於隋文帝平陳之後，即採蘇威的建議，釐清江南戶口，[21] 所以大業五年的

---

[15] 據《漢書》卷二八下《地理志》的記載，西漢江浙最大的商業都會是吳。而沒有提到浙東的商業都會。

[16] 《宋書》卷九二《良吏·江秉之傳》。

[17] 同前書卷三五《州郡志一》。

[18] 《宋書》卷五七《蔡興宗傳》。

[19] 《全晉文》（收入嚴可均輯：《全上古三代秦漢三國六朝文》，中文出版社）卷二一，總頁 1575，會稽太守王彪之《整市教》："近檢校山陰市多不如法，或店肆錯亂，或商估沒漏，……"

[20] 《隋書》卷三一《地理志下》："京口東通吳、會，……宣城、毗陵、吳郡、會稽、餘杭、東陽，其俗亦同。然數郡川澤沃衍，有海陸之饒，珍異所聚，故商賈並湊。"

[21] 《北史》卷六三《蘇威傳》。

戶數按理應該比較接近實際戶口數。三、以隋代較爲確實的戶數，和《晉書》、《宋書》所記不包括許多隱匿人口的著籍戶口數作一比較，如戶口數略無增減者，很可能表示人口的減少；戶口減少者，則其實際上減少的數目比此數還大；戶口數增加者，也不一定表示此地人口確實有增加，而須視其地戶口隱匿情況的嚴重及人口增加數的大小，再行斟酌。不過，因爲沒有各地人口隱匿的數據，所以很難判斷其地人口是否確實有所增加。

就整個浙東地區而言，漢末迄梁朝這個地區的人口是不斷地增加的。雖然如表二所列，西晉太康元年的戶數較東漢爲少，但這是由於戶籍登錄不實的緣故。後漢的會稽郡（包括浙東和福建地區）戶數爲 123 009 戶，太康元年上述地區的戶數總計爲 73 600 戶，比後漢約少了五萬戶。後漢迄孫吳末年，這個地區非但沒有戰亂，而且還有大批避難南來的北方人士到此定居，因此人口必然大增，不可能減少。史書上出現這樣不合理的數字，其實正顯示戶口隱匿情況的嚴重。根據虞玩之估計，在劉宋泰始三年到元徽四年（467～476）之間，揚州等九郡卻籍的戶數爲 71 000 餘。[22] 揚州計有八郡，其中包括浙東五個郡。因此卻籍的 71 000 餘戶中，有一部分是屬於浙東地區的。

以劉宋的著籍戶口和太康元年著籍戶口比較，則浙東的會稽、東陽、新安三郡戶數都有增加，只有沿海的臨海郡城市增加，但戶口卻顯著地減少。這是由於戶口逃亡，託庇於大族的結果，而非人口減少。東漢會稽郡每戶平均口數爲 3.9，劉宋時浙東各郡每戶平均口數爲 6.12，由此似乎可以看出戶口隱匿的一些蛛絲馬跡。

以西晉至劉宋各地著籍戶口作一比較，則以會稽郡、新安郡增加的幅度較大，除了會稽郡製造業發達的原因之外，這可能還和交通因素有關。會稽郡增加了 22 228 戶，增加率爲 74%；新安郡增加了 7 058 戶，百分比爲 141.1。東陽郡人口也有增加，增加了 4 022 戶，增加率爲 33.5%。自東漢以來，會稽郡轄域寧紹平原製造業發達，其繁榮自然是吸引移民的因素；另外，也和此地海上交通便利有關。關於這

---

〔22〕《南齊書》卷三四《虞玩之傳》，玩之上表云："自泰始三年至元徽四年，揚州等九郡四號黃籍，共卻七萬一千餘戶。……"揚州只有八郡，包括浙東五郡及丹陽、吳、吳興三郡。另外一郡，當屬他州，故曰揚州等九郡。

一點,將在第五節中再討論。以郡縣設置而言,東陽郡開發的次序僅
次於會稽郡,但在此時人口增加,反不如新安郡,究其原因,可能和交
通條件有關。東陽郡和新安郡分別屬金衢盆地和新安江流域,都處於
內陸,對外交通主要靠浙江水系的聯繫。從北方至東陽郡,須經三吳
水運系統到杭州灣,溯浦陽江和衢江,至金衢盆地各處,其路線比較迂
迴。從北方至新安郡,有一條路線是由杭州灣溯浙江、新安江,和北方
至東陽郡的路線相似。但新安江西北通長江支流青弋江,西南可通鄱
陽湖水系,就新安郡對西南、西北向的交通,可說比東陽郡對外交通來
得順暢便利。永嘉前後,避亂而來的北方人士移往新安郡,可能多循
青弋江及鄱陽湖水系,進入新安江流域。[23]

　　梁朝末年, 部分浙東沿海居民移往福建和廣東, 是大業五年浙
東著籍戶口數較劉宋時銳減的原因。早在東晉時, 就有浙東人民遷
居廣東,[24] 但這僅是少數避役百姓。浙東人民真正大批移民福建、
廣東, 始於梁末。一因侯景之亂 (548～552), 戰事擴及三吳、會
稽, 此時不僅浙東本地居民向南遷徙, 就連剛從建康、三吳到會稽
避難的人士, 不暇喘息地又向更南方遷移。[25] 他們或遷往福建, 或
移住廣東。[26] 二則伴隨著侯景亂事而來的浙東大饑荒, 以會稽郡最
爲嚴重, 死者十之七八, 存活者多逃往福建。[27] 陳文帝曾下詔書,
允許梁末遷到福建的晉安、建安、義安諸郡的人還歸本鄉, 但還歸
鄉土者恐怕也很有限。[28] 隋代福建戶數比劉宋時顯著地增加。[29] 而
這些避難移住福建、廣東的人, 多沿海道, 這也可以解釋此時瀕海

---

〔23〕《隋書》卷三一《地理志下》:"新安、永嘉、建安、遂安、鄱陽、九江、臨川、廬陵、南康、宜
　　　春,其俗又頗類豫章。"新安風俗和九江、鄱陽相近,可見此數郡關係密切。

〔24〕《晉書》卷七三《庾翼傳》:"時東土多賦役,百姓乃從海道入廣州,……"

〔25〕《資治通鑑》(臺北, 明倫出版社, 1973)卷一六二,《梁紀》十八, 武帝太清三
　　　年, 總頁5032:"於是三吳盡沒於景, 公侯在會稽者, 俱南渡嶺。"

〔26〕《陳書》卷三《世祖紀》:"(天嘉六年)三月乙未, 詔侯景以來遭亂移在建安、晉
　　　安、義安郡者, 竝許還本土, ……"

〔27〕同前書卷三五《陳寶應傳》:"侯景之亂, ……是時東境饑饉, 會稽尤甚, 死者十七
　　　八, 平民男女, 竝皆自賣, 而晉安獨豐沃。(陳)寶應自海道寇臨安、永嘉及會稽、
　　　餘姚、諸暨, 又載米粟與之貿易, 多致玉帛子女, 其有能致舟乘者, 亦竝奔歸之,
　　　由是大致貲產, 士眾彌盛。"

〔28〕見注〔26〕。隋代釐清戶口, 料出蔭附人口後, 遭侯景之亂的會稽、永嘉、臨海諸
　　　郡人口不是未見增加, 就是減少, 可見亂後返回鄉土者少。

〔29〕隋唐地理志記福建地區人口僅錄建安郡戶數, 雖然如此, 光是建安郡的戶數便超過
　　　劉宋整個福建地區的戶數甚多。

表二　東漢迄隋浙東、福建地區著籍戶口表

	會稽地區（浙東地區）						福建地區			
	會稽郡	東陽郡	新安郡	臨海郡	浙東總戶數	平均每戶口數	建安部	晉安部	福建總戶數	平均每戶口數
東漢 140	戶 123 090　口 481 196					3.9				
西晉 280	戶 30 000	戶 12 000	戶 5 000	戶 18 000	戶 65 000		戶 4 300	戶 4 300	戶 8 600	
宋	戶 52 228 口 348 014	戶 16 022 口 107 965	戶 12 058 口 36 651	永嘉郡 戶 6 250 口 36 680 ／ 臨海郡 戶 3 961 口 24 626	戶 90 519 口 553 936	6.12	戶 3 041 口 17 686	戶 2 843 口 19 838	戶 5 884 口 37 524	6.38
隋 609	戶 20 271	戶 19 805	新安 戶 6 164 遂安 戶 7 342	戶 10 542	戶 64 124		戶 12 420		戶 12 420	

的會稽、臨海二郡著籍戶口的銳減。

對於表二所列浙東、福建的戶口數，雖然可以六朝的政治、社會情況，作上述的理解，但仍存著一個疑問；即至隋朝浙東及福建的戶口數反較東漢及西晉時爲少，如果這個記載可信的話，該作如何解釋？除了前述梁末這兩個地區有大量人民移往廣東的原因之外，是否還有其他的理由？

三、製造業和商業

六朝以前的史書中，很少有關於製造業方面的記載，因此要瞭解當時的經濟情況，有很大一部分要靠出土文物提供資料。《史記·貨殖列傳》、《漢書·地理志》記各地的產業，都只列舉農、畜、漁、牧的產品以及礦產，而沒有提到製造品，根據此二書的記載，固然可以知道一地經濟約略的狀況和其發展的潛力；但卻不足以理解其經濟發展的全貌。近數十年來考古的發掘成果，指出漢代的四川和浙東製造業非常發達，六朝浙東的製瓷工業、銅鏡鑄造業也都很興盛。另外，從少數文獻的記載，可知浙東的紡織業、製紙業也有很好的發展。

從東漢開始，浙東製造業的發達，雖然和當地原料的供應不虞缺乏有關，但也和此地自春秋戰國以冶鑄著名及早有製作陶瓷的基礎，有一脈相連的關係。春秋時代，浙東爲越國領地，以冶鑄聞名，尤其擅長兵器的製作。[30] 東漢時浙東的會稽和首都洛陽、四川廣漢，並列爲三大銅鏡鑄造中心，[31] 這應是承繼前代的鑄造技術及繼續發展的結果。又，在浙東紹興富盛發掘的戰國窯址，得知其時此地已能製印紋陶和原始青瓷，[32] 已開啓兩漢浙東瓷器製造獨步一時的先聲。

（一） 製瓷業

迄今所知，從東漢迄六朝，浙東的製瓷業在中國瓷器製造史上，佔有特殊而重要的一頁。本節主要就瓷窯遺址的分佈，看浙東各地製瓷業的發展，並且從出土瓷器，探討浙東瓷製品的貿易網絡。

---

〔30〕 中國社會科學院考古研究所編《新中國的考古發現和研究》，北京：文物出版社，1984 年，頁 314。

〔31〕 王仲殊《關於日本三角緣神獸鏡的問題》，《考古》1981 年第 4 期。

〔32〕 紹興縣文物管理委員會《浙江紹興富盛戰國窯址》，《考古》1979 年第 3 期。

雖然在長江以南大部分的地區，都有東漢瓷窰遺址的發現，但卻以浙江的數量最多。[33] 浙江甚至被認爲是包括青瓷、黑瓷製作的發源地。[34] 浙東陶、瓷土礦産豐富，爲此地陶器和瓷器的製造業提供必備的原料，寧紹平原、金衢盆地和甌江流域都有陶、瓷土的蘊藏，而以寧紹平原的藏量最豐。此地原始瓷器可溯至戰國時代；至於瓷器和黑瓷，則從東漢時就已開始生産。[35] 寧紹平原一帶的瓷窰稱爲"越窰"，越窰青瓷製作精美，在六朝時期，獨步全國。另外，永嘉一帶的"甌窰"，金衢盆地的"婺州窰"，也都是六朝青瓷的重要産地。

從窰址的發現，可知漢代浙東部分地區製造業已經很發達了；而從窰址的分佈看各地區開發的先後次序，兩者似乎也有相應的關係。考古工作者在寧紹平原發現了許多漢代的窰址，分佈在上虞、鄞、慈溪，而僅僅上虞一地，到 1977 年的統計，就已經發現三十六處東漢窰址。[36] 寧紹平原是浙東開發最早的地區，東漢時此地製造業已經相當蓬勃興盛，這可能成爲它吸引北方避難的人民在此定居的因素之一。東漢金衢盆地的發展，僅次於寧紹平原，然而迄今尚未在此地發現漢代窰址，不過從出土的瓷器判斷，得知婺州窰在漢代業已開始生産了。[37] 又，在開發較晚的河口平原也有漢代窰址的發現，永嘉附近有三處窰址，都分佈在甌江支流楠溪兩岸；[38] 其地近海口，可知永嘉一帶的發展和海運路線有關。

三國、西晉，寧紹平原的製瓷業在技術上仍然領先各地；雖然浙東其他地方也有窰址的發現，但在數量和窰址的集中方面，都和寧紹平原無法相比。寧紹平原上，三國窰址分佈在曹娥江中游兩岸的山脚下，僅在上虞就已經發現三十餘處。西晉的窰址在上虞、山陰都有發現，上虞有六十餘處遺址。[39] 另外，在金衢盆地的武義縣發現三國窰址一處。[40] 至於永嘉一帶，則尚未發現三國、西晉的瓷

〔33〕 中國硅酸鹽學會《中國陶瓷史》，北京：文物出版社，1982 年，頁 130、137～138。

〔34〕 朱伯謙、林士民《我國黑瓷的起源及其影響》，《考古》1983 年第 12 期。

〔35〕 同上。

〔36〕 《中國陶瓷史》，頁 126。

〔37〕 貢昌《談婺州窰》，收入文物編輯委員會編《中國古代窰址調查發掘報告集》，北京：文物出版社，1984 年。

〔38〕 浙江省文物管理委員會《溫州地區古窰址調查紀略》，《文物》1965 年第 11 期。

〔39〕 《中國陶瓷史》，頁 139～140。

〔40〕 金華地區文管會《浙江武義北公社管湖三國窰》，《考古》1983 年第 6 期。

窯遺址。由此可見，迄於西晉，金衢盆地、永嘉制瓷業的發展仍然有限，還不是瓷器主要的產地。

東晉以後，瓷窯遺址的分佈較廣，顯示浙東製瓷業有由點向面擴散的跡象。寧紹平原上，窯址不再只集中於上虞、山陰二地，在永興（今蕭山上董、石蓋村）、鄞縣（小白市）、餘姚（今餘姚上林湖）都有東晉窯址的發現。而在鄞縣（今奉化縣白社）、餘姚上林湖，也有南朝窯址的遺存。[41] 永嘉郡則在永寧（今永嘉縣）發掘了三處東晉窯址，在樂成（今樂清縣白象鄉）有南朝瓷窯遺址。[42] 至於金衢盆地上，在其第一大城長山發現東晉窯址一處，[43] 而此地雖然沒有南朝瓷窯的遺址發掘，但從迄今所發掘的唐代窯址看來，十三處窯址分佈金衢盆地各處：包括今日的東陽、金華、蘭溪、武義、永康、衢州、龍游、江山，[44] 南朝時期上述某些地方可能就已開始生產瓷器，顯示金衢盆地的製瓷業有由點向面地擴散的傾向。

從東漢開始，寧紹平原就是一個製瓷業的中心，其製瓷技術逐漸向浙東各地，甚至北向浙西，南向福建輸出。從出土瓷器看，自西晉時始，越窯對於均山窯（六朝時義興郡陽羨縣，今江蘇省宜興縣）有若干影響，[45] 而與和其相鄰的德清窯（吳興郡），無疑有更密切的關係。今已發現四處德清窯遺址，[46] 另外，在德清西南方的餘杭，也發現兩處窯址。[47] 福建地區製瓷業發展較遲，大約自東晉才開始；此地製瓷業的發展可能和浙東人民的移居福建有關。目前在閩侯洪塘懷安村發現有南朝的瓷窯。[48]

東漢迄西晉間，是越窯一枝獨秀的時期，其產品製作優良，不但遍及三吳、建康，更遠銷長江中游地區。東漢末年，寧紹平原所產的黑瓷就已經流傳到浙江以外的地區，安徽省亳縣曹操宗族墓葬

〔41〕 《中國陶瓷史》，頁141。

〔42〕 浙江省文物管理委員會《溫州地區古窯址調查紀略》，《文物》1965年第11期。

〔43〕 貢昌《談婺州窯》，收入文物編輯委員會編《中國古代窯址調查發掘報告集》，北京：文物出版社，1984年，頁22。

〔44〕 同前注。並見《中國陶瓷史》，頁144。

〔45〕 同注〔41〕。

〔46〕 汪揚《德清窯調查散記》，《文物參考資料》1957年第10期。王士倫《德清窯瓷器》，《文物》1959年第12期。

〔47〕 《中國陶瓷史》，頁144。

〔48〕 同前書，頁148～149。文物編輯委員會編《文物考古工作三十年》，北京：文物出版社，1979年，頁257。

出土的黑釉瓷器，即是越窰的産品。[49] 江蘇省三國西晉的墓葬中，有越窰的青瓷作爲陪葬品，如南京趙士崗吳墓出土的青瓷虎子，[50] 吳縣獅子山西晉傅氏家族墓出土的兩件青瓷穀倉，[51] 江蘇金壇縣白塔公社惠群大隊磚室墓出土的青瓷扁壺。[52] 可見當時越窰産品在揚州地區是很普遍的商品。又，浙東的瓷器不但銷售至三吳和今安徽省地區，也及於長江中游。專家認爲，安徽出土的兩晉青瓷是屬於越窰系統，可能是由浙江運來的。[53] 而在長江中游發現六朝黑釉或醬色釉瓷器，從造型、裝飾和燒成各方面判斷，它們可能是浙江的産品。[54] 在湖北武義等地出土的青瓷，也多屬越窰系統。[55] 越窰産品行銷各地，一方面説明其産品優良和浙東製瓷業的發達；另一方面，也顯示了浙東因製造業興盛，而有活躍的商業活動。

（二）銅鏡鑄造業

東漢會稽是銅鏡主要的製造地之一；三國兩晉南北朝時，它成爲中國最重要的銅鏡鑄造中心。

會稽銅鏡鑄造業的發達，不只緣於原料供應不虞缺乏，[56] 也還因爲它有此地早先發展的鑄造業作爲基礎。[57] 中國很早就發明了銅鏡鑄造，但到了戰國時代，銅鏡才普遍被使用，[58] 今日沒有文獻或出土文物，可以證明當時會稽已經開始鑄造銅鏡。不過，春秋時代的越國，以冶鑄聞名，其冶鑄技術對於東漢此地銅鏡鑄造業的發達，應該有直

[49] 朱伯謙、林士民《我國黑瓷的起源及其影響》，《考古》1983 年第 12 期。並見安徽省博物館《亳縣曹操宗族墓葬》，《文物》1978 年第 8 期。

[50] 江蘇省文物管理委員會《南京近郊六朝墓的清理》，《考古學報》1957 年第 1 期，頁 188～189。

[51] 龜碑上分別刻有“元康二年潤月十九日超（造）會稽”及“元康出始寧，用此甓，宜子孫，作吏高，其樂無極”的字樣。見張志新《江蘇省吳縣獅子山西晉墓清理簡報》，《文物資料叢刊》第 3 期。

[52] 其上刻有“紫（此）是會稽上虞范休可作坏者也”的字樣，見鎮江市博物館《介紹一件上虞青瓷扁壺》，《文物》1976 年第 9 期。

[53] 王業友《略談安徽出土的六朝青瓷》，收入中國考古學會編《中國考古學會第三次年會論文集》，北京：文物出版社，1981 年，頁 152～154。

[54] 蔣贊初《長江中游六朝墓葬的分期和斷代——附論出土的青瓷器》，收入《中國考古學會第三次年會論文集》，頁 146。

[55] 羅宗真《江蘇東吳青瓷工藝的成就》，收入《中國考古學會第三次年會論文集》，頁 162。

[56] 《漢書·地理志》記江南只有丹陽（今安徽省宣城縣）有銅官的設置，但《水經注》中提到山陰銅牛山上設有銅官，見《永樂大典本水經注》，中文出版社，1983 年，總頁 713。

[57] 《越絕書》（樂祖謀校，上海古籍出版社，1985），《外傳記地傳》卷一〇：“姑中山者，越銅官之山也，越人謂之銅姑瀆，……”又：“六山者，句踐鑄銅。”

[58] 孔祥星、劉一曼《中國銅鏡》，北京：文物出版社，1984 年，頁 3～9。

接或間接的促進作用。

　　從出土的紀年銅鏡銘文，可知漢末建安年間，會稽山陰已發展成一鑄鏡中心。[59] 漢末以後，中國北方因戰亂及銅料缺乏的緣故，銅鏡鑄造業明顯地衰退；而浙東未受戰禍波及，製造業得以在原有基礎上繼續成長。三國至西晉，會稽郡的山陰縣在銅鏡鑄造業方面有特異的成績；不只其產品遠銷各地，還對國內、外作技術上的輸出。東漢，山陰和都城洛陽、四川廣漢（今四川梓橦縣），同爲銅鏡主要的製造地。[60] 東漢中期以後，山陰的銅鏡鑄造在形制和技術上有所創新，它打破漢代以來以線條構成平面的紋樣，開始生產以神仙、瑞獸爲文飾浮雕的鏡，即所謂的“神獸鏡”和“畫像鏡”，[61]開啓了三國時代此地銅鏡製造業的鼎盛。孫吳境內的吳縣和江夏（今武昌市），也有銅鏡鑄造業，但無論在製造業的興盛程度或鑄造技術方面，都不如山陰。[62] 三至四世紀時，會稽所製的神獸鏡不只輸入曹魏統治下的華北，亦輸入也有銅鏡鑄造業的武昌，更遠輸日本。[63] 同時，會稽不僅對外銷售成品，也對外輸出技術和工匠。在湖北省和日本出土的銅鏡銘文，都顯示了會稽工匠的輸出，如：湖北鄂城出土一枚黃武六年（227）的重列神獸鏡上的銘文爲：“會稽山陰作師鮑唐”、“家在武昌思其少”；日本大阪府國分茶臼山古墳出土的三角緣神獸鏡的銘文爲：“吾作明竟真大好，浮由天下（敖）四海，用青同（銅）至海東”。王仲殊認爲，以上二者分別證明會稽工匠到武昌及渡海到日本去作鏡。[64] 俞偉超認爲前者也說明了武昌的鑄鏡業是由於引進了會稽山陰著名的匠師而發展起來的。[65] 東渡日本的孫吳工匠並且有所新創，鑄造出鏡緣部分有異於中國神獸鏡的“三角緣神獸鏡”。[66]

　　東晉以後，山陰的銅鏡製造業有明顯衰退的現象，這是因爲隨

〔59〕　湖北省博物館、鄂州市博物館編《鄂城三國六朝銅鏡》，北京：文物出版社，1986年，俞偉超《序》，頁 2。
〔60〕　王仲殊《關於日本三角緣神獸鏡的問題》，《考古》1981 年第 4 期。
〔61〕　同前，頁 348～349。
〔62〕　徐蘋芳《三國兩晉南北朝的銅鏡》，《考古》1984 年第 6 期，頁 558。
〔63〕　王仲殊《關於日本三角緣神獸鏡》，《考古》1981 年第 4 期。
〔64〕　同前注，頁 351～352、356。
〔65〕　湖北省博物館、鄂州市博物館編《鄂城三國六朝銅鏡》，北京：文物出版社，1986 年，俞偉超《序》，頁 3。
〔66〕　在中國没有三角緣神獸鏡的出土，見前引王仲殊文。

著佛教信仰在江南的興盛，愈來愈多的銅料用在佛像和佛寺建造的
緣故。從出土的銅鏡來看，東晉以後的銅鏡文樣簡陋，銅質低劣，
鑄工不精，而且銅鏡愈做愈小。東漢三國西晉的神獸鏡直徑一般爲
10餘公分，[67] 至南朝末期梁、陳銅鏡的直徑一般爲5公分，有的甚
至只有3.2公分，[68] 顯示銅鏡的退化和銅料的缺乏有很大的關係。
有學者認爲銅料缺乏的原因，是東晉以後長江中、下游銅礦大量減
產之故，[69] 本文認爲，製造銅鏡銅料的缺乏，主要的原因不在於銅
產量的減少，而是因爲東晉以後大量地建造佛寺和佛像之故，使得
鑄鏡銅料來源不足。當時不只以銅鑄佛像，連佛塔上的露盤也以銅
打造；此外，銅更普遍地作爲裝飾品，點綴佛寺的莊嚴華麗。建造
佛寺、佛像所用銅料數量甚爲可觀，梁武帝賜簡文帝銅一萬斤，助
他建造天中天寺，又賜一萬三千斤銅，供造善覺寺塔露盤。[70] 如果
把三國迄梁、陳時代的寺院數目作一比較，[71] 就更可瞭解銅鏡製造
業的"銅荒"其實不完全是因銅產量減少的緣故。

（三）製紙業

根據文獻的記載,最遲在三國時代,浙東就有造紙業了,主要生產
楮紙（穀皮紙）和藤紙。吳末晉初,陸機曾指出江南人搗楮桑木以爲
紙,[72] 西晉張華在他所著的《博物志》一書中說:"剡溪古藤甚多,可造
紙,故即名紙爲剡藤。"[73] 剡溪位於寧紹平原曹娥江上游,溯溪而上四
五百里,都有製紙業。[74] 其實從寧紹平原到餘杭及金衢盆地的山區
多產藤,也是藤紙的產地。[75] 東晉浙東的藤紙已是優良的紙製品,范

---

[67] 同注〔61〕,頁552。

[68] 徐蘋芳《三國兩晉南北朝的銅鏡》,《考古》1984年第6期,頁561。

[69] 同前。

[70] 《全梁文》（收入《全上古三代秦漢三國六朝文》）卷一〇,簡文帝《謝敕賚相刹柱并銅萬斤啓》:"臣綱啓:傳詔呂文强奉宣敕旨賚臣柏刹柱一口,銅一萬斤,供起天中天寺,……"又,《謝敕賚銅供造善覺寺塔露盤啓》:"臣綱啓:主書陳僧聰奉宣敕旨,垂賚銅一萬三千斤,供造善覺寺塔露盤,……"

[71] 據法琳《辯正論》卷三《十代奉佛篇上》的記載,東晉南朝的寺院數目如下:東晉:1768,宋:1913,齊:2015,梁:2846,陳:1232。見《大藏經》第五十二冊《史傳部》,臺北:中華佛教文化館大藏經委員會影印,1957年。

[72] 潘吉星《中國造紙技術史稿》,北京:文物出版社,1979年,頁44。

[73] 造紙史話編寫組《造紙史話》,上海:科學技術出版社,1983年。

[74] 《全唐文》第八冊,卷七二七,頁20,總頁7495,舒元輿《悲剡溪古藤文》:"剡淡（溪）上綿四、五百里,多古藤,……遂問溪上人,有道者言:'溪中多紙工,……'"

[75] 《元和郡縣圖志》（中文出版社,1973年）卷二五,江南道一,總頁337,餘杭縣條:"由拳山,晉郭文舉所居,傍有由拳村,出好藤紙。"

寧任地方官時下令:"土紙不可以作文書,皆令用藤角紙。"[76] 浙東的藤紙以剡溪兩岸的產品最佳,唐人皮日休《二游》詩:"宣毫利若風,剡紙光與月。"[77] 又李肇也說:"紙之妙者,越之剡藤。"[78]

六朝浙東製紙業發達,不僅紙好,而且產量亦大,因此成爲此地向外銷售的產品之一。東晉王羲之任會稽太守時,曾把庫藏九萬枚紙送給謝安。[79] 由於浙東紙產品優良,所以是當時往來浙東、建康謀利者攜帶的貨品。[80]

迄今學者對於浙東造紙業的發展,也還是本著一元論的解釋,認爲:三國江南的造紙業屬於初級階段,晉室南渡後,把北方先進的造紙技術帶到南方來,南方的造紙業才迅速發展[81] 或認爲東晉南遷後,江南才發展製紙業。[82] 這種看法還有待商榷。關於三國以前造紙的文獻資料極少,因此很難說東漢浙東沒有製紙業,而且以當時浙東製造業的水準和當地對紙張的需求兩方面而言,浙東發展造紙業是很有可能的事。[83] 東漢浙東會稽經學很盛,西漢末有一些士人避難南遷,東漢初年時"會稽頗稱多士";[84] 而迄於漢末三國,此地經學有豐碩成果:山陰賀氏的禮學、餘姚虞氏的易學,皆爲世所矚目欽重。[85] 以其地文化發展對紙張的需求,加上此地原料供應沒有問題,又有相當高的技術水準,東漢時此地可能就有造紙業,但這一點只是推測,正確與否尚有待新資料的發現來證明。

(四) 紡織業

六朝浙東的紡織業有麻、葛織業和絲織業。早在漢代,麻、葛製品即是此地著名的手工業產品;而絲織業則南方本較北方落後,要到漢末及永嘉兩次移民潮之後,浙東的絲織業方有長足的進展。

---

[76] 《初學記》卷二一,紙第七,臺北:鼎文書局,類書彙刊之一,1976 年,總頁 517。又見《中國造紙技術史稿》,頁 58。

[77] 《全唐文》卷六〇九,北京:中華書局,1960 標點本,總頁 7028。

[78] 李肇《唐國史補》卷下,上海古籍出版社,1979 年新一版,頁 60。

[79] 《太平御覽》(臺北:大化書局)卷六〇五,文部二一,紙,總頁 2724,引《語林》:"王右軍爲會稽,謝公乞牋紙,庫中唯有九萬枚,悉與之。"

[80] 《宋書》卷八四《孔覬傳》:"覬弟道存,從弟徽,頗營產業。二弟請假東還,覬出渚迎之,緇重十餘船,皆是紙席綿絹之屬,……"按:孔覬係會稽山陰人,請假東還,謂自會稽還建康。

[81] 《造紙史話》,頁 167。

[82] 潘吉星《中國造紙技術史稿》,北京:文物出版社,1979 年,頁 55。

[83] 見注[81],其基本觀點是從造紙與文化發展的關係言之。

[84] 《後漢書》卷七六《循吏·任誕傳》。

[85] 見本書(指《六朝的城市與社會》——編者,下同)《六朝會稽士族》。

至遲在春秋時代，浙東已有麻、葛紡織業，[86] 東漢時，其產品極爲精美，成爲貢品，[87] 也是北方上層社會歡迎寶貴的物品。[88] 六朝麻、葛織業就在此基礎上繼續發展。三國時代，浙東的麻布、葛布是具有地方特色優良的紡織品，魏文帝曾説："江東爲葛，寧可比羅紈綺縠也。"[89] 又説："代郡黄布爲細，樂浪練爲精，太末（末）布爲白。"[90] 太末屬會稽郡。寧紹平原是浙東紡織業最發展的地區，山陰的葛布，[91] 諸暨、剡縣的麻布，[92] 都是其中的精品。而整個浙東都産麻布。[93] 唐開元中，婺州、衢州（以上二地在金衢盆地，相當於六朝的東陽郡地）、處州、温州（以上相當於六朝的永嘉郡地），皆貢紵布。[94] 東晉南朝時一般人的穿著都是麻、葛織品，因此這類產品是紡織品中的大宗。[95]

江南本非主要蠶桑地區，浙東絲織業的發展是北人南遷的影響和技術移植的具體結果；三國時此地的絲織業已有相當程度的發展，東晉南朝時更有長足的進展。孫吳的絲織業雖然不如蜀漢，但仍出産絲織品，孫吳向曹魏稱臣時，貢獻曹魏的紡織品之中，除葛布之外，還有大量的絲織品。[96] 當時浙西的武康（今永安）和浙東的諸暨都生産高級的絲織品，其産品及生産技術可能還由海道傳至日本。[97] 六朝浙東絲織業主要在寧紹平原和沿海河口平原，《永嘉郡記》稱其地有"八熟之蠶"，[98] 而唐代越州（六朝會稽郡地）的貢品是寶花羅和吳綾。[99]

〔86〕 《越絕書》卷八《外傳記地傳》第十，頁61："葛山者，句踐罷吳，種葛，使越女織治葛布，獻於吳王夫差。去縣七里。"

〔87〕 《後漢書》卷八一《獨行傳》，記陸續之祖父閎："美姿貌，喜著越布單衣，光武見而好之，自是常敕會稽郡獻越布。"

〔88〕 《後漢書》卷一〇《馬皇后傳》記馬皇后曾以白越三千端賜諸貴人，注云："白越，越布。"

〔89〕 《太平御覽》卷八一六，布帛部三，羅，總頁3627，《魏文帝詔》。

〔90〕 同前書，卷八二〇，布帛七，布，總頁3649，引《魏略》。

〔91〕 《嘉泰會稽志》（宋元地方志叢書之十，臺北：大化書局）卷一七，布帛，總頁6487："葛之細者，舊出葛山。"葛山在山陰縣境。

〔92〕 同前，又："苧之精者，本出於苧羅山。"苧羅山在諸暨縣。又："强口布以麻爲之，出於剡機。織殊粗，而商人販婦往往競取，以與吳人爲市。强口者去剡十五里，其溪水尤紺澈可愛。"

〔93〕 新安郡也是苧蔴産地。《梁書》卷五三《良吏傳》，伏暅爲新安太守，"郡多苧蔴，家人乃至無以爲繩，其屬志如此。"又，《晉書》卷六五《王導傳》云蘇峻亂後，"帑藏空竭，庫中惟有練數千端"。

〔94〕 《元和郡縣圖志》卷二六，江南道二，總頁346～347。

〔95〕 李仁溥《中國紡織史稿》，湖南：岳麓書社，1983年，頁75～76。

〔96〕 同前書，頁71。

〔97〕 同前書，頁72～73。

〔98〕 繆啓愉校釋、繆桂龍參校《齊民要術校釋》，《種桑拓第四十五》，引鄭輯之《永嘉記》卷五，北京：農業出版社，1982年，總頁233。

〔99〕 《元和郡縣圖志》，頁345。

北方紡織技術南移最明顯的一個例子是織錦業，劉宋武帝北伐，滅後秦，將關中的百工遷到首都建康，江南才開始發展織錦業。[100] 到了南齊時，南方的織錦業已馳名遠方異域，芮芮國的使臣曾至建康，要求派遣錦工至其國。[101] 我們相信，北方的絲織技術對於浙東的紡織業，有相當的影響和作用。

（五）手工業者

上述浙東的製瓷、銅鏡鑄造、製紙和紡織業，是屬於官府工業？或者其中也有一些私人手工業？

自漢末開始，南、北手工業有著異途的發展。黃巾之亂以後，北方陷於長期的戰爭與混亂，城市受到嚴重的破壞，導致城市中手工業的衰落；而戰火並未波及長江流域，南方的手工業遂得以在原有的基礎上繼續發展。唐長孺認為，在漢末大混亂過去之後，三國時北方首先恢復官府手工業，亦即把手工業者聚集在官府作坊中工作。其後迄北朝末期，政府都將手工業者置於官府嚴密的控制下。他也以為，南方的情形和北方類似，雖然南方並沒有像北朝那樣禁止私家藏匿手工業者，但要到南朝以後，才逐步放鬆對手工業的控制。[102] 其實，自三國以後，南方的私人手工業就很發達。

出土浙東製造的青瓷器和銅鏡上標記工匠姓名的銘辭，雖然沒有說明是官府工匠或私人工匠，但從後來此地私人畜有大量工匠的事實看來，這些可能都是私人工匠。三國浙東似乎有極興旺的私人手工業。南京趙士崗吳墓出土的青瓷虎子腹部刻有："赤烏十四年（251）會稽上虞師袁宜作"的字樣，[103] 江蘇省金壇縣白塔公社磚室墓出土的青瓷扁壺腹部刻："紫（此）是會稽上虞范休可作坤者也"。[104] 在銅鏡方面，紹興出土的神獸鏡上分別有下列的銘辭："建安二十二年（217）十月辛卯朔四日甲午太歲在丁酉時加未，師鄭豫作明鏡，……"和"天紀

---

[100] 《太平御覽》卷八一五《布帛二》，錦，引《丹陽記》："鬥場錦署，平關右遷其百工也，江東歷代尚未有錦，而成都獨稱妙，故三國時，魏則布於蜀，而吳亦資西道。"總頁3624。

[101] 《南齊書》卷五九《芮芮虜》。

[102] 唐長孺《魏晉至唐官府作場及官府工程的工匠》，收入唐長孺《魏晉南北朝史論叢續編》，北京：三聯書店，1978年二版。

[103] 江蘇省文物管理委員會《南京近郊六朝墓的清理》，《考古學報》1957年第1期，頁188~189。

[104] 其上刻有"紫（此）是會稽上虞范休可作坤者也"的字樣，見鎮江市博物館《介紹一件上虞青瓷扁壺》，《文物》1976年第9期。

元年(277)歲在丁酉,師徐伯所作明鏡,……"[105] 又在浙江衢州出土的重列式神獸鏡的銘辭爲:"黃武五年(226)太歲在丙午,五月辛未朔七日,天下太平,吳國孫王治□□,太師鮑唐而作;……"[106] 另外,在湖北省出土的許多銅鏡,在銘文中指出是會稽山陰的工匠所作的。如鄂城五里坂出土的同向式神獸鏡的銘辭爲:"黃初二年(221)十一月丁卯朔廿七日癸巳,揚州會稽山陰師唐豫命作鏡,……",鄂城鋼廠六三〇工地出土的對置式神獸鏡,銘辭爲:"黃初四年(223)五月丙午朔十四日,會稽師鮑作明鏡,……",鄂城西山鐵礦出土的重列式神獸鏡銘辭爲:"黃龍二年(230)七月丁未朔七日癸丑,大師鮑豫而作明鏡,……"[107] 這些工匠可能都是私人手工業者。其中山陰鮑氏和唐氏顯然是兩個作鏡的家族,其中有至武昌作鏡者,他們是被徵調至武昌作鏡?或者是被遷徙至武昌?[108] 還是在客觀情勢的需要下,自願前往武昌作鏡?不得而知。不過,前述會稽至日本作鏡者,由於沒有文獻記載三國孫吳和日本使節往來,所以這些渡海至東瀛的鑄鏡工匠可能是自行前往的,也可見孫吳對私人手工業者的控制還不是很嚴格的。當然,孫吳政府也擁有一定數量的冶鑄和造船等官府作坊。[109]

三國以後,南方銅鏡和青瓷器上幾乎不再出現工匠姓名的銘辭,這可能和東晉以後士族豪強勢力的發展有關;由於士族、豪族控制了製造業的原料,使得許多私人手工業者投入士族、豪族的私門。製造業的發展和原料的供應息息相關,前述諸項製造業的原料:瓷土、銅、藤、楮木,以及作爲動力來源的薪炭,都是山林水澤的出產品。六朝的川澤林木原來是國有的,而當時在政治、社會上佔絕對優勢的士族和在地方上有強固經濟勢力的豪族,他們爲追求自身的利益,常侵奪政府的公田山澤,將之佔爲己有。自東晉以降,不斷地有詔令禁止私人屯封山澤。[110] 梁武帝在大同七年頒下的一道詔

〔105〕 梅原末治《漢三國六朝紀年鏡圖說》,京都:桑名文星堂,1943 年,頁 37、97。

〔106〕 王仲殊《吳縣、山陰和武昌——從銘文看三國時代吳的銅鏡產地》,《考古》1985 年第 11 期。

〔107〕 同前。

〔108〕 同前。"徵調"與"被徙"是兩種不同的情況。

〔109〕 唐長孺《魏晉至唐官府作場及官府工程的工匠》,收入唐長孺《魏晉南北朝史論叢續編》,北京:三聯書店,1978 年二版,頁 37 ~ 38。

〔110〕 《宋書》卷六《孝武帝紀》,元嘉三十年七月甲寅詔:"其江海田池公家規固者,詳所開弛。貴戚競利,悉皆禁絕。"又,大明七年七月丙申詔:"前詔江海田池,與民共利。歷歲未久,浸以弛替。名山大川,往往占固。有司嚴加檢糾,申明舊制。"

書中，提到了原是國家專利的傅、屯、邸、冶四大企業，已有私人
勢力的侵入。[111] 在此四大企業中，屯經營山澤屯封，冶從事礦
冶，[112] 都和製造業有關。屯封山澤的士族豪强掌握了製造業的原
料，一方面自行招攬私人手工業者，在其屯封處所從事生產。另一
方面，獨立的小製造業者可能因於原料來源有困難，不得不投入士
族豪强私門的作坊中工作。近年六朝青瓷窑址的發現與研究，指出
製瓷業的發展和士族豪强有密切的關聯，陽羨（今江蘇宜興）均山
窑（南山窑）的興廢，恰與其地豪族周氏一門的盛衰相終始。[113]

　　東晉以後，浙東是南、北士族豪强滙集地之一，因此也是私人
屯封最嚴重的地區，其地製造業和當地的士族豪强有密切的關係。
浙東原來就有本地士族、豪族的勢力，[114] 永嘉前後，更有一批北方
士族來此定居，他們挾著政治上的優勢，在此發展其經濟勢力。南、
北士族豪强在此競逐經濟利益，使得浙東諸郡有很多私人屯封的山
澤別墅。劉宋時的會稽郡是：“會稽多諸豪右，不遵王憲，封山略
湖，妨民害治。”[115] 南、北士族豪强屯封山澤，掌握了多數製造業
的原料，他們很可能就是上虞、山陰、餘姚瓷窑的主人。伴隨著私
人屯封中手工業作坊的發展，獨立的小製造業者面臨原料來源的缺
乏，以及私人屯封的招誘，其人數逐漸減少，這也許是爲什麼三國
以後的器物不再有工匠署名的原因。《南齊書》卷五二《崔慰祖傳》
説：“父梁州之資，家財千萬，散與宗族，漆器題爲日字，日字之
器，流乎遠近。”製造品上的標記代之以家族的標記。

　　又，南朝後期出現的百工番役和工匠雇借制度，都和私人屯封
中手工業的發展有關。首先，私人屯封的作坊成爲在官府作坊中勞
動的“百工”逃亡的去處，使得政府控制的手工業者人數逐漸減少。
爲防止百工的逃亡，託庇於士族豪强的屯封，必須從改善百工的待

〔111〕《梁書》卷三《武帝紀下》，大同七年十二月壬寅詔：“又復公私傅、屯、邸、冶，爰至
　　　僧尼，當其地界，止應依限守視；乃至廣加封固，越界分斷水陸采捕及以樵蘇，遂致細
　　　民措手無所。……若是公家創内，止不得輒自立屯，與公競作，以收私利。至百姓樵
　　　採以供煙爨者，悉不得禁；及以採捕，亦勿訶問。若不遵承，皆以死罪。”
〔112〕韓國磐《南朝經濟試探》，上海：上海人民出版社，1963 年，頁 354。
〔113〕蔣贊初《關於宜興陶瓷發展史中的幾個問題》，收入《中國古代窑址調查發掘報告
　　　集》，頁 66。均山窑的時代在東吳後期到西晉，見《中國陶瓷史》，頁 142。
〔114〕見本書《六朝會稽士族》。
〔115〕《宋書》卷五七《蔡興宗傳》。

遇著手，南齊明帝於建武元年（494）下令：官府作坊工匠可"悉開番假，遞令休息"，亦即調整官府工匠的工作時間，給予休假。[116] 然而，這個命令充其量只能緩和官府百工的逃亡，並不能防止獨立製造業者爲逃避政府的調發，而投入私人屯封的生產。梁武帝頒布雇借工匠的辦法，即是針對後者而設計的："凡所營造不關材官及以國匠，皆資雇借。"[117] 即凡政府諸種營造不屬於材官將軍所掌管的工程，以及國家工匠負責的工事之外，都向民間購買材料及雇用工匠。[118] 當然，工匠雇借的辦法施行的原因之一是缺乏徵發的對象，[119] 由於官府百工的逃入私人屯封，政府能控制的百工人數不足以應付營造的人力，欲徵調民間工匠，又恐民間工匠爲逃避徵調而投入私門，於是採行雇借的辦法。此一"亡羊補牢"之法，顯示政府和士族豪強爭奪戶口人力資源競爭中的失敗。

浙東的製造業主要操之於當地的士族豪強和北方大族之手，獨立的手工業者可能只佔一小部分。梁武帝頒佈的雇借工匠制，正反映了私人工匠投入私人屯封情況的嚴重。

（六）商　業

由於浙東農業的發展和製造業發達，有許多農產品及製造品可與外地交易；而此一地區錯綜縱橫的水運網和海運，提供良好便利的運輸路線，使浙東的商業蓬勃興旺。因地形的緣故，浙東的交通以水運和海運爲主。寧紹平原到處是河川湖澤，自然可以舟楫往來；金衢盆地有新安江、衢江、浦陽江分佈其間，水運也很便利。又寧紹平原和沿海的河口平原，則海運發達，北到山東半島、江蘇省北部、長江口，南經福建沿海，抵達廣西、廣東，越南中、北部及南海諸國。此外，浙南山地對內、外的聯繫，則以陸運爲主。

---

[116] 《南齊書》卷六《明帝紀》。唐長孺認爲此詔的用意，是使百工在上番服役之外，獲得一定的時間，爲自己進行生產。（唐長孺前引文）但此詔所説的是"細作中署、材官、車府"的官府作坊工匠，原是受政府嚴密控制的官府工匠，不可能讓他們有自行生產之情事。

[117] 《梁書》卷三八《賀琛傳》，梁武帝答賀琛奏。

[118] 照唐長孺之説，此一詔令指"當時營造所用的材料和工匠，"（唐文頁59）但材官一詞當指材官將軍。按六朝時材官將軍有時屬少府，有時屬尚書起部。梁時屬少府（《隋書》卷二六《百官志》）而其職掌魏時材官校尉主天下材木，後兼掌工徒。（陶希聖編校《中國政治制度史》第三冊，頁123）

[119] 唐長孺《魏晉至唐官府作場及官府工程的工匠》，收入唐長孺《魏晉南北朝史論叢續編》，北京：三聯書店，1978年二版。

在國內貿易方面,除了浙東各城市間有某種程度的貿易往來之外,[120] 浙東的農產品向北銷售至杭州灣一帶及太湖流域,製造品則更遠銷建康、安徽及長江中游地區。會稽郡和太湖流域間有米糧貿易,其渡口之一的西陵戍(在會稽郡永興縣西北),平時一日收稅的定額是三千五百,[121] 可知此二地間商旅往來相當頻繁。另外,也有其他農產品的交易,如會稽永興人郭原平運瓜至錢唐販賣。[122] 浙東的青瓷器製作精美,因此有許多成品運銷太湖流域及首都建康。吳縣獅子山傅氏家族墓出土兩件青瓷的穀倉刻辭,指出其製造地分別是會稽和始寧;[123] 南京趙士崗吳墓出土的青瓷虎子、江蘇金壇白塔公社出土的青瓷扁壺上的銘辭,也都註明是會稽的產品。此外,在湖北、安徽等處也有越窯青瓷的出土。又除了會稽郡的製造品外,浙東各郡的製造品也運銷至建康、三吳等地。[124] 在貿易項目上,除農產品之外,浙東對外輸出的製造品有銅鏡、瓷器、紙、布、綿、絹等。

在海外貿易方面,浙東沿海的城市因係廣州和建康海路交通的中介站,故得以和外國船舶貨易。從漢代以後,交、廣二州即是南海貿易的前哨,六朝外國船舶抵達廣州後,常沿著海岸北行,經過今福建、浙江、江蘇省海岸,至長江口,西向溯江至建康,甚至更往上行至長江中游地區。[125] 浙東的永嘉、臨海、鄞縣、鄮縣等傍海的城市,因此有外國船舶泊碇;更因為住居會稽的大族是南海貿易貨品主要的銷售對象之一,所以南海商船可能在北航建康途中,在浙東稍作停留,出售部分的商品。西晉陸雲形容鄮縣"北接青徐,東洞交廣,海物惟錯,不可稱名"。[126]

又,自漢朝開始,浙東和東南海上的夷洲、亶洲有所接觸;[127]

---

〔120〕 如《宋書》卷九一《孝義傳》,會稽永興人郭世道及其友人共至山陰市貨物。

〔121〕 《南齊書》卷四六《顧憲之傳》,西陵戍主杜元懿啓:"吳興無秋,會稽豐登,商旅往來,倍多常歲,官格日三千五百,元懿如即所見,日可一倍。盈縮相兼,略計年長百萬,……"

〔122〕 《宋書》卷九一《孝義·郭原平傳》。

〔123〕 張志新《江蘇吳縣西晉墓清理簡報》,《文物資料叢刊》第3輯。

〔124〕 《南史》卷二三《王誕附王瑩傳》,王實為新安太守:"實從兄來郡,就求告。實與銅錢五十萬,不聽於郡及道散用,從兄密於郡市貨,還都求利。"新安郡產苧布等,王實從兄在新安所買回建康販賣的貨品,大約是此類製造品。

〔125〕 見本書《六朝南海貿易的開展》。

〔126〕 《全晉文》卷一〇三,陸雲《答車茂安書》,頁5。

〔127〕 《後漢書》卷八五《東夷列傳》:"會稽海外有東鯷人,分為二十餘國。又有夷洲及亶洲,……人民時至會稽市。"《吳志》卷二《吳主傳》:"(亶洲)在海中,……世承有數萬家,其上人民,時有至會稽貨布,會稽東縣人海行,亦有遭風流移至亶洲者。"

六朝浙東與東北的高句麗、百濟、倭國（日本）都有貿易往來。上述諸國都有遣使來華的記錄,[128] 近年又有出土文物可資證明。吉林長川二號墓及山城下三三二號墓，發掘江南織錦殘片和模擬織錦的壁畫,[129] 以及日本出土孫吳渡海工匠所造的三角緣神獸鏡，都顯示六朝江南政權和此諸國有經濟上的交流。

四、農　業

本節主要想從浙東田園別墅的經營和水利的興修,討論此時的農業。

在土地的形態上，六朝江南最突顯的特色是"大土地所有",[130] 即有很多的士族豪強佔有面積廣闊的田園別墅；此外，當然也存在著一些小自耕農，及其擁有的小塊耕地。浙東自然也不例外。此處主要討論田園別墅多元化的經營，多數的史家認爲，田園別墅是一種自給自足的莊園經濟,[131] 本文想要討論的是：田園別墅果真是不求經濟效益的莊園經濟? 其多元化經營方式有沒有其他的因素?

（一）大土地所有

浙東是江南大土地所有最發達的地區之一。這些莊園別墅的主人可分爲三類：浙東本地的士族與豪族，避亂而來的北方大族，以及在政治上嶄露頭角的本地寒人。浙東的士族以會稽孔、魏、虞、謝四族最爲著名，他們都擁有廣大的田產土地；其中，尤以孔、虞二氏的產業最爲可觀。文獻上找不到虞氏有田園的直接史料，不過，自東晉初年迄劉宋，虞氏都有挾藏戶口的記錄。[132] 當時田園別墅的生產需要大批的勞動力，有許多爲逃避政府賦役徵發的人們，往往投靠大土地的主人，爲其從事生產。因此，大土地所有和挾藏戶口其實是一體的兩面。從虞氏藏戶口的事實，可以推知這個家族必擁有廣大的田地。而孔氏不僅在其本籍地有田產，更向鄰近的縣份拓展經濟勢力。孔氏原籍會稽郡山陰縣，劉宋時，孔靈符又在永興縣立墅闢田園，面積廣闊，周圍三十三里，包括："水陸地二百六十五

---

[128] 《南史》卷七九《夷貊傳下》。

[129] 吉林文物工作隊《吉林集安市長川二號封土墓發掘紀要》，《考古與文物》1983 年第 1 期。

[130] 唐長孺《三至六世紀江南大土地所有制的發展》。

[131] 同前書，頁 69～70、99～100。又，韓國磐《南朝經濟試探》，頁 77～79。

[132] 《晉書》卷四三《山遐傳》，記虞喜挾藏戶口。《宋書》卷二《武帝紀中》，虞亮藏亡命千餘人。

頃，含帶二山，又有果園九處。"[133] 除了本地士族外，地方豪族原
本以經濟立足，自是擁有衆多田產；又從劉宋始在政治上嶄露頭角
的本地寒人，也常利用其權勢，在鄉里開闢田園。劉宋時任會稽太
守的蔡興宗，至當地所見的情況是："會稽多諸豪石，不遵王憲，又
幸臣近習，參半宮省，封略山湖。"[134] 永嘉前後，有許多北方人士
避亂江南，其中部分定居浙東的北方大族也擁有廣大的田墅，如琅
邪王氏、陳郡謝氏、濟陽江氏等。王羲之在山陰、諸暨、剡縣都有
田園。[135] 而謝靈運的田墅中山嶺綿亘，園苑相接，其範疇東西、南
北各有 2～3 里寬；[136] 又謝混在會稽也有產業[137]。至於江氏，則自
東晉迄南朝末年，一直都保有山陰的田墅。[138]

　　從來史家多認爲六朝大土地所有田園別墅多元化的經營，是一
種自給自足的莊園經濟；其實，田園別墅產品大部分是用以出售求
利的。認爲此時田園別墅是自給自足式經濟的看法，主要是基於下
列兩個理由：1. 引用謝靈運《山居賦》一文的描述，"供糧食與漿
飲，謝工商與衡牧"，[139] 以資證明。2. 六朝商業不很發達，商品流
通有限的觀點。[140] 在六朝史研究中，謝靈運《山居賦》一文常被廣
泛地徵引，用以理解農作物的栽種和莊園的生產。然而，《山居賦》
一文雖係寫景之文，但其間也夾雜抒情之語；前述那句話多少有自
矜其田墅生產豐足之意，因此不宜以此認爲其係莊園經濟。否則，
謝靈運一家哪能完全消耗 "綿亘田野" 所產的穀物？ "北山二園，南
山三苑" 所出的蔬果？田園別墅的產品並不如有些史家所説，只有
一小部分用來出售，[141] 相反地，田園別墅本來就是大規模地生產各
項農產品，以出售求利。梁朝徐勉在建康附近東田經營一小園，尚
且極力辯稱他不是追求經濟利益："非在播藝，以邀利入，正欲穿池

〔133〕《宋書》卷五四《孔靈符傳》。
〔134〕《宋書》卷五七《蔡興宗傳》。
〔135〕《晉書》卷八○《王羲之傳》。《嘉泰會稽志》卷六，頁29。
〔136〕《宋書》卷六七《謝靈運傳》所載《山居賦》。
〔137〕同前書卷五八《謝弘微傳》。
〔138〕《陳書》卷二七《江總傳》，江總《修心賦》稱山陰龍華寺係江總之祖先舊業，其
　　　寺域含江帶湖，兼有果園藥苑。
〔139〕同注〔136〕。
〔140〕同注〔131〕。
〔141〕同注〔131〕。

種樹，少寄情賞。"[142] 建康地狹人稠，徐勉東田小園的規模想必不大，而仍然可以獲利，那麼浙東連山接苑、跨湖越澤的田園別墅，其收益就更可觀了。關於六朝商業不發達的理由，近年來已不被認爲是正確的，而由本文第四節商業部分的討論，也可爲此作一佐證。

田園別墅採多元化生產的經營，並不是基於莊園經濟自給自足的需要，而是由於大土地所有者的產業零散分佈，以及浙東地形多變化所導致的結果。學者多認爲：自漢末以後，產業的經營有走向單一作物種植的趨勢，三國李衡種橘千株，西晉石崇金穀園雜果萬株。[143] 然而，由於江南的田園別墅主人的產業，通常不是一大片完整的土地，而是零散地分佈，[144] 所以很難採取單一作物栽植的經營方式。浙東多河湖丘陵，故田園別墅中常包含複雜的地形，除平疇田野外，還涵括山丘、湖澤。如謝靈運、孔靈符的田墅中就有山，也有湖。像這樣具有多種地形的田墅，自然不可能從事單一作物的種植，而是爲了適應不同的地形，走向多元化的經營；在一個田墅中，稻田、麥田、蔬圃、果園、林場、魚池兼而有之。當然，多元化的經營方式也使得田墅的景緻顯得豐富而有變化，在追求經濟效益之餘，另外也有滿足士族豪家遊賞怡情的功能。

有些史家以水利的興修作爲衡量農業發展的標準，認爲六朝江南農業並不是很發達，而有其局限性。[145] 這個看法還值得商榷。誠然，六朝四百年間，浙東只有兩件官修漢代舊陂的例子，[146] 似乎此一時期在水利事業方面少有進展。不過，我們必須注意士族豪家的封山佔澤和田園別墅廣泛地存在，田墅主人投資興修水利可能是更爲普遍的情況。如謝靈運在上虞縣的田莊中就有私人修建的水陂。[147] 又浙東多水澤，固然有利於灌漑耕作，但也易生水潦，築塘

---

[142] 《梁書》卷二五《徐勉傳》載徐勉《誡子書》。

[143] 村上嘉實《六朝思想史研究》，京都：平樂寺書店，1974 年，頁 360。又，唐長孺《至六世紀江南大土地所有制的發展》，頁 68～69。

[144] 渡邊信一郎《漢六朝期にすける大土地所有と經營（上）》，《東洋史研究》第 33 卷第 1 號。

[145] 史念海《隋唐時期長江下游農業的發展》，載史念海《河山集》，北京：三聯書店，1978 年二版。

[146] 《晉書》卷七八《孔愉傳》，孔愉於會稽內史任內，修漢句章舊陂。《嘉泰會稽志》卷一○，頁 39，會稽太守謝輴築山陰縣古塘。

[147] 《嘉泰會稽志》卷一○，總頁 6331："謝陂湖，在（上虞）縣北三十五里，舊之謝靈運莊也，自湖至謝氏西莊一十餘里。"

修陂的水利事業和當地人民的生活息息相關，因此六朝會稽郡的百
姓便自行負擔地方上水利的興修，即所謂的"塘役"。塘役是會稽百
姓在地方官的領導下，每年依所需修築湖塘或橋路所需的人力，平
均共同分擔的力役。[148] 前面提到六朝所以少有官修水利的記載，除
了田園別墅的主人自己投資其產業中的水利設施之外，地方居民自
行負擔地方上的水利興建，也是一個重要的原因。

關於北方移民帶來先進的農業技術，促進江南的發展之說，實需
斟酌。此說原本沒有具體的例證可資證明，再則，北方的旱地農法恐
怕不適合江南水鄉澤國的稻作栽培。陳文華據出土文物研究漢代長
江流域的水稻栽培，認爲"至遲到了東漢時期，長江流域的水稻種植已
經擺脫了'火耕水耨'的落後狀態，而已經走上了精耕細作的道
路"。[149] 可知漢末北方移民大批南來之前，江南的農業已經相當進步
了。但此處要特別提出來說明的是，史書及一般魏晉南北朝史的論
著，都把"火耕水耨"視爲一種落後的耕作方法，日本學者西嶋定生、天
野元之助、米田賢次郎從技術的層面探討此種耕作方法，都認爲把火
耕水耨貶抑爲原始而落後的技術，是不恰當的看法。[150] 到西晉、劉宋
時，在浙東農業最發達的會稽郡，這種耕作方法還是非常普遍。[151] 迄
南朝末年，廣東省境仍採此法。[152] 根據出土文物研究所得到的結論，
證明東漢長江流域已採精耕細作，然而六朝迄於隋代的文獻，仍然以
火耕水耨形容江南的農業生產，很可能"火耕水耨"只是用來形容異於
北方旱地農耕的水田耕作方式的詞語。

《宋書》記載揚州的情況："地廣野豐，民勤本業，一歲或稔，則數郡
忘饑。會土帶海傍湖，良疇亦數十萬頃，膏腴上地，畝值一金，鄠、杜之

---

〔148〕《南齊書》卷二六《王敬則傳》："會土邊湖帶海，民丁無士庶皆保塘役。"又同傳，
　　　竟陵王子良上疏云："塘丁所上，本不入官。良由陂湖宜壅，橋路須通，均夫訂直，
　　　民自爲用，若甲分毀壞，則年一修改；若乙限堅完，則終歲無役。"

〔149〕陳文華《中國漢代長江流域的水稻栽培和有關農具的成就》，《農業考古》1987 年
　　　第 1 期。

〔150〕米田賢次郎《漢六朝間の稻作技術につして——火耕水耨の再檢討を併せて》，《鷹
　　　陵史學》第 7 號。

〔151〕《全晉文》卷一○二，頁 5，陸雲《答車茂安書》中描述鄮縣風土："遏長川以爲陂，燔茂
　　　草以爲田；火耕水種，不煩人力。"又，《宋書》卷八○《豫章王子尚傳》裏說"鄮縣多鷿
　　　田。"鷿田即火耕水耨之田。見李劍農《魏晉南北朝隋唐經濟史稿》，頁 5。

〔152〕《全陳文》卷一一，徐陵《廣州刺史歐陽頠德政碑》中提及東衡州（治所在廣東曲
　　　江）"火耕水種，彌亘原野"。

間,不能比也。"[153] 可知此時浙東農業是非常發達的。浙東和太湖流域是江南主要的糧食産地,其生産力提高,使得糧食價格下跌,如梁武帝天監四年(505)大豐收,米斛才三十錢。[154] 六朝在錢唐設立倉儲,"錢唐倉"是京師以外三大糧倉之一,[155] 由此亦可見浙東農業對於六朝政權的重要性。

五、北方大族與浙東的發展

永嘉前後,很多避亂南來的北方人士至浙東定居,並且從事經濟活動。因此,討論六朝浙東地區的發展就不能忽略北方人士對此地的影響。本節主要探討北方人士對浙東地區的發展有何影響。由於缺乏有關平民的資料,[156] 此處的討論僅限於北方的大族。

(一)　北方大族移居浙東的原因

關於永嘉亂後許多北方大族至浙東從事經濟活動的原因,陳寅恪曾提出解釋。隨著晉室政權在江南的重建,北方大族佔據了政治上的高位,一些北方大族雖然在都城建康從事政治活動,但卻在浙東從事經濟活動。陳寅恪認爲,這是因爲鄰近建康的三吳地區已爲吳人大族所佔,所以北方大族只好渡過浙江,到會稽求田問舍。[157] 其實,浙東的會稽郡也是較早開發之地,自漢末以後,業有本地士族、豪族勢力的興起,而且早已在此佔有廣大的土地。假若北方大族只是因爲要避開吳人勢力所在的三吳,而到會稽從事經濟活動,則在會稽也會碰上本地士族豪家。又,北方大族不僅僅在此殖産興利而已,他們甚至定居於此,渡江以後歷代的墳塋也在此安厝。因此,北方大族在此定居及從事經濟活動,應該還有其他因素。

晉室南渡後,移居浙東的北方大族多集中在會稽郡。我們認爲,

---

[153] 《宋書》卷五四《孔季恭傳》等論。
[154] 《梁書》卷二《武帝紀中》。
[155] 《隋書》卷二四《食貨志》記南朝倉貯,除京都諸倉之外,"在外有豫章倉、釣磯倉、錢唐倉,並是大貯備處"。
[156] 可見到的北方移民活動的資料,就我所知,僅有《嘉泰會稽志》卷一〇,頁6337,倉塘條:"舊經云:昔倉楚共築此塘,堰水溉用,營居室於此,故名。"按余嘉錫《釋倉楚》一文指出:"倉楚之名,大要起於魏晉之間,蓋南朝大夫鄙夷江、淮以北之人,而爲之目者也。"(見余嘉錫《余嘉錫論學雜著》,臺北:河洛出版社,1976年)這可能是一批北方平民所築的。
[157] 陳寅恪《述東晉王導之功業》,收入陳寅恪《陳寅恪先生文集二》,臺北:里仁書局,1981年,頁60~61。

探討北方大族定居會稽的因素,瞭解其在地域上的分佈及其從事的經濟活動,都是討論北方大族對浙東地區發展的影響必須先理解的問題。

首先,爲明瞭北方大族在浙東的分佈,今將定居於此的北方大族田園廬墓所在及其和浙東地區的關聯,即視其是否曾經擔任浙東的守宰? 是否渡江即定居此地? 抑或渡江後先居他處, 後徙居於此的資料,列表說明如下:

表三 定居浙東北方大族田園廬墓表

姓　　名	園　宅 所　在	廬　墓 所　在	其人或先世曾 爲浙東守宰	資料來源	備　　注
1. 謝安	上虞	①		晉書七九 會志九②	渡江即居此
2. 王羲之 王獻之	山陰 山陰	諸暨 剡	會稽内史	晉書八〇 會志一三、六 會志一三	自爲會稽内史 始居於此
3. 謝玄 謝奐	剡	始寧 始寧		宋書六七 會志九	謝玄爲謝安之 族,故同
4. 江彪	山陰		長山令、會稽 内史	晉書五六 陳書二七	
5. 山遐		蕭山	餘姚令、東陽 太守	晉書四三	
6. 郗愔	章安 餘姚	山陰	臨海太守、會 稽内史	晉書六七 會志九	
7. 許旼 許詢	山陰 永興	蕭山		會志六、一三 會志一三、九	
8. 阮裕	剡	剡		晉書四九 會志六	渡江即居此
9. 支遁		剡		世説六 會志六	
10. 戴逵	剡			晉書九四	後徙居
11. 傅敷 傅晞	會稽		上虞令	晉書四七	永嘉亂避地會 稽

續表

姓　名	園宅所在	盧墓所在	其人或先世曾為浙東守宰	資料來源	備　注
12. 孫統 孫綽	會稽 會稽		鄞令、吳寧令、餘姚令、章安令、永嘉太守	晉書五六 晉書五六	渡江即居此
13. 何充	山陰		東陽太守、會稽內史	晉書七七	
14. 王隨之 王鎮之	上虞	上虞	上虞令 剡令、上虞令	宋書九二	可能自隨之為上虞令始居此
15. 王弘之	上虞 始寧			宋書九三	
16. 阮萬齡	剡		東陽太守	宋書九三	阮氏有一支晉時已居於剡
17. 戴顒	剡 桐廬	剡		宋書九三 會志六	
18. 謝靈運	始寧 上虞 山陰	山陰	永嘉太守	宋書六七 會志六、九	祖父謝玄
19. 孔淳之	剡			宋書九三	可能渡江即居此地
20. 傅隆	上虞			宋書五五	曾祖傅晞
21. 辛普明	會稽			南齊五五	
22. 江淹	永興			會志一三	其先世可能早定居會稽

①《嘉泰會稽志》卷六云，謝安墓在上虞縣西北四十里，而《建康實錄》稱謝安墓在建康梅崗。

②《嘉泰會稽志》。

　　如上表所示，我們所能掌握定居浙東北方大族的資料，顯示北方大族幾乎都集中在會稽郡。除了21、22條之外，北方大族定居會稽的情況可分為兩類：第一類是永嘉前後南來時，就直指浙東定居者。如陳郡謝氏一族，包括謝安、謝玄、謝奐、謝靈運，北地傅氏的傅敷、傅晞兄弟，太原孫氏，陳留阮氏，即上表中第3、5、8、11、12、16、18、19，皆屬此類。第二類是永嘉南來先居於他處，而後因本人或親族擔任浙東的地方官，於任官期間在此購置產業；或卸任後定居於此者。如琅邪王氏"烏衣王"的王羲之家族，王羲之爲王導之姪，王導隨元帝渡江，居於建康，自王羲之任會稽內史後，王氏方定居會稽。又陳留江彪（江統之子）渡江後本非直奔浙東，一直到穆帝永和年間擔任會稽內史時，才卜居山陰。[158] 而琅邪王氏的一支也因王隨之爲上虞令後，方定居會稽。高平郗愔因任臨海太守職，卸任後定居章安（今浙江省臨海縣）。高陽許攽因任會稽內史後，舉家遷居會稽。上表中 2、4、6、7、10、13、14、17，都屬此類。至於 21、22 的辛普明、江淹，因爲沒有資料可以判斷其屬於哪一類，故暫且不論。

屬於第一類定居浙東的北方大族，其所以定居會稽可能和海運路線有密切的關係。即他們在永嘉前後避亂南移時，或許大都經由海路，直航會稽。前此學者研究漢末、永嘉之際中原人士流徙的路線，都沒有提到海路。[159] 事實上，漢代沿海交通已經相當頻繁，[160] 從今日山東省、江蘇省北部的海岸航行至浙東、交州，是其中最重要的一線。今雖無直接證據可說明漢末北方人士經由海道至會稽避亂，但從三國時魏將王稚由海道至句章，略長吏資財及男女二百餘口之事，[161] 可知由北方到浙東的海道是很便利。西晉末，大量北方人士避亂南遷，其中一部分是經由海路至浙東定居，如僧人釋僧璪的先世就是在永嘉時代自清河徙居臨海的。[162]

上述由海路而來的北方大族，他們之所以選擇會稽郡作爲目的地，也和其天師道的信仰有關。陳寅恪在《天師道與濱海地域的關係》一文中指出，天師道起源於東方濱海的燕、齊之地，而傳播於吳、會、青、徐諸州；吳、會諸郡爲天師道的傳教區。[163] 漢末的會

---

[158] 《晉書》卷五六《江彪傳》。

[159] 陳嘯江《三國時代人口的移動》，《食貨》第 1 卷第 3 期。賀昌群《漢末大亂中原人民之流徙與文化之傳播》，姚季農編《三國史論集》，臺北：古籍史料出版社，1972年。譚其驤《晉永嘉亂後之民族遷徙》，《燕京學報》第 15 期。

[160] 勞榦《論漢代之陸運與水運》，《中央研究院歷史語言研究所集刊》第 16 本。

[161] 《吳志》卷三《嗣主傳》，孫休。

[162] 《續高僧傳》，收入《大藏經》第五十二冊，卷一九，總頁 585 中，《習禪四》，《唐天臺國清寺釋智璪傳》。

[163] 陳寅恪《天師道與濱海地域的關係》，收入《陳寅恪先生論文集二》。

稽已是天師道信仰中心之一，《三國志》上說道士于吉活躍於吳會地區,[164] 晉朝許邁也說：“自山陰至臨安，多有金堂玉室，仙人芝草，左放元之徒，漢末諸得道者皆在焉。”[165] 可見漢末杭州灣南岸是道教徒活動頻繁的地區。又自漢末以降，許多高門大族世代崇奉天師道，而他們的信仰又和其居住的瀕海地域有關，如琅邪王氏、陳郡謝氏、高平郗氏等皆然。[166] 因此，在北方陷於戰火紛亂之時，他們遷徙避難所採取的路線，就由於其居處近海，而走海路；又緣於其信仰之故，而選擇南方天師道信仰最盛的會稽郡為其去處。如漢末遷居會稽山陰的孔氏，即是信奉天師道的家族;[167] 永嘉前後陳郡謝氏南渡，也以會稽為定居之所。

又第二類型——南渡後先居他處，再移居會稽者，也多半和天師道信仰有關。如琅邪王氏先至建康，至王羲之為會稽內史後，遂在會稽定居，《晉書》說王羲之“雅好服食養性，不樂在京師，初渡浙江，便有終焉之志。”[168] 高平郗氏的情況也和王氏類似，郗愔南渡後也先在他處安置，及他任臨海太守時，與住在會稽的姊夫王羲之及名士許詢遊處，三人皆醉心於道術；及郗氏辭官退隱後，便定居於章安。[169]

浙東地區農業發達，以及東漢以降會稽郡製造業的發達，是吸引北方移民至此定居的原因之一；而一些北方大族的移居浙東，也有海路交通和宗教的因素在內。

（二）北方大族在浙東的經濟活動

自東漢以降，浙東地區就有士族、豪族勢力的興起；永嘉以後，一些北方大族先後在浙東定居，並且從事經濟活動，北方大族在此從事何種經濟活動？他們和土著士族、豪族之間是否有任何經濟利益方面的衝突？北方大族對於浙東經濟的發展有何貢獻？都是饒有興味的問題，也正是本節所要探討的課題。

如第四節所述，一些北方大族在浙東擁有田園別墅，從事農業的

---

[164] 《吳志》卷一《孫破虜討逆傳》，注引《江表傳》。
[165] 《晉書》卷八〇《王羲之附許邁傳》。
[166] 同注〔163〕。
[167] 《晉書》卷七八《孔愉傳》：“吳平，愉遷於洛。……東還會稽，入新安山中，改姓孫氏，以稼穡讀書為務，信著鄉重。後忽捨去，皆謂為神人，而為之立祠。”《南齊書》卷四八，《孔稚珪傳》，稱他“有隱遁之懷，於禹井山立館，事道精篤。……”
[168] 同前書卷八〇《王羲之傳》。
[169] 同前書卷六七《郗鑒附郗愔傳》。

經營;不過,或許爲了避免和土著士族、豪族的衝突,[170] 他們如欲購置田產,大都避免在浙東土著大族勢力强固的地區殖産興利。自漢末以來,浙東土著士族、豪族最主要的經濟活動是農業的經營,他們通常在其本籍地及其鄰近的地區有廣大的田產。[171] 因此,北方大族若要在浙東土著士族、豪族的經濟勢力範圍之内開闢田園,勢必遭到土著大族的干涉與抵制。如劉宋時謝靈運請決湖爲田而不能行,就是一例。謝靈運請將山陰回踵湖、始寧縣的蚖蟥湖決爲湖田,朝廷應允了,但卻遭到會稽太守孟顗的堅决反對,而未能付諸實行。《宋書》上説,孟顗拒絕執行朝廷命令的理由,是因此二湖爲百姓採捕水產之所,爲了百姓利益著想,故不惜抗命。其實,其間可能還有土著大族干涉的成分。六朝各地皆有士族、豪族勢力的存在,而郡太守、縣令自辟掾史,都以本地的大族擔任。[172] 這固然是順應當時情勢,取得地方大族的合作,有利於政令的推行;[173]但它同時也增强了地方大族對地方行政的影響力。孟顗之所以敢違抗朝廷命令,堅拒謝靈運在山陰、始寧二縣佔澤以廣湖田,擴張土地,其背後實有會稽士族、豪族强固的勢力作爲倚仗聲援。此事意謂著土著大族的杯葛北方大族在浙東封佔山澤,而朝廷亦無可如何,不了了之。以此之故,北方大族如欲求田問舍,通常避開浙東土著勢力强固之域。

如表三所示,北方大族的田園廬墓主要分佈在山陰、上虞、剡、始寧、永興、蕭山縣,顯示其有意避開土著大族的勢力範圍。浙東大族中,以會稽四族的勢力最是强固,他們擁有廣袤的田產,從事大土地的農業經營。[174] 他們的產業主要分佈在山陰、永興和餘姚,如山陰孔氏在山陰、永興都有田墅,[175] 餘姚虞氏宗族勢力强大,[176]自然在本籍地佔有廣大田土。從北方大族田園在浙東的分佈看來,他們確實避開了土著大族的勢力範圍,只有郗愔一人曾居餘姚,餘

---

〔170〕 《三至六世紀江南大土地所有制的發展》,頁57:"江南豪門只有在不觸動他們既得權益的基礎上才支持這個政權,而寄人國土的僑人政權也不敢觸動他們。"

〔171〕 見本書《六朝會稽士族》。

〔172〕 嚴耕望《中國地方行政制度史》卷中《魏晉南北朝地方行政制度》(中央研究院歷史語言研究所專刊之四十五),頁397~402。

〔173〕 朝廷也鼓勵地方官辟大族爲掾史大吏。《梁書》卷一〇《楊公則傳》,楊公則爲湘州刺史"所辟引皆州郡著姓,高祖班下諸州以爲法"。

〔174〕 同注〔171〕。

〔175〕 《宋書》卷五四《孔靈符傳》。

〔176〕 同注〔174〕。

無他例。至於北方大族雖然也在會稽大族勢力最大的山陰活動，不過因爲山陰的土境褊狹，田地有限，早已爲本地的士族豪強所佔，[177] 北方大族在此大概只能從事製造業或商業。

北方大族中固然有如謝靈運者，在浙東有田園別墅，從事土地的經營；不過，這是少數，[178] 而多數北方大族在浙東主要參與的經濟活動是製造業、商業、運輸業。對北方大族在浙東活動地點而言，除山陰外，大都集中在曹娥江流域的上虞、始寧、剡縣，而這些地區正是浙東製造業最發達之地，可知他們主要的經濟活動之一是製造業。由於浙東自東漢以來，製造業就很發達，部分浙東土著大族也從事製造業，但東晉南渡後，北方大族挾著政治上的優勢，侵佔國有的山澤，可能比土著大族更易掌握製造業的原料。又定居山陰的北方大族通常只有住宅和商店，而少擁有廣大的田園。因山陰肥腴的土地早爲土著大族孔、魏、謝三族所佔，故後來者的北方大族幾乎不可能在此開闢田園，如謝靈運欲在山陰擴張土地，也只能請求決湖爲田。因此，北方大族大都在此經營邸店，放高利貸營利。《宋書·蔡興宗傳》説：“會土全實，民物殷阜，王公妃主，邸舍相望，橈亂在所，大爲民患，子息滋長，督責無窮。”[179] 就把北方大族的活動描繪得很生動。“邸”店一方面是放高利貸的場所，[180] 另一方面也是貨物的堆置場所，是以又和運輸業有關。而運輸業其實和商業、製造業又不可分。梁朝徐勉在《誡子書》中提到其門人故舊勸他經營產業的方法之一是：“又欲舳艫運致，亦令貨殖聚歛。”[181] 北方大族在浙東從事舳艫運致的項目主要是浙東的製造品，如瓷器、銅鏡、紙、紡織品等。

北方大族雖然在浙東也有田墅，但他們主要從事的經濟活動是商業、製造業和運輸業，因此多少可以減少和熱衷於土地經營的會稽大族之間的衝突；同時，又因會稽大族田園別墅中農產品的運銷，必須藉

---

[177] 《宋書》卷五四《孔靈符傳》：“山陰縣土境褊狹，民多田少，靈符表徙無貲之家於餘姚、鄞、鄮三縣界，墾起湖田。上使公卿博議，太宰江夏王義恭議曰：‘……尋山陰豪族富室，頃畝不少，……’”可見山陰的土地已被當地的士族豪強所佔。

[178] 《三至六世紀江南大土地所有制的發展》，頁60，舉例説明了有很多一直沒有獲得土地的僑人士族。

[179] 《宋書》卷五七《蔡興宗傳》。

[180] 《南朝經濟試探》，頁170。

[181] 《梁書》卷二五《徐勉傳》載徐勉《誡子書》。

助邸店和運輸業的運作,故北方大族和土著大族在經濟上甚至有合作的可能。而綜觀北方大族在浙東的經濟活動,則他們對於此地農業進一步的發展似乎沒有很多貢獻,但對於此地原已甚為發達的製造業和商業,則有推波助瀾的作用,而使山陰成為一大商業都會。

六、結　語

基於以上的討論,可知以一元論解釋江南開發的觀點,須作相當程度的修正。以浙東地區為例,首先,此一地區在漢末移民潮來到之前,大部分的地區業已開發,寧紹平原製造業的發達及其所帶來經濟上的繁榮,甚至成為吸引北方移民來此定居的因素。再則,六朝時期水利的建設多出於私人之力,如士族豪強致力於田園別墅的經營,投資興修水利,以及山陰居民自行負擔水利設施等;因此以少數見諸於史籍記載的官修水利來衡量此一時期農業的發展,而得到六朝江南開發有限的結論,也是不恰當的看法。又,此一時期由於北人南來,引進許多北方作物,也是值得重視的。[182] 六朝浙東農業應該是頗有進展的。從城市的增加,內陸山區的開發,製造業由寧紹平原向各地的擴散,以及浙東首要都市山陰的繁榮,都是此四百年間經濟發展具體的成果。

自來論江南開發者多強調北方移民的因素,而從浙東發展的歷程看來,則孫吳在江南建國更是一個重要而不可忽略的因素。雖然漢末大量中原人士避亂而來,孫吳在開發浙東中,自然也有移民的因素在內,但我們所要強調的是,孫吳透過軍事行動討伐山越、設置郡縣,以政治力量深入浙東各地,其對促進浙東深入開發的貢獻之大,實非一小群一小群移民團體私人力量可與之相比的。然而,北方移民潮對於浙東地區經濟的發展也確有貢獻,只是其貢獻主要是在於勞動力的提供方面,而甚少有技術方面的貢獻。漢末浙東製造業發達,製瓷業還領先各地,因此北方移民對此地製造業技術水準提升上的貢獻恐怕有限,唯有在絲織業方面較為顯著。

六朝兩次大移民潮中,以永嘉移民潮對浙東地區造成的震撼較大;不過,北方大族和浙東土著大族在經濟利益上似乎沒有嚴重的

---

[182] 《南朝經濟試探》,頁 89~91。

衝突，又北方大族對浙東發展的貢獻主要是在商業和製造業方面。浙東土著大族則大都從事大土地的農業經營和製造業，而北方大族則大多在此經營商業、製造業和運輸業，雙方因此得以避免經濟利益上尖銳的衝突。同時，由於農產品、製造品的運銷和運輸業、商業密不可分，北方大族和土著大族甚至有攜手合作的可能，共同促進浙東的繁榮。此外，北方大族避亂南來，帶來大量的資金，對於此地資金的流通，也有某種程度的貢獻。

在中國濱海地域的開發中，海路交通是一個重要的因素。漢末，永嘉移民潮遷居浙東者，有一部分是經海道而來；又東晉南朝時浙東居民或爲避戰禍，或爲逃避賦役，常由海路移往福建、廣東，從而促進此二地的開發。此外，漢末、永嘉移民潮直指浙東爲目的地者，也和其天師道的信仰有關。在六朝史研究的各個層面，宗教都是一個不可忽略的因素。

中國疆域遼闊，包含好幾種不同的地形和氣候區，各地風土人情有程度不等的差異，也有地區各自的發展。因此，以一元論貫穿過去數千年各地的發展，是過於簡化的解釋。我們希望更多的學者能對不同時期的各個區域做個別的研究，以期能够對中國歷史有更完整而透徹的瞭解。

※ 本文原載《中央研究院歷史語言研究所集刊》第 58 本第 3 分，1987 年。收入《六朝的城市與社會》，臺北：學生書局，1992 年。
※ 劉淑芬，臺灣大學歷史研究所博士，中央研究院歷史語言研究所研究員。

天 寶 荔 枝 道

嚴耕望

　　唐天寶中，楊貴妃嗜荔枝，欲及新鮮而嘗，故特置急驛自南方馳貢。其驛貢之地，有嶺南與涪州兩說，就余所見史料，唐人多云自嶺南，北宋中葉以後多云自涪州。自史料之原始性言，當從唐人之說，且嶺南貢獻，漢世已有舊例，又經張九齡以中書宰相之尊，而極力宣揚南海荔枝之甘美，及楊妃貴寵，既嗜此果，玄宗必曾詔嶺南特驛馳貢，殆可斷言。然據白居易之說，荔枝採摘三日而色香味俱變，審度當時交通條件，由嶺南發驛至京師，絕不可能保持新鮮，故若欲及新鮮享嘗，則由涪州飛驛，較爲合理。且楊妃幼長於蜀，所嗜當爲蜀產，亦增加驛自涪州之可能性。況在唐世，涪州所產之品質絕不遜於嶺南耶！然楊妃寵貴甚久，驛貢荔枝，時間先後，可能不只一地，先貢自涪州，後慕南海荔枝之美名，更貢自嶺南，然不能新鮮驛到，仍以涪州爲經常貢地，或同時並貢，皆非不可能者。故宋人傳述，或云三日或云七日，正恰當於兩地貢道之里距，唐人以此爲楊氏罪，故偏指遠地歟？

　　《新唐書》七六《玄宗貴妃楊氏傳》："妃嗜荔枝，必欲生致之，乃置驛傳送，走數千里，味未變已至京師。"但不言置驛傳送之荔枝取自何處。而《通鑑》二一五天寶五年紀云："妃欲得生荔支，歲命嶺南馳驛致之，比至長安，色味不變。"則云驛致自嶺南。胡《注》："自蘇軾諸人皆云，此時荔支自涪州致之，非嶺南。"考蘇軾《荔枝歎》云："永元荔枝來交州，天寶歲貢取之涪。"（《東坡後集》五。）又蘇氏之前輩學人蔡襄《荔枝譜》云："唐天寶，妃子尤愛嗜涪州，歲命驛致。"及下文所引范成大《吳船錄》、王象之《輿地紀勝》皆然。此即胡《注》所本。

　　復考朱翌《猗覺寮雜記》卷一云：

　　　荔子，漢和帝時取之南海。唐天寶取之涪。元和中取

之荆南，見元微之《論海味表》。《太平御覽》，妃子生於
蜀，好荔子，嶺南每歲飛馳以進。則涪不進久矣。《文粹》，
鮑防《雜感詩》云，五月荔枝初破顏，朝離象郡夕函關，
雁飛不到桂陽嶺，馬度皆從林邑山。則唐又取於廣西。
（《學海類編集餘》五《考據類》）

按此條漢和、天寶兩句，明取蘇氏語。檢元氏《浙東論罷進海
味狀》（《全唐文》六五一），只元和十四年特詔進一次即止。鮑防
詩，見《全唐詩》第五函第六册。據兩《唐書·鮑防傳》及《唐會
要》六七《致仕官》條，防以德宗貞元五年致仕，詩蓋作於此前。
所引《御覽》云楊妃所嗜非蜀産，尤可注意。檢《御覽》九七一
《荔枝》條云：

　　《唐書》曰，楊貴妃生於蜀，好荔枝，南海荔枝勝蜀
　者，故每歲飛馳以進，然方暑而熟，經宿輒敗。

朱氏《雜記》明取此條而有脱文。《御覽》成書遠在《新唐書》之
前，而《舊唐書》亦無此文。就余所見，惟李肇《國史補》卷上有此條，
只有兩三字之異，但不重要，蓋即《御覽》所本，至少可證元和、長慶中
已有此説。此皆唐代中葉去天寶不過三四十年至多五六十年之史料。
復考杜翁《病橘詩》（《詳注》一〇，《鏡詮》八）云：

　　憶昔南海使，奔騰獻荔枝，百馬死山谷，到今耆舊悲！

杜翁與楊妃同時人，亦云貢自南海。《詳注》引杜修可曰：“唐
所貢乃涪州荔枝，由子午道而往，非南海也；此特借漢事以譏之。”
按《後漢書·和帝紀》，元興元年，“舊南海獻龍眼荔枝，十里一置，
五里一候，奔騰阻險，死者繼路。”觀杜翁用字遣詞誠取漢事故實，
然與四五十年後之史家記事相同，即不能視爲僅取漢故實，摒而不
論。

考張九齡《荔枝賦序》（《全唐文》二八三）云：

　　南海郡出荔枝焉，每至季夏，其實乃熟，狀甚瓌詭，
　味特甘滋，百果之中，無一可比。余往在西掖，嘗盛稱之，
　諸公莫之知而固未之信。唯舍人彭城劉侯……經於南海，
　一聞斯談，倍復嘉歎，以爲甘美之極也。……每相顧閒議，
　欲爲賦述，而世務卒卒，此志莫就。及理郡暇日，追敘往
　心，……遂作此賦。

按九齡以開元十一年拜中書舍人，十三年秋後出歷洪州、桂州都督，二十一年拜相。所謂西掖指中舍而言，此必官洪、桂時所作。後爲相多年，聲著朝野，必仍宣揚荔枝之甘美，宮城內外已熟聞其事。及楊妃貴寵，而嗜此果，漢代既有南海貢獻之舊例，玄宗爲博貴妃之歡心，曾詔嶺南飛驛貢獻，殆無可疑，故杜翁詩句非必僅藉漢代故實。惟楊妃高祖爲金州刺史，父爲蜀州司戶，妃又早孤，幼年當在蜀，《國史補》謂其"生於蜀，好食荔枝"。則其自幼所嗜者爲蜀產。涪州爲蜀中產荔枝之最近長安者，楊妃寵貴多年，先詔涪州驛貢，再詔南海驛貢，事極合理，固不必限於一處。

且《國史補》云"經宿則敗"，考白居易《荔枝圖序》（《全唐文》六七五）云：

> 荔枝生巴峽間，……夏熟，……殼如紅繒，膜如紫綃，瓤肉瑩白如冰雪，漿液甘酸如醴酪，大略如彼，其實過之。如離本枝，一日而色變，二日而香變，三日而味變，四五日外色香味盡去矣。

則荔枝雖美果，但須及新鮮享嘗。唐宋志書，嶺南去長安逾四千里，多或五千餘里，唐代驛傳，"詔書日行五百里"，此爲最高速度，縱爲楊妃所嗜，特更加速，亦絕不能超過六七百里，則嶺南荔枝斷不能新鮮驛致長安！故審度情事，南海驛貢荔枝既有漢代之舊例，又經張九齡之宣揚，玄宗欲博貴妃歡心，必曾詔嶺南入貢。然以當時交通條件，嶺南荔枝抵達長安，斷不能仍保持新鮮；涪州去長安不過二千里，飛驛三日可到，新鮮程度遠比嶺南驛致者爲高，故每年真正能驛到之新鮮荔枝，必來自涪州，非來自嶺南。今傳唐人史料，惟言嶺南者，特以其遠而重罪楊妃耳。惟北宋時代當保存史料較多，故仍多言自涪州驛貢者。

至於荔枝品種，蔡襄《荔枝譜》云，閩中第一，蜀川次之，嶺南爲下。又范成大《妃子園詩》小序（《范石湖詩集》一九）云："涪陵荔子，天寶所貢，去州里所有此園。然峽中荔子不及閩中遠甚。"范氏《吳船錄》卷下涪州條又詳之云："自眉嘉至此，皆產荔枝。唐以涪州任貢，楊太真所嗜，去州數里，有妃子園，然其品實不高。今天下荔枝，當以閩中爲第一，閩中又以莆家紫爲最。川廣荔枝子，生時固有厚味多液者；乾之，肉皆瘠，閩產則否。"又《輿地紀勝》一七四涪州《古跡目》："妃子園在州之西，去城十五里，荔枝百餘株，顆肥肉肥，唐楊妃所喜。"又云："蜀中荔枝，瀘、叙之品爲上，涪州次之，合州又次之。涪州徒以妃子得名，其實不如瀘、叙。"《方輿勝覽》六一涪州目引《圖經》，同。按此諸條爲北宋中葉以後乃至南宋時代之優劣，然亦只云閩中優於蜀產，未言嶺南亦優。況在唐世，更未必然。考《寰宇記》一二〇涪州，樂溫縣，"縣地頗產荔枝，其味尤勝諸嶺"。此爲宋代開國時之記録，去唐爲近，則天寶中，涪州荔枝可能優於閩中，更當優於嶺南。且閩嶺遙遠，縱已知其特優，然不能新鮮致之，亦惟有取給於最近之涪州耳。

譯程有三日七日之異，詳下文。

涪州既爲天寶貢荔枝之主要產地，其由涪州驛運荔枝至長安之路線，宋人尚有記載，云自涪陵縣（今縣）經達州（唐通州，今達縣）取西鄉縣（今縣）入子午谷至長安，才三日。

《輿地紀勝》一九〇洋州《景物目》下云：

> 子午道，去州東一百六十里。《元和志》云，舊子午道在金州安康縣界。梁將軍王神念以舊子午道緣山避水，橋梁百數，多有毀壞，乃別開干路，更名子午道，即此路也。《洋川志》云，楊妃嗜生荔枝，詔驛自涪陵，由達州，取西鄉，入子午谷，至長安纔三日，色香俱未變。《涪州志》云七日到長安，不同。

同書一八三興元府《景物目》下云：

> 子午谷，生荔枝自涪陵入達州，由子午谷路至長安凡三日。杜甫詩，百馬死山谷，至今者舊悲。

按《洋川志》不知何時所作，要爲北宋之傳述無疑。《紀勝》此兩條所引，記驛致之日程已有三日七日之異。同書一七四涪州《古跡目》妃子園條謂："當時以馬遞馳載，七日七夜至京，人馬斃於路者甚衆，百姓苦之"。《方輿勝覽》六一涪州目引《圖經》與此同。殆皆取於《涪州志》者。然觀前引白居易《荔枝圖序》，"四五日外，色香味盡去矣"。則當以三日爲正。下文考證，涪州至長安，陸路不過二千二百數十里，少或不逾二千里，唐代急驛日行五百里，爲楊貴妃特嗜，可能更增加速度，故"人馬斃於路者甚衆，百姓苦之"。若需要七日夜，則一日夜只行三百里，何致人馬倒斃耶？或云七日者，正爲由嶺南驛貢之日數歟？然七日驛到，荔枝已敗壞矣。

然由何路至達州？經達州治所抑或只經州境？此可作進一步之論證。按《元和志》、《寰宇記》記涪州至長安之路線，有三峽水路（取荊襄入武關路）與萬、開、洋州陸路兩線。三峽水路太迂遠，必非荔枝道，而萬、開、洋州路則較徑捷。其行程由涪州治所涪陵縣取蜀江水路三百五十里至忠州治所臨江縣（今忠縣），又二百六十里至萬州治所南浦縣（今萬縣），又直北取陸路小道一百六十里至開州治所盛山縣（今開縣），又直北經通州之宣漢縣（今萬源西南至宣漢間），越巴山山脈，至天寶間之洋州治所西鄉縣（今縣南），蓋凡八百四十里。又東北取子午谷路越大秦嶺，三交驛，入子午關，約六百三十里至長安。共凡二千二百四十里。此爲荔枝道之一可能路線，則經達州東北境之宣漢縣，不經州治也。

《元和志》三○涪州目記至上都路線云：

> 東取江陵路至上都，水陸相兼三千三百二十五里。從萬州北開州通（州）宣（漢）縣及洋州路至上都二千三百四十里。

《寰宇記》一二○涪州目記至長安路線云：

> 東取江陵府路至長安中路相兼三千三百二十五里。東至萬州水路六百一十里，自萬州取開州、通州宣漢縣及洋州路至長安二千二百四十里。

是兩書記涪州至長安皆有兩路。其一由水路下三峽至江陵轉荊襄道入武關。其一由水路至萬州改取陸路北經開州由洋州越秦嶺也。此陸路，《寰宇記》云“自萬州取開州、通州宣漢縣”，而《元和志》作“從萬州北開州通宣縣”，“通宣”爲“通州宣漢”之脫訛無疑。是此道由萬州北行經開州及通州之宣漢縣，至洋州越秦嶺也。又兩書於涪州以南諸州目，記其至長安之路線，除取江陵府一路（水路）外，往往亦記萬開一道，茲累錄如次：

> 《元和志》，黔州（今彭水）北取萬、開州路至上都二千五百七十里。《寰宇記》，同，惟少“開”字。

> 《元和志》，夷州（約今眉潭地區）北取當〔萬〕州路至上都三千七百里。《記》作北取萬州路三千七十里。《志》文“當”必“萬”之訛，又“百”“十”互異。

《元和志》，播州（今遵義西）北取萬、開州路至上都三千二百七十里。《記》同，惟少“萬”字。

《寰宇記》，思州（約今沿河）取萬州路至長安二千八百五十里。

涪州以北各州，《元和志》已闕。檢《寰宇記》忠、萬、開、達（即通）諸州目，或記水陸兩道，或記開、通、洋州陸道。其陸道云：

萬州“取開、過〔通〕、洋三郡路至長安一千六百里”。

開州“北取通、洋兩州路至長安一千四百三十里”。

達州（即唐通州）“東北取洋州駱谷路至長安一千五百七十里”。

按涪州及其以南各州去長安之兩道，《寰宇記》實承《元和志》書之，此萬、開、達三州行程，除達州乃據《通典》書之之外，萬、開兩州當亦據《元和志》書之。兩書於各州並書水陸兩程，頗爲例外，而詳記去長安路程所經之州縣尤爲少見之例外，知此諸條所見之由萬州北經開、通、洋抵長安之陸路，必爲一重要常行之道路無疑。而據兩書涪州目所記，經通州者，實經通州之宣漢縣，非經州之治所。按隋、唐時代，通州有宣漢縣，見《隋志》、《通典》及兩《唐志》，惜《元和志》已闕，而宋已省，故《寰宇記》無此縣，而於達州東鄉縣下述廢宣漢縣沿革，惜頗混淆不清，然在今宣漢縣東北甚遠則甚明。其首句云：“廢宣漢縣在州北一百七十里。”蓋承《元和志》歟？《一統志》太平廳卷《沿革目》、《古蹟目》，皆以爲在清代太平廳，即今萬源縣。楊《圖》從之，或失之太遠。《地典》以爲在今萬源縣西，或最得其正。要在今宣漢、萬源縣間，蓋亦在後江河谷中。然按《一統志》太平廳卷《古蹟目》引《寰宇記》廢宣漢縣條，以爲在東鄉縣北一百七十里，與今本《寰宇記》作“州北”者不同。若作“縣北”不誤，則固當在今萬源縣治歟？

又《元和志》，涪州北取此路至長安二千三百四十里，而《寰宇記》云二千二百四十里。“三百”“二百”必有一訛。檢兩書黔州北取此道至長安皆爲二千五百七十里。按《志》云，黔州西北至涪州三百三十里，《記》云涪州南至黔州水路三百四十里，則涪州至長安當以二千二百四十里爲正。又《記》云萬州取開、洋路至長安一千六百里，又云忠州西至涪州水路三百五十里，東至萬州水路二百六十里，其和即涪州至萬州路六百一十里，合計涪州至長安亦當爲二千二百餘里，此見"二百"爲正之又一證，故《志》文"三百"爲"二百"之形訛。

萬州至開州里程，《通典》兩州目皆作二百三十二里，《寰宇記》兩州目，同（開州目脱三十二）。又皆云小路一百六十里。按此兩州方位爲正南北向，而《通典》云開州東南到萬州二百三十里，知此大路係循今小江而行，至雙江鎮，乃循蜀江而西至萬州也。小路當即兩州間之南北捷道，今已建汽車道，疑唐代已多行小路，故《寰宇記》云萬州至長安一千六百里，開州至長安一千四百三十里，只差一百七十里也。

《通典》一七五，洋州"東南到通川郡宣漢縣界三百三十一里"，"北至京兆府六百三十一里"。按此時洋州治西鄉縣，所述正即此道，則西鄉經宣漢至開州當約八百四十里也。

子午谷、子午關路，詳《子午道篇》。

然涪州荔枝之佳者産於州治西北一百一十里之樂溫縣。縣在樂溫山北三四十里溶溪水（今龍溪河）西岸，約今萬順場、葛蘭場地區，奉貢所資蓋出於此，宋世所傳州治涪陵縣城西之妃子園，蓋好事者爲之，非真其地。

前引《寰宇記》云樂溫縣荔枝，"其味尤勝諸嶺"。以證宋初以前涪州荔枝品質不在閩嶺之下。按《元和志》三〇涪州樂溫縣"東南至州一百一十里，……因樂溫山爲名，在縣南三十里。此縣出荔枝"。而於涪州治所之涪陵縣不記産荔枝事。《寰宇記》承之，又明其爲佳種。檢《一統志》重慶府卷《山川目》樂溫山條引《舊志》，山在長壽縣西南五十里，"地氣常溫，禾稼早熟"。荔枝佳品，或與地氣有關。天寶驛貢當由此進，前引宋世各書，云涪陵城西之妃子園，蓋好事者爲之耳。關於樂溫縣之地望：《元和志》云在涪州治所涪陵縣西北一百一十里，樂溫山之北三十里。《寰宇記》所記，去州之方向里距同，但云在山北四十八里。《記》又云："溶溪水源出縣理北，南流縣東，又南至廢永安縣東北二里注大江。"同書一四九忠州墊江縣，"溶溪水在縣南十里西流"。檢《一統志》重慶府卷《古蹟目》，樂溫廢縣在長壽縣西北五十里，永安廢縣與樂溫山皆在長壽縣西南，山南樂溫灘瀕臨大江。則溶溪水明即今圖之龍溪河，音仍相近。檢《一統志》重慶府卷《山川目》，亦云龍溪古名容溪，是矣。則唐之樂溫縣即在今龍溪河（高灘河）之西，約今萬順場、葛蘭場地區（N30°5′·E107°地區）。

樂溫荔枝若東南運經涪州治所之涪陵縣（今縣），再由上述路線東北行經忠、萬、開三州，又經通州之宣漢縣，向北行，陸路固已迂遠，水路尤非人力所能控制。以今論之，當由樂溫產地飛驛循溶溪水（今龍溪河）河谷北上，經墊江縣（今縣）、梁山縣（今縣）至通州東境之新寧縣（今縣又名開江）、東鄉縣（今宣漢東），再北經宣漢（今縣東北頗遠），與上述涪州東北行經忠、萬、開北上之大道合，再北越巴山山脈至西鄉入子午谷路，入子午關（長安正南百里）至京師。宋世所傳梁山有高都驛路，爲貴妃荔枝道所經，蓋真得其實矣。今圖有汽車道自長壽北經墊江至梁山，又北經新寧（又名開江）及達縣（唐通州治）東北之宣漢縣，又北至西鄉，又東北至子午鎮，蓋即略循唐代荔枝故道而行耳。

《輿地紀勝》一七九梁山軍《景物目》下云：

　　高都山距軍北一十五里。……高都驛路，乃天寶貢荔枝之路也。

按宋梁山軍，唐爲梁山縣，在樂溫縣之東北，驛經梁山境，是必由產地直向東北行，中間必經墊江縣（即今縣）。前條引《寰宇記》一二〇及一四九，墊江與樂溫兩縣同在溶溪水（今龍溪河）河谷，其道蓋循河谷而上歟？梁山縣北即新寧縣（今縣，又名開江）。據《寰宇記》一三七達州新寧縣，貞觀中置，在州東一百七十五里，俗名賨城，西魏曾置開州於此。固爲一較大地方。又北則爲東鄉縣，《寰宇記》云在達州東北一百七十里，在今宣漢縣東北。馳驛蓋由梁山直北經新寧、東鄉，北至宣漢，與萬、開北行之大道合。檢《民國地圖集·四川人文圖》，由蜀江北岸之長壽縣，有汽車道東北經墊江、梁山、開江（即新寧）、宣漢，北越巴山至子午鎮，此正樂溫經梁山之天寶荔枝驛路線。

此道全程約二千里。按唐代規制，急驛日行五百里；爲貴妃嘗新，飛騎日行近七百里，三日而達長安，超乎規制最大之速度。而此一路多行山險間，人馬必多倒斃者，故杜翁云：“百馬死山谷，到今者舊悲"！王象之云"人馬死於路者甚衆，百姓苦之"也。

此道全程雖不可確知，然前考涪州經忠、萬、開至長安之大道二千二百四十里，比而觀之，此道約二千里，絕不逾二千一百里。前引《輿地紀勝》錄《洋川志》，荔枝三日而至京師，則日行約近七百里。按唐代大赦文，常云"赦書日行五百里"。又考《元和志》四新宥州目云：

> 李吉甫……請自夏州至天德軍復置廢館一十一所，以通急驛。……從天德取夏州乘傳奏事，四日餘便至京師。

按同卷天德軍目，"西（南）取寧遠鎮，故落鹽池，經夏州至上都一千八百里"。是急驛蓋日行四百里，赦書五百里，蓋最高之速度。驛送荔枝更加速至日行六百里以上至七百里也。杜詩、王文詳前引。

※ 本文原載《大陸雜誌》57 卷 1 期，1978 年。收入《唐代交通圖考》第四卷《山劍滇黔區》，中央研究院歷史語言研究所專刊 83，1986 年。

※ 嚴耕望（已故），齊魯大學國學研究所，中央研究院院士。

唐代西州的布價

——從物價看古代中國的棉紡織業

趙　岡

在《中國棉業史》一書中，我們指出棉紡織業在中國發展過程中的一件奇特事實。在公元前二世紀或更早一些，棉花及棉紡織品已經傳入中國，但是大約經過了一千餘年之久，棉花的種植及棉布的生產始終局限於邊疆地區，未能在中原地區或長江流域廣泛傳播。譬如説，從西域傳入的棉花，不但有清楚可靠的文獻記載，而且還有出土的實物如棉布及棉籽證明。棉花傳入西域的時間，起碼可以追溯到公元二世紀，它是從西巴基斯坦進入新疆的吐魯番盆地，當地人稱其爲白疊。這些在《舊唐書》及《南史》中的《高昌傳》，都有明確的記載。高昌即吐魯番。唐貞觀十三年（639）平高昌，置西州都督府，屬河西道。故《唐六典》記載説 "西州出白氎"。白氎即白疊，棉布也。可是棉花的種植直到十三世紀前不久，才經過河西走廊，傳到陝北一帶。元朝孟祺，在1273年奉旨編刊《農桑輯要》。其卷二説：

> 木棉亦西域所産，近歲以來⋯⋯種於陝右。

這種緩慢的推移，是一件奇怪的事。根據經濟學原理來判斷，最合理的解釋是當時棉布的生產成本太高，無法與中國固有的紡織品（絲綢與麻布）相抗衡，因而棉花在中原地區無法變成有利可圖的技術作物。棉花種植的傳播過程，是受到棉布在市場上競爭力的影響。這種論斷只是按常理推測，想當然耳，並沒有任何史料可以直接證明棉布在中國古代市場上的競爭力強弱。嚴格説來，以上的推斷只是一個假説，有待證明。

最近，我在日本京都的龍谷大學看到他們所收藏的 "吐魯番文書"，其中有不少唐代西州的布價資料。我們上述的推斷，才得到了具體史料的證明。龍谷大學是由佛教團體創辦的。幾十年以前，他們組織了一個大谷探險隊,前往中國新疆地區去尋覓有關佛教的史料,不意竟得到一大批出土的古文書,其中有許多田賦及物價的資料。其中的布價資料,大體是唐代西州地區在天寶四至六載前後的事。

首先要解釋一下唐代"市"的組織與慣例,以及物品價格的性質。據唐代《關市令》:

> 諸市每肆立標,題行名。市司准貨物時價爲三等,十日爲一簿,在市案記,季別各申本司。

政府對於一般商品市場有相當嚴格的管理。每家商店(肆)要有注冊店名,並標明價格。每樣貨物依品質分上中下三等。每十天調查物價一次。每種等級的商品售價又分三種,即高價、中價、低價,當時稱爲上估(或值)、次估、下估。其中間價格,即次估,可以視爲市場的平均價格。很顯然,唐代的政令推行得極徹底,即令是遠在邊陲的西州市場也是奉行此種貿易制度。

根據龍谷大學所藏吐魯番文書第一二一○號及二三七三號,農戶們"種緤"。許許多多文獻證明,白疊又稱白緤,即棉花的漢文譯名。種緤就是種植棉花。可見棉花已是當地所產,而非進口原料。當地市場有棉花買賣。據第三○八○號文書:

> 緤花壹斤,上直錢七文,次(下殘)。

緤花不分等,可見品種單純,質量勻齊劃一。第三○八○號及三○五七號文書所載棉布的價格如下:

> 細緤壹尺,上直錢肆拾伍文,次肆拾肆文,下肆拾叄文。

> 次緤壹尺,上直錢叄拾文,次貳拾伍文,下貳拾文。

> 麁緤壹尺,上直錢拾壹文,次壹拾文。

棉布分上中下三等,麁緤即粗棉布。

從上述的物價,我們可以看出幾點重要之事。首先值得注意的是棉花與棉布的差價。所謂緤花是否已去籽不得而知,現在不妨假設它是指未去籽的棉花。即令如此,棉花與棉布的差價也是驚人的巨大。如果按窄幅布計算,一斤棉花可以織成數丈粗棉布,織細布則更長。但是當時西州一斤棉花的價值竟比一尺粗棉布的價錢還低。這表示種棉不難,但織布極難。根據近年在新疆古墓中出土的棉籽,當時所種之棉種是所謂的舊大陸非洲棉,即後來中國所謂的草棉。此棉種耐乾旱,適於中國西北邊疆的氣候,它的生長期短,只要一百三十天就可。所以種植棉花不難。但是此棉種的棉絲與棉籽附着堅固，脫子不易，在大彈弓發明以前，去籽是一道很費時的工序。此棉種纖維過短，紡起紗來也很費力。此外，西北邊疆的氣候過於乾燥，濕度很小，織布時棉紗易斷。由於這種種原因，由棉花織成布的過程中一定要消耗大量的人力。原料價格與成品價格之間，才有如此巨大的差額。

其次，我們可以注意到，上中下三等棉布的價格相差也極大。細緤中估之數幾乎是次緤中估的兩倍，而是粗緤中估的四倍有餘。這一點也同樣說明當時生產棉布的技術困難。草棉纖維短，只適於織粗布。如果一定要生產高級的細布，則一定要有特種設備，增加室內的濕度，然後慢慢地紡出細紗，織出均勻的細布。西嶋定生在其《中國經濟史研究》第 754 頁，曾引用元朝文獻所記載的某地棉布價格：上等每尺伍錢，中等每尺肆錢，下等每尺叁錢。足見棉紡織技術改進以後，生產高級品與生產低級品之間的成本差距便逐漸縮小。這種差價之比較，是具有一定的意義的，可以顯示生產成本的變化。

我們也可以注意每種商品本身價格的變化。所謂某物的上估、中估、下估，可以視為是在一旬（十天）內的物價波動，而中估則可視為是該期間內該物品的平均價格。從上列的資料來看，細緤的價格波動幅度最小，最高價比最低價不過高出 4.6%。次緤的最高價比最低價則高於 50%。有關粗布的資料殘缺，沒有下估數字。其上估比中估高 10%。從經濟學原理來判斷，這種價格波動幅度大小可能是反映這些商品的需求彈性。細緤在當時很可能是極高級的奢侈品，需求彈性極高，所以價格波動不大。次緤及麤緤則購用的人多，需求彈性很小，所以價格的變動幅度大得多。

此外尚有一種可能。細緤因為質量均勻耐久、被當地人用以作為類似貨幣的流通手段，因而它與錢幣的比價顯得如此穩定，而次緤及麤緤則是純粹的商品，其市價隨時變動。吐魯番文書中有不少記載人民以布緤繳納地租與國家的賦稅（如第 5824 號，2828 號等）。唐代政府課徵實物本是全國通行的制度，尚無法證明棉布在吐魯番地區已被當作貨幣來支付。但是近年新疆出土的文物中發現有借貸的契約，也是以棉布為單位。例如發掘的第 326 號墓中有一張西魏大統十七年（551）的借貸契約，借方在三月二日借了六十匹疊，到八月時應償還九十匹疊。此處很像是以棉布爲流通手段。這也許就是細緤價格穩定的原因。

更值得注意的是棉布與其他紡織品的比價。這些比價才真正說明棉布與其代用品的競爭能力。在棉花傳入中國以前，中國的傳統紡織品是絲織品與麻織品。中國使用這兩種纖維的歷史悠久，其生產技術早已相當發達，生產成本已經降低。絲綢是屬於高級衣料，富裕人家使用。麻布則屬於大衆化的紡織品。由於棉花的特性及其纖維構造，絲麻的生產技術不能完全適用於棉紡織生產上，而必須獨立研創特殊的工具與技術來應付其特有的工序。棉布能否與絲麻紡織品在市場上競爭，就要看它的生產成本高低。

吐魯番文書中除了緤布的價格外，還有其他紡織品的價格資料。讓我們先看麻布的價格。第 3083 號文書中開列有火麻布價格，每端（五十尺）上估五百文，中估四百九十文，下估四百八十文。如果折合成每尺價格，火麻布比粗緤還略便宜。火麻即黃麻。不過火麻布是否是西州本地所產，此處無法判斷。不過，吐魯番文書中（3083號）載有維州布的價格。維州在今四川理縣。想來這是維州出產的麻布，運至西州市場銷售者。其價格是每端上估四百五十文，中估四百文，下估三百八十文，比粗棉布便宜約百分之廿。很顯然，西州當地出產最劣等的棉布，比外來的麻布還要貴，其競爭能力不強，自是意中事。如果把粗棉布運至四川維州，恐怕得賣八百文一端才能够本，而當地生產的麻布價格恐怕會低到只有二百文一端，棉布何來銷路。

現在讓我們再看一看高級棉布。細緤價爲粗緤的四倍多。不過細緤質量好，是高級紡織品，應與絲綢競爭。據 3073 號文書，各色貨平均價格（中估）如下：

> 細綿紬每尺四十五文。
>
> 次棉紬每尺四十文。
>
> 綾一尺六十五文。
>
> 生絹一匹（四十尺）四百六十文。

可見細緤價格只比綾低一些，比其他絲織品都貴。在這裏我們也不知道這些絲織品是否是西州當地所產。從其他史料來看，唐時西州似乎已經能生產一些絲織品。但是想來技術不够熟練，成本偏高。
內地運來的絲綢應該更便宜點。果然，文書中就有這樣的資料：

　　　　河南府生絁一匹，中估六百四十文。

　　　　陝州絁一匹，中估六百二十文。

　　　　梓州小練一匹，中估三百八十文。

這些紡織品的價格就低得多。如果不要運費，它們在原產地的價格
定然更低。

　　總之，從這些物價資料上我們可以清楚看出，唐代西北邊疆地
區的棉布生產，成本十分偏高，無法與內地生產的絲綢麻布相抗衡。
少量棉布進入中原地區的市場，只因有些人出於好奇心，要買這種
洋貨。農民們無意種植棉花，因爲無利可圖。

※ 本文原載《幼獅月刊》46 卷 6 期，1977 年。
※ 趙岡，美國密西根大學博士，美國威斯康辛大學退休教授。

唐代和糴問題試論

羅彤華

一、前　言

　　自陳寅恪先生以"河西地方化"的理論,探討和糴問題以來,學界紛紛針對和糴的淵源、用途、實施地區、[1]强迫性或自願性、[2]與糴本來源等課題,[3]進行更深入的分析與論辯。和糴一詞最早見於北魏,其制度淵源一般皆遠溯至李悝的平糴法、管仲的輕重理論與耿壽昌的常平倉。然唐代的和糴初不以平價爲目的,穀物供給對象也不在百姓,因此以常平斂散法衡諸和糴,似乎未盡妥貼。但另方面,和糴透過兩和交易擁有大量穀物,其功能與運作法,勢必受各式倉儲的影響,並隨著客觀環境的需求而調整。故窮究和糴遞變之跡,尋繹其與常平等法的異同,不唯可澄清和糴的面貌,亦可瞭解唐政府重視和糴的原因。

　　近年出土的敦煌文書中有不少關於和糴的資料,它除了細緻地描繪官府收購糧食的情形,還出現了一種未見於其他史料、名爲交糴的概念。和糴、交糴之別,學者的觀察點多集中在估價高低、糴者身份、實施季節、可否預付等方面,[4]至多也只認爲涉及到軍司挪用的問

---

〔1〕　有關和糴的淵源、目的、實施時間與地區,宋德熹整理各學者的論點,並表列比較之,見《陳寅恪中古史學探研——以〈隋唐制度淵源略論稿〉爲例》,臺北:稻香出版社,1999 年,頁 129～146。

〔2〕　盧向前、楊際平認爲唐前期的和糴主要是人民自願的,盧開萬則認爲其强制性。見盧向前《從敦煌吐魯番出土的幾件文書看唐前期和糴的一些特點》,收入《敦煌吐魯番文獻研究論集》第 5 輯,北京:中華書局,1990 年,頁 307～316;楊際平《從敦煌文書看唐代前期的和糴制度》,《中國社會經濟史研究》1985:1,頁 14～18;盧開萬《唐代和糴制度新探》,《武漢大學學報》1982:6,頁 56～59。

〔3〕　丸橋充拓《唐代關中和糴政策と兩稅法》,《古代文化》51:7(1999),頁 40～42;李錦綉《唐代財政史稿》下卷,北京:北京大學出版社,2001 年,頁 906～908。

〔4〕　王永興《伯三三四八背文書研究》,收入《敦煌吐魯番學研究論文集》,上海:漢語大詞典出版社,1991 年,頁 159～164;楊際平《天寶四載河西豆盧軍和糴會計文書研究》,《中國社會經濟史研究》1992:3,頁 28～31;鄭學檬《從敦煌文書看河西地區的商品貨幣經濟》,收入《敦煌吐魯番出土經濟文書研究》,厦門:厦門大學出版社,1986 年,頁 327～331。荒川正晴《唐代敦煌における糴買について》,收入《早稻田大學大學院文學研究科紀要》別册 8(1982),頁 193～198。

題。[5] 但爲何豆盧軍會計牒中,僅交糴有利潤賬,而和糴没有,如果只從價差上去解釋,未免把問題太簡單化了,或許這其中隱含著某些亟待發掘的官司秘辛。

和糴的進行需具備糴本與剩餘穀物兩項要件,研究者對此已有著墨,[6] 只是往往忽略了糴本非單一來源,也未必出自同一機構,其撥付常因時因境而異,受政局與財稅的影響甚大。再者,和糴其實是一種交易活動,尤其常發生在欠缺糴本或穀物的地方,因此政府如何扮演居中牽引的關鍵角色,使和糴順利發揮物資調節功能,並使穀物的流通與收購,不受不當管制與不利因素的干擾,都是本篇擬欲探討的議題。

和糴是唐代財政政策中的一環,與屯田、漕運等共同發揮互補性的糧食供應效能,[7] 對於這樣一個重要的制度,此處擬從和糴與交糴、和糴的功能與運作法、糴本的來源與演變、和糴與商業等幾個問題著手,以補充前賢未盡之意。至於歷來研究者鮮少注意的管理監督問題,本文限於篇幅,將在另文《唐代和糴的管理體系》中再作討論。[8]

二、敦煌文書中的和糴與交糴

和糴是一種政府向民間徵集糧食的方式,唐代初見於貞觀四年(630)代州都督張儉以之充邊儲,[9] 繼之有數件貞觀十四年、二十三年的太倉和糴粟窖磚,[10] 但似乎都用來供邊軍糧食。[11] 則天證聖元年(695)三月二十一日敕:"州縣軍司府官等,不得輒取和糴物。"則邊區、京畿等地的某些州縣可能也在實施和糴制度。[12] 然

---

〔5〕 李錦綉《唐代財政史稿》上卷(北京:北京大學出版社,1995),頁752。

〔6〕 丸橋充拓《唐代關中和糴政策と兩稅法》,頁40~44。

〔7〕 日野開三郎《天寶末以前における唐の軍糧田》,收入《日野開三郎東洋史學論集》卷一一《户口問題と糴買法》(東京:三一書房,1998),頁327;盧向前《唐代中後期的和糴》,《文史》41(1996),頁35~38。

〔8〕 本文爲第六屆唐代文化學術研討會之宣讀論文(2003.11.6),將收入該會之論文集。

〔9〕 《資治通鑑》卷一九三,臺北:世界書局,1974,頁6082。

〔10〕 陸耀遹《金石續編》卷四,臺北:藝文印書館,石刻史料叢書,頁12ab、14b。

〔11〕 盧向前認爲可能與平高昌、開西域等軍事行動有關,見《唐代前期和糴政策與政局之關係》,收入《季羨林教授八十華誕紀念論文集》(南昌:江西人民出版社,1991),頁292。

〔12〕 《册府元龜》卷五〇二《邦計部·平糴》(臺北:臺灣中華書局,1972),頁6012。唐前期和糴實施地區,目前可知均不超過邊區與京畿一帶,故證聖敕的對象大抵亦以邊區、京畿爲限。

唐前期的和糴主要仍行於沿邊一帶，及玄宗朝牛仙客爲相後，始大量運用於關中。[13] 現今出土文書裏的和糴資料，不僅充分反映邊區對該種集穀方式的倚重，也清楚透露出傳統史籍資料所不曾顯示的運作細節。

敦煌文書 P.3348 背天寶六載（747）十一月、十二月河西豆盧軍軍倉共有十一件十二人的交糴牒，交糴者無論行客或百姓，所交數少則 50 碩（2 人），多則 200 碩（2 人），一般約 100 碩（7 人），[14] 另有一人爲 60 碩，數量都相當龐大。軍倉之外，燉煌郡倉也有百姓納和糴偶粟的資料，茲將 P.2803 背天寶九載八月二十八日至九月十八日的十件文書整理如下：[15]

表一

粟 數量（碩）	單次納（人次）		二次合納 （偶粟並計）	三次合納 （偶粟並計）	四次合納 （偶粟並計）
	粟	偶			
~1	20（8.47%）	1	0	0	0
1~10	122（51.69%）	4	19	2	0
11~20	46（19.49%）	3	4	3	0
21~30	28（11.86%）	7	8	2	0
31~40	12（5.08%）	1	10	3	1
41~50	4（1.69%）	0	3	1	1
51~60	3（1.27%）	0	2	0	0
61~70	1（0.42%）	0	1	2	1
71~80	0	0	0	0	0
81~	0	1	1	0	0
總計人次	236	17	48	14	3

百姓納郡倉的和糴粟，51.69% 集中在 1~10 碩，更有高達約 98% 是在 50 碩以下。偶的交納除一例有 82.81 碩外，其餘也在 50 碩

---

[13] 《資治通鑑》卷二一四開元二十五年條：“先是，西北邊數十州多宿重兵，地租營田皆不能贍，始用和糴之法。有彭果者，因牛仙客獻策，請行糴法於關中。”

[14] 十一月的一分交糴牒，行客任惩子納108.6碩，計入100碩中。

[15] 本表將文書的2、4、5、8、9、10、11、13、15、16 等10件有百姓納和糴偶粟的明細資料整理出來。該文書的第3件即第4件的總計，不納入。單次納是指各件文書中列次所見各筆，即使同一件文書一人出現數次，也分別計入各數量組距中。多次合納是併計偶粟後，將各文書中納二次以上者，分別歸入數量組距中。

以下。與軍倉交糴情形相比，二倉糧穀來源與數量有相當大的區隔，郡倉每筆所納要少得多，這或許與百姓資力一般較貧弱有關。但如換個角度來觀察，郡倉和糴也有令人矚目之處。郡倉交納期限在八至九月間，正是穀物新登之際，百姓因此隨收隨納，二旬之間竟有65人次重複交予，多者可連續達四次，個人最高納穀量至86碩，而郡倉的總收購量也有粟2916.79碩、偶365.44碩。[16] 唐代丁租每人納粟2石，沙州有戶六千餘，[17] 一戶以一丁計，可收丁租一萬二千多石。以此數字來比較，郡倉和糴數並不算多，然若思及這個和糴數是由168人所納，[18] 每人所納偶粟平均竟至19.54碩，則不能不對百姓的納穀能力，寄與高度關注。

P.2803背天寶九載文書是一份不完整的資料，百姓和糴其實是在交完官稅，還完債務後，以其剩餘穀物納與政府的。與郡倉和糴偶粟同記錄在一起的二分稅、種子粟等，多少能說明這樣的情勢。郡倉納期緊接在秋收之後，農民尚未支付年內的其他開銷，政府的和糴估通常又高於時價，故農民在交付必要支出後，既願意，也較有餘力進行和糴，這大概是爲什麼表中有不少農民，能在二旬之內交納數十碩穀物的理由。如以人日食米2升或粟3.3升計，[19] 納10碩粟就約讓百姓拿出十個月的糧食，因此政府若無價格上的誘因，百姓又豈會輕易釋出穀物。從文獻資料中政府和糴總是加錢收買推想（詳下文），燉煌郡倉的和糴應該也不例外。

郡倉、軍倉納糴穀時，注明身份爲百姓者，這些人似是相對於行客，在當地落籍的民戶，只是他們的財務狀況，相差似頗懸殊。[20] 就郡倉納和糴偶粟的168人而言，無分單次、多次納，總數在50碩〔包含〕以上者共13人，佔全數的7.74%，其與軍倉交糴

---

[16] 此二數字係核對明細資料與牒文中和糴的統計數後得出。

[17] 《通典》（北京：中華書局，1988）卷一七四《州郡四》，沙州有戶六千三百九十五。《兩唐書》（新校標點本，臺北：鼎文書局，1976）卷四〇《地理志》，沙州有戶四千二百六十五。《元和郡縣圖志》（北京：中華書局，1995）卷四〇《隴右道下》，沙州開元戶六千四百六十六。此處據《通典》。

[18] 此處是將重複交納和糴粟、偶者歸併爲一人後得出。

[19] 《神機制敵太白陰經》（上海：商務印書館，《叢書集成》初編本）卷五《人糧馬料篇》："人日支米二升，……一人一日支粟三升三合三勺三抄三圭三粒。"

[20] 池田溫指爲敦煌住民，不乏有力大姓。見《敦煌の流通經濟》，收入《講座敦煌》卷三《敦煌の社會》（東京：大東出版社，1980），頁325。

百姓皆屬財力相近的階層，可能都是當地的富戶。至於絕大多數只能納數碩或零星幾斗的百姓，或許是經濟能力較差的小農。

敦煌並非墾田豐足之處，軍糧尤其仰給於屯田多的鄰州，《新唐書》卷一○七《陳子昂傳》："甘州地廣粟多，……屯田廣夷，倉庾豐衍，瓜、肅以西，皆仰其餫，一旬不往，士已枵饑，是河西之命係於甘州矣。"敦煌正在瓜、肅以西，殆曾懸命於甘州，但敦煌的軍食來源可能還更廣。豆盧軍倉交糴的行客，想來係往來於敦煌與其他邊州，從事穀物販運的行商，[21] 他們在十一二月秋收季節之後，還能有每筆一二百碩的大額運量，殊非尋常當地百姓可比。這些行客除了來自東方甘州等地外，敦煌以西各州蓋亦有挹注敦煌軍倉和糴糧穀之行旅。阿斯塔那509號墓開元二十一年（733）北庭作人蔣化明失過所案卷，[22] 就是驅驢到七百里外的伊州納和糴的。[23] 故只要敦煌的穀物估價高過糧運成本，讓商人覺得有利可圖，自然會吸引鄰州行商來此。

自唐初西北地區已爲供軍而和糴，[24] 敦煌文書則顯示郡倉和糴在天寶年間也行於邊地，而且其用途可能與出貸種子粟有關。天寶九載郡倉納穀牒的第一件，就是敦煌十三鄉向郡倉還納種子粟的申報單，其他還納種子粟的各件，也不時與和糴穀交雜在一起，或許和糴發揮的正是一種積少成多的力量，而政府藉著這股力量，以春借秋還的形式，賑貸貧弱百姓。[25]

天寶六載、九載兩件文書，軍倉皆言交糴，郡倉則曰和糴，和糴與交糴運作方法相近，卻並非同一回事，P. 3348背天寶四載河西豆盧軍會計牒可以說明之。這件文書其實分爲兩部分，前件是交糴會計牒，後件是和糴會計牒，二牒同是斛斗收附軍倉，納入賬曆後，

---

[21] 行客一般係指離開本貫，往來各地，從事商業的人，有些證明非漢人。見池田溫《敦煌の流通經濟》，頁325、340，注96；荒川正晴《唐代敦煌に於ける糴買について》，頁195。

[22] 《吐魯番出土文書》第9冊（北京：文物出版社，1990），頁61~62。

[23] 北庭至伊州，《通典》卷一七四《州郡四》爲六百八十里；《元和郡縣圖志》卷四○《隴右道下》爲九百七十里。

[24] 《新唐書》卷五三《食貨志》："貞觀、開元後，邊土西舉高昌、龜茲、焉耆、小勃律，北抵薛延陀故地，緣邊數十州戍重兵，營田及地租不足以供軍，於是初有和糴。"

[25] 正倉賑貸的功能及出貸種子粟的情形，可參考張弓《唐朝倉廩制度初探》（北京：中華書局，1986），頁15~18。

檢附呈報的會計文書。交糴牒包含三載夏、冬與四載春三季賬目，和糴牒只有三載冬與四載春二季，但交糴冬春二季的斛斗數不僅遠低於同年同季的和糴數，而且也約是夏季交糴數之半。二牒各季穀物數如下表：[26]

表二

年分	季節	種類	支糧數	利潤數	總數	文書性質
天載三載（744）	夏季	交糴	10044.067 碩	1116.008 碩	(11160.075 碩)	交糴會計牒
天載三載（744）	冬季	交糴	4886.355 碩	904.889 碩	5791.244 碩	
天載四載（745）	春季	交糴	6384.213 碩	(1182.261 碩)	7566.474 碩	
天載三載（744）	冬季	和糴	10115.691 碩	／	10115.691 碩	和糴會計牒
天載四載（745）	春季	和糴	10027.183 碩	／	10027.183 碩	

　　沿邊駐軍四季皆需糧食供給，雖然不明軍倉秋季是否和糴，至少前述八、九月的郡倉和糴可於必要時助軍餉。[27] 從前述天寶六載的軍倉交糴與天寶九載的郡倉和糴來看，似乎交糴每筆的數量大，多由有財力者任之，和糴每筆的數量小，多出自一般百姓。上表的三載冬季與四載春季，軍倉竟同時以兩種估收糴，大概仍是較優惠的和糴估用於百姓，以照顧其生活；較低廉的交糴估要求當地富戶或穀物商承擔，用大量的交易讓他們獲取一定的利潤。至於交糴與和糴的關係如何，吾人先以資料完整的天寶三載冬季交糴賬做如下運算，就會有令人訝異地發現：

表三

斛斗\n類別	交糴總數			本利計數				
	斛斗總數	斗估	折貫數	本數	斗估	折貫數	利潤數	本利總斛斗數
粟	5405.837 碩	27 文	1459.576 貫	4500.948 碩	32 文	1440.303 貫	904.889 碩	5405.837 碩
偶	17.1 碩	27 文	4.617 貫	17.1 碩	32 文	5.472 貫	／	17.1 碩
	262.5 碩	30 文	78.75 貫	262.5 碩	32 文	91.875 貫	／	262.5 頁
青麥	76.007 碩	32 文	24.3235 貫	76.007 碩	37 文	28.123 貫	／	76.007 碩
小麥	29.8 碩	29 文	8.642 貫	29.8 碩	34 文	10.132 貫	／	29.8 碩
豌豆								
總計	5791.244 碩	／	1575.905 貫	4886.355 碩	／	1575.905 貫	904.889 碩	5791.244 碩

---

[26]　交糴利潤數與總數，括號內所列是推估出的。和糴無利潤數。

[27]　正倉可補軍餉，這也是正倉和糴的目的之一。見張弓《唐朝倉廩制度初探》，頁12～14。

　　天寶三載冬季軍倉同時交糴與和糴，交糴估每斗低於和糴估五文。表中前半交糴總數欄依文牒列出，表中後半的本利計數欄如將本數用和糴估折算，可知本數總折錢數，與交糴總折錢數相當，而本利總斛斗數，亦與交糴總斛斗數相當。易言之，軍倉如准和糴估上報中央，只需納較少穀物即可應命；軍倉如私下以較低的交糴估運作，則可在總錢數（1575.905 貫）不變的情況下，收取較多穀物（5791.244 碩），需上報應命的即是本數（4886.355 碩），可私自扣下的便是利潤數（904.889 碩）。因此所謂的交糴會計牒、和糴會計牒，其實是軍倉的兩本賬，和糴牒所收斛斗全載入支糧賬，且經上報中央與勾檢；交糴牒所入則分別列在支糧賬、利潤賬裏，不必上報中央與勾檢，爲軍倉之私賬。由於中央只撥付和糴匹段，並無其他糴本來源，所以作爲私賬的交糴數，其實是含括在和糴數內，由軍倉巧妙操作得出，亦即和糴斛斗裏，部分確依中央規定，用較優惠的和糴估收得，部分則軍倉自定較低的交糴估，多收穀物，以本數計入和糴賬內，利潤數竟私下扣留。表中冬季的交糴數少於春季的交糴數，或許是因農家在歷經秋稅及各種開支後，手上握有的剩餘穀物遞減，能够和糴的數量也跟著遞減，相對地，爲了彌補和糴不足的差額，軍倉便愈發倚重交糴。也就是說在總數固定下，和糴數與交糴數呈互補現象，能從農民手中收取的和糴數愈多，則從有財力者手中購得的交糴數就愈少；反之，農民所納和糴數愈少，有財力者的交糴數便增多。這種情形在穀物嚴重缺乏的夏季似乎更明顯。

　　表中三載夏的交糴數很大，遠多於同件冬春二季的交糴量，而與另件冬春二季的和糴數約略相當，這應是夏季時百姓手中已無餘糧，要向其和糴頗爲困難，此時就只有半利誘、半強迫地從有力百姓與行客那裏交糴來穀物，以滿足軍倉需求，並賺取每次約 1000 碩左右的利潤（表二）。京都有鄰館《開元十六年（728）庭州金滿縣牒》"合當縣管百姓、行客、興胡，惣壹阡柒伯陸拾人"，令支稅錢。[28] 當地的百姓及到當地來的行客都在州縣管轄下，官府既可令其納稅，自可要求其交糴。不過要讓當地富户或外來行客交糴，未

---

[28] 池田溫《中國古代籍賬研究——概觀・錄文》（東京：東京大學東洋文化研究所，1979），頁 354。

可全用抑配之法，一來官府不便得罪富戶大姓，二來若全無誘因，行客怎甘願到此被率斂。天寶四載會計牒的交糴估，每斗皆低於和糴估五文，但只要行客從外地運來的穀物成本仍低於交糴估，則即使每斗少賺五文，在大量交易下，依然有相當利潤，行客還是願意將穀物賣到敦煌來。就糧價變動情形看，青黃不接的春季糧價，通常會高於秋收後不久的冬季糧價，不過天寶四載冬春兩季的交糴估、和糴估各自未變，似乎透露出官方所訂的這兩類估價，未必隨季節性時價而變動，如果春季估值仍對行客、百姓有誘因，那麼冬季估值尤其與時價有頗大差距，穀物商正可藉此機會賺上一筆。軍倉對夏季交糴的依賴如此之深，若不讓穀物商有利可圖，豈不影響軍糧的供給。何況行客還可藉著預付匹段的方式，先放高利貸，再填還穀物。這或許就是天寶六載各牒所示，行客、百姓自請向軍倉交糴的原因。

天寶年間軍倉是以匹段爲本，向民間收購穀物，所以 P. 3348 背和糴會計牒曰：“合當軍天寶四載和糴，准旨支貳萬段出武威郡。”同號前件交糴會計牒亦略云：“准和糴估，折填充交糴匹段本。”以庸調布補給軍需物資，不直接由中央兩京運至，乃是依度支指定的輸送地轉輸，[29] 而涼州（武威郡）正是運往河西地區布帛的中繼站，[30] 再由敦煌郡參軍行綱傳送。然而這兩個會計牒在賬務申報上頗不相同，和糴會計牒詳細記錄所收匹段種類、匹段估值與折錢數、收附斛斗的估值與折錢數，以及申報與勾檢情形。交糴會計牒則僅記錄交糴總錢數、斛斗總數與折錢數、斛斗本數（即表二中的支糧數）與利潤數。交糴會計牒不獨略去匹段部分及勾檢情形，斛斗本數、利潤數也都未計估值與折錢數，甚至只用粟的斛斗數籠統調整本利，其他各類穀物的斛斗數不過照錄而已。從兩種會計牒的書寫形式上看，和糴牒的賬目筆筆清楚，如何由匹折貫再折碩，層次分明，細目詳實，最後並經查核與勾檢。反觀交糴牒的賬目，其重點似放在斛斗折貫數及本、利數的分計上，予人的印象是，只需本、

---

[29] 大津透《唐律令制國家的預算——儀鳳三年度支奏抄、四年金部旨符試釋》，收入《日本中青年學者論中國史》（六朝隋唐卷）（上海：上海古籍出版社，1995），頁 452 ~ 456。

[30] 荒川正晴《唐の對西域布帛輸送と客商の活動について》，《東洋學報》第 73 卷第 3、4 號（1992），頁 40 ~ 45。

利數湊成與總數相合即可，不必問各類穀物是否實有本、利。而且交糴牒將連續三季的本利賬合在一起，又全無勾檢情形，也與一般支度使季勾的體制不合。[31]

軍倉在同一時間內以兩種估收納穀物，較高的和糴估用於一般百姓，較低的交糴估用於當地富戶或外來行客。前者依和糴估實報實收，軍倉不易從其中賺取利潤；後者藉交糴估少報多收，軍倉大可趁此良機獲取羨餘。這種假和糴之名，遂中飽之實的行徑，或許在官府中以各種方式與名目暗中進行著，如開元十六年盧從愿坐子起居郎糴米入官有剩利，爲憲司所糾。[32] 讓農民依和糴估糴米入官，糴本與糴數相合，官中不應有剩利，由是推測盧從愿子亦如豆盧軍倉，在以不同估價行牟利之實。德宗信用裴延齡，權德輿惡其巧倖，上疏曰：“又重破官錢買常平先所收市雜物，遂以再給估價，用充別貯利錢。”[33] 常平與和糴之異同詳見下節，而此處同樣是以不同估價，別貯利錢，納入私囊。想來像豆盧軍倉那樣，一分爲向上申報的和糴公賬，一分爲私下備查的交糴私賬，可能在一些行和糴的官府機構中，悄然存在著。

和糴賬目需要上報中央與勾檢，中央也會派員到地方檢勘，如P. 3841背開元二十三年沙州會計曆，就是支度使勾出和糴庫未收附正庫所附小練；P. 3559號天寶十三載燉煌郡會計牒，則是寶侍御准敕勘覆出用和糴物市馬價，部分未填還。儘管唐政府對財務賬目的查勘非常嚴格，不過豆盧軍倉這種不著痕跡的兩面手法，和糴賬上完全看不出有何欠負、挪用等問題，就算勾官檢勘，也找不出什麼破綻，大概因此軍倉才會如此大膽地私下進行交糴。

豆盧軍管兵 4300 人，人日食粟 3.3 升，一季合需糧 12771 碩，與軍倉冬春兩季和糴數或夏季交糴數差可相近。邊軍用度耗費繁雜，糧食、衣賜、別支、馬匹糧料等主要取自正倉，而和糴的就近購糧，可供絕大多數的豆盧軍軍糧，其於補充屯田、地租之不足，減省運輸之不便，實有重大作用。[34] 只是軍倉私下以價差牟利，蓋非中央

[31] 李錦綉《唐代財政史稿》（上卷），頁 235～237。

[32] 《舊唐書》卷一○○《盧從愿傳》，頁 3124。

[33] 同前書，卷一四八《權德輿傳》，頁 4002。

[34] 陳明光《唐代財政史新編》（北京：中國財政經濟出版社，1991），頁 69；楊際平《從敦煌文書看唐代前期的和糴制度》，頁 26。

所能預知或防堵的。

三、和糴的功能與運作方式

唐前期和糴用得最廣泛的就是供軍，供軍便成爲和糴最早顯現的一項功能。從貞觀四年張儉檢校代州都督，奏請和糴以充邊儲起，[35] 沿邊營田、地租不足供軍時，就常行和糴法以補充之。[36] 不過在高宗、武則天以前，軍倉和糴的量不會太多，普遍性也不會太高，如高宗初朝廷裏有一場關於和糴的辯論，反對和糴者的意見還相當强烈。[37] 天授初婁師德爲豐州都督知營田事，則天降書勞之曰："不煩和糴之費，無復轉輸之艱。"[38] 可見唐初和糴供軍還不是大規模的、常規性的。

軍倉和糴大致是隨著沿邊軍鎮的增加而大幅成長，[39] 《通典》卷六《食貨·賦稅下》度支歲計，布絹綿匹段下有和糴專項，另有錢六十餘萬貫添充軍州和糴軍糧。和糴至此已列入國家歲計，成爲專款專用的項目，其重要性已不言可喻。如果根據 P. 3348 背天寶四載河西豆盧軍和糴會計牒，大生絹匹估 465 文，粟斗估 32 文計，則開元天寶間糴米粟的 360 萬匹段，[40] 約可糴得 523 萬石粟，60 餘萬貫錢約可糴得 187 萬石粟，合計爲 710 餘萬石，如再加上正租供軍的 190 萬石，屯收的 191 萬石，[41] 供軍糧食的總需求量每年在 1000 萬石以上，而和糴約可提供其中的 65%，自此和糴供軍成爲君臣上下極關注的課題。

---

[35] 《通鑑》卷一九三，頁 6082。

[36] 《新唐書》（新校標點本，臺北：鼎文書局，1976）卷五三《食貨志》，頁 1373。

[37] 《全唐文》（臺北：大通書局，1979）卷二〇〇，魏宏敏《對議漕運策》，頁 2558 ~ 2559。

[38] 《舊唐書》卷九三《婁師德傳》，頁 2975。

[39] 置軍鎮與節度使後，防區軍事新體制完整地建立，而大約在開元二十年以後，軍糧調節多角化，軍糧田較前減縮，租粟也有所不足，和糴正因應此種形勢而增加需求。關於開元二十年後軍糧經營的變化，可參考日野開三郎《租粟與軍糧》、《天寶末以前における唐の軍糧田》，收入《日野開三郎東洋史學論集》卷一一《户口問題と糴買法》，頁 292 ~ 298、317 ~ 321。

[40] 《通典》卷六《食貨·賦稅下》："自開元中及於天寶，開拓邊境，多立功勛，每歲軍用日增，其費糴米粟則三百六十萬匹段。"

[41] 《通典》卷一七二《州郡序目下》："大凡鎮兵四十九萬人，戎馬八十萬餘匹，每歲經費，衣賜則千二百二十萬匹段，軍倉則百九十萬石。"又卷二《食貨·屯田》："天寶八載，天下屯收百九十一萬三千九百六十石。"這裏的屯收，絕大多數應隷諸軍鎮。

安史亂後，國用缺然，供軍之費，有增無已，政府既瞭然和糴之效，故每於年豐時下詔行和糴法，以充兵食。[42] 然和糴者，如白居易所言，係 "官出錢，人出穀，兩和商量，然後交易"。[43] 官府為了尋找供軍財源，用做糴本，有時竟不惜採非常手段來應急，這在政局不穩時尤其明顯，如代宗廣德二年（764）以百官俸祿二萬貫助糴軍糧。[44] 正因和糴可就地集糧，有其方便性，且比之轉運可減省費用，如陸贄估算 "一年和糴之數，當轉運之二年；一斗轉運之資，當和糴之五斗"，[45] "運米一斛達於邊軍，遠或費錢五六千，近者猶過其半"，[46] 是以唐君臣總會排除萬難，企圖以河運腳錢、鹽利、戶部別庫錢等（詳下文），維持供軍費用。

唐朝各項常務開支，自有稅物供給，和糴一般只扮演補充性的角色。在國家用度中，和糴的功能不只供軍，也適時負擔官用，特別是京畿皇室官僚的生活費用，《新唐書》卷五三《食貨志》："牛仙客為相，有彭果者獻策廣關輔之糴，京師糧廩益羨，自是玄宗不復幸東都。" 唐前期京畿一直有漕運不給的困擾，皇帝率大臣多次就食洛陽，自彭果獻策行和糴法後，京師糧用大獲改善，貴族官僚的都會生活也得到保障。[47] 雖然貞觀年間有太倉和糴粟窖磚，或許其時京師已曾用和糴法補充官用，但從各種跡象顯示，自玄宗以後，關輔才廣行和糴之法，[48] 同前書同卷續曰："天寶中，歲以錢六十萬緡賦諸道和糴，斗增三錢，每歲短遞輸京倉者百餘萬斛。" 既是每歲行之，顯見和糴供官用的效能已被君臣清楚體認，故即使歷經安史之亂，在一段恢復期後，唐朝依然倚恃和糴以供官用，如貞元二年（786）十月度支一方面奏請諸州府折糴備軍食，另方面又奏 "京

---

〔42〕 如《全唐文》卷四七代宗《命諸道入錢備和糴詔》："屬此人和，近於家給，而邊穀未實，戎備猶虛，因其天時，思致豐積，將設平糶，以之饋軍。" 又如《冊府元龜》卷五〇二《邦計部·經費》："〔大曆〕九年五月庚申，以時屬年豐，理國之本，莫先兵食，乃詔度支支七十萬貫，諸道轉運使支五十萬貫，充和糴。"

〔43〕 《白居易集》卷五八《論和糴狀》（臺北：漢京文化公司，1984），頁1234。

〔44〕 《冊府元龜》卷四八四《邦計部·經費》，頁5785。

〔45〕 《新唐書》卷五三《食貨志》，頁1374。

〔46〕 《陸宣公集》卷一八《請減京東水運收腳價於沿邊州鎮儲備軍糧事宜狀》（杭州：浙江古籍出版社，1988），頁189。

〔47〕 鈴木正《唐代の和糴に就いて》（下），《歷史學研究》78（1940），頁58。

〔48〕 盧向前認為玄宗朝和糴由西北推向關輔，由軍用推向官用。見《唐代前期和糴政策與政局之關係》，頁299～300。

兆府兼給錢收糴，每斗於時價外更加十錢，納於大倉"，給錢收糴就是和糴，史言"自是每歲行之，以贍軍國"，[49] 如果這裏的州府折糴在供軍，則京兆府和糴主要在供官用。姑不論關輔和糴在國家財政上佔有多大分量，至少唐人已認爲是京師糧用重要的輔助手段。

和糴原本是官民互易錢物的一種運作方式，官府通常自民間購得穀物後，直接由軍國消費耗盡，不會産生穀物再利用的問題。但和糴在運作過程中，既收存大量穀物，難免會使急於徵集穀物的政府，聯想到其他用途，致使和糴的功能開始轉向、擴大。和糴所用的加錢收糴法，與常平倉的"賤則加價收糴，貴則減價糴賣"，[50] 在穀賤階段施行的辦法，並無不同。和糴在加錢收糴後，與常平倉一樣擁有大量穀物，這使得爲災民饑饉困擾的唐政府，也想到令和糴仿效常平的減價糴賣，出易穀物，濟民之急。於是本不相同的和糴與常平，漸趨合流，不僅杜佑《通典》論天下倉廩時，直言"和糴者爲常平倉"，[51] 唐人對收糴或出糴，也不詳辨何者爲和糴，何者是常平，其甚者則和糴的功能也向常平的平價與備荒方面靠攏，[52] 如開元二十五年敕"以歲稔穀賤傷農，命增時價什二三，和糴東、西畿粟各取百萬斛，停今年江淮所運租"，[53] 考慮的就不是軍國之需，而是穀賤傷農。元和七年（812）七月户部侍郎判度支盧坦奏："以今秋豐稔，必資蓄備，……委本道差判官和糴，各於時價每斗加十文，所冀民知勸農，國有常備。"[54] 寶曆元年（825）八月以兩京河西大稔，委度支和糴二百萬斛，以備災沴。[55] 就都是在豐年穀賤時和糴，以備荒年不時之需。其實，備荒與平價常是一體的兩面，雖然朝廷設制原本有別，"義倉所以備歲不足，常平倉所以均

〔49〕 《册府元龜》卷五〇二《邦計部·平糴》，頁6013。

〔50〕 《唐會要》卷八八《倉及常平倉》（臺北：世界書局，1974），頁1614。

〔51〕 《通典》卷二六《職官·太府卿》（北京：中華書局，1988），頁732。

〔52〕 常平爲平價，義倉爲備水旱，二者原本有別，但在實際運用上，常平漸向義倉傾斜，唐後期已常並稱爲常平義倉，二者功能亦相混。關於二者的關係與變化，可參考陳明光《唐朝的兩稅三分制與常平義倉制度》，《中國農史》1988:4，頁54～59；張弓《唐朝倉廩制度初探》，頁112～117；船越泰次《唐代後期の常平義倉》，收入《唐代兩稅法研究》（東京：汲古書院，1996），頁311～330。

〔53〕 《通鑑》卷二一四，頁6830。

〔54〕 《唐會要》卷九〇《和糴》，頁1637。

〔55〕 同前書卷，頁1637。

貴賤也",[56] 但災荒時穀價翔貴，爲了救荒勢需籌集大量穀物，物價便因此而回穩，是以備荒與平價的社會效益有相通處，爲備荒而和糴，豈不蘊蓄平價之意；爲平價而和糴，其儲積亦可用來備荒。

和糴的功能既向備荒、平價擴展，吾人便不得不探討原來執行這兩項功能的常平倉、義倉與和糴之間的關係。[57] 和糴與常平倉、義倉本由不同機構主管，和糴申度支計會，常平倉、義倉委倉部掌理，而且供軍國之用的和糴只糴不糶，與常平的既糴且糶，義倉的賑給百姓，在操作方式與施行對象上都有不同。[58]《通典》卷一二《食貨·輕重》天寶八載賬，總計天下諸色米時，和糴與常平倉、義倉併列，三者沒有混同。《册府元龜》卷四九二《邦計部·蠲復二》乾元二年（759）二月丁亥詔："其至德二年十二月三十日已前和糴、和市並欠負，官物及諸色錢欠利，常平、義倉欠負，五色一切放免。"三者在戰亂期間還是各行其是。但廣德二年正月："第五琦奏諸道置常平倉使司，量置本錢和糴。"[59] 正如前文所論，常平與和糴都採取了加錢收糴法，運作方式的暗合，才會出現用常平本錢行和糴的現象。真正的平價應是糴糶併行，史料中言及和糴時，從未直接提到減價出糶，而減價出糶不是單獨用"糶"來表示，就是與常平聯繫在一起，這正可見唐人對和糴的原始義涵，是限定在只糴不糶。由於和糴儲藏豐富，政府有時也不免讓其減價出糶，順勢發揮平價功能，如德宗興元元年（784）潤十一月詔："江淮之間，歲豐稔，……宜令度支於淮南浙東浙西道，加價和糴米三五十萬石，

---

[56]《舊唐書》卷四三《職官志》，頁 1828。

[57] 學者分別從常平與和糴的用途、用語、交易性、設置時間、施行地區、載籍著録方式、糧食運作普遍性、時代變化趨勢等，論其異同。但本文只從常平與和糴的運作方式上比較之。有關學者們的討論，見魏道明《論唐代和糴》，《陝西師大學報》1987 年第 4 期，頁 109～110；楊際平《和糴制度溯源》，《中國社會經濟史研究》1984 年第 3 期，頁 104～105；徐壽坤《對唐代"和糴"的分析》，《史學月刊》1957 年第 2 期，頁 13；盧向前《唐代中後期的和糴》，《文史》41（1996），頁 43；吳廷楨、郭厚安編《河西開發史研究》（蘭州：甘肅教育出版社，1996），頁 213～214；張澤咸《唐五代賦役史草》（北京：中華書局，1986），頁 255、264～265；鈴木正《唐代の和糴に就いて》（一），《歷史學研究》77（1940），頁 35～39。

[58]《唐六典》（北京：中華書局，1992）卷三《度支郎中員外郎》條："凡和市糴，皆量其貴賤，均天下之貨，以利於人。"均天下之貨表示和糴有調節物資的功能，下文將會討論，量其貴賤似指和糴可平抑物價，但這應是和糴後來衍申的功能，非初時設計之原意。

[59]《舊唐書》卷一一《代宗紀》，頁 275。

差官船運於諸處減價出糴，貴從權便，以利於人。"[60] 江淮和糴米轉運至他處出糴，雖然是收其所有，濟彼所無，藉物資調劑，達成平價目的，但和糴的既糴且糶，畢竟是運作方式上的突破，亦唯其如此，和糴才有平價作用，其與常平之間的相似度也就更高了。

荒政備用，唐代多憑義倉，義倉據地收稅，直接徵納穀物，而且平時課取，不必像常平、和糴那樣先置本，再收糴穀物。義倉的放糧出給主要有無償賑濟、有償賑貸兩種，[61] 但唐後期常平義倉功能相混，義倉有時亦仿常平倉之糴糶方式，如大和八年（834）江淮浙西等道"以常平義倉米出糴"，[62] 就是其例。和糴以交易徵集穀物，不同於義倉的稅收方式，但和糴既委積穀物，於必要時，政府自當考慮妥貼運用之，如陸贄《均節賦稅恤百姓》第五條建議："每年所得稅茶錢，使均融分配，……每至穀麥熟時，即與觀察使計會，散就管內州縣和糴，便於當處置倉收納，……亦以義倉爲名，除賑給百姓已外，一切不得貸便支用。"[63] 這是用稅茶錢行和糴法，再將和糴米以義倉爲名賑給百姓。不論陸贄的建議是否真地付諸實行，至少顯示人們對倉儲採取彈性運用的態度，不願執著於和糴、常平或義倉之名相，又不願固守收糴、出糴或賑給之操作法，只要能行惠民之政，又無妨於國家財務，政府應是樂觀其成的，或許也因此和糴時而與常平、義倉相混用，而和糴的功能也自軍國之需，向備荒與平價方面延展。

從和糴的功能與運作上看，供軍用與官用的和糴，大體是直接耗盡糴買來的穀物，其運作方式僅限於只糴不糶，下次和糴時需另籌糴本。但備荒與平價的和糴就未必限於只糴不糶，因年豐穀賤，加錢收糴來的穀物，可能如陸贄之建議，以義倉爲名賑給百姓，也可能如常平形式減價出糶。前者如係貸與，尚可期其填還，來日再加運用；如係賑濟，則耗盡存穀後需另有糴本，方可再行和糴。後者之減價出糶，可將委積之斛斗再易爲本錢，供作下一波和糴用，如此循環斂散，只要不有貪吏豪家從中反操利權，該種和糴在理論上是可以往復自足，不需次

[60] 《册府元龜》卷五○二《邦計部·平糴》，頁6013。
[61] 張弓《唐朝倉廩制度初探》，頁130。
[62] 《册府元龜》卷一○六《帝王部·惠民二》，頁1268～1269。
[63] 《陸宣公集》卷二二《均節賦稅恤百姓》，頁258～259。

次籌本。由此看來，和糴隨其不同用途，可能發展出不同的運作方式，史書中經常可見的糴、平糴、市糴等語，或許有些即指和糴。[64] 和糴多變的功能與運作方式，也可從史家不同的類型分割上感受出來，如《唐會要》就把常平、和糴分爲二目，《册府元龜》卻把二者併入平糴一項。和糴繁複的面貌，於此可略窺一二。

和糴另有一些附帶功能，倉庫令："諸支給糧祿，皆以當處正倉充。無倉之處則申省，隨近有處支給。又無者，聽以稅物及和糴屯收等物充。"[65] 以和糴粟充給糧祿，是正倉匱乏時的權宜之計，其實也是供國用的一種附屬形式，直到晚唐都還受到重視，如大中六年（852）考功奏請無本色可支者，按倉庫令給糧祿，且曰："令式昭然，不合隳廢。"[66] 看來唐人是很認真地看待此令，至於能否有和糴物充給，那又另當別論。由和糴物充糧祿衍申的另種形式，見於 P. 3348 背天寶四載河西豆盧軍和糴會計牒："准金部格，給副使祿直。"又曰："大練准格給副使李景玉天寶四載春夏兩季祿，……折給上件練，不糴斛斗。"文書准金部格折給匹段，格是制敕的編錄，是修改、補充或變通唐令的規定。[67] 此牒不准倉庫令，而改依編敕後的金部格，以現成的和糴匹段給祿，推究豆盧軍之做法，除因方便支與，節省軍糧外，敦煌地區匹段普遍不足，此舉或許也可以減輕官吏衣物不足之壓力。

和糴有時還挪用爲市買官物的資本。P. 3559 號天寶十三載燉煌郡會計牒有一段記載，説是天寶六載節度使挪用武威郡運至的和糴匹段，爲烏山等四成購置馬一百匹，其中一千四百餘匹絹使司至今未還，所由以既是官用，優請恩敕放免。[68] 類似情形也見於吐魯番

---

[64] 平糴原有平價之意，但有時與和糴相混用，如張儉檢校代州都督，和糴以充邊儲，《新唐書》卷一一一《張儉傳》則曰："乃建平糴法。"又《册府元龜》卷五一一《邦計部·貪污》："〔羅立言〕坐和糴米價不實。"《新唐書》卷一七九《羅立言傳》則改寫爲："坐平糴非實，沒萬九千緡。"另外，市糴包括和市、和糴，如《通鑑》卷二一四開元二十二年裴耀卿僦車錢三十萬緡，"悉奏以爲市糴錢。"《舊唐書》卷九八《裴耀卿傳》則寫爲："乃奏充所司和市、和糴等錢。"

[65] 《唐令拾遺》卷二四《倉庫令》四引開元二十五年令（東京：東京大學出版社，1983），頁 693。

[66] 《唐會要》卷八二《考下》，頁 1509～1510。

[67] 劉俊文《唐代法制研究》（臺北：文津出版社，1999），頁 135～139、152～154。

[68] 唐耕耦編《敦煌社會經濟文獻真蹟釋錄》第 1 輯（北京：全國圖書館文獻縮微複製中心，1990），頁 464～465。

文書, 如阿斯塔那 506 號墓, 一分可能是天寶十三載的郡長行坊文
書稱: "依檢天十二載諸館帖馬斜涅二千石, 前太守藥用充和糴添將
市馬。"[69] 邊區軍情緊急, 驛遞郵傳頻繁, 馬匹耗用量大,[70] 在國
家預算有定限, 難以隨意調度的狀況下, 額外撥付來的和糴費用,
成爲官司臨時支出時的最佳選擇。儘管如 P. 3559 號所示, 天寶六載
挪用後至十三載, 仍無物填還, 虧空的賬目猶存, 但既然皆供軍國
之需, 官司似乎也用得心安理得, 不以爲意, 所以燉煌郡用和糴物
市馬, 交河郡亦同樣爲之, 而且吐魯番文書中不乏糴買或和糴青稞、
霓料、他雜物等賬歷,[71] 看來和糴物已成爲邊區軍鎮, 甚至内地凡
行和糴處, 市買官物時常支用的一種經費來源。

　　和糴無論供軍或充官用, 大致在玄宗時期才發展爲常規性的制
度, 備受唐代君臣重視。但也約略在開元前後, 人們體認到和糴所
集錢、匹段或穀物, 更有救急應變, 備不時之需的作用, 故和糴的
功能, 已由原先所傾向的軍國之用, 漸擴大到涵養民生的平抑物價
與救災恤民。和糴是政府透過與民間的交易行爲, 來調節物資的一
種手段, 政府藉著加錢收糴的辦法, 吸收散在民間的穀物, 使急待
糧食供給的軍隊、官司, 得解燃眉之急, 使飽受賤價所苦的農民,
稍得喘息。和糴偶而也會仿常平倉的減價出糴, 釋出集在政府手中
的穀物, 讓深受饑饉之患的百姓, 得其濟助。這樣説來, 和糴的功
能不僅在贍軍國之需, 也不限於備荒與平價, 唯因軍隊糧用豐足,
邊防才得固守; 國用不闕, 官司才得運轉; 物價平抑, 百姓才得安
生; 荒歉解決, 農業生產才得發展, 故這些延伸出來的政治軍事利
益與社會經濟效益, 亦是政府持用和糴政策的重要原因。當然, 和
糴所賴以運作的交易行爲, 對促進商業流通也不無幫助。

　　和糴的適當運作, 應可發揮不小的功能, 但和糴的實際作用, 則隨

---

[69]　《吐魯番出土文書》第 10 册 (北京: 文物出版社, 1991), 頁 153。
[70]　探討西北馬政的文章甚多, 如王冀青《唐前期西北地區用於交通的驛馬、傳馬和長
　　　行馬》,《敦煌學輯刊》1986 年第 2 期; 盧向前《伯希和三七一四號背面傳馬坊文
　　　書研究》, 收入《敦煌吐魯番文獻研究論集》第 1 輯 (北京: 北京大學出版社,
　　　1982); 孫曉林《試析唐前期西州長行坊制度》, 收入《敦煌吐魯番文書初探》二編
　　　(武昌: 武漢大學出版社, 1990)。
[71]　如《唐和糴青稞賬》、《唐支用錢練賬》, 見《吐魯番出土文書》第 6 册 (北京: 文
　　　物出版社, 1985), 頁 310、434～435、436～437。

其規模與執行情況而定。換言之,和糴如果執行愈成功,愈少人爲操作的弊端,則其規模愈大,在國家財政上的比重愈高,其重要性就愈顯著。就和糴規模而言,如下表所示其與常平、義倉之比較:[72]

表四

和糴				常平、義倉			
年代	地區	規模	出處	年代	地區	規模	出處
開元二十五年(737)9月	都畿	粟 300～400萬石	册 502、鑑 214	咸亨元年(670)11月	劍南	(義倉) 1 萬石	册 105
開元天寶	邊軍	360 萬匹段	典 6	*天寶八載(749)	全國	(常 平) 4 602,220 石米 (義倉) 63 177 660 石米	典 12
*天寶八載(749)	全國	1 139 530 石米	典 12	建中元年(780)七月	京兆府	(常平)米 10萬石、麥 10萬石	全 54、會 88
天寶中	諸道	錢 60 萬緡	新 53	元和六年(811)二月	京畿	(常平義倉)粟 24 萬石	册 106、502、舊 14、49、全 62、文 435、會 88
大曆八年(773)十月	關內	30 萬石米	册 502	元和六年(811)春	京畿	(義倉)粟 24萬石	全 57、册 491
大曆九年(774)五月	京畿、諸道	70 萬石、50萬石	册 502、舊 11	元和七年(812)二月	京兆府	(常平義倉)粟 8 萬石	册 106、文 435、全 57
興元元年(784)十月	江淮	米 30～50 萬石	册 106、會 90	元和八年(813)以前	關內	(常平義倉)粟 30 萬石	舊 15
貞元二年(786)十一月	京兆府	粟麥 50 萬石	册 484	元和八年(813)四月	京兆府	(常平)錢 50萬貫	册 504、舊 15、會 89
貞元八年(792)十月(或九月)	西北軍鎮	米 33 萬石	舊 49、會 88、册 484、502、全 54、鑑 234	元和九年(814)二月	京兆府	(常平義倉)粟 30 萬石	册 106、全 57、舊 15

[72] (1)本表只將數字確實者列出,凡概括言之,或原數不明者,不錄。如各資料記載不同,只錄符合條件者。但事件相符,數字可能誤記者,姑存錄以備查。
(2)史料中只言糴者,原則不錄,因可能是常平法,除非確知爲和糴。
(3)凡轉運與脚錢,或與折糴、他雜用並記者,不錄。
(4)各州所置常平本錢,非該次實際糴糶數,不錄。
(5)雖有擬議,而最後未付諸實行者,不錄。
(6)有"＊"者表全國總計數,有"＊＊"號者表各州合計數,因屬自行加總,用括號以示區別。
(7)出處:新＝《新唐書》、舊＝《舊唐書》、册＝《册府元龜》、典＝《通典》、會＝《唐會要》、全＝《全唐文》、文＝《文苑英華》、鑑＝《資治通鑑》、陸＝《陸宣公集》。

續表

和糴				常平、義倉			
年代	地區	規模	出處	年代	地區	規模	出處
貞元十年(794)	沿邊諸軍	兩年(米粟)180餘萬石	陸20	太和六年(832)二月	蘇湖	(常平義倉)22萬石	全44、舊17下、冊106
貞元十六年(800)十月	京兆府	粟70萬石	冊502	**太和七年(833)正月	關輔、河東	(常平義倉)(粟81萬石)	舊17下
元和七年(812)七月	澤潞鄭滑易定河陽太原靈武振武夏豐鹽	粟160萬石	冊484、502、會90				
寶曆元年(825)八月	兩京河西	200萬斛	會90				
太和四年(830)八月	京畿	綾絹30萬匹	舊17下、冊502				
太和四年(830)八月	關內7州府、鳳翔府	100萬石	舊49				
開成元年(836)二月	畿內、諸鎮	粟麥160餘萬石	冊484				
開成元年(836)十月	京畿	粟100萬石	冊502				

　　天寶八載的庫存米數，和糴遠比常平、義倉要少，但若思及政府每歲撥付供軍的和糴匹段與錢數，總計也有粟七百一十餘萬石（詳本節前文），合起來就不比常平倉儲要少了。[73] 在備荒與平價上，唐代倚靠最深的還是常平倉與義倉，史料所見運用次數之頻繁，遠非和糴能比，但唐後期和糴的規模似乎要比常平、義倉來得大，尤其是貞元四年（788）設户部別貯錢，和糴有專款可供運用後，收糴的規模更不可小覷。表中大曆九年的和糴估，以初定兩税時粟1斗100文計，京畿、諸道各約粟70萬石、50萬石；太和四年的和糴匹段，以開成三年絹1匹1000文計，約合粟150萬石；元和八年的常平錢，以時價粟1斗50文計，約爲100萬石粟。[74] 和糴糧穀由

[73]　粟1石合米6斗，則常平460餘萬石米，約合767萬石粟。

[74]　關於唐後期物價的情形，可參考：全漢昇《唐代物價的變動》，收入《中國經濟史研究》（香港：新亞研究所出版，1976），頁173～186；日野開三郎《兩税法と物價》，收入《日野開三郎東洋史學論集》卷四《唐代兩税法の研究》（東京：三一書局，1982），頁339～352。

代、德間的每處數十萬石，逐漸躍升至各處合計百萬石以上，或京畿一處就百萬石以上，其規模相當不小，反觀常平、義倉，除了元和八年行於京兆府的一次較特殊外，二者併合的規模也很少超過三十萬石，與和糴數量頗有一段差距。另外從實施地區看，表中和糴與常平、義倉似乎都以京畿爲防治重點，邊鎮的和糴供軍政府也頗爲關注，相對來說，其他地區的平價與備荒，中央似乎就著力甚少，只聽憑地方的常平、義倉自行處理，故其運作規模都不大，而未留下較可觀的記錄。由此看來，和糴在唐後期受到的重視及其運用的程度，都非前期可比，這大概與和糴本錢來源固定，而常平本錢不易籌集，義倉失去地稅稅源，二者都只靠兩稅斛斗的少量撥充，以致糧源不足，[75] 有相當大的關係。

和糴的規模看似不小，但比起兩稅歲賦的一千數百萬斛，[76] 或太倉儲米少説二百萬石以上，[77] 和糴就只能看成是一種補充性的財政措施，它的最大特色就在不限用途，不分對象，不論地區，政府可視需要而靈活調度之。雖然和糴運用得當，不是不能贍軍國之需，益民生之困，但其最大問題，還在執行上的諸多弊端，[78] 如貪吏豪家的反操利權，百姓深受抑配、強取之苦，皆使和糴的預期功能大打折扣。不過無論和糴怎樣被人詬病，唐政府仍堅持行之，其最重要理由可能不在平價與備荒，而在供邊軍糧用及京畿官用，也正因爲和糴的這兩項功能，可減輕不少政府的財政壓力，故對百姓的境遇與感受，政府非不知悉，亦不無憐憫之意，但竟也無暇顧及了。

---

[75] 《唐會要》卷八八《倉及常平倉》憲宗元和元年：“應天下州府，每年所稅地子數內，宜十分取二分，均充常平倉及義倉，仍各逐穩便收貯，以時糴糶，務在救乏，賑貸所宜，速須聞奏。”

[76] 兩稅歲賦各資料差距頗大，各學者對京師、供外費用各有解讀，見日野開三郎《楊炎の兩稅法における稅額の問題》，收入《日野開三郎東洋史學論集》卷四《唐代兩稅法の研究》，頁 123～125；李錦綉《唐代財政史稿》下卷，頁 651～652。

[77] 《舊唐書》卷八《玄宗紀》：“京師饑，詔出太倉米二百萬石給之。”太倉儲米當在二百萬石以上。《新唐書》卷五二《食貨志》：“文宗嘗召監倉御史崔虞問太倉粟數，對曰：‘有粟二百五十萬石。’帝曰：‘今歲費廣而所畜寡，奈何？’”可見太倉儲粟在正常狀況下不止此數。

[78] 學者論和糴弊端者多矣，如盧向前《從吐魯番出土的幾件文書看唐前期的一些特點》，頁 337；又《唐代中後期的和糴》，頁 38～40；魏道明《論唐代和糴》，頁 113；吳廷楨、郭厚安編《河西開發史研究》，頁 219；盧開萬《唐代和糴制度新探》，頁 60；朱睿根《唐代和糴制度探討》，《平準學刊》第一輯(1989)，頁 218～220；鈴木正《唐代の和糴に就いて》(下)，頁 62～65。

四、糴本的來源與演變

和糴是官以錢物易民穀的交換制度，亦即官先籌集錢物爲本，才能進行與民穀的交易，而充足穩定的糴本，正是維繫和糴運作的保證。如前節所論，和糴有時或許亦減價出糴，然其常態形式仍係加錢收糴，故此處探究的糴本，只限於供收糴之用者。糴本除了主要來源外，還可能有多種附屬來源，唐代的糴本視政治局勢與財務狀況，可分爲發展期、匱乏期、雙軌期、崩解期四個階段，吾人不僅可由其中瞭解糴本的變化情形，更可藉此得窺和糴制度的興衰遞變之跡。

唐貞觀、則天時期的和糴尚屬零星措施，糴本來源也無可考，直到玄宗時代和糴才有顯著發展，糴本的籌集也進入第一階段。《通典》卷六《食貨·賦稅下》載錄天寶中度支歲計，匹段項下有專供和糴的部分，另有添充諸軍州和糴軍糧的錢。因此糴本發展期的主要來源是户部所入，供支度國用的各項稅物，包括匹段與錢。度支稅錢主要來自户稅，P. 3841 背唐開元二十三年（735）沙州會計曆"去開元十九年秋季州倉上稅錢價粟充和糴"，這裏的上稅錢即第一限户稅錢，[79] 有可能是《唐六典》裏每年一收供軍國傳驛與郵遞的小稅。[80]

糴本的另一重要來源是庸調匹段，P. 3348 背天寶四載河西豆盧軍和糴會計牒，"合當軍天寶四載和糴，准旨支貳萬段出武威郡"，而燉煌郡分兩次從武威郡支領來和糴匹段。武威郡依度支指示，將庸調布帛送往涼州都督府轄下的各州。[81] 西州和糴也用匹段，阿斯塔那 214 號墓《唐西州下高昌等縣牒爲和糴事》："准狀下高昌等□速

---

〔79〕 李錦繡《唐開元二十二年秋季沙州會計曆考釋》，收入《敦煌吐魯番學研究論文集》，頁 918；又《唐代財政史稿》上卷，頁 482。

〔80〕 《唐六典》卷三《户部郎中員外郎》條："凡天下諸州稅錢各有準常，三年一大稅，其率一百五十萬貫；每年一小稅，其率四十萬貫，以供軍國傳驛與郵遞之用。每年又別稅八十萬貫，以供外官之月料及公廨之用。"別稅用途與和糴無關。大稅三年一徵，開元十五年、十八年才徵過，則沙州會計曆開元十九年的上稅錢應非大稅。（周藤吉之《唐代中期における户稅の研究》，收入《唐宋社會經濟史研究》，東京大學出版會，1965年，頁 535～537。）小稅供軍國郵驛，雖然載錄方式與錢數都與《通典》卷六有異，但既是一年一收，又供軍用，可能和糴上稅錢就出自小稅。

〔81〕 李錦繡《唐代財政史稿》上卷，頁 40～41；荒川正晴《唐の對西域布帛輸送と客商の活動について》，頁 33～34；大津透《唐儀鳳三年度支奏抄·四年金部旨符補考——唐朝の軍事と財政》，《東洋史研究》第 49 卷第 2 號（1990），頁 11～14。

糴納訖申。其有去年和糴……匹，各注酬練壹拾貳匹。"[82] 該墓出有《麟德二年（665）張君妻麴氏墓誌》一方，則西州以庸調匹段和糴可能在高宗時就已發生，只是和糴規模看似不如天寶間豆盧軍的大。唐前期行租庸調制，戶稅錢遠不如租粟與庸調匹段多，隨著和糴供軍的重要性日增，庸調匹段自然成爲糴本的主要來源，而戶稅錢則扮演著補充性的角色，二者專款專用，相互搭配，不僅在開元二十四年編成的長行旨符中佔有一定分量，[83] 且共同構成糴本發展期的財源。

開元二十一年京兆尹裴耀卿建議改革漕運，自明年秋行之，凡三年運七百萬石，省脚錢三十萬貫，裴耀卿奏充所司和市、和糴等錢。[84] 然開元二十五年九月有彭果者因牛仙客獻策，請行和糴法於關中，史書言"和糴粟三、四百萬石"，自是關中蓄積羡溢，車駕不復幸東都矣。[85] 從裴耀卿所奏及改革漕運的時間推測，開元二十五年關輔的和糴本錢，就來自改革漕運省下的脚錢，只是裴耀卿可能未想到用於關輔和糴，而這個功勞遂讓彭果享有。以漕運脚錢和糴，是在和糴常費之外臨時新添的和糴本錢，自開元二十五年因緣際會下行之後，不但使關中豐積，君臣不復就食洛陽，而且也成爲日後唐政府籌措糴本時經常考慮的一項財源。和糴初時以供給西北邊軍爲主，至此才廣泛推行於關中地區，無論以後京畿一帶的糴本是否仍限於漕運脚錢，唐政府都已體認到和糴改善京師糧用的效果，故彭果獻策對擴大和糴的功能與實施範圍，無疑起著劃時代的意義。

和糴一般用錢或匹段糴買穀物，但在銅錢使用不普遍，或紡織不發達，匹段不足的邊區，以穀物爲糴本也非不可能，如天寶十三載交河郡長行坊具一至九月霓料破用賑請處分牒："貳拾碩肆涅陸勝爲正月、二月歷日未到，准小月支，後歷日到，並大月計，兩日料，今載二月十三日牒送倉曹司充和糴訖。"[86] 郡長行坊霓料由郡倉撥

---

[82] 《吐魯番出土文書》第 6 冊，頁 304。

[83] 《唐會要》卷五九《度支員外郎》："開元二十四年三月六日戶部尚書同中書門下三品李林甫奏：租庸、丁防、和糴、雜支、春彩、稅草諸色旨符，承前每年一造，……有不穩便於人，……編成五卷，以爲長行旨符。"和糴既供軍國之用，爲開元時重大開支，列爲長行旨符的重要項目，應是可理解的。

[84] 《舊唐書》卷九八《裴耀卿傳》，頁 3080～3081。

[85] 《册府元龜》卷五〇二《邦計部·平糴》，頁 6012。

[86] 《吐魯番出土文書》第 10 冊，頁 151。

給，主管者就是倉曹司，[87] 長行坊將大、小月之差多出的斛斗送還倉曹司，並稱充和糴用，似乎長行坊已預見倉曹常用這些斛斗進行和糴。同墓另件文書很巧的是正用斛斗和糴市馬："依檢天十二載諸館帖馬斛涅二千石，前太守藥用充和糴添將市馬，至天十三載諸館□□□馬斛涅。並是前太守□等處分。"[88] 太守爲了軍務，統籌調度諸館馬料，添充糴本，用將市馬。這樣看來，前件倉曹所管斛斗，或許也曾徵用爲市買官物的糴本。以穀物爲糴本殊非和糴之常態，這可能是因爲地方政府未獲中央預算補助，只好暫且挪用各單位斛斗以應變，該種情況頗近似於 P. 3559 號節度使挪用燉煌郡和糴匹段市馬，蓋皆權宜之計也。

　　安史之亂給予唐朝極嚴重的打擊，政治秩序動搖，國家財政幾乎崩潰，當然也衝擊到和糴的運作。大致在安史亂起至貞元初，糴本陷於匱乏期，尤其是建中元年（780）兩稅法實行前，糴本不是根本籌措不出來，就是極盡變通之能事，勉強湊數。肅、代之際，度支錢物原本供和糴之用的部分，可能已直接挪做軍需，不待加錢收糴的耗財耗時。肅宗乾元二年二月、三月連下了兩個與和糴有關的詔令，一是放免至德二載以前之和糴欠負，另一是宣佈京畿諸色和糴一切並停。[89] 前者應以無力應付官府和糴的民衆爲對象，後者則透露連官府亦無糴本可供和糴。易言之，戰亂時期官既無錢，民又無穀，和糴至此已呈完全停頓狀態。

　　和糴之再露曙光，是在安史之亂初平，吐蕃潰敗及初稅青苗後的代宗廣德二年九月。雖然這時政局粗安，國家才新有了一項稅源，但在長期動蕩，元氣未復下，諸道稅地錢物使左僕射裴冕並未動用度支錢物和糴，而是臨時請進百官俸禄二萬貫，助糴軍糧。[90] 糴本來源的不循常規，正反映其時依然國用不足。大曆年間，國家財稅制度在醞釀中，鹽鐵轉輸之利備受重視，唐政府也不免就此爲糴本再找出路，如大曆八年十一月敕度支："江淮轉運三十萬石米價并脚

---

〔87〕　孫曉林《試探唐代前期西州長行坊制度》，頁 196～198。

〔88〕　《吐魯番出土文書》第 10 册，頁 153。

〔89〕　《册府元龜》卷四九○《邦計部·蠲復二》，頁 5865；《唐大詔令集》卷八四（臺北：鼎文書局，1978），頁 481。

〔90〕　《册府元龜》卷四八四《邦計部·經費》，頁 5785。

價，充關內和糴。"[91] 就是在不動用國家常費下，將節省下來的漕
運米價脚價充做糴本。大曆九年五月詔，"度支使支七十萬貫，轉運
使五十萬貫和糴"，[92] 度支使的收入主要有兩稅、池鹽井鹽榷稅、
青苗錢等，轉運使則經管海鹽榷利、礦冶稅等，二使和糴的財源終
不外來自這些稅項。[93] 然兵革之後，軍國猶空，邊穀未實，每道歲
有防秋兵馬，亦爲公家不小的負擔，故大曆九年五月又詔："各委本
道每年取當使諸色雜錢及迴易利潤贓贖錢等，……市輕貨，送納上
都，以備和糴。"[94] 則糴本又包括各式雜錢所市之輕貨，而且將籌
集之責推給諸道。大抵本階段在兩稅法實施前，即使政府行和糴法，
糴本也不是來自庸調稅物與戶錢，而是以臨時權收或額外利錢來支
應，國家對和糴補貼財政功能期望之殷切，於焉可見。

自德宗實行兩稅法後，國家財政狀況大有改善，和糴的運作也漸
回歸到由度支常稅來負擔，如興元元年江淮豐稔，詔度支於淮南浙東
浙西道加價和糴米。[95] 貞元元年京畿及近縣所欠百姓和糴價值，委
度支勘會支給。[96] 貞元二年十月度支給錢京兆府，每斗於時價外加
錢收糴。[97] 十一月又奏，於京兆府夏秋稅外添給錢，令收糴粟麥，以
備軍食。[98] 度支收入既以兩稅、鹽利等爲主，此時的糴本當由此而來。

貞元四年二月宰相李泌設置戶部別庫錢，和糴自此進入另一個
新的階段，因爲除了度支系統外，戶部系統別有專項和糴經費，兩
個系統相互支援，並行運作，可視爲糴本的雙軌期。李泌將原本戶
部司所掌的外官職田錢、闕官俸料職田錢等，併合新由度支移入戶
部的中外給用除陌錢，成爲戶部別庫錢。[99] 這筆錢的支用情形是：

〔91〕 《册府元龜》卷五○二《邦計部·平糴》，頁6013。
〔92〕 《舊唐書》卷一一《代宗紀》，頁304。
〔93〕 度支、轉運二使的課稅項目，見：何汝泉《唐代度支、鹽運二使關係試析》，收入
《中國唐史學會論文集》（西安：三秦出版社，1993），頁159、161~164。
〔94〕 同前書卷，頁305。
〔95〕 《册府元龜》卷五○二《邦計部·平糴》，頁6013。
〔96〕 《陸宣公集》卷二《貞元改元大赦制》，頁12。
〔97〕 《册府元龜》卷五○二《邦計部·平糴》，頁6013。
〔98〕 《唐會要》卷九○《和糴》，頁1636。
〔99〕 關於戶部錢的形成、支用及其在國家財政上的作用，可參考吳麗娛《唐代的戶部司與
戶部錢》，收入《中國唐史學會論文集》（西安：三秦出版社，1989），頁107~123；李錦
繡《唐代財政史稿》下卷，第2編第3章；渡邊信一郎《唐代後半期的中央財政——戶
部財政を中心に》，《京都府立大學學術報告·人文》40（1988），頁13~20。

"戶部別庫歲貯錢物，僅三百萬貫。京師俸料所費，不過五十萬貫。其京兆和糴物價，及度支給諸軍冬衣或闕，悉以是錢充之。他用之外，常貯僅二百萬貫，國計賴焉。"[100] 像貞元四年八月詔，"京兆府於時價外加估和糴"，[101] 大概就是第一筆動用戶部錢的和糴經費。既然國家有了這筆預算，不僅需要時隨時有糴本可以動支，或許也因此成爲常支的歲費，和糴年年都可依樣運作。然而應注意的是，這裏的和糴似乎只限於京兆府，而且與諸軍冬衣合計也才有五十萬貫，在實施地區與數量上都相當有限，未可過於樂觀地認爲和糴已全面恢復往昔的水準。雖然貞元中戶部錢擴大收闕官俸兼稅茶、諸色无名錢爲水旱之備，[102] 陸贄還請以稅茶錢於各道州縣和糴穀物，置義倉賑給百姓，[103] 但史書言"稅茶無虛歲，遭水旱處，亦未嘗以稅茶錢拯贍"，[104] 顯然貞元時代戶部錢專門用於和糴的並不算多，糴本要擴大，還需有其他財源的加入與支援。

　　戶部錢裏除了京兆和糴費用外，還有常貯二百萬貫以供國計，這些正是可依需要調度變通的費用。元和七年戶部侍郎判度支盧坦奏澤潞諸州和糴貯備粟一百六十萬石，[105] 用的可能就是這筆錢。長慶四年（824）八月詔關內、關東折糴和糴粟一百五十萬石，其和糴價以戶部錢充。[106] 寶曆元年十二月敕河東振武博糴米搬送靈武收貯，其價以戶部錢充。[107] 開成元年（836）十月戶部請和糴粟一百萬石。[108] 開成三年九月戶部於京西東都河中共糴粟六十萬石。[109] 這些和糴多行於京兆以外地區，數量上有些還相當龐大，似乎不是與諸軍冬衣合計才五十萬貫的京兆糴本所能提供，想來戶部動支的是國計所賴的常貯備用金。戶部別庫錢原爲確保官員俸料，和糴支出只爲附隨性質，[110] 但唐政府的財務運用頗爲靈活，不同科目預算間也

---

〔100〕　《册府元龜》卷五〇六《邦計部·俸祿二》，頁6079。

〔101〕　《唐會要》卷九〇《和糴》，頁1636。

〔102〕　《舊唐書》卷一二三《王紹傳》，頁3521。

〔103〕　《陸宣公集》卷二二《均節賦稅恤百姓》，頁258~259。

〔104〕　《唐會要》卷八四《雜稅》，頁1546。

〔105〕　《册府元龜》卷四八四《邦計部·經費》，頁5788。

〔106〕　《册府元龜》卷五〇二《邦計部·平糴》，頁6014~6015。

〔107〕　《册府元龜》卷五〇二，頁6015。

〔108〕　《册府元龜》卷五〇二，頁6015。

〔109〕　《册府元龜》卷五〇二，頁6015。

〔110〕　丸橋充拓《唐代關中和糴政策と兩稅法》，頁41。

可相互調劑，如長慶四年五月令戶部應給百官俸料匹段，迴給官中糴粟，至冬再以所貯匹段糴粟納倉，[111] 則戶部用於和糴的錢數，又相應地增加了。

戶部別庫錢的設置，代表京兆和糴有了較穩定的財源，而其他地方臨時有需要，政府也會調度戶部常貯錢支用。戶部別庫錢的創立，與貞元二年行折糴法，導致兩稅現錢減少，糴本不足有關，[112] 但安史亂後度支的和糴經費不足，折糴部分的兩稅錢也未必供做和糴用，故別立戶部錢，實際是爲和糴的執行開啓一道門徑，爲和糴常費找到財源。而和糴折糴的同時運作，無異更增供軍或備荒斛斗，對軍國或民生糧用，應有加乘效果。

唐前期度支歲計中已編列和糴項目，就算貞元四年以後糴本有戶部錢爲後盾，但唐政府藉重和糴之處甚多，不太可能拋開度支原本的和糴功能，尤其是供軍仰給於度支，軍鎮和糴自然難與度支脫離干係，如貞元八年至十年諸軍鎮的和糴貯備，就委度支控管，以停減江淮運腳錢充。[113] 陸贄論裴延齡奸蠹，直指度支送邊州充和糴的布帛，不務準平，貴賤有異。[114] 這些都是在戶部別庫錢設立後仍由度支支應的和糴費用。另外在備荒與平價上，度支也有不輕的分量，如貞元二十一年提議於濱河州府和糴二百萬石的，正是度支使杜佑，雖然這個議案最後並未付諸實行。[115] 元和六年鹽鐵使盧坦奏請江淮運米收糴，糴本則來自度支管繫的鹽利。[116] 寶曆元年八月兩京河西大稔，和糴二百萬斛備災的也是度支。[117] 貞元四年以後，和糴在戶部別庫錢與度支費用相互支援、搭配下，總算逐漸擺脫安史

---

〔111〕《唐會要》卷九二《內外官料錢下》，頁 1667。

〔112〕 丸橋充拓《唐代關中和糴政策と兩稅法》，頁 41～42。關於兩稅錢折糴的意義，可參考船越泰次《唐代兩稅法における斛斗の徵科と兩稅錢の折糴・折納問題》，收入《唐代兩稅法研究》，頁 128～133。

〔113〕 貞元八年十月敕諸軍鎮和糴，見於《舊唐書》卷四九《食貨志》、《冊府元龜》卷五〇二《邦計部・平糴》、《唐會要》卷八八《倉及常平倉》等。《陸宣公集》卷二〇貞元十年《請邊城貯備米粟等狀》："奏減河運腳錢，用充軍鎮和糴。幸蒙聖恩允許，又屢頻歲順成，二年之間，沿邊諸軍，共計收糴米粟一百八十餘萬石。"可見西北邊穀自貞元八年至十年都在行和糴法。

〔114〕《陸宣公集》卷二一《論裴延齡奸蠹書一首》，頁 226。

〔115〕《舊唐書》卷一四《順宗紀》，頁 408。

〔116〕《唐會要》卷八七《轉運鹽鐵總敍》，頁 1592。

〔117〕《唐會要》卷九〇《和糴》，頁 1637。

亂期的陰影，有了固定的運作機構與穩定的財源，而且隨著元和以來中央權勢的提升，賦稅掌控力的增強，糴本也似乎跟著水漲船高，和糴數量常在百萬石以上，這從前節和糴與常平、義倉比較表上可以看出這個情勢。

上述所言之和糴，多由中央政府發動，或由中央撥付糴本至地方運作，其經費來源總不出戶部與度支。至於地方自己發動的和糴，可能就要靠諸州府迴殘羨餘錢物了。貞元九年《冬至大禮大赦天下制》：“宜委諸州府長吏，每年以當管迴殘餘羨錢物，穀賤時收糴。”[118] 或許就是行和糴法，貯納境內穀物。太和四年九月比部奏：“天下州府迴殘羨餘……許充諸色公用……或遇年豐穀熟，要收糴貯備，以防災敝者，並任用。”[119] 則再次指明地方可以迴殘羨餘，和糴穀物。州府迴殘羨餘的數量應不致太大，和糴又不過是諸多公用中之一種，想來地方和糴的規模不會大，次數也不會多。

如和糴與常平、義倉比較表所示，和糴的穩定運作大致到文宗開成時期爲止，在此之後就很少看到大規模和糴的資料。但事實上自穆宗銷兵，姑息戎臣以來，唐政權已運徙勢去，頻現衰頹之徵，連和糴的施行也漸逸出常軌。寶曆二年五月敕：“如聞度支近年，請諸色支用，常有欠闕。”[120] 作爲糴本重要支柱的度支，已有財源困窘之患，當然會影響到和糴的推動。太和四年八月內出綾絹三十萬匹，付戶部充和糴。[121] 也依稀嗅到戶部錢物不足，需靠內庫資助的氣息。度支與戶部的財務狀況不佳，政府的額外撥付，自是直接用於最急迫的軍國之需，而不是透過和糴方式輾轉籌措穀物，何況民間已然匱乏，就算攤派也未必能濟其事。敬宗、文宗時糴本來源出現危機，無疑是和糴實施的警訊。換言之，隨著唐朝財政的逐漸惡化，和糴財源自然也跟著同步變化，本期後段，即穆宗以後，雖然還看到不少次百萬石以上、爲數可觀的和糴斛斗，但和糴運作的隱憂已潛伏其中矣！

糴本的崩潰期肇始於武、宣時代，不過在黃巢之亂大起，唐政府經濟全面瓦解之前，無論中央或地方，和糴還在低程度地進行著，只是已

〔118〕 《文苑英華》（臺北：華文書局，1965），卷四二六，頁 2610。

〔119〕 《唐會要》卷六八《刺史上》，頁 1204～1205。

〔120〕 《册府元龜》卷四八四《邦計部·經費》，頁 5790。

〔121〕 《舊唐書》卷一七《文宗紀》，頁 538。《册府元龜》卷五○二《邦計部·平糴》作七月。

備感困難。武宗時期未見到和糴資料,僅於即位赦文及會昌二年
(842)上尊號赦文中提到:"縱有餘羨,亦許州使,留備水旱。"[122]大抵
在重申前一期任地方州府以羨餘充公用,收糴防災。另外,僖宗乾符
二年(875)南郊赦文,還允許湖南江西運米綱官以脚錢糴買穀物,減少
輸納敗闕。[123] 唐中央將和糴責任推給州府,又不撥付固定財源,只任
地方以羨餘、脚錢等臨時費用來充數,這種情形發生得愈多,就愈顯示
中央無力照顧地方,無法用戶部或度支錢爲地方和糴備荒,而中央財
務的捉襟見肘,於此略可窺出。

　　唐中央的和糴,至少可知在大中、咸通年間還實施著。宣宗大中
六年關隴軍儲不豐,幸得西北邊年熟,遂命省司和糴。[124] 雖說武、宣
之際擊潰回鶻,收復河湟,減輕不少邊境的壓力,但黨項、南詔等依然
蠢動,回鶻及内附部落等威脅仍在,故邊備尚不得鬆懈,和糴需繼續執
行。至於這次省司和糴供軍的財源,可能出自度支,而大中十三年嗣
登寶位赦及懿宗即位赦,同時都放免大中七年以前諸欠負三司錢物斛
斗,唯"官典所由請領官錢和糴和市"等不在放免之列。[125] 顯見大中
年間的糴本,仍從三司中的户部、度支而來,與貞元以下情形似無太大
出入。此外,《金石續編》的兩塊大中年間和糴粟窖磚,亦可證明糴本
的來源,一塊寫的是"大中三年户部和糴粟壹萬陸阡玖伯捌拾貳碩",
另一是"□□□□部和糴粟壹萬壹阡玖伯□□□□柒涅",二者在大
中十年、十一年揚擲入窖。[126] 前者載明是户部和糴粟,後者的□部該
當就是指户部。從這兩塊窖磚和糴的數量上看,都遠比貞觀十四年太
倉和糴粟的六千五百石與貞觀二十三年的四千四百石要多,[127]想來
大中户部錢裏或許如貞元年間那樣,除了有不少專款供京兆和糴外,
還從常貯錢中抽出部分,依實際需要,隨時調度使用。

　　懿、僖之間,唐中央的和糴法已呈強弩之末,實行的情況不甚理
想,如懿宗咸通七年(866)八月户部奏請開和糴,敕曰:"國家比爲傷

〔122〕《全唐文》卷七八武宗《即位赦文》,頁1013;《文苑英華》卷四二三《會昌二年四月二十
　　　三日上尊號赦文》,頁2593~2594。
〔123〕《唐大詔令集》卷七二《乾符二年南郊赦》,頁403。
〔124〕《册府元龜》卷五〇二《邦計部·平糴》,頁6015。
〔125〕《文苑英華》卷四二〇,頁2573;《全唐文》卷八五,頁1111。
〔126〕《金石續編》卷四,頁15b、16a。
〔127〕《金石續編》卷四,頁12ab、14b。

農,是開和糴。如聞積弊,繼有多端,……徒爲名目,不益公私。"[128] 開辦和糴的時機與效果,都很勉强,也讓人質疑。僖宗乾符二年放免咸通十年以前欠負三司之錢物,但官錢和糴部分除外。[129] 雖説用作糴本的官錢不予放免,而實際也已是無力償還,列在欠負之列。懿、僖之間民變與兵亂相循,嚴重影響國家財政,乾符元年翰林院學士盧攜上言:"州縣以有上供及三司錢,督促甚急,……未得至於府庫也。"[130] 在黄巢之亂揚起前夕,三司府庫已有匱乏之虞。而在大亂爆發之後,亂民擾遍全國,深刻破壞江淮財富區,徹底動摇唐王朝的統治根基,廣明元年(880)盧攜等又上言:"租賦太半不入京師,三使内庫由兹空竭。"[131] 糴本所寄的户部、度支既已空竭,也就難怪唐的和糴資料自此絶無所聞了。

和糴的順利運作,需靠官出本錢,民有剩餘穀物,因此就官方而言,充足而固定的糴本,實扮演著啓動和糴的重要角色。糴本自玄宗時期常態化、制度化以後,隨著政局與税賦形態的調整,迭有變動。雖然多數時候糴本在國家預算中編列專項可供支用,但和糴的加價收糴法通常適用於年豐穀賤處,故和糴預算即使年年動支,施行區域、用途與數量也會因時因境而異。一旦國家財政困難,糴本有缺,和糴自然無法再運作下去。

五、和糴與商業

和糴在正常時候是靠官民兩和交易,因交易的一方涉及官府,使和糴得藉助官府的力量,爲唐代開創異於尋常的商業環境。

和糴時糴本與穀物缺一不可,否則交易就無法進行,如李泌答德宗之問,對曰:"國家比遭饑亂,經費不充,就使有錢,亦無粟可糴。"[132] 姑不論糴本如何,民間顯然是無粟可賣。反之,憲宗元和十二年詔感歎:"如聞定州側近,秋稼多登,屬以軍府虚貧,未任收糴。"[133] 則是軍府籌不出糴本,所以就算是民穀豐足,也只好徒呼奈何。上述情形正

---

[128]　《册府元龜》卷五〇二《邦計部·平糴》,頁 6016。
[129]　《唐大詔令集》卷七二《乾符二年南郊赦》,頁 402。
[130]　《通鑑》卷二五二,頁 8168～8169。
[131]　《通鑑》卷二五三,頁 8227。
[132]　《通鑑》卷二三二,頁 7493。
[133]　《册府元龜》卷五〇九《邦計部·蠲爵贖罪》,頁 6109～6110。

似陸贄形容的，"宜糴之處則無錢，宜糶之處則無米"，[134] 和糴豈能順
利開展？然而，官府的强制力往往可以推助和糴的運作，以彌補糴本
或穀物欠缺的困境。開元二十六年寧慶兩州小麥甚賤，百姓出糶，無
人能糴，遂令所司與本道支度使計會，籌本和糴。[135] P. 3348 背天寶四
載河西豆盧軍的和糴匹段本，就來自中央撥付涼州運至的庸調稅物。
唐代各處豐欠不一，爲了調劑民間物資，和糴正可發揮"收其有餘，濟
彼不足"的功能，如德宗興元元年江淮年豐穀賤，度支遂於當道和糴，
再差官搬運到穀貴處出糶。[136] 憲宗元和四年淮南浙西等道旱歉米
貴，就待江西等道和糴米到，量宜處置。[137] 無論各地欠缺的是糴本或
穀物，官府都可藉由超强支配力，透過和糴與轉搬手段，以互通有無，
避免壅滯，達到調節物資的目的。

　　和糴是官府運用價格政策，與民間進行交易，官府在其間創造的
商業機能，也很令人矚目。因爲糴本匱乏處，官府調撥本錢，挹注資
金，無異於改善當地的投資環境，爲創造市場交易做準備。如果當地
饑饉，人民無剩餘穀物，則政府將和糴粟運至，以供出糶或賑給，同樣
爲繁榮地方盡心力。因此官府發動的和糴，其實具有凝塑商業誘因，
引導商業活動，吸引商人群聚的作用，這對促進唐代商業的發達，應有
一定程度的影響。

　　和糴交易的對象除了當地農民外，可能有一部分是外來商人，像
前述敦煌文書中的行客，或反操利權的豪家、羈遊之士等，或許就是這
類人。和糴能引起商人的興趣，當然是讓商人覺得有利可圖。一般而
言，唐前期的和糴估每斗加時價通常不超過三錢，後期因錢重物輕，物
價低落，才循慣例加十錢，[138] 像李泌那樣於邊鎮營田，倍償其種後，據

---

〔134〕《陸宣公集》卷一八《請減京東水運收脚價於沿邊州鎮儲備軍糧事宜狀》，頁 193。
〔135〕《册府元龜》卷五〇二《邦計部·平糴》，頁 6012。
〔136〕《唐會要》卷九〇《和糴》，頁 1636。
〔137〕《册府元龜》卷一〇六《帝王部·惠民二》，頁 1265。
〔138〕《册府元龜》卷五〇二《邦計部·平糴》開元二十五年九月戊子敕："於都畿據時價外每
　　斗加三兩錢。"同前書卷，開元二十六年敕："宜令所司與本道支使計會，每斗加於時價一
　　兩錢，糴取二萬石變造麥飯。"《新唐書》卷五三《食貨志》："天寶中，歲以錢六十萬緡賦
　　諸道和糴，斗增三錢。"《册府元龜》卷五〇二《邦計部·平糴》貞元二年十月："京兆府兼
　　給錢收糴，每斗於時價外更加十錢。"《唐會要》卷九〇《和糴》元和七年七月户部侍郎判
　　度支盧坦奏："委本道差判官和糴，各於時價每斗加十文。"另外，《通鑑》卷二一四開元二
　　十五年九月戊子敕是"命增時價什二三"，與前引《册府元龜》卷五〇二《邦計部·平糴》
　　同敕的"於都畿據時價外每斗加三兩錢"不同，恐《通鑑》有誤。

時價五分增一收糴,可能是特例。[139] 和糴估以當地時價爲準據,考慮的是年成豐欠與季節性糧價波動,而商人猶需注意地區性價差,因爲運費脚錢等必要成本的支出,往往就從各種價格因素中折抵或扣除。官府推行和糴,無疑可帶動局部區域的穀物貿易,這不僅促進物暢其流,有益於準平各地物價,還可讓民間商業行爲更活絡。

和糴是以價差吸引商人,商人估算有無贏利或贏利多少後,決定是否與官府交易。以唐代的商業環境而言,交通運輸是相當重要的一項變數,[140] 此由唐人和糴與漕運的争議中可以略窺究竟。大抵來説,雖然朝臣們承認漕運是國之大事,爲長久之法,未可暴去,但亦不得不正視其弊在多風波覆溺之患,且斗錢運斗米,費損大而勞煩,故杜佑、陸贄、沈亞之、白居易等人多非之,而擬縮小漕運實施範圍,或取濟於和糴糧穀。和糴雖然不免遭官吏侵漁、强取,但其事易集,省漕運之費,又可救弊於一時,亦有其便利處。[141] 從唐人對二者的比較中可以看出,漕運最大的困擾在於運輸費太高,而這個缺點和糴並不存在。易言之,和糴不必擔心轉輸,它已盡可能地將問題抛給商人,任其自行解決。商人的處事效率或許較政府高而靈活,但面對湍險之漕運,相信也感到棘手。在唐政府的經驗中,自江淮至關中的長程運輸,政府必需支應龐大的脚錢,甚至傆直每斗還超過米價。[142] 政府爲了充實關輔倉廩,可以不必顧及江淮豐欠,强制徵收轉輸,以致出現如陸贄所言的"遠彼所乏,益此所餘"的不合理現象。[143] 這些情形在一個精於算計,擅於贏利的商人身上,是絕不可能發生的。因此和糴帶起的貿易圈,大概以鄰近各州爲主,太和八年八月曾詔:"同州諸縣至河中晉絳京西北,豐熟之

[139] 《通鑑》卷二三二,頁7494。

[140] 唐中央財政與西北邊費的運輸,主要靠漕運路線與洛陝陸運,這條連通東南與西北的交通線,清木場東有極細緻的分析,包括輸送路、輸送制、設施、運輸法、輸送手段、輸送費等項。詳見《唐代財政史研究》運輸編(福岡:九州大學出版社,1996)。

[141] 有關漕運與和糴利弊,學者們討論甚多,如盧向前《唐中後期的和糴》,頁36~37;鈴木正《唐代の和糴に就いて》(一),頁49~54;丸橋充拓《唐代關中和糴政策と兩税法》,頁41。

[142] 《陸宣公集》卷一八《請減京東水運收脚價於沿邊運州鎮儲備軍糧事宜狀》:"今淮南諸州,米每斗當錢一百五十文,從淮南轉運至東渭橋,每斗船脚又約用錢二百文。"是傆直超過米價。

[143] 《陸宣公集》,頁93。

處，宜令近京諸道，許商販往來，不得止遏。"[144] 就是一個明顯的例子。至於較遠區域或長程運輸，除非兩地價差能高過一切成本支出，否則商人是不願輕易嘗試的。

另外，行路所經的安全性與通暢性，也是和糴能否順利執行的關鍵，如永泰元年（765）四月詔："如聞東都至淮泗，緣汴河州縣，自經寇難，百姓凋殘，地闊人稀，多有盜賊，漕運商旅，不免艱虞。"[145] 寇難、盜賊對商旅的危害，豈僅是漕運路線而已，官府嘗於和糴時招商，[146] 若這些商人受阻於賊寇，無疑將會影響和糴的進行。在某些路途險阻的地區，商旅難至，就算行和糴，恐怕也效果不佳，如貞元七年商州刺史請廣商山道，因爲"舊時每至夏秋，水盛阻山澗，行旅不得濟者或數日，糧絕，無所求糴"。[147] 只要路況未得改善，和糴招商的成效應該可以預見。由此而言，交通條件如對和糴產生制約作用，市場上穀物流通的區域範圍勢必受到影響。

爲解決糧食不足問題，唐政府習慣用倉儲與屯、營田的方式。唐代絕大多數的倉儲，是政府憑著威權與强制力，直接收納民間稅物；屯、營田則是邊鎮軍州自耕，就地貯備軍糧。二者都是將收納來的穀物，逕自轉入分配與消費領域，而非以商品形式，販售得來。[148] 這些穀物或許有很高的財政效益，也避免農村捲入市場經濟，不過被政府收取後，人民手上的剩餘穀物所存有限，也因此大幅壓縮了全國性商業發展的空間。相對於倉儲與屯、營田徵收的特質，和糴是唐政府藉重商品市場，籌集穀物的一個範例，它以對換概念取代强制行爲，以有償性取代義務性，雖然唐人在論及屯、營田時以"不煩和糴之費"、[149] "絕和糴欺隱"，[150] 比較二者的優

---

[144] 《册府元龜》卷五〇二《邦計部·平糴》，頁 6015。
[145] 《册府元龜》卷六四《帝王部·發號令》，頁 716。
[146] 如《文苑英華》卷四二〇《大中十三年十月九日嗣登寶位敕》："大中七年已前，欠負諸色錢物斛㪷等除官典所由請領官錢和糴市，及在場官招商，所由腹內外，……宜并放免。"和糴既與場官招商並寫在一起，想來應有某種關聯，《金石續編》卷四大中年間和糴窖磚是分場存貯，史料中許多行常平法的倉粟也是開場糴之，而和糴的兩和交易是一種商業行爲，場官招商出現在和糴中應是情理中事。
[147] 《唐會要》卷八六《道路》，頁 1574。
[148] 張弓《唐朝倉廩制度初探》，頁 156～157。
[149] 《舊唐書》卷九三《婁師德傳》，頁 2975。
[150] 《新唐書》卷五三《食貨志》，頁 1373。

劣,[151] 唐政府每次和糴的量也不是很多，但和糴畢竟是唐政府自行打開的一扇商業櫥窗，是統治者以對等方式與民衆接觸的一個起點，其意義是不容忽視的。

唐政府對和糴招商的態度，初時可能是保守的、排斥的，因爲儀鳳三年（678）度支奏抄有一條規定諸州庸調物："不得官人、州縣公廨典及富強之家僦勾代輸。"[152] 這裏的富強之家應該就包括大商人。開元二十五年賦役令於庸調物的輸納重申："皆州司領送，不得僦勾隨便糴輸。"[153]《唐律疏議·廐庫律》裏也有同樣的意思："諸監臨主守之官，皆不得於所部僦運租稅、課物。"[154] 庸調匹段中有一部分是用來和糴的，中央連稅物的運輸都不讓客商承辦，和糴時是否可能全力招商，令人懷疑。然而，政令與客觀事實未必吻合，隨著八世紀以來客商承辦官物輸送的日益增多,[155] 政府逐漸體認商人在政策執行上的重要性，故禁令即使依舊存在，各級官府實際上已不排斥商人，甚至主動招商、鼓勵商人來應命。像北庭子將郭琳作人蔣化明往伊州納和糴,[156] 就發生在禁僦勾糴輸期間的開元二十一年，子將郭琳極可能是當地有錢有勢的商人。天寶年間河西豆盧軍倉收納交糴斛斗的行客與百姓，一般也認爲是客商或當地富戶。就此而言，八世紀以來商業的發展，無形中也助長了政府更方便利用和糴來取得糧穀。唐後期政府對商人的依賴更深，連官僚系統中也不乏商人入仕,[157] 而商人對和糴的介入，不但從諸多批判豪家、遊客操縱和糴的議論中可以看出,[158] 甚至元和以後盛行於商人層的便換制度,[159] 也因應情勢，導入和糴運作中，如長慶初戶部侍郎判度支寶易直表置和糴貯備使，吳武陵諫曰："前在朔方，度支米價四

---

〔151〕　和糴與屯田的比較，可參考盧向前《唐中後期的和糴》，頁 37～38。

〔152〕　《吐魯番出土文書》第 8 冊，頁 136～137。

〔153〕　《唐令拾遺》卷二三《賦役令》三引開元二十五年令，頁 667。

〔154〕　《唐律疏議》（北京：中華書局，1985）卷一五《廐庫令》"監臨官僦運租稅"（總 218 條），頁 293。

〔155〕　荒川正晴《唐の對西域布帛輸送と客商の活動について》，頁 48～56。

〔156〕　《吐魯番出土文書》第 9 冊，頁 61～62。

〔157〕　高橋繼男《唐後期における商人層の入仕について》，《東北大學日本文化研究所研究報告》第 17 集（1981）。

〔158〕　如《陸宣公集》卷一八《請減京東水運收脚价於沿邊諸州鎮儲備軍糧事宜狀》，頁 191。

〔159〕　日野開三郎《唐代便換考》，收入《日野開三郎東洋史學論集》卷五《唐五代の貨幣と金融》（東京：三一書房，1982）。

十，而無逾月積，皆先取商人，而後求牒還都受錢。脫有寇薄城，不三旬便當餓死，何所取財而云和糴哉？"[160] 這些商人是入粟助邊，然後回京投牒便換。雖說當時是因和糴處缺乏糴本採取的權宜措施，但更可認識到該次和糴只有能往來兩地的大商人才可糴買，當地一般農民或資力不夠雄厚，不能還都受錢的小商販，就算有粟可納，也不能自當地官府收回和糴錢。唐政府愈來愈倚重商人力量行和糴，應是無庸置疑的了。

和糴運作的最大障礙，其實是來自官府的管制措施，玄宗開元二年敕："年歲不稔，有無須通，所在州縣，不得閉糴，各令當處長吏檢校。"[161] 自開元初首見禁閉糴的詔敕後，閉糴便成爲唐中央相當關切的議題，經常出現在詔敕與赦書中，甚至連判集裏都收錄閉糴要目，[162] 可見問題之嚴重及危害民生之巨大。唐自安史亂後，中央權威日蹙，國家財政日困，對於地方上的荒歉災害，未必皆有餘力調撥物資，以濟其窮，於是只好藉著商旅的往來各處，互通有無，自動發揮調劑物資的功能，使有益於人民生計。然而這樣的期望，往往因地方長吏的從中作梗而遭破壞，如崔倰爲湖南觀察使，"湖南舊法，雖豐年，貿易不出境，隣部災荒不恤也。倰至，謂屬吏曰：'此豈人情乎？無閉糴以重困民。'削其禁，自是商賈流通，貨物益饒"。[163] 德宗時關中饑，史書言"諸鎮或閉糴"，[164] 諸鎮連中央饑荒都置之不理，想見平時必是自掃門前雪。類似上述之閉糴情形，大概不是偶爾特例，可能普遍存在於各地。

唐後期藩鎮林立，自保心態濃厚，災患不相恤，且各自築起貿易壁壘，不但將國家割裂得支離破碎，也阻絕了商人張起的物資流通網，於是唐中央不得不數下禁令，"先緣諸道閉糴，頻有處分，……不得輒令閉糴"；[165] "所在一切不得閉糴"；[166] "不得擅有閉糴禁錢，務令通

---

[160] 《新唐書》卷二○三《文藝下·吳武陵傳》，頁5791。

[161] 《唐會要》卷九○《閉糴》，頁1635。

[162] 《唐永泰年代（765~766）河西巡撫使判集》"肅州請閉糴，不許甘州交易"條，頁2942。

[163] 《新唐書》卷一四二《崔倰傳》，頁4670。

[164] 《新唐書》卷一六七《王播傳》，頁5115。

[165] 《唐會要》卷九○《閉糴》肅宗上元元年九月敕，頁1635。

[166] 《唐會要》卷九○《閉糴》大曆十一年六月十三日敕，頁1635。

濟"。[167] 閉糴從安史亂期間的"頻有處分",到藩鎮日益猖狂的"所在一切不得閉糴",問題似乎並未隨著中央禁令而好轉,反倒有漸行惡化的趨勢。元和年間的振朝抑藩,或許有緩和閉糴的作用,期間未見禁令,是否更印證了藩鎮跋扈,互不相恤,是形成閉糴的重要原因!

穆宗長慶以後,隨著中央的欲振乏力,藩鎮境內竟將閉糴法制化,自爲條約,以設限制。前引崔倰所削之禁令,就是湖南舊法。長慶元年南郊改元赦文:"天下諸道,或閉糴禁錢,自爲條約。自今以後,切宜禁斷。"[168] 如果從太和三年九月敕文來看,這些限制顯然沒有被真地廢除:[169]

> 如聞江淮諸郡,所在豐稔,困於甚賤,不但傷農。州縣長吏,苟思自便,潛設條約,不令出界。雖無明榜,以避詔條,而商旅不通,米價懸異,致令水旱之處,種植無資。

地方官縱無明文閉糴,也暗自設防,不令穀物出界。赦書不是針對某一特定地區,則閉糴最堪慮的,就是因惡化循環而各地紛紛跟進。然州縣之所以閉糴,實源於彼此的互不信任,擔心豐年時商人將穀物運出後,若遇荒年無人救恤,又將奈何? 只要部內穀物豐足,一切稅物的徵收、折納或和糴等都方便實施,就哪管商旅不通所造成的物價懸異,民生困弊,故爲了避免境內物資欠缺,寧可採取管制措施。[170]

唐中央面對各地高築的貿易壁壘,很難使得上力,它一方面對所在方鎮州府重申,"方將革弊,尤藉通商","不得擅有壅遏,任其交易,必使流行",[171] 他方面也只有責令長吏、御史、出使郎官等切加訪察,杜絕違禁,不過似乎皆成效不彰,大中十三年赦及懿宗即位赦徑言:"前後赦敕,累有條具,尚恐因循,依前壅塞。"[172] 僖宗車駕還京師德音更直指弊端曰:"所在州府,須使通流,況閉糴之

[167] 《册府元龜》卷五〇七《邦計部·俸禄三》貞元二十一年正月制,頁6083。
[168] 《文苑英華》卷四二六《長慶元年正月三日南郊改元赦文》,頁2613。
[169] 《唐會要》卷九〇《閉糴》,頁1635。
[170] 關於閉糴的原因與弊害,可參考日野開三郎《唐代の閉糴と禁錢》,收入《日野開三郎東洋史學論集》卷五《唐五代の貨幣と金融》,頁266～268。
[171] 《册府元龜》卷一四五《帝王部·弭災三》,頁1758。
[172] 《文苑英華》卷四二〇《大中十三年十月九日嗣登寶位赦》,頁2573;《全唐文》卷八五懿宗《即位赦文》,頁1111。

條，著在格令，近關州府，通舟船處，不得約勒商人，固違敕旨。"[173] 閉糴問題自安史亂後，方鎮割據，中央權力衰退以來，顯然始終未得解決，[174] 這對藉助往來各處的穀物商人以行兩和交易的和糴政策，多少會有些影響，至於其幅度則視閉糴區域大小及其距和糴所在遠近而定。

和糴的物資調節功能，在某種程度上有益於唐代商業的發展，身爲交易一方的官府，正是帶動該種商業機能的倡導者。但是和糴創造的商業性，其實受諸多因素的牽制，如政府投資的糴本數量，交通運輸條件的良窳，農民剩餘穀物的多寡，以及地方州府是否有管制措施等。由於唐後期的政治社會時有動蕩，各種商業障礙也很難排除，是以和糴即使對唐代的商業發展有推助之功，大概也只限於小範圍或局部區域的，未可過於誇大其效用。至於豪商與貪吏、勢要的勾結把持，操縱物價，則爲和糴加價收糴，加惠農民的用意，蒙上一層陰影，無疑也會傷害和糴的商業性。

六、結　論

和糴是官府透過交易形式，向民間徵集穀物的一種政策，由最初以供給西北邊軍爲主，至玄宗時廣泛推行於關中地區，此後更向江淮一帶擴散。和糴在財政上雖然只是補充性手段，但至遲在開元、天寶年間已編入度支歲計，成爲常規性的制度。和糴原則上是只糴不糶，卻因唐政府彈性運用倉糧，有時遂也減價出糶，或賑給儲粟，不僅在操作法上漸向常平、義倉靠攏，連功能也由原本的軍國之需，向平價與備荒的惠民之政延伸。

敦煌文書裏有具體實施和糴的情形，郡倉和糴顯示當地百姓的財務狀況相差懸殊，軍倉和糴的納者身份不明，但交糴者多爲當地富戶或行商。交糴一詞不見於任何史料，僅豆盧軍軍倉用之。然從軍倉和糴、交糴會計牒的書寫形式上看，軍倉或許正利用估價價差，造假賬牟取剩利，此種隱欺之法，無疑是和糴諸多弊端之一。

和糴需有糴本才能啓動官民交易，糴本的多寡有無，受時局與賦稅的影響最大。唐前期的糴本以戶稅與庸調匹段爲主，安史亂後

---

[173]　《全唐文》卷八九僖宗《車駕還京師德音》，頁 1156～1157。
[174]　閉糴的背景，日野開三郎也如此認爲，見《唐代の閉糴と禁錢》，頁 269。

一度因國用匱乏而停廢，至兩稅法確立，財源穩定後，度支糴本與稍後成立的戶部糴本雙軌並行，成爲唐後期最重要的的兩個糴本來源，其中，度支糴本對西北供軍尤具意義。直到懿、僖以後，國家府庫空竭，和糴自然無法再持續下去。

　　和糴名爲兩和交易，政府實居主導地位，它可調撥糴本，挹注資金，也可轉搬收糴來的穀物，故和糴不僅於調節物資，平抑物價，還有活絡商業的作用。和糴的加價收糴對商人具吸引力，政府對和糴招商的態度，也由排斥而傾向倚賴。但唐代的交通條件不如理想，政府管制措施造成閉糴現象，都大爲削弱和糴的商業性，並不易發展出長程貿易。

　　和糴是一種可靈活調度，具補充性的財政措施，它實施的規模、對象、次數與區域，視政府財力與實際需要而定。它與一般賦稅徵收最不一樣的地方，是政府以對換、有償的方式，向民間徵集穀物。雖然政府的良善立意，常遭貪吏豪家的反操利權，抑配率斂所侵蝕，但和糴畢竟是統治者擺脫強徵手段，願與民衆對等往來的一種表現，其意義值得重視。

※ 本文原載《新史學》15 卷 1 期，2004 年。
※ 羅彤華，臺灣大學歷史研究所博士，國立政治大學歷史系副教授。

南 宋 的 社 倉

梁庚堯

一、前 言

中國歷史上儲糧備荒的倉儲制度，以常平倉、義倉及社倉爲骨幹，自漢代首創常平倉，繼之在隋代出現義倉，至南宋朱熹創設社倉而三倉趨於完備，沿用至清代仍不衰。南宋時期三倉並存，同有預防及救濟災荒的作用，三者之中，常平倉和義倉均設於城邑，所發揮的功用往往只及城市之民，而社倉設於鄉村，澤惠遍及衆多的農家，功效所及范圍遠較常平倉和義倉爲廣，對於農村中貧富之間經濟上的衝突發生平衡的作用，有益於農村社會的穩定。因此，社倉的創設使倉儲制度能夠發揮更廣泛的功用，具有更深遠的意義。關於社倉對南宋農村社會貧富協調所發揮的功用，作者已曾撰文論述，[1] 本文主要就制度討論南宋社倉的起源與發展。

二、背景與淵源

社倉是朱熹所創的一種社會互助制度，由地方政府或鄉里富家提供糧穀，設置貸本，以低利借貸給農民作農業資本或生活費用。這種制度之所以產生，以及產生之後能夠推廣，是社會現實和儒家理想交互作用的結果。農村中貧富不均及兩者之間衝突的問題，自古以來即已存在，而南宋時期，由於人口迅速增加，農家平均所能擁有的耕地數量減少，加以商業日漸繁盛，農家生產被動地卷入市場經濟中，遭受糧價季節性波動的影響，使得問題更易趨向敏銳。佔南宋農村户口絕大部分的自耕農及佃農，終年竭力耕作，卻往往入不敷出，必須依賴借貸來維持生活或從事生產。然而若干富家借貸利率甚高，農民利息負擔沉重，債務常無法償清，陷入長期負債

---

[1]　參見拙作《南宋的農村經濟》第五章第二節。

甚或典賣田產的困境。若是遭逢水旱天災，更有部分富家爲博取厚利，閉廩哄抬糧價，農家既無力糴米，富戶又因爲米貴而不肯借貸，於是農民弱者販鬻妻兒甚或流離餓死，而強悍者則聚衆起而劫糧，造成農村社會的不安。[2] 朱熹本人，曾經親自在農村中目睹此一現象。朱熹《朱文公文集》卷七七《建寧府崇安縣五夫社倉記》：

> 乾道戊子春夏之交，建人大饑，予居崇安之開耀鄉，知縣事諸葛侯延瑞以書來屬予及其鄉之耆艾左朝奉郎劉侯如愚，曰：“民饑矣，盍爲勸豪民發藏粟，下其直以振之。”劉侯與予奉書從事，里人方幸以不饑。俄而盜發浦城，距境不二十里，人情大震，藏粟亦且竭。劉侯與予憂之，不知所出，則以書請于縣于府。時敷文閣待制信安徐公嘉知府事，即日命有司以船粟六百斛，泝溪以來，劉侯與予率鄉人行四十里受之黃亭步下，歸籍民口大小仰食者若干人，以率受粟，民遂得無饑亂以死，無不悅喜，歡呼聲動旁邑。
> 於是浦城之盜，無復隨和，而束手就禽矣。

按乾道戊子即乾道四年(1168)，此事即社倉創設的前奏。而浦城盜起的原因，據朱熹弟子黃榦追述社倉創設的由來，是由於建寧府之地，每逢災荒，“大家必閉倉以俟高價，小民亦群起殺人以取其禾，……苟或負固難擒，必且嘯聚爲變”（黃榦《勉齋集》卷一八《建寧社倉利病》）。可知朱熹創設社倉的動機，實導因於親身體驗到農村糧食問題所造成的社會不安，而設法予以事先消弭。

現實問題只是背景的一面，背景的另一面則是理學家的社會理想。朱熹以理學宗師的身份，創設社倉，而得士大夫的風從響應，實不僅植基於對現實問題的考慮，而是有一種社會理想在背後作推動的力量。理學家的社會理想，導源自仁。仁是孔子的中心思想，也是宋代理學家討論的一個重要問題。北宋理學開創者周敦頤謂聖人之道爲仁義中正，而釋仁爲生，以仁育萬物是天之道，也是聖人之道。張載繼之將仁從抽象的觀念推論到具體的社會上，而有《西銘》一文，《西銘》從人類生自天地而與天地爲一體出發，暢論人與社會的關係：“民吾同胞，物吾與也。”“尊高年所以長其長，慈孤弱

---

〔2〕 這些現象拙作《南宋的農村經濟》第二、三、四章均有論述。

所以幼其幼。"　"凡天下之疲癃殘疾惸獨鰥寡，皆吾兄弟之顛連而無告者也。"程顥、程頤兄弟極看重《西銘》，專門用以開示門下學者，朱熹也極推崇《西銘》，可知《西銘》所描繪的人人各遂其所生的社會藍圖，已成爲理學家共有的理想。而程顥以手足痿痹喻不仁，和張載之意相近；程頤以穀種喻仁，則近於周敦頤之說。朱熹從心論仁："仁者天地生物之心，而人物之所得以爲心。"　"天地之大德日生，人受天地之氣以生，故此心必仁，仁則生矣。"將前賢之論，連結而爲一。[3] 從上述理學家對仁的闡釋來觀察當時的農村社會，自然應該對衆多困苦的農家施以扶助，使這些同於一氣而卻遭逢不幸的人們也能暢遂所生。社倉的創設，就是理學家對仁的實踐。這種社會理想對南宋士大夫設立社倉的推動力量，可以從見之於文集的社倉記看出來。《勉齋集》卷一九《袁州萍鄉縣西社倉絜矩堂記》：

> 榦聞之師曰：絜，度也；矩，所以爲方也。富者田連阡陌而餘粱肉，貧者無置錐而厭糟糠，非方也。社倉之設，輟此之有餘，濟彼之不足，絜矩之方也。君子之道，必度而使方者，乾父坤母，而人物處乎其中，均稟天地之氣以爲體，均受天地之理以爲生，民特吾兄弟，物特吾黨與，則其林然而生者，未嘗不方也。

此記作者黃榦爲朱熹弟子，而記中所述設置社倉的意義，即綜引張載、朱熹之言。傅增湘輯《宋代蜀文輯存》卷七六，度正《巴川社倉記》：

> 人與物並生於天地之間，同於一理，均於一氣。故君子以爲人者，同胞之兄弟；而物者，相與之儕輩。視之如兄弟，則必親之，而有相友之義焉；視之如儕輩，則必愛之，而無暴殄之失焉。如此則知所以爲仁，知所以爲仁，則知所以仁民而愛物矣。仁之爲道，用之一鄉不爲不足，用之一國不爲有餘，所施益博，所濟益衆，顧用之何如耳。在上而行之，則爲仁政，在下而行之，則爲仁里。里仁之所以爲美者，非以其有無相賙，患難相救，疾病相扶故耶。

度正所述，也是綜引張載、朱熹之言，而且更清楚地從仁立論。又

---

〔3〕　以上參閱黃宗羲等《宋元學案》卷二《濂溪學案上》，卷一三《明道學案上》，卷一七《橫渠學案上》；錢穆《宋明理學概述》，頁62～63；錢穆《朱子新學案》六《朱子論仁上》、一九《朱子論仁下》、三八《朱子對濂溪橫渠明道伊川四人之稱述》。

姚勉《雪坡集》卷三六《武寧田氏希賢莊記》：

> 天地之大德曰生，人爲天地之心，必能流暢天地之生
> 意，然後俯仰而無愧。先儒謂仁者天地生物之心，而人得
> 之以爲心。仁也者，蓋天地之生意，凡天地間，何物非我，
> 一物不遂其生，吾心慊矣。士君子之生斯世，達則仁天下
> 之民，未達則仁其鄉里，能仁其鄉里，苟達即可推以仁天
> 下之民。此晦庵朱先生取成周縣都委積之制而爲社倉，西
> 山真先生又廣晦庵未盡之意而爲義廩也。

按武寧田氏兄弟子姪於鄉里效法朱熹設希賢社倉，效法真德秀設希
賢義廩，姚勉爲之作記，純粹引述朱熹對仁的闡釋以説明社倉、義
廩創設的緣由。真德秀所創的義廩，實爲社倉的另一種形式（詳第
四節）。而其本人在勸立義廩文中所言“凡天下之疲癃殘疾惸獨鰥
寡，皆吾兄弟之顛連而無告者也”（真德秀《真文忠公文集》卷四〇），
即出自張載的《西銘》。又言“我之與彼，本同一氣”（同上），則源
於朱熹的理論。這些例證，充分説明南宋士大夫紛紛於鄉里設置社
倉，是理學家社會理想的實踐，也就是仁從儒家思想落實到社會現
實上。朱熹作建寧府建陽縣長灘社倉記，稱“蒙惠者雖知其然，而
未必知其所以然也”（《朱文公文集》卷七九），朱熹未明言所以然
之意，然而後儒所撰的社倉記，已爲此言作了最好的注腳。

　　社倉雖然創自朱熹，但是並非一全新的制度，其淵源遠可追溯
至隋代的義倉，近則取法於北宋王安石新法中的青苗法，朱熹針對
現實問題而將舊有制度加以變化，使得源出於舊有制度的社倉具有
新的意義。隋代的義倉，又稱爲社倉，南宋社倉的名稱，實淵源於
此。按隋代地方有社制，仿效先秦，以二十五家爲一社，爲共同祭
祀的單位。[4] 隋代義倉初設置時，是當社立倉，勸課百姓及軍人，
在收成之時隨所得多寡捐獻粟麥，儲於倉中，遇歉收或饑饉時用以
賑給。可知義倉最初設於鄉里，糧穀出自富家自願捐獻而非強制隨
賦稅繳納，其形態和後世朱熹所創社倉相近。但不久之後，義倉形
態發生很大的改變，不當社置倉而移設於州縣，糧穀不出自勸課而
強制隨賦稅繳納。形態改變後的義倉，才是後世義倉的起源。[5] 此

<hr>

〔4〕 參見曾我部靜雄《中國及び古代日本における鄉村形態の變遷》，頁81。
〔5〕 參見馮柳堂《中國歷代民食政策史》，頁65～67。

後義倉之制經唐代沿用至宋代，雖然仍設於州縣，但士大夫往往能認識其本義，而請於鄉村置倉；作爲地方基層組織的社制在宋代雖已不存，但因社自古以來又有鄉之義，[6] 宋人用語也以村社連稱，[7] 因而社倉之名相沿不改。以北宋而論，北宋義倉屢設屢廢，宋太祖乾德元年（963）初置，至乾德四年（966）即罷；仁宗慶曆元年（1041）復置，五年（1045）又罷；神宗熙寧十年（1077）復置，至元豐八年（1085）再罷；哲宗紹聖元年（1094）復置，沿用至南宋。[8] 在義倉廢置期間，臣僚請求復置，常用社倉的名稱，建議置於鄉村。如仁宗時，石介著《斥游惰》一編，建議取法隋的社倉、唐的義倉，"每村立一社倉"（《宋會要輯稿》，以下簡稱《會要》，《食貨六二·義倉篇》慶曆元年九月條）；如仁宗皇祐五年（1053），賈黯請立"民社義倉"（《長編》卷一七六皇祐五年十二月歲末條）；如熙寧二年（1069），蘇涓上言義倉之法，"村有社，社有倉"（楊仲良《資治通鑑長編紀事本末》卷七三《神宗皇帝篇·義倉條》）；錢顗也在同年上疏談論同一問題，請求仿效隋代社倉之制，"於天下州縣逐鄉村各令依舊置社倉"（趙汝愚編《諸臣奏議》卷一〇七《財賦門·常平義倉篇》，錢顗《上神宗乞天下置社倉》）。然而終北宋之世，義倉未嘗自州縣移於鄉村。義倉既置於州縣，於是相沿至南宋初年，弊病叢生。主要原因，在於"憔悴之民，多在鄉村，于城郭頗少……一有饑饉，人民難以委棄廬舍，遠赴州郡請求"（董煟《救荒活民書》卷二《義倉條》），因此而有改革之議提出。如劉一止《苕溪集》卷一四《轉對奏狀》：

> 今也置倉入粟，正在州郡，歲饑散給，而山澤偏遠之民，往往不沾其利，其力能赴州就食者，蓋亦鮮少，而況所得不足償勞，流離顛沛，有不可勝言者，此豈社倉之本意哉……臣愚以謂，當於本縣鄉村多置倉窖，自始入粟，以及散給，悉在其間，大縣七八處，小縣三四處，遠近分佈，俾適厥中，若未有倉窖，則寄寺觀或大姓之家，縣令

---

[6] 參見顧炎武《日知錄》卷二二《社條》。

[7] 李燾《續資治通鑑長編》（以下簡稱《長編》）卷二四五熙寧六年五月辛酉條："（河北路）察訪使曾孝寬亦言：'民訴植木佔耕地、隔州借車牛載桑榆甚擾，又科桑椹，令村社監督澆灌，民甚苦之。'"

[8] 參見《中國歷代民食政策史》，頁95；王德毅師《宋代災荒的救濟政策》，頁38~41。

> 總其凡，以時檢校，遇錢饉時，丞簿尉等分行鄉村，計口
> 給歷，次第支散，旬一周之，庶幾僻處之岷，均受其賜，
> 不復棄家流轉道路。

李心傳《建炎以來繫年要錄》卷二一八繫劉一止的奏狀於宋高宗紹
興九年（1139），在朱熹創設社倉之前，奏狀中建議將義倉之粟改儲
於鄉村以恢復社倉本意。他的建議雖然沒有得到朝廷的接納，但是
已反映出來社會的要求。朝廷既未能順應此一要求而作改革，不久
之後，朱熹便以士人的身份創設了社倉，而此一新制度，很清楚的
是其來有自，並非憑空創造。

　　南宋的社倉雖然可以溯源於隋代的義倉，但是其經營方式卻和
義倉不同，義倉糧穀用於荒年賑給饑民，社倉則是常年貸放收息，
這種經營方式取法自北宋王安石的青苗法。青苗法是一種以抑制農
村高利貸爲目標的農貸措施。早在王安石於慶曆七年（1047）知鄞
縣時，已曾"貸穀與民，立息以償，俾新陳相易"（《宋史》卷三二
七《王安石傳》）。稍後有陝西轉運使李參，爲充實軍糧，"令民自
相隱度麥粟之贏，先貸以錢，俟穀熟還之官，號青苗錢"（同上卷三
三〇《李參傳》）。及至宋神宗時王安石執政，給合過去二者成功的
經驗，在熙寧二年（1069）頒行青苗法於全國，由於貸本出自常平
廣惠倉，所以青苗法又名常平新法。按常平倉創始於漢朝，歷代沿
用，宋代自宋太宗淳化三年（992）首設於京師，以後陸續推廣至全
國各地，由政府撥錢作糶本，於穀賤時增價收糶，於穀貴時減價出
糶，有穩定糧價的作用，在青苗法實施之前，常平錢穀也已偶有用
於貸放的情形；[9] 廣惠倉則用於賑濟州縣城郭之中老幼貧疾不能自
存之人，以其常與常平倉相混，所以合稱常平廣惠倉。[10] 王安石以
常平廣惠倉錢穀斂散不得其宜，於是移用青苗法的貸本，貸予農民。
《會要・食貨四・青苗篇》熙寧二年九月四日制置三司條例司言：

> 　　今欲以常平廣惠倉見在斛斗，遇貴量減市價糶，遇賤
> 量增市價糶，其可以計會轉運司用苗稅及錢斛就便轉易者，
> 亦許兌換。仍以見錢依陝西青苗錢例，取民情願預給，令

---

〔9〕 參見今堀誠二《宋代常平倉研究》，《史學雜誌》第56編第10號、第11號。
〔10〕 參見曾我部靜雄《宋代の三倉及びその其他》，收入曾我部靜雄《宋代政經史の研
　　　究》；又見《宋代災荒的救濟政策》，頁60～61。

隨稅納斛斗，內有願給本色，或納時價貴願納錢，皆許從便，如遇災傷，亦許於次料收熟日納錢。非惟足以待凶荒之患，又民既受貸，則於田作之時不患厥食，因可選官勸誘，令興水土之利，則四方田事自加修益。人之困乏，常在新陳不接之際，兼併之家乘其急以邀倍息，而貸者常苦於不得。常平廣惠之物，收藏積滯，必待年歉物貴然後出糶，而所及者大抵城市遊手之人而已。今通一路之有無，貴賤發斂以廣蓄積，平物價，使農人有以赴時趨事，而兼併不得乘其急，凡此皆所以為民而公家無所利其入，亦先王散惠興利以為耕斂補助，裒多補寡而抑民豪奪之意也。

可知青苗法立法的原意，是由政府運用常平廣惠錢穀，於每年新陳不接時貸予農民，農民在收成後再歸還，使農民免於富家高利貸的剝削。據原初立法，農民於償還時，僅“出息二分”（同上載蘇轍與王安石討論青苗法），遠較兼併之家邀以倍息為輕。至宋哲宗繼位，舊黨執政，青苗法與其他新法同時廢罷，紹聖二年（1095）因臣僚之請復行，宋徽宗宣和六年（1124）再廢，南宋不復行青苗法，但仍偶而以常平錢穀貸予農民。[11] 青苗法雖為農民而設，但常平倉、廣惠倉均設於州縣，而非鄉村，其根本缺陷與義倉相同，“常平賑糶，其弊在于不能遍及鄉村”（《救荒活民書》卷二《常平條》），青苗法對農民的澤惠自然也受同樣的限制，因此青苗法難免有坊郭戶亦可借貸的規定，而授反對者以攻擊的口實。[12] 捨此點不論，朱熹所創設的社倉無疑取法於青苗法，社倉也是一種以抑制農村高利貸為目標的農貸措施，初設置時同樣收息二分。由於王安石以推行新法而獲聚斂的惡名，所以賞識社倉者斤斤於辨別社倉與青苗之異，[13] 但是

〔11〕 參見辜瑞蘭《青苗法之變動》，收入《大陸雜誌史學叢書》第三輯第三冊。

〔12〕 參見東一夫《王安石新法の研究》第二編第三章《青苗法、市易法と社會政策》。

〔13〕 張栻《南軒先生文集》卷二〇《答朱元晦秘書》：“夫介甫竊《周官·泉府》之說，强貸而規取其利，逆天下之公理，而必欲其說之行，用奉行之小人，而必欲其事之濟，前輩辨之亦甚悉，在高明固所考悉，不待某一、二條陳，而其與晦翁今日社倉之意，義利相異者，固亦曉然。”《雪坡集》卷三六《武寧田氏希賢莊記》：“晦翁之規社倉也，或疑其似荊舒青苗法，然用心實不類。荊舒之青苗，主於富國，私也；晦翁之社倉，主於仁民，公也。”王柏《魯齋集》卷七《社倉利害書》：“若夫二分之法，與青苗異者，蓋荊舒托濟人之名，罔其利以供上之用，朱先生因濟人之實，儲其利以復為民水旱之防，心之所發，惠之所及，何啻霄壤，以青苗議社倉，其不審亦甚矣。”

朱熹本人不僅不否認二者之間的關係，而且極力爲青苗法辯護。《南
軒先生文集》卷二〇載張栻《答朱元晦秘書》：

> 聞兄在鄉里，因歲之歉，請於官，得米而儲之，春散秋償，
> 所取之息不過以備耗失而已，一鄉之人賴焉，此固未害也，然
> 或者妄有散青苗之譏。兄聞之，作而曰："王介甫所行，獨有
> 散青苗一事是耳。"奮然欲作社倉記，以述此意。

又《朱文公集》卷七九《婺州金華縣社倉記》：

> 凡世俗之所以病乎此者，不過以王氏之青苗爲説耳。
> 以予觀於前賢之論，而以今日之事驗之，則青苗者，其立
> 法之本意，固未爲不善也。但其給之也以金而不以穀，其
> 處之也以縣而不以鄉，其職之也以官吏而不以鄉人士君子，
> 其行之也以聚斂亟疾之意而不以慘怛忠利之心，是以王氏
> 能以行之於一邑而不能以行於天下。子程子嘗極論之，而
> 卒不免於悔其已甚而有激也。

可見朱熹雖不否認青苗法在執行上有所偏差，但認爲其立法本意甚
善，奮然起而爲之辯護。所謂"以今日之事驗之"，即指社倉而言。朱
熹承認社倉與青苗法之間的關係，可以於此確定。而朱熹採用青苗法借
貸收息的方式，去其偏於城邑之弊病，於鄉里中創設社倉，使扶助農民的
功用得以確實發揮，王安石制定青苗法的精神，也至此才得以真正實現。

三、創設與推廣

對於農村中的糧食問題，宋代原有的倉儲制度雖然未能完善解
決，但是農村中向來有一些宅心仁厚的富家，能在米貴時減價出糶，
借貸常蠲除本利，遇災荒則發廩賑濟，使農家在艱困時得到接
濟。[14] 然而這種救濟究竟是臨時性的，及至朱熹創設社倉之後，才
使農村中救濟貧窮的措施由臨時性進而成爲制度性，不僅如此，社
倉更具有協助農民儲蓄以改善其本身生活的積極作用，而非只是消
極的接受別人救濟而已。

社倉之制，一般認爲創自朱熹，實際在朱熹創設社倉稍前，魏
掞之已有類似做法，在建寧府建陽縣長灘鋪設倉，以穀貸民，但是

---

[14] 同注〔1〕。

遇歉收始發廩，不收息。魏掞之嘗師事胡憲，與朱熹爲同門。《朱文公文集》卷七九《建寧府建陽縣長灘社倉》記載此事：

> 建陽之南，里曰招賢者三，地接順昌、甌寧之境，其陬多阻，而俗尤勁悍，往歲兵亂之餘，糧莠不盡去，小遇饑饉，輒復相挺，群起肆暴，率不數歲一發，雖尋即夷滅無噍類，然顧民良族，晷刻之間，已不勝其驚擾矣。紹興某年，歲適大祲，奸民處處群聚，飲博嘯呼，若將以踵前事者，里中大怖。里之名士魏君元履，爲言於常平使者袁侯復一，得米若干斛以貸，於是物情大安，奸計自折。及秋將斂，元履又爲請，得築倉長灘厰置之旁以便輸者，且爲後日凶荒之備，毋數煩有司，自是歲小不登即以告而發之，如是數年，三里之人始得飽食安居，以免於震擾夷滅之禍，而公私遠近無不陰受其賜。

按元履，魏掞之字。設倉事在紹興二十年（1150）。[15] 可知魏掞之設置社倉的動機，也和朱熹相同，是由農村糧食問題所造成的社會不安所引起，而農民既得社倉所貸糧穀，社會也恢復穩定。此後朱熹於乾道五年在建寧府崇安縣設社倉，"其規模大略仿元履，獨歲貸收息爲小異"，二人既爲同門好友，於是時相討論，"元履常病予不當祖荊舒聚斂之餘謀，而予亦每憂元履之粟久儲速腐，惠既狹而將不久也。講論餘日，杯酒從容，時以相訾警而訖不能以相詘"（同上）。所以《宋史》稱："諸鄉社倉自掞之始。"（《宋史》卷四七五《魏掞之傳》）但魏掞之卒於乾道九年（1173），其所創設的社倉形態在生前既未能推廣，卒後繼之管理者又不得其人，以致於喪失原有的功效，[16] 而其聲名也遠不及朱熹廣；因此後世的社倉，實多本

---

[15] 《建炎以來繫年要錄》卷一六一紹興二十年九月丙申條："自建炎初，劇盜范汝爲竊發於建之甌寧縣，朝廷命大軍討平之，然其民悍而習爲暴，小遇饑歲，即群起剽掠，去歲因旱，凶民杜八子等乘時嘯衆，遂破建陽，是夏民張大一、李大二復於回源洞中作亂，安撫使仍歲調兵擊之。布衣魏掞之謂民之易動，蓋因艱食，及秋，乃請於本路提舉常平公事袁侯復一，得米千六百斛以貸民，至冬而取，遂置倉於長灘鋪。"

[16] 魏掞之卒年見《朱文公文集》卷九一《國錄魏公墓誌銘》。又同書卷七九《建寧府建陽縣長灘社倉記》："其後元履既沒，官吏之職其事者不能勤勞恭恪，如元履之爲，於是粟腐於倉而民饑於室。或將發之，則上下請賕，爲費已不貲矣。官吏來往，又不以時，而出內之際，陰欺顯奪，無弊不有。大抵人之所得，粃糠居半，而償以精鑿，計其候伺亡失諸費，往往有過倍者，是以貸者病焉，而良民凜凜於凶歲，猶前日也。"

於朱熹。

乾道五年（1169），朱熹創設社倉於建寧府崇安縣開耀鄉五夫里。創設的緣起，導因於乾道四年建寧府發生災荒，而浦城縣又起盜亂，崇安縣開耀鄉人情爲之震動，朱熹正鄉居於此，於是與鄉人左朝奉郎劉如愚共同請求府中撥常平米六百石，賑濟鄉民，鄉里因此而恢復安寧（詳第二節）。這年冬天，鄉民歸還穀米，官府准予留置鄉中，以備凶荒之需。自次年起，每年夏天即貸放，收息二分，穀米原本分儲於民家，至乾道七年（1171），才依古社倉法，建倉儲存。《朱文公文集》卷七七《建寧府崇安縣五夫社倉記》：

> 及秋，徐公奉祠以去，而直敷文閣東陽王公淮繼之。是冬有年，民願以粟償官，貯里中民家，將輦載以歸有司，而王公曰：“歲有凶穰，不可前料，後或艱食，得無復前日之勞，其留里中而上其籍於府。”劉侯與予既奉教，及明年夏，又請于府曰，山谷細民，無蓋藏之積，新陳未接，雖樂歲不免出倍稱之息，貸食豪右，而官粟積於無用之地，後將紅腐不復可食，願自今以來，歲一斂散，既以紓民之急，又得易新以藏，俾願貸者出息什二，又可以抑僥幸，廣儲蓄，即不欲者勿强，歲或不幸小饑，則弛半息，大祲則盡蠲之，於以惠活鰥寡，塞禍亂源，甚大惠也，請著爲例。王公報皆施行如章。既而王公又去，直龍圖閣儀真沈公度繼之，劉侯與予又請曰，粟分貯民家，於守視出納不便，請放古法爲社倉以儲之，不過出捐一歲之息，宜可辦。沈公從之，且命以錢六萬助其役。於是得籍坂黃氏廢地而鳩工度材焉，經始於七年五月，而成於八月。

可知社倉的貸本，即出於乾道四年（1168）官府撥下的常平米，而朱熹不依官府原意，用之於歉收時賑濟，改爲常年貸放收息，其用意即在抑制農村中的高利貸，使農民在平時也能夠改善生活。南宋農村中的利率，苛刻者固然取倍稱之息，即令一般認爲合理的利率，也在三分至五分之間，[17] 因此二分之息已經很低。社倉雖然建造於乾道七年，但是自乾道五年以後，已有貸放之實。此後歷年貸放，

---

[17] 參見拙作《南宋的農村經濟》第三章第二節。

至淳熙八年（1181），經營十分成功，所收息米，除用於建倉之外，並將原來撥自府中的六百石米歸還，十餘年間，已累積息米三千一百石，因此朱熹便將貸放的方式加以改變。《朱文公文集》卷一三《辛丑延和奏劄四》：

> 至今十有四年，其支息米，造成倉廒三間收貯，已將元米六百石納還本府，其見管三千一百石，並是累年人戶納到息米，已申本府照會，將來依前斂散，更不收息，每石只收耗米三升。

可知由於息米已經累積達到相當數量，此後貸放便不再收二分之息，每一石米只收耗米三升，耗米約原米的三十三分之一，對農民來說，負擔很輕。朱熹所以作這樣的改變，據其自述，是受到當年與魏掞之相互討論的影響，"不忘吾友之遺教也"（《朱文公文集》卷七九《建寧府建陽縣長灘社倉記》）。這一個轉變，顯示社倉的貸本雖然最初由政府資助，但是當息米累積到相當數量之後，就以息米作貸本，而將原來的貸本歸還政府。這些息米，原爲借貸的農民所納，可以視爲農民自己的儲蓄，也就是透過社倉來協助農民儲蓄，以解決農民本身的困難。自社倉創設之後，"一鄉四五十里之間，雖遇凶年，人不闕食"（《朱文公文集》卷一三《辛丑延和奏劄四》），而"米價不至騰踴，富家無所牟利，故無閉糴之家，小民不至乏食，故無劫禾之患，二十餘年，里閭安帖，無復他變，蓋所以陰消而潛弭之者，皆社倉之力也"（《勉齋集》卷一八《建寧社倉利病》）。顯然確實收到穩定農村社會的功效。

社倉由崇安一地而推廣至南宋全國，也得力於朱熹本人的推動。崇安社倉創設之後，十餘年間，各地的倉儲制度仍然沒有改善。常平倉、義倉依舊設於城邑，其惠澤甚難遍及於鄉里農家。乾道末年趙汝愚便曾指出："州縣之間，每遇水旱，合行賑濟賑糶去處，往往施惠止及城郭，不及鄉村。"（黃淮、楊士奇《歷代名臣奏議》卷二四七《趙汝愚乞置社倉濟鄉民疏》）淳熙年間李椿也曾上言："一遇歲歉，則勞宸慮，數下詔旨，勸諭賑糶，存恤之意備至，而州縣之間，不過於州縣城郭，出糶官米，略能薄濟市井之人，而農田之家不預。"（同上《李椿奏常平義倉疏》）趙汝愚、李椿因此而請將義倉之米移置於鄉村，卻都沒有得到採納。當時士大夫即令知有社倉，也以類似青苗法譏之；[18] 朱熹好友張栻，雖然認爲社倉和青苗法義利有別，卻向朱熹提出告誡："行社倉於一鄉，爲目前之便，而遂以介甫之事爲有可取，無乃與介甫執鄞縣所爲，而遽欲施之於天下者相類乎。"（《南軒先生文集》卷二〇《答朱元晦秘書》）言外之意，社倉可行於一地，而不可以普遍推行。僅呂祖謙在淳熙二年（1175）自婺州來崇安探訪朱熹，參觀社倉發斂之政，頗爲贊賞，有意仿行，但表示："然子之穀取之有司，而諸公之賢不易遭也。吾將歸而屬諸鄉人士友，相與糾合而經營之，使閭里有賑蓄之儲，而公家無斂合之費。"（《朱文公文集》卷七九《婺州金華縣社倉記》）。然而呂祖謙返鄉之後，即登朝爲官，隨後因病還家，以至逝世，未能有機會實行其意願。因此至淳熙八年爲止，社倉之設，未出建寧府境外。淳熙八年，適逢浙東發生大饑荒，宰相王淮即當年的建寧知府，推薦朱熹爲提舉浙東常平茶鹽公事，負責救災，[19] 朱熹入京上奏，詳述崇安社倉行之有效的經驗，請求推廣於各地，作爲防備災荒的久遠之計。《朱文公文集》卷一三《辛丑延和奏劄四》：

> 竊謂其法可以推廣，行之他處，而法令無文，人情難強，妄意欲乞聖慈，特依義役體例，行下諸路州軍，曉諭人戶，有願依此置立社倉者，州縣量支常平米斛，責與本鄉出等人戶主執斂散，每石收息二斗，仍差本鄉土居或寄居官員、士人有行義者，與本縣官同共出納，收到息米十倍本米之數，即送元米還官，卻將息米斂散，每石只收耗米三升。其有富家情願出米作本者，亦從其便，息米及數，亦當撥還。如有鄉土風俗不同者，更許隨宜立約，申官遵守，實爲久遠之利。其不願置立去處，官司不得抑勒，則亦不至搔擾。此在今日言之，雖無所濟於目前之急，然實公私儲蓄預備久遠之計，及今歉歲施行，人必願從者衆。

所謂"依義役體例"，指義役最初也是起於鄉里士人的自動結合，其後才由地方官呈請朝廷頒行於全國。據朱熹所奏，可知雖以崇安社

---

[18] 《南軒先生文集》卷二〇《答朱元晦秘書》："聞兄在鄉里，因歲之歉，請於官，得米而儲之，春散秋償，所取之息不過以備耗失而已，一鄉之人賴焉，此固未害也，然或者妄有散青苗之譏。"

[19] 參見戀竑《朱子年譜》卷二下淳熙八年八月條。

倉的經驗爲本，但也考慮到各地鄉土風俗的不同，而許隨宜立約，同時並非强制全國施行，而是聽由各地自願組織，政府固然提供穀米支持，卻也希望富家出米作本。所以有這些彈性的規定，很可能是朱熹受到張栻和呂祖謙的影響，兼採他們的意見。朱熹的上奏，在朝廷上引起爭論，"議者以爲每石收息二斗，乃青苗法，紛然攻詆"（施宿《嘉泰會稽志》卷一二《社倉條》），但朝廷終於接受户部的意見，按照朱熹的建議，詔行社倉於各郡，只是詔令中强調"任從民便"，"州縣並不須干預抑勒"（《朱文公文集》卷九九《社倉事目附敕命》）。於是社倉的設置不再限於建寧一地，開始向全國推行。

朝廷詔書頒下之後，各地雖然有人響應，但是並不熱烈，社倉的普遍推廣，似已在朱熹身後。各地對於朝廷推行社倉的反應，不僅"諸路既不能皆如詔"（《嘉泰會稽志》卷一三《社倉條》），即使當時屬於災區的紹興府，也是"府外之六縣亦止報府，言一面措置，竟不以已立社倉爲言，惟會稽、山陰二縣至今爲小民之利"（同上）。江西常平司有意推動，但"移文郡縣，揭示衢要，累月無應之者"（陸九淵《象山先生全集》卷八《與陳教授》）。朱熹卒於宋寧宗慶元五年，而當慶元元年作《建昌軍南城縣社倉記》時，仍不免感歎"至今幾二十年，而江浙近郡田野之民猶有不與知者，其能慕而從者僅可以一二數也"（《朱文公文集》卷八〇）。初期的推行雖不順利，然而日久社倉的功效終於爲人所知，如崇安縣社倉後來由於主持非人而停止貸放，於是鄉里中又再出現富家哄抬糧價而農民聚衆劫糧的現象，社倉正常運營時期社會安寧的景象不復可見；潭州十二縣中，僅長沙一縣於慶元年間設置社倉二十八所，其他各縣都沒有社倉，嘉定八年（1215）潭州發生災荒，各縣農民生計窘迫，唯獨長沙縣農民因爲得到社倉貸穀而粗有所恃；而其他置倉之地，雖遇凶年，也都能人無菜色，里無囂聲。[20] 再加以朱熹門人和理學同道於各地致力推行，在客觀的事實證明和主觀的積極推動相互配合下，社倉的設置日漸普遍。茲表列有關南宋各地社倉資料如下，以見社倉推廣的概況。

---

[20] 見同注〔1〕。

地　區	年　　代	倡辦人	所數	貸本額	來源	資料來源
建寧府建陽縣	紹興二十年（1150）	魏掞之	一	一千六百石	官	《救荒活民書拾遺》
建寧府崇安縣	乾道五年（1169）	朱　熹	一	六百石	官	《朱文公文集》卷七七《建寧府崇安縣五夫社倉記》
紹興府會稽縣	淳熙九年（1182）	諸葛千能	一	不詳	官	《朱文公文集》卷九九《勸立社倉榜》
同上	同上	張宗文等	二	不詳	家	同上
衢州龍游縣	同上	袁起予	一	不詳	家	同上
袁州萍鄉縣	淳熙（1174～1189）	知縣孫逢吉	二	二百零六石	官	《永樂大典》卷七五一〇《社倉條》引《宜春志》
婺州金華縣	淳熙十二年（1185）	潘景憲	一	五百石	家	《朱文公文集》卷七九《婺州金華縣社倉記》
建寧府建陽縣	淳熙十三年（1186）	周明仲	一	不詳	官	《朱文公文集》卷七九《建寧府建陽縣大闡社倉記》
撫州金谿縣	淳熙十五年（1188）	陸九韶	一	不詳	家	《象山先生全集》卷三六《年譜》淳熙十一年條
袁州萍鄉縣	淳熙十六年（1189）	宜世顯等	九	一千五百八十六石	衆	《永樂大典》卷七五一〇《社倉條》引《宜春志》
邵武軍光澤縣	紹熙四年（1193）	知縣張訢	一	一千二百石	官	《朱文公文集》卷八〇《邵武軍光澤縣社倉記》
建昌軍南城縣	紹熙五年（1194）	吳伸兄弟	一	四千石	家	《朱文公文集》卷八〇《建昌軍南城縣吳氏社倉記》
常州宜興縣	同上	知縣高商老	一一	二千五百石	官	《朱文公文集》卷八〇《常州宜興縣社倉記》

地　區	年　　代	倡辦人	所數	貸本額	來源	資 料 來 源
饒州 餘干縣	同上	轉運司	一	七百三十 三石二斗	官	《永樂大典》卷七五 一○《社倉條》引 《番陽志》
建寧府 建安縣	同上	上司	五	不詳	官	《永樂大典》卷七五 一○《社倉條》引 《建安志》
潭州 長沙縣	慶　元　初 (1195)	知縣饒幹	二八	不詳	官	《真文忠公文集》卷 一○《奏置十二縣 社倉狀》
紹興府 會稽縣	慶 元 二 年 (1196)	提舉常平 李大性	一二	三千二百 七十五石	官	《嘉泰會稽志》卷一 二《社倉條》
建寧府 松溪縣	同上	不詳	一	不詳	不詳	《永樂大典》卷七五 一○《社倉條》引 《松溪縣志》
建寧府 崇安縣	慶元二年以 前	不詳	三	不詳	不詳	《永樂大典》卷七五 一○《社倉條》引 《建陽、崇安縣志》
建寧府 建安縣	慶 元 三 年 (1197)	知縣 俞南仲	二	不詳	官	《永樂大典》卷七五 一○《社倉條》引 《建安志》
饒州 餘干縣	慶 元 五 年 (1199)	鄉民	一	七百石	衆	《永樂大典》卷七五 一○《社倉條》引 《番陽志》
常德府 武陵縣	開　禧　末 (1207)	郡守胡槻	不詳	每鄉撥米 百石	官	《永樂大典》卷七五 一○《社倉條》引 《武陵圖經》
合州 巴川縣	不詳	趙飛鳳兄 弟	一	不詳	家	《宋代蜀文輯存》卷 七六度正《巴川社 倉記》
同上	同上	景元一等	一	三百石	衆	同上
同上	同上	陳孜等	一	不詳	衆	同上
隆興府 南昌新 建縣	同上	郡丞 豐有俊	一一	錢一萬貫， 米二千石	官	袁燮《絜齋集》卷一 ○《洪都府社倉記》

地　區	年　　代	倡辦人	所數	貸本額	來源	資　料　來　源
臨江軍清江縣	同上	張洽	一	二百石	官	《宋史》卷四三〇《張洽傳》
江西	同上	運幹李燔	不詳	不詳	官	《宋史》卷四三〇《李燔傳》
簡州	同上	許奕	一	不詳	家	魏了翁《鶴山先生大全文集》卷六九《許奕神道碑》
婺州東陽縣	同上	李大有	不詳	不詳	官	《鶴山先生大全文集》卷七五《李大有墓誌銘》
黃州黃岡縣	嘉定(1208～1224)	知縣劉洙	不詳	數千石	官	劉克莊《後村先生大全集》卷一六五《劉洙墓誌銘》
南康軍建昌縣	同上	胡泳兄弟	一	六百石	家	劉宰《漫塘集》卷二二《南康胡氏社倉記》
溫州平陽縣	嘉定元年(1208)	汪知縣	一	不詳	官	楊簡《慈湖遺書》卷二《永嘉平陽陰均隄記》
蘄州廣濟縣	嘉定七年(1214)	知縣廩溧	不詳	不詳	官、衆	盧熊《洪武蘇州府志》卷三五《人物志》
江東	嘉定八年(1215)	提舉常平李道傳	不詳	不詳	官	《宋史》卷四三六《李道傳傳》
南康軍	同上	郡守趙師夏	不詳	一萬二千石	官	《永樂大典》卷七五一〇《社倉條》引《南康志》
潭州	嘉定十七年(1224)	郡守真德秀	一百	九萬五千石	官	《真文忠公文集》卷一〇《奏置十二縣社倉狀》
武岡軍	寶慶三年(1227)	呂知軍	一	二千石	官、衆	《永樂大典》卷七五一〇《社倉條》引《都梁志》
橫州	紹定元年(1228)	郡守張垓	一	一千石	官	王象之《輿地紀勝》卷一一三《廣南西路·橫州篇》

地 區	年　　代	倡辦人	所數	貸本額	來源	資 料 來 源
鎮江府金壇縣	紹定（1228～1233）	劉宰	一	二千三百石	衆	《漫塘集》卷一〇《回知遂寧李侍郎》
撫州宜黃縣	同上	曹堯咨	一	不詳	家	《永樂大典》卷七五一四《通濟倉條》引真德秀文
興化軍莆田縣	同上	知縣曾用虎	不詳	不詳	官	《後村先生大全集》卷八八《陳曾二君生祠》
瀘州	同上	郡守魏了翁	不詳	不詳	官	《宋史》卷四三七《魏了翁傳》
瑞州	不詳	郡守陳韡	一七	不詳	官	《永樂大典》卷七五一〇《社倉條》引《瑞陽志》
浙西	不詳	提舉常平陳公	不詳	不詳	官	林希逸《竹溪鬳齋十一藳續集》卷一三《跋浙西提舉司社倉規》
建寧府浦城縣	端平二年（1235）	不詳	二	不詳	不詳	《永樂大典》卷七五一〇《社倉條》引《浦城縣志》
廣德軍	嘉熙四年（1240）	康知軍	不詳	每鄉穀本五百石	官	黃震《黃氏日抄》卷七四《更革社倉公移》
台州黃巖縣	淳祐九年（1249）	知縣王華甫	一	七千石	官、衆	陳鍾英《光緒黃巖縣志》卷六《版籍志·倉儲篇》引車若水《黃巖縣社倉記》
慶元府昌國縣	淳祐十二年（1252）	知縣費詡	一	田六十七畝	官、衆	馮福京《大德昌國州圖志》卷二《敘州》
澧州	不詳	萬鎮	一	一百石	衆	《古今圖書集成·經濟彙編·食貨典》卷一〇〇萬鎮《澧州社倉規約序》

地　區	年　　代	倡辦人	所數	貸本額	來源	資　料　來　源
太平州	同上	郡守麋弇	不詳	二千石	官	《黃氏日抄》卷九六《麋弇行狀》
同上	同上	鄉民	不詳	二十萬石	眾	同上
隆興府武寧縣	寶祐三年（1255）	田倫等	二	錢六萬貫，穀六百石	家	《雪坡集》卷三六《武寧田氏希賢莊記》
台州黃巖縣	開慶元年（1259）	趙處溫兄弟	一	不詳	家	陳鍾英《光緒黃巖縣志》卷六《版籍志·徭役篇》引趙亥《義莊田跋》
台州	景定（1260～1264）	郡守趙景緯	六六	不詳	官	《宋史》卷四二五《趙景緯傳》
南安軍	景定四年（1263）	郡守饒應龍	一	二千貫	官	《永樂大典》卷七五一〇《社倉條》引《南安郡志》
撫州新豐縣	咸淳（1265～1274）	饒佽	一	不詳	家	《黃氏日抄》卷九一《跋新豐饒省元佽義貸倉》
撫州金谿縣	咸淳七年（1271）	李沂	一	不詳	家	《黃氏日抄》卷八七《撫州金谿縣李氏社倉記》
撫州臨川縣	同上	李氏	一	不詳	家	同上
臨江軍新喻縣	不詳	劉夢麟	一	一萬石	家	劉辰翁《須溪集》卷三《社倉記》
吉州	不詳	葉重開	一	不詳	眾	文天祥《文山先生全集》卷一〇《葉校勘社倉記》
建寧府崇安縣	不詳	安撫司	九	不詳	官	魏大名《嘉慶崇安縣志》卷三《公署篇·倉條》
同上	不詳	提舉常平司	八	不詳	官	同上
建寧府甌寧縣	不詳	不詳	一二	不詳	不詳	《永樂大典》卷七五一〇《社倉條》引《甌寧志》

　　表中所列社倉,廣佈於福建、兩浙、江西、江東、湖南、湖北、四川、廣南、淮南各地,可說是幾乎遍佈南宋各區。而各社倉的倡辦人,如諸葛千能、張洽、李燔、趙師夏爲朱熹門人,真德秀、趙景緯爲朱熹再傳弟子,萬鎭爲三傳弟子,魏了翁、李道傳、李大有則爲私淑朱熹之學者;其他如陸九韶爲陸九淵的家兄,和朱熹是時相論學的好友,豐有俊爲陸九淵門人,劉宰爲張栻再傳弟子,潘景憲爲呂祖謙門人,也都是理學同道。[21] 可知社倉的推廣,朱熹門人和理學同道出力甚多。朱熹生前,亦即慶元五年以前,一次設立社倉的所數,以慶元初長沙知縣饒幹所設的二十八所爲最多;貸本出於官者以慶元二年提舉浙東常平李大性於會稽縣所提供的三千二百七十五石爲最多,出於民者則以宋光宗紹熙五年吳伸兄弟所提供的四千石爲最多。而慶元五年以後,真德秀以知潭州的身份,於宋寧宗嘉定十七年在潭州一次設立社倉多達百所,所提供的貸本高達九萬五千石;趙景緯以知台州的身份,於宋理宗景定年間在台州一次設置社倉也多達六十六所;知太平州糜牟於南宋晚期勸誘民間設立社倉,民眾所提供的貸本更高達二十萬石。早年江西常平司推行社倉,累月無人響應,而李道傳於嘉定八年提舉江東常平茶鹽公事,“攝宣州守,行朱熹社倉法,上饒、新安、南康諸郡翕然應命”(《宋史》卷四三六《李道傳傳》),情況已是大不相同。這種情形,說明社倉的推廣逐漸得到地方政府和民間的支持,有更多人樂於投入更多的貸本,設置更多的社倉。《漫塘集》卷二二載劉宰《南康胡氏社倉記》:

　　　　今社倉落落布天下,皆本於文公。

《後村先生大全集》卷八八載劉克莊《興化軍創平糶倉》:

　　　　艮齋之倉先廢,而文公之倉,不獨建人守之,往往達於天下郡邑。

按魏掞之,人稱艮齋先生。劉宰和劉克莊二人之文,均撰於宋理宗紹定年間以後,可知朱熹上疏朝廷請求推廣社倉之後五十年,社倉已遍行於南宋全國,成爲倉儲制度中不可缺少的一環了。

---

[21] 見《宋元學案》卷四八《晦庵學案》表,卷五七《梭山復齋學案》,卷六三《勉齋學案》表,卷六九《滄州諸儒學案》表,卷七一《嶽麓諸儒學案》表,卷七三《麗澤諸儒學案》表,卷七七《槐堂諸儒學案》表。

四、發展與演變

朱熹以崇安社倉的經驗而推廣社倉於全國，於是以後社倉的設立，常以崇安社倉爲藍本，以米穀作貸本，由鄉居士人主持管理，採取歲貸收息的方式，透過社倉協助農民儲蓄。但是也有許多社倉，由於配合社會的需要、適應特殊的環境或解決現實的難題，不完全本於崇安社倉的規模，而發展出各種不同的經營形態，在組織上也有所改變，使得南宋的社倉具有多樣性，能從各種不同的方向來發揮功效，正符合朱熹奏疏中"更許隨宜立約"之意。發展和演變的方向，可以分從四方面來説明。

第一，以田產作社倉的貸本，藉田租的收入取代利息。自北宋以來，許多公益事業都用田產來維持，如學校的學田、家族的義莊、義役的義役田等，由於田產每年定時有田租的收入，使得這些公益事業能夠有固定的經費來源，比較容易持久。其中的家族義莊，和社倉的作用相似，同樣用以救濟貧窮，只不過限於族內而已。[22] 在社會既有的這些成例影響下，社倉發展出以田產作貸本的經營方式，是很自然的事。社倉開始推廣之後不久，即有採用這種方式的情形。孫逢吉在袁州萍鄉縣所設的社倉，經營一段時間之後，便計劃逐步購置田產作貸本而免除納息。《永樂大典》卷七五一〇《社倉條》引《宜春志》：

> 縣西倉又以在倉積米出糶得錢二千緡足，買民田一百
> 餘畝，竢買及五千把，即盡蠲息米，如有欠折，即以田分
> 米補湊，庶幾悠久不致隳廢。

按禾二十把約當一畝，五千把約當二百五十畝。[23] 嘉定元年（1208）溫州平陽縣築海堤捍阻潮水後，利用堤旁塗地作貸本，設立社倉。《慈湖遺書》卷二《永嘉平陽陰隲記》：

> 又經理其旁之塗地，以爲社倉，仿晦翁待制，奏請賑
> 貸平陽十鄉細民，不計息，遇饑歲并蠲其本。

---

[22] 見拙作《南宋的農村經濟》第五章第三節。

[23] 札隆阿《道光宜黃縣志》卷三一之五《藝文志》載明譚綸與《江西巡撫止高安縣分派書》："荊國作相時，欲行均田之政，時有令宜黃者，以山田難丈，以禾把準畝，每田一畝，準禾二十把。"

所以能夠"不計息,遇饑歲並蠲其本",即由於有塗地租入的緣故。以穀米和田産相比較,"粟之藏易弊,而田之入無窮"(《竹溪鬳齋十一藁續集》卷一三《跋浙西提舉司社倉規》),因此用田産作社倉貸本的經營方式逐漸得到採納,如許奕欲行古社倉法,"捐錢五百萬,命契買善田試之一鄉"(《鶴山先生大全文集》卷六九《許奕神道碑》);平江府的田産類別中,"曰社倉田,官買民田,歲儲以備凶荒"(《洪武蘇州府志》卷一〇《稅賦志》)。而由社倉納息所引起的嚴重問題,也使得一些社倉不得不改變經營方式,停止徵收息米,以田産來維持貸放。自崇安社倉以來,爲了防止農民不償本息而逃亡,以致失陷貸本,大概都有結保借貸,共同負責的規定。[24] 然而"小民借貸,貸時則易,還時則難,貸時雖以爲恩,索時或以爲怨"(《黃氏日抄》卷八七《撫州金谿縣社倉記》),賴債逃亡,仍然在所不免,因而將本息轉移給同保之人負擔。不僅同保之人不堪負荷,甚至有時連管理人也由於賠償虧欠而破家,改革之議因此而起。《永樂大典》卷七五一〇《社倉條》引《瑞陽志》載知瑞州陳輅所設社倉演變的情形:

> 鄉官里師主之,司戶提督,其法秋斂春貸,每戶貸穀五斗。……歲久弊生,或散而不可收,或積而不敢散,虧折損壞者,皆責償於里師,非破家不已也,太守方逢辰欲救其弊,委官發穀買田以爲經久之計,名曰社莊,貯穀備荒。

所以"積而不敢散",其原因正在畏懼"散而不可收",爲了解決"散而不可收"的問題,方逢辰才購置田産作爲貸本。康知軍所設的廣德軍社倉,在南宋末年也發生了農民逃亡而拖累同保人的問題,[25] 宋度宗時黃震進行改革,同樣建議"將各鄉元得康知軍穀本五百擔陸續出糶,隨鄉置田,常年積租,荒年賑濟,則自不必取息求多矣"(《黃氏日抄》卷七四《更革社倉公移》)。這一種經營方

---

[24] 《朱文公文集》卷九九《社倉事目》:"每十人結爲一保,遞相保委,如保内逃亡之人,同保均備取保。"俞森《荒政叢書》卷一〇上《社倉考》上載《金華社倉規約》:"甲内逃亡,甲頭同甲内均填,甲頭倍之。"

[25] 《黃氏日抄》卷七四《更革社倉事宜申省狀》:"如貸首抱催足,則有旌孝一都沈子亨等稱,逃亡五十三戶積欠穀五千八百四十斤,盡抑令代納之訴;葛下三都潘四五等稱,祖父充貸首,子孫不得脫免,甚至孤寡亦不得免焉之訴,此弊之不可不革者也。如同甲抱逃亡,則有永岳十八都倪四五等稱,逃亡並要甲内填還,鄉民枉被逼勒之訴;桐汭一都曾千七等稱,逃戶貸穀,穀不出倉,只就倉展息,息上又生息,展轉抑陪之訴,此弊之不可不革者也。"

式，既使社倉的功效比較容易持久，同時也免除了農民的利息負擔，自然更有助於農民改善生活。

第二，平糶式社倉的發展。朱熹創設的社倉，採用貸放的方式，以低利貸米給農民，從抑制富家高利貸入手，而同時解消富家的操縱糧價，前述若干社倉以田產租入取代利息，雖與崇安社倉的經營方式已有差異，但仍未脫離貸放式的形態。平糶式社倉則取法於常平倉的經營方式，和崇安社倉的形態截然不同。首先提議設立平糶式社倉的，是陸九淵。陸九淵以其家兄陸九韶在鄉里經營社倉的經驗，指出貸放式社倉經營所受的限制，從而提出改進的意見。《象山先生全集》卷八《與陳教授》：

> 敝里社倉，目今固為農之利，而愚見素有所未安，蓋年常豐，田常熟，則其利可久，苟非常熟之田，一遇歉歲，則有散而無斂，來歲缺種糧時，乃無以賑之。莫若兼置平糶一倉，豐時糶之，使無價賤傷農之患，缺時糶之，以摧富民閉廩騰價之計。析所糶為二，每存其一，以備歉歲，代社倉之匱，實為長積。

陸九淵認為，貸放式社倉必須在豐年常熟的環境中才能維持長久，否則如遇歉歲，不免有散無斂，因而妨礙正常的貸放，為了避免這種情形發生，應該兼置平糶一倉，在豐收時糶米入倉，而將所糶米穀分成兩部分，一部分在常年缺糧季節糶予農民，另一部分則留待歉歲之用，也就是以平糶的方式，直接打擊富家的操縱糧價。陸九淵所以會主張將原來行之於城市的常平倉經營方式移用於農村，實由於南宋時期農家生活已和市場經濟發生密切的關係。[26] 而富家的高利貸和哄抬糧價，兩者相互關聯，米價既平，利率自必降低，因此平糶式社倉和貸放式社倉經營方式雖然有所不同，而所收效果實相一致。此後各地社倉，不乏採用平糶的經營方式，如張訢所設的邵武軍光澤縣社倉，"夏則損價而糶以平市估，冬則增價而糶以備來歲"（《朱文公文集》卷八〇《邵武軍光澤縣社倉記》）；如合州巴川縣景元一等人所立的社倉，"登熟則以價糶之，……期月穀價暴貴，細民不易，則收二分之息而糶之，以濟貧弱，以平市價"（《宋代蜀

---

〔26〕 參見拙作《南宋的農村經濟》第三章。

文輯存》卷一〇〇度正《巴川社倉記》)。類似的例子尚有不少，但
這些社倉，都是僅採取平糶式，而非如陸九淵所建議，以平糶式和
貸放式相配合。嘉定十七年（1224），真德秀在潭州救荒，設立社
倉，則是兼採貸放和平糶兩種方式，而各有不同的濟助對象。《真文
忠公文集》卷四〇《勸立義廩文》：

> 在諸縣則廣置社倉，貸穀止及末等有田之人，而細民
> 無田者不得預也。復請于常平司，以今歲義米附納社倉，
> 爲賑糶之備。然義米有限，貧民至多，豈能均及，於是又
> 以居鄉之日所爲義廩規約，以勸有力之家。……義廩云者，
> 非捐所有以與之，特出所有以糶之而已。

可知真德秀在潭州鄉村所設的社倉，對於末等有田的農民貸放，對於
無田的細民則賑糶，而勸導富家所設的義廩，實際就是平糶式的社倉。
真德秀這種做法，以後也有人仿效，如隆興府武寧縣田倫兄弟子姪一
家，"斂穀六百石爲貸本，號希賢社倉者，希晦庵也；率楮六萬緡爲糶
本，號希賢義廩者，希西山也"（《雪坡集》卷三六《武寧田氏希賢莊
記》），便同時設置社倉和義廩。至南宋晚期，社倉的經營已明顯地發
展出兩大類型："或糶而不貸，或貸而不糶。"（《漫塘集》卷二二《南康
胡氏社倉記》）而貸放式社倉無法收回穀本的問題，也導致許多社倉向
平糶式的方向轉變。《魯齋集》卷七《社倉利病書》：

> 後之繼者，慮既貸而民不盡償，則社倉之惠窮，而追呼之
> 害起，故朱先生之法一轉而爲魏公之法，但儲於鄉以備歲之
> 不登，乃其歲之小歉也，又不以貸而以糶，則魏公之法又轉而
> 爲廣惠之法矣。……昔人既有廣惠之法，穀貴則損價以出
> 之，穀賤則高價以入之，一出一入，低昂適平，其法至簡，其事
> 易行，無社倉前者之弊，法亦良矣。自朱先生之法三轉而下，
> 同於廣惠者，此所謂不泥古而善繼前人之志者矣。

所謂"魏公之法"，指早年魏掞之的社倉經營方式；而所謂"廣惠之
法"，則指常平廣惠倉的經營方式。據此，平糶式社倉似反有後來居上
的趨勢。

第三，社倉和舉子倉、義役兩種社會互助組織相結合。南宋農民
常有因爲家境困窮，無力負擔丁稅，而致生子不舉，福建"建、劍、汀、邵
四州爲尤甚"（鄭興裔《鄭忠肅奏議遺集》卷上《請禁民不舉子狀》）。

南宋政府爲了防止這種慘絕人倫的行爲發生,自乾道年間以來,在福建路對生子的貧乏之家,都給予常平錢一千、米一斛的補助;至淳熙年間,福建安撫使趙汝愚又建議設舉子倉以充一路養子之費。[27] 而社倉也在同時推廣,兩者同有以糧穀濟助農家生活的作用,於是相互結合。紹熙(1190~1194)年間,張訢於邵武軍光澤縣設置社倉,便已如此,除以米一千二百斛充社倉貸本外,又"買民田若干畝,籍僧田、民田當没入者若干畝,歲收米合三百斛,並入於倉,以助民之舉子者"(《朱文公文集》卷八〇《邵武軍光澤縣社倉記》),而兩者之間的關係,據協助張訢創設社倉的李呂所言,是"儲米以備賑貸之用,斂息以資舉子之給"(李呂《澹軒集》卷五《代縣宰社倉砧基簿序》),也就是舉子倉依存於社倉,以社倉所收的息米,供作補助民户舉子之費,使有散無斂的舉子倉能夠長期維持。《會要·食貨六二·義倉篇》嘉定七年(1214)三月九日臣僚言:

> 福建地狹人稠,歲一不登,民便艱食,貧家得子,多棄不舉,法令有不能禁。曩時宿儒倡議,初由鄉里創立社倉,借糴本諸司,爲米鉅萬,夏貸而冬斂之,雖中産亦得接濟,其利甚博。以社倉之息米二分與不濟僧寺之租米,歲入舉子倉,以濟貧乏生子之人,使有所仰給,遂不忍棄,此良法也。行於劍、建上四軍州。

按上四軍州指建寧府、南劍州、汀州、邵武軍四郡,即生子不舉風氣最盛的地區。可知社倉和舉子倉的結合,不限於邵武軍光澤縣一地,而是普遍行於福建上四州,至嘉定年間仍然如此。而兩者也因爲相互結合而有連稱爲"舉子社倉"的情形(《永樂大典》卷七五一三《舉子倉條》引《延平志》)。義役同樣是南宋農村中一種協調貧富的組織,起源於紹興十九年(1149)婺州東陽縣長仙鄉的民衆組織,乾道四年

---

[27] 《歷代名臣奏議》卷一一七載趙汝愚申請舉子倉事:"臣等照得淳熙三年(1176)六月二十四日,準行在尚書户部符,準都省批下吏部尚書韓元吉劄子,自乾道五年(1169)以福建路有不舉之風,貧乏之家生子皆賜以常平錢一千、米一斛,又因守臣之請,除其所納身丁錢。臣比爲郡閩中,詢之父老,小民利於官給錢米,不敢溺子,全活甚衆。然猶恐積日累月,州縣怠於驗實,又謂常平所破錢米多吝於支與,爲不可繼者。今常平錢物雖有定額,獨所謂户絶田産,州縣不常有,而止於出賣。福建八州,內四州溺子爲甚,民貧土薄,所絶田産至爲微細,間有寺觀絶業,取八州所得,積而用之,亦可助上件支遣也。欲望聖慈更賜睿旨,應福建民户寺觀絶産,自今並不許出賣,專一拘檢,令常平司置籍,歲收其租,通融以充一路養子之費,其不足處,月支常平錢米。"

(1168)范成大推行於處州,次年上疏請求推廣於全國。其法由鄉民依貧富出資買田,以田租補助執役户,減輕中下户的差役負擔。[28] 南宋晚期,由於社倉用田產作貸本的情形逐漸普遍,於是出現義役和社倉以田產爲基礎而結合的現象。宋理宗寶慶(1225～1227)、紹定(1228～1233)年間,鎮江府金壇縣二十三都鄉民聚集田產爲義莊,作義役的經費,便有如此的計劃。《漫塘集》卷二三《二十三都義莊記》:

> 歲取其贏以買公田,公田有贏則欲盡歸田之出於私家
> 者,更有餘則將用近世朱文公之制,別之爲社倉,春散秋斂,
> 以惠其都之人。其斂之也,稍加息焉,庶變通不窮而用不得
> 無藝,一舉而成大利二。始也上户自爲計,終也小民均其利;
> 始也賴義役之贏而社倉以基,終也資社倉之息而義役以固。

可知是以義役田產的收入提供作社倉的貸本,而社倉貸本雖然來自田租,卻仍然收息,以社倉的息米來使義役的結合更加鞏固,兩者互相支援。台州黃巖縣趙處温、趙亥兄弟在宋理宗時代也有類似的做法。《光緒黃巖縣志》卷六《版籍志·徭役篇》引趙亥《義莊田跋》:

> 以舊日入役之租,歲積月累,買田置莊,與衆共之,至二
> 十餘年而義莊成,又十年而社倉成,社倉之儲,亦取於義莊之
> 羨,役户之衆無與焉。

同樣是將社倉建立在義役田產多餘的收入上。社倉和其他社會互助組織相結合,使得同一經濟來源能夠透過各種不同的方式,在穩定農村社會方面發揮更廣泛的作用。

第四,政府在社倉組織中所任角色增強。社倉以一種民間組織的姿態出現於南宋,彌補官方倉儲制度的缺陷,然而自朱熹創設崇安社倉以來,便沒有完全擺脫和政府的關係,例如運用保甲組織編排保簿、轉達貸放交納時間、察覺僞冒,而保甲組織則由縣尉控制,[29] 又如貸

---

[28] 見拙作《南宋的農村經濟》第五章第一節。

[29] 《朱文公文集》卷九九《社倉事目》:"一、逐年十二月,分委諸部社首保正副,將舊保簿重行編排。""一、申府差官訖,一面出榜,排定日分,分都支散,曉示人户,各依日限,具狀結保,正身赴倉請米,仍仰社首、保正副、隊長、大保長,並各赴倉,識認目色,照對保簿,如無僞冒重疊,即與簽押保明。""一、申府差官訖,即一面出榜,排定日分,分都交納,仰社首、隊長告報保頭,保頭告報人户,遞相糾率,造一色乾硬糙米,具狀赴倉交納。""一、社倉支貸交收米斛,合係社首、保正副告報隊長、保長,隊長、保長告報人户。如闕隊長,許人户就社倉陳説,告報社首,依公差補,如闕社首,即申尉司定差。"按保正副、隊長、保長都是南宋保甲組織中的職稱,社首當即是南宋保甲組織中的隅總或總首。尉司即指縣尉。

斂和財務都請縣府派官員監察，[30] 而貸本也出自常平米。雖然如此，發動和主持之權仍然操在鄉里士人的手中。而朱熹在推廣社倉的奏疏中，請求政府以常平米支援社倉的貸本，同時申明"其不願置立去處，官司不得抑勒"，朝廷詔書中也強調"任從民便"（詳第三節）。可見南宋政府最初的意願，是由民間自行組織，政府僅在貸本來源上給予支持。可是自從詔書頒佈之後，許多地方社倉的設立，並非由鄉里士人主動請求政府提供貸本，而是由地方政府積極地負起責任，或支借米穀，或節縮經費，致力於社倉貸本的建立，然後再敦請鄉里士人出來主持管理，而地方官有行政權，又有籌集經費的能力，往往能以一人之力而創設許多社倉，爲鄉里士人的能力所不及。[31] 因此地方政府雖然不參預社倉的主持管理，可是對設置社倉所提供的力量卻已遠較當初的構想爲大。此後由於民間經營社倉發生種種弊端，於是導致地方政府進一步插手社倉的管理。民間經營社倉的弊端，往往出於主持人循私，貸予個人的親戚、幹僕或佃戶，形勢大家也因緣詭名借貸，鄉民反而不蒙其利，循私的結果，又造成貸而不輸，虧損倉本。[32] 因此真德秀在潭州以官米設置社倉，便針對這一弊端加以改革。《真文忠公文集》卷一〇《申尚書省乞撥和糴米及回糴馬穀狀》：

> 諸處社倉敗壞之由，蓋緣其始，多是勸諭士民出本，因令管幹，往往視爲己物，官司亦一切付之，不加考察，且無更替之期，安得不滋弊幸。某今來所置諸縣社倉百餘所，一切從官司出本，選擇佐官，分任出納，鄉士之主執者不得獨專其權，兼令二年一替。

可知此後潭州地方政府對於社倉的出納不僅限於監督的地位，而是分派官員和鄉里士人共同管理，並且以政府命令規定士人主管社倉有一

---

[30] 《朱文公文集》卷九九《社倉事目》："一、逐年五月下旬，新陳未接之際，預於四月上旬申府乞依例給貸，仍乞選差本縣清強官一員、人吏一名、斗子一名前來，與鄉官同共支貸。""一、人戶所貸官米，至冬納還，乞於十月上旬，定日申府，乞依例差官，將帶吏斗前來，公共受納。""一、簿書鎖鑰，鄉官公共分掌，其大項收支，須監官簽押。"

[31] 參見拙作《南宋的農村經濟》第五章第二節。

[32] 《勉齋集》卷一八《建寧社倉利病》："鄉里大家，詭立名字，貸而不輸，有至數千百石者。"《會要·食貨六二·義倉篇》嘉定七年三月九日臣僚言："所貸者非其親戚，即其佃火，與附近形勢豪民之家，冬則不盡輸。"《永樂大典》卷七五一〇《社倉條》引《南康志》載南康軍社倉："爲倉官者私其幹僕而不及鄉民，或因循侵耗以虛數交承，虧損元額。"

定的任期,社倉因而具有部分官營的性質。地方政府干預社倉的管理,雖然可以避免貸放循私之弊,卻難免會有抑配的情形發生,[33] 宋理宗淳祐三年(1243)八月朝廷下詔"申嚴郡國社倉科配之禁"(王圻《續文獻通考》卷三一《市糴考》),可知地方政府干預社倉管理的現象已很普遍。南宋末年,王柏論社倉利害,也指出當時社倉"領以縣官,主以案吏"(《魯齋集》卷七《社倉利害書》),與當初朝廷推廣社倉的原意大相徑庭。雖然如此,地方政府所能干預的,只限於貸本出自政府的社倉,至於由民眾自集資本的社倉,仍然維持民間組織的性質;而許多社倉雖然由於貸本來源的關係,在主持管理上受到地方政府的干預,但是並未完全排除地方人士於外,仍然具有部分民間組織的性質,前述真德秀在潭州所設的社倉,便是一例。並且地方政府干預社倉的管理,也發生種種弊端,顯示出社倉有保存民間組織性質的必要,黃震改革廣德軍社倉的管理,也發生種種弊端,顯示出社倉有保存民間組織性質的必要,黃震改革廣德軍社倉,便因此而建議"廣德軍社倉創於官,故其弊不一,請照本法,一切歸於民"(《黃氏日抄》卷八七《撫州金谿縣李氏社倉記》),政府干預的程度,自必受到限制。

五、結　　語

南宋社倉在發展演變的過程中,吸收其他制度的長處,和其他組織相結合,而沒有完全喪失本身民間組織的性質,即使政府對社倉的控制加強,卻始終沒有因此而取代民間組織。南宋社倉所以能繼續發展,保持其扶助農民的功用,這應該是一個重要的因素。否則如果完全成為政府組織,則不免會由於行政上的方便和財政上的融通,而使倉儲移置於郡邑,不復用之於農民。而社倉的民間組織性質之所以能夠維持不墜,就其本身組成而論,實繫於負責主持管理的鄉居士人。這些士人,以家鄉為根基,出則仕宦,退則居鄉,由於生活在鄉里之中,復加以受儒學的薰陶,自必關心其間的一切,於是以他們的學識能力,

---

[33] 《黃氏日抄》卷七四《更革社倉事宜申省狀》:"康知軍以小壘荒歲,一時之力,而欲廣為千里無窮之惠,故志在日久增多,必使盡數均貸,且令計息未足,縣官不許批書,於是奉行者不待其願貸,類追迫而使之貸矣。"《魯齋集》卷七《社倉利害書》:"昔之法也,先給以米,貸以米,斂亦以米,今也不然,斂以錢,科以糴,若能薄增厥值,亦何患民之不樂輸哉。價既不平,穀不時至,勢不至於敷擾以抑勒,人情之所不堪,小民未受其利,中產先被其害。"

在家鄉主持各項事業,造福鄉里。具體的代表,如在鎮江府金壇縣設立社倉的劉宰,劉宰於舉進士之後,入仕十餘年,以不樂仕進,歸隱鄉里,買田百畝以自給,在家鄉中聯結鄉人,設社倉,倡義役,修橋補路,普及醫藥常識,遇災荒則設粥局賑濟災民。[34] 由於民間有這一類士人存在,所以社倉才不必完全依賴政府的管理。儒家思想便是在這種社會結構中,轉化成爲社倉此一制度,而發揮其穩定社會的力量。

※ 本文原載《史學評論》4,1982 年。收入《宋代社會經濟史論集》(下),臺北:允晨文化實業公司,1997 年。

※ 梁庚堯,臺灣大學歷史研究所博士,臺灣大學歷史系教授。

---

[34]　參見劉子健《劉宰與賑饑》,收入劉子健《兩宋史研究彙編》。

李椿年與南宋土地經界

王德毅

一、緒論——李椿年生平考述

宋代建國之初，承五代殘破之餘，田園荒蕪的景象，相當淒慘，至太宗時仍有一些地區瘡痍未復。[1] 雖宋代墾田迭有增加，然對於土地的清理與分配，始終未達到盡善盡美的地步，以致賦役失其均衡，農村缺乏協濟，造成社會上普遍的逃稅避役爭訟等頹風。仁宗時，郭諮、孫琳所實行的千步方田法，神宗時王安石所倡行的方田均稅法，目的即在釐清土地和均平賦役。但問題並不如此簡單，蓋因土地私有制根深蒂固，社會上早已形成的不良制度，往往積重難返，而不易做徹底的革新。復以推行之人缺乏實事求是的精神，在朝的士大夫意見又不一致，卒致均未能達到預期的目標和理想的效果。但宋人革新的精神實在可佩。一次不成，至再至三，到南宋紹興十二年至十九年，乃有李椿年的土地經界法出現，期達整理田賦之要求。

李椿年字仲永，江西饒州浮梁縣人，政和八年（1118）舉進士第。[2] 不僅《宋史》中沒有他的傳，而且在哈佛燕京學社所編的《四十七種宋代傳記綜合引得》中，只有宋學士院題名一條。原文如下：

> 李椿年，紹興十八年正月以權戶部侍郎兼權直院，三月
> 除戶郡侍郎。八月，以戶部侍郎兼權直院，十九年十一月罷。

所好石景芬編的《饒州府志》卷二〇人物志中有《椿年傳略》，然亦至簡。云：

> 官度支郎中，除顯謨閣兩浙運使，檢括隱漏，別爲圖籍，
> 凡二十四條，核盡田畝情形，閱七月告成。陞戶部侍郎，權吏

---

[1] 楊仲良《長編紀事本末》卷一一載太宗至道二年太常博士陳靖言："今京畿周環二十三州，幅員數千里，地之墾者纔十二三，稅之入者十無五六。"足徵當時中原殘破之情形，雖至太宗時猶未恢復生產力。

[2] 椿年字貫見李心傳《建炎以來朝野雜記甲集》卷五經界法條，其登第年見清黃家遴等修《饒州府志》卷二〇《選舉志四》進士條。

兵兩部,封普寧縣開國侯。著有《易說》及《文集》。

兩者可以互相補充,對椿年一生差可瞭解其大概,但這是不夠的。我以爲以椿年的貢獻和地位,是可以在《宋史》中立一專傳的。但因爲倡行土地經界,得罪了不少縉紳士大夫,致影響他在歷史中的地位,在今日觀之,他是冤枉的。所以應當表彰,重新檢討這一問題。

椿年中第後,步入仕途,任縣級政府副貳之職,稍遷知寧國縣,紹興四年(1134)以權監察御史宣諭江南東西路劉大中的奏薦,遷左奉議郎。五年三月,奉召入對,高宗問以民間利害,椿年即奏州縣不治,二稅失陷,如稍加措置,則財不可勝用。四月,得通判洪州,遷左朝奉。五月,除幹辦諸司審計司,因奏當日三大弊端,一爲銓選之弊,員多闕少;二爲食貨之弊,錢輕物重;三爲所司之弊,吏強官弱。(《要錄》卷八七及八九)稱旨。久之,除浙東路提刑,再入爲司農丞。在仕途可謂一帆風順,椿年感逢知遇,任事每不顧身,後當任度支郎中時,曾因救火功而轉一官。張擴《東窗集》卷八載其轉官制,有云:

> 間者居民昧徙薪之計,焚如遺患,公私病之,……爾謹其防,官酤之儲,卒善調護。……事不避難,於汝有焉!寵進一官,庸示褒勸。

可見椿年勤謹負責,勇於任事,是值得嘉許的。十二年九月遷尚書左司員外郎,因奏經界不正十害書稱旨,得除直顯謨閣兩浙路轉運副使,同書卷六亦載這項制命,云:

> ……以爾儒學登科,文藝蓋衆,深疾虛名之無補,欲資實用以濟時。戢吏愛民,始於治縣,抑弱扶弱,久而益堅。朕念艱難以來,財用最急,將漕之職,尤慎其人。矧惟二浙之富饒,實乃東南之根本,肆以命汝,人皆謂宜。……古人所謂斂弗及民而用度足者,不於汝責而誰責也。

由這段話中,可以看出椿年學術修養很高,辦事能力很強,在任職縣令的時候,能約束胥吏,不使舞弊作奸,而以愛民爲本。不畏懼地方豪強及惡勢力,以除暴安良爲己任。當此時,中央政府需財孔亟,將不增賦而財用足的責任加之於椿年的雙肩上,可見朝廷對他期許之高,倚任之重。經界法適時提出,與高宗一拍即合,絕非偶然。

制詞中稱椿年文藝蓋衆,當然是籠統之詞,應舉事例以證成之。

結果我從胡銓的《澹庵集》中得到證明,其卷一五《李仲永易解序》説:

> 某故人鄱陽逍遙公李仲永潛心易學,衛道甚嚴,一旦夢
> 弼(王弼)而有得,遂成一家之書,殆與歐陽子之意默契。

可見椿年研究《易經》很有心得,歐陽修的易學本於王弼,曾説:
"易無王弼,其淪於異端之説乎?"[3] 其推尊如此。椿年易學亦本於
弼,著《易解》八卷,《易疑問》一卷,其書雖不傳於世,然對《易
經》的研究貢獻卓著是不容置疑的。椿年既與胡銓係故交,以銓的
學行,時人無不推重,則椿年決非無學行之人可知了。

紹興十三年六月,召入,權戶部侍郎。坐簽書江陰軍判官廳公
事蔡篆不法,不加舉劾,與王鈇、張叔獻俱降官,尋復原任。十四
年冬,丁母憂回鄉。十七年春免喪復故官,兼權直學士院,十八年,
真除戶部侍郎,仍兼直院。制詞云:"古者均九式以節財,則三壤而
成賦;是以調度充而經界正。朕怵惕惟屬,宏濟中興。謂足國裕民,
無若是急,敷求賢傑,使二職併舉。"又盛稱椿年"禔身種德,剛方
不撓,發爲文詞,典雅純麗,有聲於時。朕俾爾攝民曹之貳亦既累
年,幹邦計,正地均,咸底成績,肆加真拜,僉以爲宜。"(《歸愚
集》卷七)椿年受此隆遇,自然要感恩圖報奮不顧身了。

紹興十九年,因臣僚奏劾經界擾民,免官奉祠,提舉江州太平
興國宮,二十四年十一月起知宣州(《建炎以來繫年要録》卷一六
七),旋致仕。二十九年閏六月十三日卒(《建炎以來繫年要録》卷
一八二),其年壽不詳。積官至大中大夫,爵至普寧縣開國侯。

二、經界始末

土地經界之説,源自於孟子。《孟子·滕文公上》云:

> 夫仁政必自經界始,經界不正,井地不均,穀祿不平。是故
> 暴君汙吏,必慢其經界。經界既正,分田制祿,可坐而定也。

李椿年倡行經界,即本乎此。宋室南渡,幾經流離,始定都臨安。
宋金和局既定,社會秩序漸次恢復。然以中更兵火,案籍散佚,戶
口租稅,雖版曹亦無所稽考,豪民猾吏因緣以爲奸,機巧多端,情
僞萬狀;以無爲有,以強吞弱,有田者無稅,有稅者無田,下戶重

---

[3] 參見胡銓《澹庵集》卷一五《李仲永易解序》。

困，乃相流徙。賦役不均之病，視北宋爲尤甚。江浙既爲富饒之區，弊病之多，影響之遠，又爲諸路之冠。椿年有鑒及此，乃於紹興十二年十一月五日奏上經界不正十害疏，其言如下：

　　第一害、侵耕失稅：人戶侵耕冒佃，不納租稅，立賞召訴，則起告訐之風；差官括責，則有搔擾之弊。

　　第二害、推割不行：賣產之家，產去稅存，終身窮困，推割不得。

　　第三害、衙前坊場虛供抵當，侵没官錢：衙前專副及買撲坊場之人，計會官司，虛供抵當；及乎少欠官錢，拘收在官，有名無實。

　　第四害、鄉司走弄稅名：二稅姓名數目所係於籍者，翻覆皆由其手。

　　第五害、詭名寄產：詭名挾佃，逃亡死絕，官司催科，責辦戶長，破家竭產，不足以償。遂致差役之時，多方避免，有力者舉產業以隱寄，無力者挈妻子而遁逃，有經一二年而產尚不能定者。

　　第六害、稅籍難信，爭訟不息：兵火以來，稅籍不足以取信於民。每遇農務眼閑之時，以稅訟者，雖一小縣，日不下千數，追呼搔擾，無有窮盡。

　　第七害、倚閣不實：州縣倚閣二稅，往往以爲人戶逃死，人雖逃死，產豈不存，名爲倚閣，實自理取。或以市恩，或以入己，欺罔上下。

　　第八害、隱賦日多，公私俱困：州縣常賦之額既爲人所欺隱，歲計不足，於是揍額之糴，浙西州軍不下數十萬斛，舉浙東之歲入不足以償其價，而民猶以爲苦。

　　第九害、猾民自陳稅籍不實：州縣之籍，既因兵火焚失，往往令民自陳實數而籍之，良善畏法者盡實而供，狡猾豪強者百不供一，不均之弊，有不可勝言者。

　　第十害、逃田稅重，民不敢耕：州縣有不耕之田，皆爲豪猾嫁稅於其上，田少稅多，計其耕之所得，不足以輸其稅，故不敢耕也。（《宋會要稿·食貨七〇·經界雜錄》）

這些弊害都是彰明較著者，椿年陳述得淋灕盡緻，足見其觀察之深，體

會之切，非明於政理熟悉民隱者不能道。政府若欲救此弊除此害，必
先正經界。經界正，則可：一、不待根括陳告而公私分；二、不俟推割而
稅隨產去；三、多寡有無不得而欺；四、民有定產，產有定稅，稅有定籍，
鄉司不得而走弄；五、據產催稅，無陪填之患；六、據田納稅而無所爭；
七、奸弊難行，不失常賦；八、正額自足，公私無靡費；九、賦稅均平，貧
人受惠；十、稅有所歸，逃田可復業，亦可轉賣而有人願買。[4] 經界之
正與不正，其利害大別如此！椿年並舉平江府（蘇州）爲例子，說明賦
稅失其常數的情形。云：

> 臣昨因出使浙西，採訪得平江歲入七十萬斛，著在石
> 刻，今按其籍，雖有三十九萬斛，實入纔二十萬斛耳！其
> 餘皆以逃亡災傷倚閣，詢之土人，頗得其情，其實欺隱也。

（《宋會要稿·食貨七〇》）

當國家財政極其困難的時候，而諸路府州縣侵欺賦稅竟如此其甚，
則正經界實爲刻不容緩之舉。高宗看了他的奏疏後，便對宰執說：
"椿年之奏，頗有條理。"秦檜說："其法簡易可行。"程克俊說："比
年百姓避役，止緣經界不正，若行之，誠公私之久利也。"即詔：
"專委李椿年措置。"椿年請考按核實自平江始，俟有成效，再推行
於一路，進而施於全國。要在均平，爲民除害，更不增稅額。帝均
從之。[5] 同年十二月二日，因條劃施行細則奏上，其略云：

> 一、自來水鄉秋收了當，即放水入田，稱是廢田，欲
> 出榜召人陳告，其田給與告人。耕田納稅即已給與告人後，
> 設有詞訴，不得受理。

> 一、有陂塘塍埂被水衝破去處，勒食利人戶併工修作，
> 如有貧無力用功者，許保正長保明以常平錢米量行借貸，
> 如常平錢米不足，乞以義倉錢米借兌，俟秋成以收到花利
> 分三年還納。

> 一、今畫圖合先要逐都耆鄰保所在關集田主及佃客，
> 逐丘計畝角押字，保正長於圖四止押字，責結罪狀，申措
> 置所，以俟差官按圖核實，稍欺隱不實不盡重行勘斷外，
> 追賞錢三百貫。因而乞取者量輕重編配，仍將所隱田沒入

---

[4] 見《宋會要稿·食貨七十·經界雜錄》。
[5] 見《建炎以來繫年要錄》卷一四七及《宋史全文》卷二一。

官，人告者賞錢並田並給告人。如所差官被人陳訴，許親
自按圖核實，稍有不公，將所差官按劾，取旨重行竄責。

一、令官民戶各據畫圖了當，以本戶諸鄉管田產數從
實自行置造砧基簿一面，畫田形丘段，聲說畝步四至，元
典賣或係祖產，赴本縣投納，點檢印押類聚，限一月，數
足，繳赴措置經界所，以憑照對。畫到圖子審實發下給付
人戶，永爲照應。日前所有田產雖有契書，而不上今來砧
基簿者，並拘入官。今後遇有將產典賣，兩家各齎砧基簿
及契書，赴縣對行批鑿，如不將兩家簿對行批鑿，雖有契
帖干照，並不理爲交易。縣每鄉置砧基簿一面，每遇人戶
對行交易之時，並先于本鄉砧基簿批鑿，每三年，將新舊
簿赴州，新者印押下縣照使，舊者留州架閣。將來人戶有
訴丟失砧基簿者，令自陳，照縣簿給之。縣簿有損動，申
州，照架閣簿行下照應。每縣逐鄉砧基簿各要三本，一本
在縣，一本納州，一本納轉運司。如有損失，並仰于當日
赴所屬鈔録。應州縣及轉運司官到任，先次點檢砧基簿，
于批書到任內作一項批云：“交得砧基簿計若干面，並無損
失。”如遇罷任，批書：“砧基簿若干面交與某官取領，有
無損失。”（《宋會要·經界雜録》）

椿年所條陳的施行細則共有十項，相當詳盡，此其緊要者，足見他
任事切實負責，執行時，對違法失職者的懲戒也相當嚴厲。甚至爲
將來防微杜漸著想，而制定防範之條規。椿年特別注意砧基簿的繪
製編造，由轉運司頒發下一份樣本，任何文字部分，均是真謹書寫，
並附帶規定：“如用細小草書，官吏各科其罪，限一月改正。有欺弊
者論如法。”[6] 此項砧基簿，有類明初的魚鱗圖册，是釐清土地所
屬的最緊要辦法，是課稅的唯一憑藉，更是均平賦役安定人民生活
的根本要略；所以繪製編造必須一絲不苟，否則，徒增騷擾，無濟
於事。椿年能嚴格規定，雷厲風行，是值得稱贊的。

土地的形狀不同，其面積的計算法當然亦因其形狀而異。一般農民
不熟悉丈量的方法，更不懂得如何計算地土面積，這是一項難題。幸好有

---

[6] 見《宋會要稿·食貨十一》，版籍，紹興十三年九月一日條。

人獻步田法,此一難題始迎刃而解。據趙彥衛《雲麓漫鈔》卷一云:

> 紹興中,李侍郎椿年行經界,有獻其步田之法者,若五尺以爲步,六十步以爲角,四角以爲畝。

步田法到底爲何人所獻?彥衛沒有指明,然椿年卻完全採納了,作爲土地經界的方法之一。李又曦撰《兩宋農村經濟狀況與土地政策》一文就這樣説:"北宋郭諮孫琳王安石之土地測量,其法實未精,蓋僅能積步以測方塊之平地而已,對於崎嶇不平及鷄零狗碎之地形,則無法測量。至南宋李椿年之步田法出,土地測量的折算田畝之術始大備。"[7] 正是最好的説明。兹將習見的各種土地形狀及其計畝之方法分述如下,並附加説明於其後:

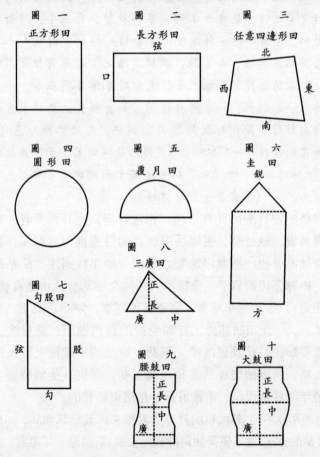

圖 一 正方形田

圖 二 長方形田 弦 口

圖 三 任意四邊形田 北 西 東 南

圖 四 圓形田

圖 五 覆月田

圖 六 圭田 鋭 方

圖 七 勾股田 弦 股 勾

圖 八 三廣田 正 長 廣 中

圖 九 腰鼓田 正 長 中 廣

圖 十 大鼓田 正 長 中 廣

[7] 該文載《文化建設》月刊2卷2期,1935年11月刊。

（一）正方形田："使東西南北之相等，則各以其數乘之；一者一也，二者四也，三者九也，……九者八十一也。"這是最容易量計的土地，只要測得一邊之長，以之自乘，即可得其平方步。（見圖一）

（二）長方形田："使東西爲一等，南北爲一等，則以短者爲口，以長者爲弦，以口之一而乘弦之十則十也，以口之二而乘弦之十則二十也。"分別丈量土地長闊邊之長闊度，使之相乘，則可得其面積。（見圖二）

（三）任意四邊形田："至於東西南北之不相等，則合東於西。合南於北，而各取其半而乘之，如上法。"這種形狀的土地比較普遍，先丈量每一邊的長度，然後各取其半，與相鄰邊之半次第相乘一過，所得四個小面積之總和，即爲此不等邊四邊形土地的面積，不過所得的是個近似值，與正確的面積相出入無幾。（見圖三）

（四）圓形田："取圓之數相乘，積之十二而得一也。"換言之，即是先丈量圓田的圓周長度，使其自乘，再用十二除之。即爲圓面積，這也是近似值。（見圖四）

（五）覆月田："覆月者半圓也，取圓之徑，半而除之，乘圓之數，再除其半。"即將丈量而得的半圓周及其直徑步數相乘，然後用四除，即爲半圓之面積，同樣是近似值。（見圖五）

（六）圭田："取方之多，補銳之少，併二而得一也。"意即先度量方的寬和長之步數，使之相乘，而得積甲；再延長方之長與銳頂點平齊，而計其長度，再用方之寬度乘之，而得積乙；於是將積甲與積乙加在一起，然後用二來除，便是此圭田的真正面積。（見圖六）

（七）勾股田："勾股者，半圭也，以短爲勾，以長爲股，以尤長爲弦，取勾之半，乘股弦之數，其步可見也。"這是一種梯形田。先分別量出勾股弦的步數，以股弦之和來乘勾的半數，即得其面積。（見圖七）

（八）三廣田："三廣者，三不等之謂也，先取正長，倍加中廣，四而得一也。"此處所謂中廣乃是三角形的底，正長乃其高，用兩倍中廣乘以正長，然後再用四除之便得出三角形的正確面積。（見圖八）

（九）腰鼓田："有名腰鼓者，中狹之謂也。……先取正長，倍加中廣，四而得一也。"這是長條形土地中間有凹入部分的。先量其長度爲正長，再量寬度，其寬度有二，一爲凹入部分，一爲正規部分，將此二寬度加在一起，便是中廣，於是用兩倍的中廣，去乘中長，最後用四來除

之,使得出腰鼓田的面積,也是近似值。(見圖九)

(十) 大鼓田:"有名大鼓者,中闊之謂也。"這是長條形土地中間有凸出部分的,此種形狀土地求面積的方法與腰鼓田同。[8] (見圖十)

以上十種求田地面積的方法,就是椿年等所説的"積步之法"。前面所提到的六十步以爲角與此處所説的積步之步,都是指的面積平方步,而非是五尺以爲步的長度單位。得出平方步後,再用二百四十來除,就得出畝數,除不盡者用六十以除之,便得出角數。最後將測好的各種奇形怪狀的田地,一一繪在砧基簿上,寫明畝角四至。這樣逐保逐都逐鄉縣都繪編造竣事,則對農村已耕土地的數目與其所屬主人,整理得再清楚也沒有了,賦役的分攤,哪還有不均之弊呢?

因爲平江府欺隱最多,所以先在平江試行經界,先創置經界局,以便推行。其措置次第爲:一、繪田地圖形,令逐都耆鄰保長並田主佃客於逐田段度量,計其畝角,繪成圖形,保正長於圖四止押字,責令切結罪狀申縣。二、縣差官按圖核實,稍有欺隱不實不盡,重行勘斷,除罰錢三百貫外,並量輕重編配。仍將所隱田畝籍没入官,如經人告發者,所没官之田盡賞與告人。官吏如敢舞弊或受人賄賂,經人告發者,即重行竄責:如誣告他人,亦論如法。田地全部核實後,即令各户各保編造砧基簿。椿年辦事認真切實,整理地籍户版,使富家豪猾不得隱田漏税。時周葵知平江府,問椿年説:"公今欲均賦邪,或遂增税也?"椿年答道:"何敢增税?"葵又反問説:"苟不欲增,胡爲言本州七十萬斛?"椿年立刻回答説:"當用圖經三十萬斛爲準。"[9]足見椿年所奏平江府欺隱最甚,"歲入昔爲七十萬石有奇,今乃僅至三十餘萬",也可能有點誇大宣傳,以便引起高宗的重視,有利經界的推行。周南《山房集》卷四《長洲主簿廳壁記》云:

> 初紹興十三年部使者(李椿年)得廥人刻,弗深考,建請出隱剩,益秋賦爲七十萬,詔即州創經界司行之,將推其法於天下。會簡惠公(周葵)自湖移守蘇,難之,且辨其所以然,部使者屈,使仍圖誌之舊,爲三十四萬,至今所在猶言經界方量之爲後便,而不見增賦之爲永患者,

---

[8] 以上自正方形田至大鼓田之叙述,均見《雲麓漫鈔》卷一。

[9] 參見《朝野雜記甲集》卷五《經界法》及《文獻通考》卷五。

實自簡惠爭之始也。

據李心傳《朝野雜記甲集》卷五所載葵與椿年辯論當均稅不當增稅，椿年不從，葵竟坐事免官，自是人不敢言。[10] 恐椿年的經界法也有暗含增稅之意，從爲國家開財源的角度來衡量當然是應該的，但與創始時"只爲均稅不爲增賦"的原意就不盡相合了。

紹興十三年，詔頒經界法於天下，椿年旋遷權户部侍郎，仍舊負責經界事，推行得甚爲積極。十四年十二月，椿年以母憂去官，高宗以王鈇繼任，[11] 開始在兩浙路實行經界。鈇圖方法簡易，稍更椿年條規。奏陳"措置經界，務要革去詭名挾户，侵耕冒佃，使產有常籍，田有定稅，差役無詞訴之煩，催稅免代納之弊，然後施行簡易，不擾而速辦，則實利及民。今欲將兩浙路諸州縣已措置未就緒去處，更不須圖畫打量造納砧基簿，止令逐都保供保伍賬，排定人户住居去處，……每十户結爲一甲，從户部經界所立式，每一甲給式一道，令甲内人遞相糾舉，各自從實供具本户應干田產畝角數目，土風水色坐落去處，合納苗稅則例，具賬二本，其從來詭名挾户侵耕冒佃之類，内包占逃田如係十年以上，從實自首，併於賬内添入，不及十年者作一項供具，……如所供田畝水色著實，所有積年隱過苗稅一切不問，如有欺隱不實不盡，致人陳告，其隱田畝並水色人並從杖一百斷罪，仍依紹興條格，將田產盡給告人充賞，仍追理積年減免過稅賦入官。……其同甲人每人出賞錢三十貫盡給告人，亦依隱田人斷罪。若因官司點檢得見，其賞錢并田並行拘沒。"當時有力之家，規避差役科率，多將田產分作詭名挾户，至有一家不下析爲三二十户的，也有官户將階官及職官分作數户的，如所書田主姓名不是保伍籍上姓名，即是詭名挾户，極易根究。[12] 這就是

---

[10] 被椿年奏劾爲"廣爲謗訕,必欲沮經界之政"而遭罷免的先有徐林和胡思,見《建炎以來繫年要錄》卷一四九。葵之罷則由於得罪秦檜。《宋史全文》卷二一,紹興十四年五月甲戌云:"時秦檜怒葵不已,椿年因奏葵在郡錫宴北使,飲食臭腐,致行人有詞。葵坐落職,主管台州崇道觀,自是投閑十一年。"是未必盡出於椿年之意。

[11] 王鈇,《宋史》無傳,《南宋制撫年表》作王鐵,殊非。《宋會要·食貨六經界》作王鈇,而《食貨六十經界雜錄》作王鐵。百衲本《宋史》卷一七三《食貨上》一、《文獻通考》卷五及《宋史全文》卷二一均作王鈇。李心傳《朝野雜記甲集》卷五稱王承可,承可則爲王鈇的字。同作者《建炎以來繫年要錄》卷一五二作王鉄(鐵的簡體字),卷一五三作王鈇,而卷一四九及一五九又均作王鈇。案當以鈇爲是,其作鉄或鐵乃係傳刻之誤。

[12] 見《宋會要稿·食貨六經界》。

所謂之"結甲自實法"，其源則始於熙豐時代呂惠卿的手實法，[13]
所不同的爲結甲一事，結甲乃是連保相坐之意，加重民戶彼此間互
相監視糾舉之責任，藉以防止欺隱之弊。照王鈇的辦法措置經界，
不必經過度量田地和置造送納砧基簿，沒有跋涉山川櫛風沐雨之勞，
確較簡便，不擾於民，又利速成，然並不徹底。如果民戶私相要結，
共同欺隱，他們彼此間有了諒解，各不檢舉，官司便不易得其真實。
當時高宗亦允從照行。由於地方官敷衍塞責，各地經界進行得非常
遲緩，[14] 雖有李朝正共同措置，亦未見成效。紹興十七年正月，椿
年免喪復原官，對王鈇的辦法很不以爲然，奏請仍照他最初所奏上
的條規措置兩浙經界。奏稱：

> 本路州縣經界，已用打量及砧基簿計四十縣，欲乞結
> 絕。未曾打量及不曾用砧基簿止令人戶結甲去處，竊慮大
> 姓形勢之家不懼罪賞，尚有欺隱，欲乞令措置行下州縣依
> 舊打量畫圖，令人戶自造砧基簿赴官印押施行訖申本所差
> 官核實，稍有欺隱不實不盡，即依前來已得指揮斷罪進賞。
> 結甲縣分內有先曾打量，後來又參照類姓圖賬，已得畝角，
> 著實別無欺隱不盡不實，欲乞別令州縣出榜，限一月許人
> 從實自首，限滿從知通保明申本所，以憑差官核實結絕。
> 人戶先因結甲致有欺隱畝步，減落土色，詭名挾戶之類，
> 如今來打量依實供具圖書入賬，置造砧基簿，並同自首。

（《宋會要稿·食貨七十·經界雜錄》）

顯然椿年堅主按圖核實，先辨認土地，再追稽戶名，以求精確。高
宗亦完全允從。至十九年三月，經界大致就緒，高宗與宰執討論及
此事，認爲遠較王鈇措置的爲當。李心傳《建炎以來繫年要錄》卷
一五九記其事，云：

> （十九年三月）戊申，左朝散郎知普州王輔代還，言仁
> 政必自經界始，尚恐蜀遠未嫻措畫，或有謬誤，乞誡敕有
> 司刻意奉行。上曰："四川道遠，倘如輔所陳，則稅愈不均

---

[13] 關於呂惠卿的手實法，馬端臨《文獻通考》卷一二〇所述甚詳，可參考。

[14] 從紹興十五年正月到十七年春，兩年多時間都未辦好結甲自實，此法不經打量步畝和
畫圖，極爲簡易，而竟無成。《宋會要稿·經界雜錄》載有王鈇限一月結絕及限一季了
畢的奏請，雖屢頒指揮，均徒爲文具。又有李朝正共同措置，而亦毫無成效。

矣！可令措置經界官覺察奏劾。"己酉（二十七日），進呈。
上曰："州縣官奉行如法，其推恩勿限員數，庶人人知勸，
正經界，均賦稅，極爲便民。推行之初，臣僚有肆異議圖
沮壞者，暨平江均稅畢，紛紛之議始息。"秦檜曰："當時
獻議欲使逐戶自陳，豈無失實。"上曰："李椿年通曉次第，
中間以憂去，他官領之，便有失當處。"尋以輔知合州。

由這段記載看，其是非曲直不辯自明。至同年十一月廿三日，經
界告畢，適逢民戶多訴陳經界不均，殿中侍御史曹筠因而彈劾椿年，其
罪狀爲求薦"劉大中，陰交趙鼎，皆竊其權柄，漏其昵談。今遊舊將之
門，傾危朝廷，尤爲可慮。兼經界已定，若不別委他官核實，則椿年私
結將帥，曲庇家鄉之罪，無以厭塞公議。"（《建炎以來繫年要錄》卷一
六〇）詔與外任，知婺州。二十八日，高宗又宣諭宰輔說："經界人戶多
訴不均，當與受理，若下田受重稅，將無以輸納。"秦檜說："臣嘗諭戶部
侍郎宋貺，宜體聖上均稅本意，有未均處亟爲改正。"（《宋會要·經界
雜錄要錄》）足見還有些小問題不斷發生，致影響經界的成效。二十年
二月壬子（四日），權戶部侍郎宋貺奏："契勘經界本意，務要革去侵耕
冒佃、詭名挾戶、逃亡死絕、虛供抵當、差科不均、鄉司走弄二稅之弊，
使民有定產，產有定稅，稅有定籍，後來緣以畫圖供賬，分立土色等則，
均任苗稅，轉生奸弊，遂至久不能結絕。今欲乞令轉運並守臣恪意措
置，須管革去逐件情弊，使田產稅賦著實，依限一切了辦，如州縣尚敢
遷延出違日限，從本部申奏朝廷，乞賜放罷，若轉運不切督責，亦乞黜
責。"（卷一六一）可見地方官因循滅裂，得過且過，經界法頒佈了七年，
尚有未結絕去處，一方面反映出當時行政效率之低，另一方面也可說
明地方上反對抑沮之人必多，使守令不無顧忌。想見當日社會上弊病
很多，往往積重難返，推行改革實非易事。高宗曾詔"令戶部措置結絕
未經界去處，限一月委轉運司並守臣依仿平江府已行事理施行"。只
不過是重申前令而已！問題既多，使高宗對椿年亦不免有點責怪，乃
於三月二十一日詔稱："昨李椿年乞行經界，初欲去民十害，遂從其請，
今聞寖失本意，可令戶部逐路選委監司一員，專一看詳，應便於民者，
依已經界施行。其乖謬反爲民害事目，並日下改正具申省部，日後以
當否取旨黜陟。"（《宋會要稿·經界雜錄》）當時朝臣必有數言經界法
之不便者，使高宗對椿年的信心也動搖了。

三、李椿年力行經界之檢討

李椿年倡行土地經界之經過已如上述,至於當時實行土地經界的區域,的確是相當遼闊的。包括兩浙、江東西、湖南、廣西、成都、利州、夔州等九路的全部,廣東的絕大部分(去掉海南島),福建五個府州及潼川府路的繁庶地區九個州。其未行經界及已打量經界而中途輟罷的地區則有如《文獻通考》卷五所記載的以下諸路與諸州軍。據稱:

> 初朝廷以淮東西、京西、湖北四路被邊,姑仍其舊;又漳汀泉二州(因草寇作過,民多逃移)未畢行。明年(二十年),詔瓊州、萬安、昌化、吉陽軍、緣海外土產瘠薄,已免經界,其稅額均如舊。又瀘南帥臣馮檝抗疏論不便,於是瀘、敘州,長寧軍並免;渠、果州,廣安軍既行亦復罷。自餘諸路州縣皆次第有成。

是知當日推行經界並非絕無成效。不過從紹興二十年至二十六年,諸路經界,多半中輟,高宗對此情形也相當惋惜。《宋史・食貨志》農田條即載有:

> 紹興廿六年正月,上謂輔臣曰:經界事,李椿年主之,若推行就緒,不為不善。今諸路往往中輟,願得一通曉經界者,款曲議之。[15]

可是像椿年這樣通曉經界又能任勞任怨的究屬少數,而沮壞經界者卻為數不少,更有一些地方官危言聳聽,[16] 而朝臣言論亦莫衷一是,致朝廷舉棋不定,如《建炎以來繫年要錄》卷一七三所載紹興二十六年七月辛亥(十二日)詔:"昨來經界打量定驗輕重失實去處,許經看詳官陳訴,可展限半年,委守令申漕司審核,依公改正訖申省。"至二十七日丙寅,復以殿中侍御史周方崇的奏請,"恐權勢豪強之家將已定賦稅,反均及於下戶",乃又詔"展限陳訴經界不當指揮更不施行"。觀此可知經界對貧民下戶有利,而豪強之家因無法隱田漏稅,乃多怨望,遂群起陳訴,多方沮壞,加重推行改革之困難。當日任潼川府路轉運判官王之望曾作過一項民意測驗與公正分析,據其言是如此:

---

[15] 又《建炎以來繫年要錄》卷一七一紹興廿六年正月甲子日記事可參照。

[16] 同注[15]。參知政事魏良臣說:"臣昨備員廬州,親覩其(指經界)害。"案廬州屬淮南西路,乃為免經界之地區,焉得親覩其害? 顯屬不實無根之言,隨聲附和之論,可謂為危言聳聽者。

　　臣前在東南日，聞蜀中經界大爲民害，豪富爲奸，例獲輕減，貧弱受弊，多致逃移；上戶利之，而下戶皆不願。自入本路境，百姓多遮道投牒，乞行經界，與峽外所聞不同。詰其所以願行之意，則曰人戶詭名寄隱產業，有田者無戶，有戶者無田，差某等充戶長，催驅稅賦，率皆代納，以此破家者甚衆。若用經界，則戶名有歸，此弊可絕。及入遂寧境，係見行經界地分，百姓陳訴者益多，或以爲便而欲行，或以爲害而欲罷，因數十爲朋，自辯於庭下，各執偏說，互有得失。乃知蜀中經界，不論貧富，大抵稅增者願罷，稅減者願行，皆出一己之私，而形勢戶不願者爲多。蓋詭名挾戶非下戶所爲，蜀人之至東南者皆士大夫，不然則公吏與富民爾！貧乏之徒固不能遠適，雖至峽外，亦無緣與士大夫接，故不願之說獨聞，其願行者東南不得而知也。六年之間，士大夫上書百姓投狀言其不便者不知其幾人，上至朝廷省部，下至諸司郡邑，皆投狀煩紊。陛下憂憫黎元，至誠無已，始也以稅賦之不均而行之，終也以論訴之不息而疑之，累詔監司看詳改正。然奸民觀望，詞訟滋繁，諸路監司累年講究，終無爲別白，而言之者誠以事體至重，衆口不同，利害可疑，不敢以偏辭斷也。……臣以謂此田里間事，見民情然後可決，雖有牒訴，皆一偏之論，不可憑用。遂令州縣取諸鄉稅名爲鼠尾賬，家至戶到，問其願否；各使書其名下，鄉分編類，願用舊稅若干，願用經界戶若干，於是究其兩黨之多少。本路管十五州，瀘、叙州，長寧軍以邊郡不行經界，渠、果州，廣安軍既行而復罷，行經界者九州，爲稅戶三十三萬三千七百有奇，願行經界者十七萬七千五百餘戶，此其大略也。別州計之，則昌、榮、資州，懷安軍四州之民願者爲多，潼川、遂寧府普州富順監之願者爲少，而合州適得其中。縣別計之，則願行之多者十有六，願行之少者二十有一。蓋由當時奉行之人有能否之不同故也。……今之經界，在視民願否之多寡而損益，若州縣願行者多，自不須復議，願行者少，爲之量行措置。人戶之增減者輕，自不復議；增減者重，爲

之少加裁正，如此則公私事省，不至甚擾。即使小有不均，
亦可置而不問。何則？經界之釐正舊稅，固當有所增減，
減者既以為是，增者必以為非，若欲每人而悅之，是朝行
夕改而無定也。且蜀人之言其不便者，曰：法行之始，驗
土色之高下，量頃畝之多少，奸弊百出，賄賂公行，故稅
之輕重不當。造賬畫圖為費甚廣，追呼須索不勝其擾，是
則然矣！………稅之輕重，則新舊各有其弊，就二者而較
之，經界之弊在於業多者稅或輕，業少者稅或重；而舊稅
之弊，則在於有田者或無稅，有稅者或無田。要之，以輕
為重，以重為輕，尤庶幾於以有為無，以無為有也。而蜀
人言其不便者或過其實，若初行之擾則有之，而今日之弊
不如是之甚也。臣置司遂寧，且以倚郭小溪一縣論之，官
戶凡五百八十有四，而願用經界者一百六十有七，公吏為
戶二百二十有二，而願用者十有八，以此而觀，則或者謂
豪富之家皆獲輕減而利之，豈不過哉！至於下戶逃移，亦
絕無僅有，或以時經旱潦，或以家自貧窮，未必皆經界所
致。（《建炎以來繫年要錄》卷一七四）

據之望這種精密分析後所得的結論，可知經界是對大多數民戶有利
的，所謂不便與擾民云者，只不過是少數人的意見，作為沮壞經界
的藉口而已！之望所做的意見調查，是按門挨戶的訪問，可說是普
遍的，而非抽樣的；結果潼川府行經界者九州，稅戶三十三萬三千
七百多中，確知有十七萬七千五百餘贊成經界，居百分之五十三強，
比反對的多百分之六。之望認為經界與循舊雖同樣有弊，但兩害相
權取其小者，世間沒有人人皆利、家家皆贊同的辦法，要當以多數
為依歸。其重視民意如此，所言亦至為正確。高宗因為他通曉經界，
熟悉利害，乃命他於農隙措置，將潼川府路賦稅不均甚去處，接受
人戶訴狀，重新量畫，以救偏輕偏重之弊。到紹興二十八年三月結
絕了畢，而得“溢額稅色紐計錢四千八百五十餘貫，莊租麥四石有
奇。對減稅重人戶五千六百八十五戶；用人戶科決狀推排，減偏重稅
八十九戶，增偏輕稅一百六十六戶”。又普州安岳縣自紹興二十年以
降走移稅額，共虧官錢三十八萬一千餘貫，雖有旨除放，而舊額常虧，
亦有損國計。之望措置後，卻收漏稅戶二千七百餘，除補足舊稅外，於

祖額尚贏餘。(《建炎以來繫年要錄》卷一七九)一縣漏稅戶多至如此,全國計之可知。由此看來,不能不令人相信爲政在人了。

椿年是一位極有魄力的政府高級官員,於督導諸縣切實推行經界時,簿籍堆積,圖表甚巨,其工程之浩大,用費之繁多,實遠過王安石推行的方田均稅法。據樓鑰《攻媿集》卷八八《汪大猷行狀》説:

> ……李公又欲以十保合爲一圖,仍與鄰都犬牙相入。公曰:一保之圖,用紙二百番,已無地可展視,又從而十之,不惟不能圖畫,亦安所用之? 徒重勞費,無益於經界也。

這種切實的作風,當然爲一些因循敷衍好逸惡勞的地方官所不喜,富人乘間提出經界不均的訴狀,相率指爲口實,使經界應有的成效大打折扣。而椿年操之過急,任用非人,像這樣空前的改革,事先沒有訓練一批協助推行的幹部,事到臨頭,乃選用一些奉承尖刻的小人,發生不少偏差,除了給椿年招怨,加重推行經界的困難外,沒有一點好處。兹舉例以明之,《朝野雜記》甲集卷五經界法條云:

> 時敕令所删定官開封鄭克經界川陝四路,頗峻責州縣,故蜀中增稅亦多。又官田號省莊者,所租有米穀粟麥麻豆芋粟桑枲鴨卵之屬,凡十八種,皆令輸以錢,故民至今尤以爲患。

《建炎以來繫年要錄》卷一六一,紹興二十年三月甲辰條云:

> 户部侍郎宋貺言:訪聞州縣近因經界,將額苗稅均於未開墾閑田土上,一例起催,致人户無從輸送,往往逃移失業。

同書卷一七二,二十六年三月癸亥條亦稱:

> 侍御史湯鵬舉言:尚書右司郎中權户部侍郎鍾世明,便僻側媚,見椿年爲經界,遂投名爲幹官。

又卷一七三載同年六月丁丑條:

> 新湖南路安撫司參議官王禺罷。禺,會從弟也。右正言凌哲劾禺凶狡刻薄,嘗詔事李椿年,辟充江東經界官,所至肆爲殘酷,吏民有犯贓百錢者,不問法之輕重,一切籍產徒配,且言畫旨如此,每州破壞無慮數百家。故有是命。

又乙未條也載:

右朝請郎蔡樗送吏部與監當差遣。以御史中丞湯鵬舉
論樗投椿年爲經界官，所至暴虐故也。

以上所舉鄭克、鍾世明、王昺、蔡樗四人，皆爲椿年所舉用的經界官，其
人品操守既不足稱，又以刻暴爲手段，致遭民怨，椿年只求剋日見功，
不計其他。即椿年個人亦不無執法過嚴之嫌。不過椿年並不是不留
意人才，起用賢俊，如選派汪大猷爲經界覆視核實官即爲顯例，據前樓
鑰撰《汪大猷行狀》載：

> 李公椿年建議行經界，選公爲龍游縣核實官，約束嚴峻，
> 已量之田，隱藏畝步，不以多寡，率至黥配，盛氣臨人，無敢忤
> 者。公獨曰：愚民不識弓步，不善度量，若田少而所供反多，
> 須使之首復乃可並行。李公問當何如？公曰：凡有不實，許
> 其自陳，俟驗實與改正。悉皆施行，受賜者已不知其幾。既
> 至，躬行阡陌，唱弓量之目，則已默記其廣袤之實，吏運籌久
> 之，無毫釐差，觀者以爲神。凡事俱有方略。邑人鼓舞，旁縣
> 皆取爲法。事畢，躬納圖賬。（《攻媿集》卷八八）

足見椿年並非剛愎自用的人，在措置經界運用的方略上，亦能從善
如流，一改其嚴屬刻暴的作風，而爲之輕刑省費，其明達事理如此！
可是當時全國上下並不能盡體椿年的用心，合作無間地完成此一空
前的興革事業，而且椿年所選用的幹部，亦並非人人如汪大猷般善
進忠言，協同一致，辦好土地經界工作，所以經界的推行不善，當
非椿年一個人的責任了。

還有，經界的目的本爲均稅，然經界後稅賦仍然不均。其原因爲：
在經界前，承向來傳統，有田主住在乙鄉，卻在甲鄉納稅的；經界後，則
理爲於坐落鄉分供具納稅，就發生甲鄉有無田之稅，乙鄉有無稅之田
之弊。如紹興二十一年十月二十八日知臨江軍王伯淮奏：

> 臨江軍倚郭清江縣（修德鄉），有稅錢四十餘貫，苗米
> 四百餘石，人烟田產並在筠州高安縣新豐鄉，（該鄉）第一
> 第二等戶，其苗稅卻坐落在本縣修德鄉。上項苗稅，在經
> 界法謂之寫佃，在鄉村謂之包套，未經界之前尚可追理，
> 經界既定，兩縣各隨產經量，承認本鄉元額苗稅，則清江
> 有稅無田，高安有田無稅。本軍不絕人戶陳訴，雖累行關
> 移，乞隨產坐落苗稅，而高安不即承受。又兩縣一時結局，

清江不免以無田之稅增均於元額之田，高安即以無稅之田
減均於元額之稅。是高安得偏輕之利，清江得偏重之害矣！
謹案國朝淳化癸巳（四年，九九三）歲，詔建臨江軍，取
筠州之瀟灘鎮爲清江縣，割高安之建安修德兩鄉以隸，蓋
當時新豐與修德地界相接，以故稅苗有交鄉寫佃之弊。[17]

因爲賦稅的負擔，向來各州縣鄉皆分別立有祖額，任何縣分都不願承
受祖額外的擔負。各縣鄉負擔賦稅之祖額在經界前與經界後並沒有
改變；經界既定，然後計畝分攤。如上述高安縣新豐鄉第一第二等人
戶稅錢四十餘貫和苗米四百餘石，在經界前本屬清江縣修德鄉的稅
戶，經界後，卻轉變爲高安縣的稅戶，而清江縣的賦稅祖額不減，於是
不得不將此爲數甚巨的稅錢和苗米增均於元額之田，因而有偏重之
弊。像這種交鄉寫佃的情形，並非止清江一縣而然。以見經界本爲均
稅，其結果稅仍不均，此不過其一端而已！所以在紹興二十年前後吏
部尚書劉才邵即奏論推行經界諸路縣分稅多不均之弊，其狀說：

> 朝廷設經界之法，所以均稅而便民，然諸路縣分推行不
> 同，其間或有通一鄉均稅，事實未便。臣嘗詢訪所以，頗見源
> 流。蓋緣自來人戶，有身居甲鄉，稅多，其相交易，於田稅上
> 聲說其田係載甲鄉，稅錢若干，稅既有往來，故未覺不均之
> 患。經界之法既行，租稅各有歸著，若但據一鄉均稅，則稅少
> 而田多者受其利，稅多而田少者受其害。且如一縣之內，一
> 畝上等之田，畝步之廣狹均也，色額之高下又均也，卻有一鄉
> 受稅十文者，有一鄉受稅二十文者，有一鄉受稅三十文者，其
> 餘等第亦皆相類。多寡相違，至於如此！多者既有偏重之
> 患，則田之所入不足以了官租，遂至於逃移，逃則拋棄田業，
> 無人承佃，而官司常賦之額，將有所虧，公私皆受其患，豈小
> 哉！（《樵溪居士集》卷八）

民間田畝自由買賣，有乙鄉之民承購甲鄉之田，而甲鄉農戶又或與丙
鄉或丁鄉民交易，或兩縣之間亦有土地買賣，在經界之前，稅有往還，
乙鄉居民或在甲鄉納稅，經界既定，民戶於坐落鄉分並一納稅，而每鄉
原立賦稅祖額不減，如甲鄉原本稅重，田地賣出逾多，則以畝頭均敷之

---

[17] 本段係參照《宋會稿·經界雜錄》及《建炎以來繫年要錄》卷一六二融會撰成，
兩書各有長短，正好互相補充。

後,稅必均增,是重之又重。當時經界規定稅不過鄉,乃是通一鄉均稅,[18]其結果稅最不均。茲舉福州侯官縣石門鄉爲例,以說明之。據葉適《水心文集》卷一五《林伯和(鼐)墓誌銘》說:"石門鄉田頃五十七,畝受米二斗六升,太平興國中,民田在外鄉者輸其鄉。紹興經界,曰:此本鄉稅也。由是比他鄉倍(十)六七,民不堪重。"這是說石門鄉的田地頃畝沒有增加,而稅額增加了,故均敷之後感到偏重,而通一縣均稅當然稍好一點,然亦不免有弊;那麼只有通一州,庶幾稅稍均得。所以《朱子類語》卷一一一論民即作此主張。該條載:

> 黃仁卿(東)將宰樂安,論及均稅錢曰:"今說道稅不出鄉,要之稅有輕重,如何不出鄉得? 若教稅不出州時,庶稅稍均得。"先生曰:"稅不出鄉,只是古人一時之間尋得這個說法,防那一時之弊。"

舊弊既防,新弊復生,所以當時訟經界後稅不均的很多。[19] 尤其當時地方政府首長乘機增稅,必要達到祖額,以幸求獎賞,遂將額管苗稅均於未開墾的荒地上,一例起催,致人戶無從輸納。而納畢亦不出給由子(收據),等於白取,[20]這些輸納監收之弊,在南宋相當常見,並非全由經界而起。至若既已經界核實稅額,而反不以是爲正,卻强迫下級政府或民眾抱認舊額虛數,則不能不說是監司及州縣守令之過,更不能一切委責到經界身上。如《宋會要稿·食貨七·賦稅雜錄》紹興二十九年八月十六日條云:

> 知英州陳克勤言:"英州舊管丁苗米三萬餘石,至經界核實,不滿萬石。而前任轉運判官鄭鬲抑勒州縣,抱認舊額虛數,至今轉運司逐年猶以舊額督責,更不以經界爲正,是至百姓流移日甚! 又廣東一路,惟南雄、連、英有此虛數,三州之民均受其害。乞詔本路漕臣照應經界實數催科。"

有詔戶部:"今轉運司將南雄、連、英三州照應經界新額催科,更不得用

---

[18] 《朱文公文集》卷一九條奏經界狀云:"紹興經界打量既畢,隨畝均産,而其産錢不許過鄉,此蓋以算數太廣,難以均敷,而防其或有走弄失陷之弊也。若使諸鄉産錢祖額素來均平,則此法善矣。若逐鄉産錢祖額本來已有輕重,即是使人户徒然遭此一番打量攢算之擾,而未足以革其本來輕重不均之弊,無乃徒爲煩擾,而不免有害多利少之歉乎?"此說明稅不過鄉之弊。

[19] 當日訟經界後稅不均者甚夥,見《建炎以來繫年要錄》卷一六〇及《宋會要稿·經界雜錄》。

[20] 見《宋會要稿·食貨七十·經界雜錄》及《食貨六八·受納雜錄》。

虛數抑勒州縣。"這是諸路監司不恤民之過，由此更可以看出，經界之後，將虛額稅數核實釐正，大多低於舊額，因得均減，對廣大的納稅義務人都有利。此外尚有經界後所發生的其他偏差，又有甚於此者。同書同錄云：

> （三十一年九月）二十四日資州鄉貢進士劉冕言："昔李椿年舉行經界，其實均兩稅之要也。自今觀之有名無實。何以知之？經界之行，保伍與民俱湊于田，執契驗田，不容詭冒，量田頃畝，土色肥瘠，以定稅多少，而賦輸之輕重以之。今則不然，其取輸不自於稅，或取之價錢，或取之家業，或取之以山石子斗，故有偏輕偏重之失，欲乞嚴下約束州縣，俾皆罷去家業、價錢、山石子斗，一用經界所均兩稅，以定賦輸常數。"

此言經界所以均兩稅，完全正確，至於有名無實，則非經界本身之過，完全是人爲的，遇到好的地方官便可以得到改正。不幸，親民官吏良莠不齊，多少弊病，皆由貪官污吏而起，遂使經界之利不甚顯著，而流弊之生則時有所聞，以致影響後人對經界的評價。甚至當時人對椿年亦多不諒解，常橫加咒詛，如朱熹《答王子合書》中所說："熹少時見所在立土封，皆爲人題作李椿年墓。"（《朱文公文集》卷四九）顯然各地有不少農民不歡迎他，甚而咒詛他早日死亡。據王懋竑撰《朱子年譜》，熹於紹興十八年，時年十九歲舉進士第，椿年尚未去位，卻已有不少椿年之墓出現。蓋以人之常情，惡勞喜逸，經界不是不役人而可以坐致成功的，當然不爲人所樂從了。觀朱熹對經界的看法，實不失其真諦。其《答王子合書》云：

> 至如經界一事，固知不能無小擾，蓋驅田里之民，使之隨官荷畚持鍤揭竿引繩以奔走於山林田畝之間，豈若其杜門安坐飽食而嬉之爲逸哉！但以爲若不爲此，則貧民受害無有已時，故忍而爲之，庶其一勞而永逸耳！若一一恤此，必待其人人情願而後行之，則無時而可行矣！且如此間紹興年間正施行時，人人嗟怨，如在湯火之中，是時固目見之，亦以爲非所當行。但記事之後，田稅均齊，里閭安靖，公私皆享其利，遂無一人以爲非者。凡事亦要其久遠如何耳！（《朱文公文集》卷四九）

朱熹可謂爲真正能體會椿年的用心者。當椿年倡行經界之初，凡所策
劃與所推行，無一不是爲一勞永逸之計，然有不少人常以私意沮壞之，
使人先憂其擾民之小害，而不得見田稅均齊之大利，這不是椿年之罪，
當世必有任其責者。李心傳評之說：

> 然諸路田稅由此始均，今州縣砧基簿半不存，黠吏豪民
> 又有走移之患矣！（《朝野雜記甲集》卷五）

經界之成效益燦然可見了。其均平的情形，則有如《淳熙三山志》卷一
〇版籍條中所說：

> 紹興十九年行經界，田以名色定等，鄉以舊額敷稅，列邑
> 之地，各有高下肥磽，一鄉之中，土色亦異，於是或釐九等，或
> 七等，或六等，或三等。雜地則或五等，或三等。多者（畝）錢
> 五文，米二斗五升，最少者錢一分，米僅合勺。

土質的高下肥瘠與土色的差異，其耕種之收穫量懸殊很大，自不能納
等量的稅，所以田地分的等越多越均平。據該條中夾注，則稱：“今獨
閩縣晉安西鄉產錢五文七分三釐七毫，侯官石門鄉二斗五升七合。”這
正與葉適撰《林鼐墓銘》中所說的石門鄉畝受米二斗六升相合。其餘
各縣鄉皆錢自四文以下，米一斗以下不等。福州雖有一二鄉分賦稅偏
重，然總比有田者無稅，有稅者無田好多了。所謂兩害相權取其小者，
兩利相權取其大者，任何人不能否認經界之害小而利大，不經界之害
大而利小，則椿年的豐功偉業益彰明較著了。

四、南宋中期後各地經界的情形

自椿年倡行經界，因所受阻力日增而失敗後，年深歲久，諸路經界
圖帳簿籍多所散佚，吏緣爲奸，賦役不均之弊如故。淳熙八年閏三月
十七日，新知江陰軍王師古將此情形奏聞於朝，有詔諸路漕臣督導州
縣補葺圖籍。到八月，諫官葛邲忽奏言此事擾民，乃罷。足見政府持
之不堅。前述福建路漳泉汀三州未實行經界，而汀州經界不正爲害特
大。李心傳謂：“初紹興之經界也，漳泉汀三郡以何白旗作過之後，朝
廷恐其重擾，止不行。然漳泉富饒，未見其病，惟汀在深山窮谷中，兵
火之餘，舊籍無存者，豪民漏稅，常賦十失五六，郡邑無以支吾，因有計
口科鹽之事，一斤之鹽出數斤之直，論者患之。淳熙十四年四月，福建
轉運判官王回代還，入見，爲上言：其病不專在鹽，請先行經界。”（《朝

野雜記甲集》卷五福建經界條)孝宗深以爲是,乃命回爲戶部右曹郎官往汀州措置。回還没有莅任,即遭福建提刑批駁,又以擾民不便的理由而中止。可見當時士大夫一味墨守成規,不思改進,視李椿年的招怨爲殷鑒,而置人民的苦痛於不顧。到光宗紹熙元年朱熹知漳州,深感民戶賦役不均之病太甚,思有所改革。[21] 認爲"經界一事,最爲民間莫大之利。其紹興年中已推行處,至今圖籍猶有存者,則其田稅猶可稽考,貧富得實,訴訟不繁,公私之間,兩得其利"。又認爲"往歲汀州累次賊盜,正以不曾經界,貧民失業,更被迫擾,無所告訴,是以輕於從亂"。(《朱文公文集》卷一九)所以改良紹興經界的遺規,而作因時因地制宜的措施,乃是刻不容緩的事。熹申諸司狀云:

> 今欲行之,則紹興已行之法誠不可易,但當時所行亦有一二未盡善者,如不擇諸道監司以委之,而至於專遣使命,不擇州縣官吏而泛委令佐,至其中半又差官核實以紛更之,此則今日之所不可不革者也。(《朱文公文集》卷二一)

所以説推行經界最急之務在推擇官吏,必使州縣長貳均得其人,人人熱誠負責,寬厚愛民,然後"使之審思熟慮於其始,而委任責成於其終",則可不擾民而事克濟。唯打量經界,對鄉都的里正保長必增加若干負擔,也是應當體恤的。熹奏云:"里之正長,其役最爲煩重,疆理步畝,分別水色,均攤稅賦,其在當時,動經再歲,彼出入阡陌,妨廢衆務,已不勝其勞,一有失當,詞訴並興,督責隨至。又鄉戶少讀書算,所召募書人多是奸吏,必須醻以高價。又簿書圖賬費用紙札,亦復不貸,是以當時正長厚者重困,薄者破産。今乞於舉行之日,只令正長打量畫圖報官而已,官給紙札自差人供攢賬狀。正長只役其力,無傷其財。"(《永樂大典》卷七八九五)也是正本清源之論。這都是大前提,熹所言至屬正確。其條奏之經界狀甚詳備,於椿年之法頗多改進。兹述其要點如次:

> (一)打量一事最費功力,而紐折算計之法又人所難曉,募本州舊來有曾經奉行諳曉算法之人任之。

> (二)圖賬之法始於一保,大則山川道路,小則人戶田宅,

---

[21] 《宋會要稿·食貨七十·經界雜録》載嘉定十四年十一月四日及十五年十二月四日兩次臣僚奏請速令婺州施行經界,蓋以"賦役不均,豪右得志,窮弱受害,婺之爲郡,乃其尤者"的緣故。

必要東西相連,南北相照,以至頃畝之闊狹,水土之高低,亦須當衆共定,各得其實。其十保合爲一都,則其圖賬但取山水之連接與逐保之大界總數而已,不必更開人戶田宅之闊狹高下也。其諸都合爲一縣,則其圖賬亦如保之於都而已,不必更爲諸保之別也。令民戶只作草圖草賬,官爲置紙雇工以造正圖正賬,如此則大利可成,而民亦不至於甚病矣!

(三)經界既畢,隨畝均稅,稅錢過鄉通縣均紐,庶幾百里之內,輕重均齊。

(四)本州民間田有私産田、官田、職田、學田、常平租課田,一概打量步田,同體均稅,每田一畝隨九等定稅,合一州諸色稅租錢米之數而均之。

(五)本州荒廢寺院田産頗多,目今田土爲人侵佔,逐年失陷稅賦。將來打量之時無人照對。

請許本州出榜召人實封請買,則田業有歸,民益富實,而又官不失陷賦稅。

這實在是一項多方面兼顧的辦法,紹興經界打量畝步,編造圖賬,費用浩繁,民戶亦有相當擔負,而且民戶不懂推算方法,難免呈報的畝步有錯誤,可能遭到嚴厲的處分,現在由通曉算法的人負責打量推算,任何不實不盡均由他們負責。又民戶所繪造的僅是草圖草賬,所費不多,所勞不大,而將來經界齊備,賦役均平,其利大而無窮盡,當然受人歡迎。在過去官田、職田、學田和倉田是不納稅的,現在一概打量,一體均稅,無疑地將普遍減輕民戶的負擔。還有寺院的廣大田地,也多是逃避賦役的,熹主張將荒廢廟産予以招標拍賣,以增加負擔賦稅的田畝數,對納稅的民戶來說,也算是一大福音,足見其計劃頗多獨到之處。辦法雖好,然阻撓的人仍很多,光宗對此不無疑慮,時泉州持兩可之説,帝乃詔先在漳州試辦。二年春,詔與漕臣共同相度,協力奉行,因南方春早,農事方興,恐防春作,乃詔到秋後再打量。熹對此事抱很大希望,嘗謂半年可了。乃益加講究,極言"以半年之勞,而革數百年之弊,向後亦須五十年未壞"。遂令所屬四縣預建四樓以貯簿籍,州建一樓以貯四縣圖賬,條劃甚備,遍榜州境內要衝,結果"細民知其不擾而利於己,莫不鼓舞"。可是言不便者仍多,前詔遂不得見諸實行,熹因爲不能行其志而求去,漳州經界遂成泡影。《兩朝綱目備要》卷一

"命漳州行經界"條説:

> 此法之行,貧民下户雖所深喜,而豪民猾吏皆所不樂,喜之者皆單弱困苦無能之人,故雖懇誠而不能以言自達。不樂者皆才力辯智有餘之人,故其所懷雖實私意,而善爲説辭以惑群聽,恐脅上下,務以必濟其私,而賢士大夫之喜安静厭紛擾者,又或不能深察其情而望風沮怯,則爲不可行之説以助其勢,此則誠不能無將不得行之慮也。……而寓公豪右占田隱税侵漁貧弱者皆不便,爲異論以摇之。後遂有進狀言經界不便者,詔寢其事。而三州經界不行,卒如所料云。

可見熹推行經界所受社會阻力之大,終把一個美好的遠景化爲烏有。《通考》卷五云:"至有進狀言不便者,前詔遂格,閲兩月,熹請祠去,尋命持湖南使者節,猶以經界不行自劾,議者惜之。"也可説公道自在人心了。在朱熹於漳州推行經界之同時,汀州也在措劃實施。據知州祝㮚保明供申説:"據長汀等六縣所申,雖有不同,而其歸則一。向來經界不行,久年税籍,益不可考。富家典買田宅,必抑令出産之人减損税錢,然後肯售,貧民迫於不給,悉從其請,官司未免據契追納,則不得不轉徙流移,此常賦所以失陷。況又差役之際,税籍不可舉,惟憑得替人指差,其弊尤甚。今若經界果行,則凡此諸弊,皆可以革。"這是説經界不正,不僅常賦失陷,政府蒙受重大損失,尤其差役不均,爲害更大。足見汀州之經界,甚爲迫切。但是打量經界,也有若干問題發生,不得不先事預防,故狀中續申:"惟上户平日坐享膏腴,量輸税賦,亦有計囑鄉司,全不輸納,又不供應役次,今税役均,則必競生詞訴。此一説也。諸縣皆有頑惡地分,從來不納二税,亦有税額獨輕之處,今税役均,則必有令之不從者。此二説也。本州凋敝之極,逐年應辦上供與夫供軍輸官之數,已是煎熬,今若供需數目浩瀚,何所從出? 此三説也。今欲舉行經界,乞税錢州不出郭,縣不出鄉,以弭其不肖之心,至於供億之費,則乞朝廷念此一方凋敝,指撥轉運使裒合起發赴行在㮚名錢數若干充經界費用。"顧慮的也頗周到。次年,知州趙充夫又特别提出汀州山多田少,居民大抵皆是貧窘,今若舉行經界,當以憂恤爲先,"凡六邑從前催不到税苗,姑置勿論,且據逐年所納税賦實數,因地之遠近,田之腴瘠,米之貴賤,逐一打量,隨宜减損,使之輕重適中。若將元祖額税苗,不以遠近盡數均敷,地遠穀賤之處,既不可增敷,其勢必盡均入負郭近鄉之田,爲害太甚"。而且官吏能者有限,六邑不便同時舉行經界,最好了辦一邑再及另一邑。(《永樂大典》卷七八九五引《臨汀志叢録》)這些策劃,都很切實際,但並沒有切實推行,一方面因爲地方官吏因循苟且,一方面因爲奸豪擅利多方撓阻,其情形與漳州無異。

雖朱熹倡漳汀二州經界未果實現,然經界之説頗深入人心,至寧宗嘉定八年後,又有婺州經界。《宋史·食貨志》農田條云:

> 知婺州趙愿夫行經界於其州,整有倫緒,而愿夫報罷,士民相率請于朝,乃命趙師嵒繼之。後二年,魏豹文代師嵒爲守,行之益力。於是向之上户析爲貧下之户,實田隱爲逃絶之田者,粲然可考。凡結甲册、户産簿、丁口簿、魚鱗圖、類姓簿二十三萬九千有奇,創庫貯以藏之,歷三年而後上其事於朝。

可見婺州經界經過三任地方官的努力,頗有成效,改正了詭户寄産,使田地得其主,賦税有所歸,向之陪填代納之弊,有税無田之家,皆得釐正平反,則經界實係民生樂利,尤彰彰在人耳目了。

理宗朝推行經界的有:趙與懃於嘉興府,楊某(瑾)之於華亭縣,[22] 王爛之於常熟縣,[23] 何克忠之於永豐縣,皆因地而制宜,各有成效。如永豐經界,據徐元杰所撰《仁政樓記》則爲:

> 令與士民出入阡陌,殫再歲之勞以記事。……以六鄉五十一都之畮,五百二保之衆,正副砧基之有簿,不翅以千計。……蓋嘗曰:經界未足以盡仁,而行仁政者必自兹始。

此正孟子所謂"仁政必自經界始",亦爲李椿年倡行經界之本意,觀此亦可以洞悉了。

---

[22] 參見袁甫《蒙齋集》卷一四《華亭縣修復經界記》,記中稱楊君而不具名,據日本學者周藤吉之《南宋鄉都の税制と土地所有》(載氏著《宋代經濟史研究》)一文中考證爲楊瑾,姑從之。

[23] 見杜範《清獻集》卷一六《常熟縣版籍記》,常熟經界,其成效最著。杜云:"端平初元秋八月王君實領是邑,問民疾苦,皆愀然蹙頞以賦役不均告。會府檄修復經界,……於是考舊額,選衆役,按紹興成法,參以朱文公漳州所著條目,隨土俗損益之。……田若地標氏名畝步於睦間,驗而實者因而書之,否則量而會之。……由是官民一家,大小相勸。……縣五十都,都十保,其履畝而書也,保次其號爲核田簿,號模其形爲魚鱗圖,而又粹官産業於保爲數姓簿,類保都鄉於縣爲物力簿,……以實産受常賦爲砧基簿,印於縣而藏之。……强無拳免,弱無重困,雖悍婺幼孤皆知其自有之業與當輸之賦,污吏滑胥不得加尺寸升合以擾之。"實爲納税小民的大利,益見爲政在人。

五、餘　論

　　自椿年於紹興十二年倡行經界，至理宗之末，經界之推行若斷若續者凡百有餘年，只有紹興時期是普遍的，除少數特殊地區未能有始有終外，大致都已就緒而又各有所成。光宗以後所倡議推行的經界都是局部的，僅限於一州一縣，皆是本諸椿年的成規，再參照朱熹的辦法，雖成效有程度的不同，而能革除產去稅存和有田無稅之弊，使強者無幸免，弱者無重困則一。當然要爲富家豪猾所不喜，而受廣大的貧民下戶所歡迎了。由於官僚胥吏好逸惡勞，不負責任切實推行，使經界的成效大打折扣。更有官吏感覺到推行經界後將有損及於他們的既得利益，乃製造一些經界不均和擾民的訟案，故意擴大事態，然後倉皇入奏，以動搖朝廷的信心和中央的決策，遂使經界半途而廢，而椿年亦因之蒙受不白之冤了。所以實行經界未能盡如理想，是必有任其責者。劉黻《論經界自實疏》說：

> 今州縣之不可爲，大率生於版籍之不明，賦稅走失，而官與民俱病。申經界之政以整齊天下，顧何所不可？……一郡有一郡之責，一縣有一縣之責，政使不人人如李椿年之用心，苟得其意而勉行之，亦足以大有功。奈之何猛者務必深切於行，而寬者付之悠悠而不行，均爲失朝廷之本意，遂使貧民下戶日困於抑輸，而豪民猾吏亦得以相蒙爲奸，於是州縣之賦額十不存六七，惟從事於巧立名色，重催預借，以應解綱，而怨悉歸於公上。吁！孰能執其咎哉？向使州縣之官，能視國如家，視民如子，一革胥吏並緣之害，量事度宜，以要其成，縱不能盡復舊額，而誠求之，不中不遠，庶幾公籍不至大虧。而公私交正，亦興太平之要略也。（《蒙川遺稿補遺》）

這段話說得很平允，如能州郡督導縣，縣督導鄉，上下同心合一地措置經界，不達功德圓滿不休止，則公私俱利，豈不甚好。然事實上，各處推行經界都發生或大或小的偏差，究其所以，劉黻所謂"政使不人人如李椿年之用心"一語足以道破。汪應元曾論經界煩費以擾民，隱實以罔上，虛數未核和重斂未除四害，亦足以發人深省。他說：

　　臣聞經界之政所以仁民也，非所以暴民也；所以利民
也，非以利國也。……夫版籍不正，田稅不均，貧民無常
產而有常稅，公家失常賦而有重征，公私之害，甚可哀痛！
國家所以經界者，固欲其賦役之平貧富之均也。然而暴官
污吏或示欺於其上，豪民猾吏復肆欺於其下，臣見其公利
之俱弊也，不知爲公上之所利也。……方經界之行也，朝
廷必責之部使者，使者責之郡守，守責之縣令，令責之丞
與佐，躬行畎畝間，將以度地也，故有吏卒之費，有文檄
之費，有供億之費，吏之誅求不與焉！是民未蒙其利而先
受其害也一矣！富者田連阡陌，擁厚貲以賂其吏，或以多
爲少，貧者家徒四壁立，吏受富者賂，或以少爲多；是富
民常受其利貧民常受其害也二矣！又民家戶產有沒於官者，
歸於寺若觀者，壞於水而壅於沙者，地雖削而賦自若也。
縣家惟以常數督之民，曾不考核其田之有若無也。不過均
其賦於有田之家而已，富民中產日受其弊也三矣！經界井
田之遺意也，則作賦取民未嘗無制也，今或益耗而加量，
輸楮以抑錢，民所輸者皆數倍於前，名目繁賦日重，中人
之家必至於蕩析，四也。（《南宋文範外紀》卷二）

可見在推行經界的過程中，中下之家未蒙其利，先受其害，但這不
是法之不善之過，乃全是人爲的錯誤。再完美的法令，對貪官污吏
的欺蒙，亦防不勝防，久之，道德失其效用，法規形同虛設，經界
四害的造成，其由來當非一朝一夕了。

　　由經界而引起的財稅問題，卻給民戶帶來更多的負擔。南宋初
年最害民的一項雜稅經總制錢，內中包含田契錢，據李心傳《朝野
雜記甲集》卷一五田契錢條所載：“大率民間市田百千，則輸於官者
十千七百有奇，而請買契紙賄賂胥吏之費不與，由是人多憚費，隱
不告官，謂之白契。”但在紹興十九年諸路實行經界後，執白契者不
得理爲交易，必須請領官契，否則視同隱田沒收之，田主只得繳稅
換領，因此這一年所收的田契稅最多，政府因利乘便，乃規定經總
制錢的拘收即以是年爲定額，此不啻給地方官開一聚斂之門。紹興
二十六年六月十八日荆湖南路轉運判官李邦獻曾論之說：

　　　州縣有經總制合取錢，自來據所收多少合得之數申解，

近因曹泳之請，止以紹興十九年立爲定額，是年係經界年
分，人戶將白契及隱匿田段一併投印稅契，是致所收最多，
若以當年爲額，則是與郡縣開培斂之門，遂致逐州知通立
賞督責，必要及格以希賞典。欲望特降處分，除夏秋二稅
經總制錢有定額外，其餘合收窠名錢物，只得據實收起發，
即不得隱漏侵欺，所有前項立額指揮，欲乞更不施行。

（《建炎以來繫年要錄》卷一七三）

這是何等可怕！邦獻疏上，雖有詔送"戶部看詳取旨"，但卻沒有下
文。其後又有御史中丞湯鵬舉的論列，[24] 倉部郎中黃祖舜的面對直
陳其事，始詔戶部以"十九年以後二十五年以前取酌中一年立爲定
額"。[25] 民戶的雜稅擔負事實上也比未經界前加重很多。

與經界相類似的又有所謂之土地推排法，南宋末年曾倡行之，
然推排遠不如經界之切實，只不過較爲簡易而已！其優劣及措施情
形，《宋史·食貨志》農田條咸淳三年司農卿兼戶部侍郎季鏞奏疏言
之甚詳，兹引述如下，以便比較。鏞云：

夫經界嘗議修明矣，而修明卒不行，嘗令自實矣，而
自實卒不竟，豈非上之任事者，每欲避理財之名，下之不
樂其成者，又每倡爲擾民之說，故寧坐視邑政之壞，而不
敢詰猾吏奸民之欺，寧忍取下戶之苛，而不敢受豪家大姓
之怨。蓋經界之法，必多差官吏，必悉集都保，必遍走阡
陌，必盡量步畝，必審定等色，必紐折計等，奸弊轉生，
久不迄事，乃若推排之法，不過以縣統都，以都統保，選
任才富公平者，訂田畝稅色，載之圖冊，使民有定產，產
有定稅，稅有定籍而已！臣守吳門，已嘗見之施行，今聞
紹興亦漸就緒，湖南漕臣亦以一路告成。竊謂東南諸郡皆
奉行惟謹，其或田畝未實，則令鄉局釐正之，圖冊未備，
則令縣局程督之，又必郡守察縣之稽違，監司察郡之怠弛，
嚴其號令，信其賞罰，期之秋冬，以竟其事，責之年歲，

---

[24] 見《建炎以來繫年要錄》卷一七三。湯鵬舉云："比年以來，經總制錢立額，以紹興二十
六年中最高者一年十九年之數爲之，其當職官既有厚賞以誘其前，又有嚴責以驅其
後，額一不登，每至橫斂，民間受弊，不可勝言。"與李邦獻之論奏可相對證。

[25] 見同上書卷一七五。

以課其成。

此項推排，乃完全委之鄉都，照鄉都所藏的圖籍，稽其步畝，訂其主佃，雖易於成事，但走移欺隱更所難免。然推排亦須先經經界爲之基礎，[26] 所以經界法實是整理土地均平賦役最有效最根本的辦法，值得稱道。

總之，李椿年的事業是持續的，並不是及身而止。反觀王安石的方田均稅法，其成效遠不如經界。再看賈似道的景定公田法，假回買之名，行没收之實，不管從哪一角度來衡量，都不足與經界相比並。《宋史》立傳固然有它的標準，然當立而未立者正多，雖椿年在《宋史》中無傳，但他的事功與在歷史中的地位，仍是不可忽視的。

〔附記〕本文草成後，曾在本年5月7日中國歷史學會第八屆會員大會分組討論時宣讀其大要，蒙宋旭軒、程光裕兩教授提供卓見，特此致謝。1972年6月5日德毅謹識。

※ 本文原載《食貨月刊》復刊2卷5期，1972年；收入《宋史研究集》，臺北：國立編譯館，1974年。
※ 王德毅，臺灣大學歷史研究所碩士，臺灣大學歷史系退休名譽教授。

---

[26] 推排之法雖易爲，然必先由經界植其基。《宋史·食貨志》農田條載監察御史趙順孫言："嘉定以來之經界時至近也，官有正籍，鄉都有副籍，彪列旷分，莫不具在，爲鄉都者，不過按成牘而更業主之姓名，……朱熹所以主經界而闕自實者，正謂是也。"可以見之。

宋代以絲織品作爲賦税的收入與支出情形

趙雅書

一、引　言

絲織品作爲賦入物的一種，早見於古籍記載，如《禹貢》載：
"厥貢漆絲，厥筐織文。"[1]故其歷史甚爲久遠。宋承唐制，但唐代
前期實行"租、庸、調"制，此"調"便是輸絲、麻等織品。唐高
祖武德二年（619）明定每丁輸納的標準爲：

> 其調絹、絁、布，並隨鄉土所出，絹、絁各二丈，布
> 則二丈五尺，輸絹、絁者綿三兩，輸布者麻三斤，其絹、
> 絁爲匹。[2]

德宗時，楊炎作兩税法，以錢爲賦，結果一時造成物輕錢重的現象，
穆宗鑒於以錢爲賦之弊，乃將一部分之賦改回，仍納實物，見《文
獻通考》載：

> 户部尚書楊於陵言：……今宜使天下兩税榷酒鹽利，
> 上供及留州送使錢，悉輸以布帛、穀粟。……宰相善其議，
> 由是兩税、上供、留州皆易以布帛絲纊，租庸課調，不計
> 錢，而納布帛。[3]

宋代"二税"的形式，雖源自唐代"兩税"，但是折色與本色是並
納的。由於宋代絲織生産比前代有更大的發展，所以歲賦之物除穀
外，其次最大宗收入便是布帛。[4]

二、賦入的絲織品

宋代賦入的品類很多，其分類情形如下：

---

〔1〕　屈萬里《尚書釋義》，頁28。（華岡出版社）
〔2〕　杜佑《通典》卷六，《食貨》六，《典》三三。（新興書局）
〔3〕　馬端臨《文獻通考》卷三，《田賦》三，《考》四九。（新興書局）
〔4〕　張學舒《兩宋民間絲織業的發展》。（《中國史研究》）

大凡租税，有穀、帛、金鐵、物産四類。穀之品七：一曰粟，二曰稻，三曰麥，四曰黍，五曰稷，六曰菽，七曰雜子。布帛絲綿之品十：一曰羅，二曰綾，三曰絹，四曰紗，五曰絁，六曰紬，七曰雜折，八曰絲線，九曰綿，十曰布葛。金鐵之品四：一曰金，二曰銀，三曰鐵鑞，四曰銅鐵錢。物産之品六：一曰六畜，二曰齒革翎毛，三曰茶鹽，四曰竹木麻草芻菜，五曰果藥油紙薪炭漆蠟，六曰雜物。[5]

這些東西的計算方法是：

穀以石計，錢以緡計，帛以匹計，金銀絲綿以兩計，薰薪蒸以圍計，他物各以其數。[6]

在納正賦方面，通常以絹、米計算，而且課徵標準分有等差，並不一致，以兩浙爲例，其標準是：

計每畝納絹三尺四寸，米一斗五升二合；桑地……計每畝納絹四尺八寸二分。[7]

除了正賦之外，附加税也多有以絹來計算的，如：

（紹興臨安府）和買紬絹，每田一畝計二尺四寸；陸地一畝，計三尺六寸。[8]

（臨安府）新城縣田畝，舊緣錢氏以進際爲名，虛增進際税額太重，每田十畝虛增六畝，計每畝納絹三尺四寸，米一斗五升二合；桑地十畝虛增八畝，計每畝納絹四尺八寸二分。[9]

一般來説，在政府賦入方面，布帛是僅次於米。而宋代絹紬收入在歲收總數、上供、租税、山澤之利等幾方面，約佔布帛總數的70%左右，特別是絹要佔60%～70%之間。而在絲織品總數中，絹要佔80%，絹紬總數則佔90%以上，這是因爲絹紬是宋代農村最普遍、產地最廣泛的絲織品。宋代絲織手工業與土地具有一種穩定和較密切的關係，而絲織業在大部分地區，還是農村家庭的副業。[10]

本來唐“兩税”已較“租、庸、調”爲重，而宋“二税”較唐

〔5〕 馬端臨《文獻通考》卷三，《田賦》三，《考》五八。
〔6〕 同注〔5〕。
〔7〕 《宋會要輯稿》，《食貨》七〇，頁6399。（世界書局）
〔8〕 同注〔7〕。
〔9〕 同注〔7〕。
〔10〕 張學舒《兩宋民間絲織業的發展》。（《中國史研究》）

"兩税" 更重，宋人林勳曾言：

> 宋二税之數，視唐增至七倍。[11]

南宋人李心傳亦云：

> 余嘗謂唐之庸錢，楊炎已均入二税，而後世差役復不
> 免焉，是力役之征，既取其二也。本朝王安石令民輸錢以
> 免役，而紹興以後，所謂者户長保正雇錢，復不給焉，是
> 取其三也。合丁錢而論之，力役之征，蓋取其四矣！而一
> 有邊事，則免夫之令又不得免焉，是取其五也。《孟子》
> 曰："有布縷之征，有穀粟之征，有力役之征，用其一，緩
> 其二；用其二，則民有殍；用其三，而父子離。"今布縷之
> 征，有所折税，有和預買，川路有激賞，而東南有丁絹，
> 是布縷之征三也。穀粟之征有税米，有義倉，有和糴（川
> 路謂之勸糴），而斗面加耗之輸不與，是穀粟之征亦三也。
> 通力役之征而論之，蓋用其十矣！民安得不困乎？[12]

所以在賦入總和上，宋代是遠超過唐代的，而賦入絲織品的數目，
其情形亦復相同，概算也應該遠超過唐代。兹以實例來列表説明宋
代政府賦入絲織品的一般情形如下：（見表一）

表一僅是主要絲織品的賦入，兹再將《宋會要輯稿》所輯精製
絲織品數目，列表説明於下：（見表二）[17]

兩表是北宋時代，政府賦入絲織物之統計數字，S 代表夏税，A
則代表秋税。如果以絹當作代表物來看，可看出賦入是逐年呈上升
的趨勢，證明宋代絲織品賦入的數量相當龐大。唐代盛世天寶時，
天下丁數三百七十餘萬，[18] 每丁納絹二丈計，則可得 "調" 絹七百
四十餘萬丈，[19] 約合一百七十六萬匹，比較之下，跟宋代差得太遠

---

〔11〕《宋史》卷四二二《林勳傳》，頁 12605。（標點本）

〔12〕《文獻通考》卷一一，《户口》二，《考》一一七。

〔17〕《宋會要輯稿》，《食貨》六四，頁 6100～6107；並參考斯波義信《宋代商業史研
究》，頁 274～276。

〔18〕杜佑《通典》卷六，《食貨》六，《典》三四。

〔19〕《文獻通考》卷二，《田賦》二，《考》四一載："《新唐書·食貨志》以爲每丁輸粟
二斛，稻三斛；調則歲輸絹二匹，綾絁各二丈，布加五之一，綿三兩，麻三斤，非
鹽鄉則輸銀十四兩。疑太重，今不取。" 按《建炎以來朝野雜記》，卷一五身丁錢，
記北宋大觀時爲三丁納絹一匹，南宋乾道時更有七丁納絹一匹之例。比較之下，
《新唐書》記載似太重。又《通典》卷六《食貨》六，《典》三四所記之七百四十
餘萬匹絹，"匹" 字亦疑有誤。

表一

時　期	品　名								
	絹			紬			絲綿草綫		
	歲入	兩稅	上供	歲入	兩稅	上供	歲入	兩稅	上供
太宗至道末[13]	1 625 000			273 000（絁紬）			6 580 000		
真宗天禧末[14]	1 615 000			181 000			6 075 000		
神宗熙寧間[15]	2 672 323	S 2 541 300 A 131 023					5 850 356	S 5 844 861 A 5 495	
《宋會輯稿》中北宋時之統計數字[16]	5 382 709	2 935 586	2 876 105	2 290 966	415 570	468 774	13 852 797	9 115 421	2 365 848
實際加數	5 388 910	2 894 333	2 876 215	1 177 508	416 317	469 774	13 733 800	9 234 989	2 366 848

[13] 馬端臨《文獻通考》卷三,《田賦》三,《考》五八。
[14] 馬端臨《文獻通考》卷三,《田賦》三,《考》五八。
[15] 馬端臨《文獻通考》卷三,《田賦》三,《考》五九,熙寧十年(1077)見催額。
[16] 《宋會要輯稿》,《食貨》六四,頁6100~6107。

表二

宋會要輯稿	羅			綾			絁綾縠子隔織			錦綺庵胎透背	
	歲入	兩稅	上供	歲入	兩稅	上供	歲入	兩稅	上供	歲入	上供
輯稿	166 620	860	106 481	147 385	14 291	44 906	111 716	47 861	6 611	9 615	1 010
加數	80 537		106 472	75 420	14 301	44 906	56 806	49 861		6 207	

了，幾乎只有宋代的七分之一。據《宋史·食貨志》載，元豐時絲織品收入總數爲八百十六萬一千七百八十匹，[20] 這與《宋會要輯稿》所載，有些許的差距，此元豐數字有可能爲局部地區之收入，但即使以此爲代表的話，也較唐天寶賦入絲織品數，約增加了五倍有餘。故顯示宋代賦入絲織品的數目，是遠超過唐代。

南宋時，賦入絲織品數字記載較爲零散，且無全面性的統計數字，不過根據《宋會要輯稿》所載，從北宋時代諸路繳納稅租和上供絲織品的統計數字來看，當時北方已遠落南方之後。[21] 故就政府總收入來說，除了在南宋初期的那一段戰亂時期以外，推斷南宋賦入絲織品的數量，是絕不遜於北宋的。以四川爲例，費著《蜀錦譜》就說：

> 渡江以後，外攘之務，十倍承平。[22]

再以兩浙婺州賦入羅爲例：

> 婺州羅二萬……[23]

建炎三年(1129)，知婺州蘇遲乞奏減年額上供羅。上問：“祖宗額幾何？”輔臣對：“皇祐編敕一萬匹。”問：“今幾何？”輔臣指遲奏言：“五萬七千七百九十七匹。”上驚歎云：“民將何堪？”時遲奏乞減半，上曰：“盡依皇祐法。”輔臣奏：“今用度與祖宗時不同。”上復曰：“與減二萬匹併八千有餘今數。”因著爲定制，仍令給以本錢。[24]

可知南宋婺州賦入羅之數額遠高於北宋。即在南宋初期，從兩川上供的錦、綺、綾，也還有三萬五千餘匹，[25] 這與北宋時期同地區的數目，相差實在有限。[26] 除了上述區域的比較之外，再看《文獻通考》的兩則記載：

> （紹興）二年（1132）……時江浙湖北夔路歲額紬三
> 十九萬匹，江南川廣湖南兩浙絹二百七十三萬匹，東川湖

---

〔20〕 《宋史》卷一七五《食貨志》，頁4234：“（元豐）五年（1082），戶部上其數凡八百十六萬一千七百八十四匹……”

〔21〕 見拙作《宋代蠶絲業的地理分佈》，《史原》第3期。

〔22〕 元費著《蜀錦譜》，頁2。（《續百川學海》）

〔23〕 《文獻通考》卷二〇《市羅》一《考》二〇〇。

〔24〕 章俊卿《山堂考索》後集，卷五三《建炎以來繫年要錄》卷六二，紹興三年正月己未。

〔25〕 李心傳《建炎以來朝野雜記》，甲集，卷一四，四川上供絹、紬、綾、錦、綺。（文海出版社）

〔26〕 見拙作《宋代蠶絲業的地理分佈》，《史原》第3期。

南綾羅絁七萬匹……成都府錦綺千八百餘匹皆有奇。[27]

（紹熙）……時東南諸路歲起紬三十九萬匹……絹二百

六十六萬匹……綾、羅、綺三萬餘匹……[28]

這些數字還略高於北宋時期相同區域的賦入。[29]《文獻通考》又載：

淳熙十年（·1183），詔左藏南庫撥隸户部，嘗試考昔驗

今，至道中歲入一千二百餘萬，天禧末歲入三千六百餘萬，

嘉祐歲入三千六百八十餘萬，熙寧歲入五千六十餘萬，寧

宗時歲入六千餘萬，然則土地之廣狹，財賦之多少，可以

考矣！司版曹之計者，尚忍求詳生財之方乎?[30]

這是國家財政收入的一部分，可以看出數字是逐年呈上升的趨勢，
同樣地推斷，政府賦入絲織品之數額，也應該是逐年地上升，故南
宋時期的數額，決不會比北宋時期少，所以《宋史·食貨志》載：

高宗南渡，雖失舊物之半，猶席東南地産之饒，足以

裕國。[31]

《桯史》亦載：

國家息兵二十年，將士不戰，竭四川之資以奉之……

所備金帛錢物，充滿府庫，宣撫不住關，撥款易籌辦也，

顧生民膏血，不容無功而得耳![32]

故南宋時期，北方雖已淪於金人之手，但是仍在掌握中的長江中、
下游以及四川生産區，均大大地發揮了生産潛力，使得南宋政府賦
入絲織品之數，並不虞匱乏，而且比之北宋，亦只多不少。

三、絲織品的支出

日本學者加藤繁在《唐宋時代之金銀研究》一書中，有一節討
論到唐代絹帛與金銀的比較，但對宋代部分則闕如。加藤繁認爲絹
帛在唐代仍有貨幣的功能。[33] 故唐代仍爲實物經濟，宋代則進入貨

---

〔27〕　《文獻通考》卷二〇，《市糴》一，《考》一九八。
〔28〕　《文獻通考》卷二〇，《市糴》一，《考》二〇〇。
〔29〕　見拙作《宋代蠶絲業的地理分佈》，《史原》第3期。
〔30〕　《文獻通考》卷二四《國用》二《考》二三五。
〔31〕　《宋史》卷一七三《食貨志》，頁4156。
〔32〕　岳珂《桯史》卷三，頁3～4。（《筆記小説大觀》）
〔33〕　加藤繁《唐宋時代之金銀研究》，頁92。

幣經濟，因此宋代政府賦入絲織品，所具有之功能，亦逐漸隨時代而改變，純以消費支出爲主。

絲織品在宋代，每年都有大量的賦入，大致已如前述。但根據史料記載，每年絲織品的用途，勉敷支應，有時收支不能平衡，竟有入不敷出之感。不過在基本上，我們應有出入相抵的概念，因爲畢竟有多少才能用多少。宋葉夢得《石林燕語》載：

> 皇祐、治平，天下財賦收入皆一億萬以上，出入略相當。[34]

然在實際情形上，還是有出入的。《續資治通鑑長編》中，保留了至道三年（997）與天禧五年（1021）兩個年度絲織品歲出的總額。[35]試觀下表歲出數字，不難發現端倪：

至道、天禧兩年度絹帛絲綿歲支出額表[36]

品　名		歲　支　出　額	
		至道三年（997）	天禧五年（1021）
	絹	3 333 000 匹	41 737 000 匹
	紬	903 000 匹	764 000 匹
	布	2 063 000 端[37]	1 297 000 匹
	絁	59 000 匹	52 000 匹
	綾		107 000 匹
	羅		27 000 匹
	紗　緞		11 000 匹
	錦　綺		6 700 匹
	絲　線	1 640 000 兩	3 632 000 兩
	綿	7 450 000 兩	16 500 000 兩
合計	匹	6 358 000 匹	44 001 700 匹
	兩	9 090 000 兩	20 132 000 兩

我們當然不能完全根據此表，來決定宋代政府之歲支出額，但至少

---

〔34〕 葉夢得《石林燕語》卷一，頁5。（《筆記小說大觀》）
〔35〕 《續資治通鑑長編》卷九七，頁 17～18。
〔36〕 參考日野開三郎《五代藩鎮之舉絲絹與北宋之預買絹》。（《史淵》15 輯）
〔37〕 洪邁《容齋五筆》卷一〇，頁3："今人謂繒帛，一匹爲一端，或總言端匹……"，故端猶匹也。（《筆記小說大觀》）

可以看出兩種趨勢：其一是在支出方面，逐年在提高著；其二是若比較至道、天禧同時期的賦入額，發覺兩邊的數字並不能平衡。絹帛絲綿等在北宋財政運用上，頗佔重要的地位，然而政府如何來調配此種差額呢？日野開三郎認爲除了正賦之外，[38] 尚有官營機織工場產品、[39] 折稅絹（兩稅徵收時，以絹代錢穀折納）、[40] 權利絹（以絹代專賣品折納）、和買絹、博買絹（以錢之外的品物交換絹）、[41] 贓鹽法[42]等六種方法。其中數量最多，且最重要的是和買絹。[43] 從漢代以後，內廷與外廷就各有其獨立之財政，[44] 《文獻通考》載：

> 靖康元年（1126），言者論天下財用歲入有常，須會其數，宜量入爲出，比年以來，有御前錢物、朝廷錢物、戶部錢物，其措置裒斂取索支用，各不相知，天下常賦，多爲禁中私財。[45]

---

[38] 參考日野開三郎《五代藩鎮之舉絲絹與北宋之預買絹》。（《史淵》15 輯）

[39] 張學舒《兩宋民間絲織業的發展》。（《中國史研究》）："兩宋京城都有少府監所屬綾錦院。北宋在乾德四年（966）初創時，以二百名平蜀所得錦工爲骨幹，後增至軍匠人數爲一千另三十四人，有錦綺機四百餘。南宋綾錦院織機有三百架，人數也達千人。另外文思院有稜（綾）作、尅絲作，內侍省後苑造作所有尅絲作、織羅作。地方官營，北宋西京，真、定、青、益、梓州場院主織錦綺、鹿胎、透背，江寧府、潤州有織羅務，梓州有綾綺場。杭州也曾立織室。南宋官營主要地區爲兩浙和四川。就地方官營講，成都綾錦院規模最大，技術水平最高。費著《蜀錦譜》記有北宋成都錦院十五個品名，南宋茶馬司所屬成都錦院三十三個品名，並記有名稱，像青綠瑞草雲鶴錦、真紅六金魚錦、四色湖州百花孔雀錦。宋代官營絲織在技術水平、規模、質量、產量方面都達到了前所未有的水平。"

[40] 如《續資治通鑑長編》卷二五五，頁 16："參知政事呂惠卿言：常平錢糧並據願請成貫石給納，日收息二分，如願以糧、銀、絹、絲、紬、綢布折納者，聽。"《建炎以來朝野雜記》卷一五，頁 10～13："皇祐中，許民之綢絹依時直折納，謂之丁絹。"

[41] 如《宋會要輯稿‧食貨》七十，頁 6384："巧立名目，非法折變，如絹一匹折納錢若干，錢又折麥若干，以絹較錢，錢倍於絹，以錢較麥，麥又倍於錢。"《宋史》卷一七四《食貨志》，頁 4219～4220："今之爲絹者，一倍折而爲錢，再倍折而爲銀。銀愈貴，錢愈難得，穀愈不可售，使民賤糶而貴折，則大熟之歲反爲民害。"

[42] 如《續資治通鑑長編》卷二，頁 6："《太宗實錄》太平興國二年（977）云：先是官貸鹽與民，蠶事既畢，即以絲絹償官，謂之蠶鹽，令民隨夏秋賦租納其直。《食貨志》云：唐有蠶鹽，皆賦於民，隨夏稅收錢絹。與《實錄》少異，當考。"另《宋史》卷一七五，《食貨志》，頁 5："法一匹給鹽二十觔，比錢九百，歲預於十二月前給之。"（藝文）標點本將"觔"寫作"斤"。

[43] 拙作《宋代和買絹之研究》。（《國立編譯館刊》第 2 卷第 2 期）

[44] 加藤繁《中國經濟史考證》，頁 26："漢代國家財政和帝室財政的區別以及帝室財政的一斑。"

[45] 《文獻通考》卷二四，《國用》二，《考》二三四。

　　可知宋代也是一樣，內、外廷各自有獨立的財政。曾我部靜雄
《宋代財政史》，便是將之分成兩部分來說的。王應麟《玉海·食
貨》載：

　　　　祖宗外置轉運司以漕一路之賦，內置三司使以總天下
　　之財，神宗始分天下之財以爲二司，轉運司獨用民常賦與
　　州縣酒稅之課，其餘財利悉收於常平司，掌其發斂儲之，
　　以待非常之用，罷三司而爲戶部。轉運之財則左曹隸焉，
　　常平之財則右曹隸焉。[46]

這些都是外廷的財政，其最重要的代表，便是左藏庫。《建炎以來朝
野雜記》載：

　　　　左藏庫，國家經賦所貯也。[47]

《續資治通鑑長編》載：

　　　　國初貢賦悉入左藏庫。[48]

　　　　分左藏庫爲左、右藏各二庫，右藏受之，左藏給之，
　　俟右藏既盈，即復以給。曰錢、曰金銀、曰匹帛凡六庫，
　　更爲給受。明年仍廢右藏入左藏，分爲四庫，曰錢、曰金
　　銀、曰絲綿、曰生色匹帛、雜色匹帛……[49]

《夢粱錄》則謂：

　　　　左藏庫有東、西二庫……東庫則掌幣帛絁紬之屬，西
　　庫則掌金銀泉券彩繒之屬。[50]

至於內廷之財，則是帝室內帑，是後加的。《續資治通鑑長編》載：

　　　　國初貢賦悉入左藏庫，及取荊湖、下西蜀，儲積充美。
　　上顧左右曰：「軍旅饑饉，當預爲之備，不可臨事厚斂於
　　民。」乃於講武殿後，別爲內庫，以貯金帛，號曰封樁庫，
　　凡歲用度，贏餘之數，皆入焉（別置庫，本志及他書，皆
　　云在乾德初，未審何年？計必是平西川後也，因命諸州不
　　得佔留金帛，附見其事）。[51]

〔46〕王應麟《玉海》卷一八六，頁14。（華文書局）
〔47〕《建炎以來朝野雜記》甲集，卷一七，頁2。
〔48〕《續資治通鑑長編》卷六，頁8。
〔49〕同上，卷三三，頁9。
〔50〕吳自牧《夢粱錄》卷九，頁4。（《筆記小說大觀》）
〔51〕《續資治通鑑長編》卷六，頁8。

《宋史·食貨志》亦載：

> 凡貨財不領於有司者，則有內藏庫，蓋天子之別藏也。[52]

太宗嗣位，漳泉、吳越相次獻地，又下太原，儲積益厚，分左藏庫爲內藏庫，令內藏庫使翟裔等於左藏庫擇上綾羅等物，別造賬籍，月申樞密院，改講武殿後庫爲景福殿庫，俾隸內藏。其後乃令揀納諸州上供物，具月賬於內東門進入，外庭不得預其事。帝因謂左右曰："此蓋慮司計之臣不能節約，異時用度有闕，復賦率於民，朕不以此自供嘗好也。"[53]內廷財政是完全獨立的，復見《續資治通鑑長編》載：

> （嘉祐七年）（1062）（五月司馬光上言）今內藏庫專
> 以內臣掌之，不領於三司，其出納之多少，積蓄之虛實，
> 簿書之是非，有司莫得而知也。[54]

此外，內廷財政還一直擴大著，元豐三年（1080）設元豐庫，未幾，再分元豐庫爲元豐南、北庫；元祐三年（1088）又設元祐庫；以後又有大觀庫、崇寧庫、宣和庫等。[55] 到南宋以後，但有內藏及激賞二庫，[56] 激賞庫即所謂左藏南庫，見《文獻通考》載：

> 左藏南庫本御前樁管激賞庫，紹興休兵後，秦檜取戶
> 部窠名之可必者，盡入此庫，戶部告乏則與之，由是金幣
> 山積，士大夫指爲瓊林大盈之比。高宗嘗出數百萬緡，以
> 佐調度，淳熙末始併歸戶部。[57]

以後則又有左藏封樁庫，但限軍需用。[58]

內藏庫等在平衡支出絲織品方面，地位非常重要，《建炎以來朝野雜記》謂：

> 天下財賦半入內帑，有司莫能計其盈虛。[59]

《朱子語類》卷一一一《財》亦謂：

> 財賦不歸一，分成兩三項，所以財匱。且如諸路總領
> 贍軍錢，且諸路財賦之入總領者，戶部不得而預也，其他

〔52〕《宋史》卷一七九《食貨志》，頁 4369。
〔53〕同上，頁 4370。
〔54〕《續資治通鑑長編》卷一九六，頁 19。
〔55〕《宋史》卷一七九《食貨志》，頁 4372～4373。
〔56〕《建炎以來朝野雜記》甲集，卷一七，頁 5～6。
〔57〕《文獻通考》卷二四，《國用》二，《考》二三七。
〔58〕同注上。
〔59〕《建炎以來朝野雜記》甲集，卷一七，頁 3。

則歸戶部，戶部又未盡得，凡天下之好名色錢容易取者、多者，皆歸於內藏庫、封樁庫。惟留得名色極不好、極難取者，乃歸戶部，故戶部所得者，皆是枷棒栲箠得來，所以戶部愈見匱乏。[60]

這解釋了內藏所以能平衡支出的道理。《續資治通鑑長編》又載：

上聞河北大稔，丙申，出內府綾、羅、錦、綺計百八十萬……[61]

乙酉，權三司使馬元方言：「來春大禮，於是內藏庫假賞賜物，準奉祀例內有雜色匹帛。」內藏庫言：「咸平、景德以來，南郊悉不支撥，慮他時為例。」王旦曰：「初降御劄，令內藏給諸軍賞賜。」時元方言：「職司豈無經度？其賞賜且依舊，借內藏金萬兩，錢七十萬貫，紬絹一百萬匹，餘則三司規劃……」[62]

丁卯，出內藏紬絹一百萬，下三司，市糴軍儲。[63]

己亥，出內藏庫紬絹三百萬，下三司，以助經費用……[64]

慶曆二年（1042）六月甲戌，出內藏庫銀一百萬兩，紬絹各一百萬匹，下三司，以給邊費。[65]

壬子……出內藏絹二十萬，市馬於府州岢嵐軍。[66]

閏十一月丙辰，出內藏庫緡錢四十萬，紬絹六十萬，下河北便糴糧草。先是河北頻年水災，朝廷蠲民稅幾盡，至秋禾稼將登，而鎮定復大水，緣邊尤被其害，上憂軍儲不給，故特出內府錢帛以助之。[67]

出內藏庫錢十萬，綢絹二十萬、綿十萬，下河北助糴軍儲。[68]

……自皇祐二年（1050），改用見錢法，而京師積錢少，不能支入中之費，嘗出內藏庫錢帛百萬，以賜三司，久之入中者寖多，京師帑藏益乏，商人持券以俟，動彌歲月，則至損其直，以售於畜賈之家，故言利者欲革之。朝廷既行，即止，然自今並邊虛估之弊復

---

〔60〕《朱子語類》卷一一一財，頁6。（正中書局）

〔61〕《續資治通鑑長編》卷五五，頁10～11。

〔62〕同上，卷八七，頁7。

〔63〕同上，卷一一六，頁18。

〔64〕同上，卷一四二，頁21。

〔65〕《續資治通鑑長編》卷六，頁8；《永樂大典》卷一二四〇〇，頁1。

〔66〕《續資治通鑑長編》卷一五六，頁14。

〔67〕同上，卷一六九，頁12。

〔68〕同上，卷一七五，頁5。

起（此據《食貨志》第三卷，附見皇祐四年（1052）三月壬戌出絹
十萬；七月乙巳，又出錢三十萬，絹十萬；五年七月丙子，出鈔十
萬，綢絹二十萬，綿十萬；今年六月甲寅，出綢絹五十萬……）。[69]

己酉，三司言：陝西、河東歲減西川所上物帛，而衣不足，又
沿北入中糧草數多未有綢絹折，請貸內藏庫綢十萬……[70]

（仁宗崩）三司奏乞內藏庫錢百五十萬貫，紬絹二百五十萬匹，
銀五萬兩，助山陵及賞賚，從之。[71]

又《宋季三朝政要》也載：

> ……犒海道戍兵，出內庫銀絹，付宣司支費。[72]

故舉凡大稔、賞賜、助三司、糴軍儲、給邊費、市馬、賑災、貸償
商人入中、助山陵……等，皆爲內藏庫所具有之功能。在絲織品支
出方面，內廷與外廷同負重要的任務，不過外廷向內廷所貸借的，
仍必須償還，見《續資治通鑑長編》載：

> 甲辰……內藏庫言：三司所借金帛，其數至多，舊借
> 金即以饒歙等州及諸路所供充還……[73]

> 內藏庫言：陝西路轉運司借綢絹十萬匹，未償，詔李
> 稷計直償以銀。[74]

多由諸路上供折還，故朱熹亦言：

> 諸路上供，多入內帑，是致戶部經費不足，遂廢祖宗
> 破分之法，而上供額必取十分，登足而後已……[75]

四、各項支出用途

（一）軍人衣料

北宋時代常備軍——禁軍之給與，以糧食、料錢、被服爲三大
項目。[76] 在平時，爲支給春、冬二季衣服，常需大量布帛供應。而

---

〔69〕《續資治通鑑長編》卷一七六，頁19。
〔70〕 同上，卷一七六，頁5。
〔71〕 同上，卷一九六，頁5。
〔72〕《宋季三朝政要》卷三，頁2。（《筆記小說大觀》）
〔73〕《續資治通鑑長編》卷八五，頁5。
〔74〕 同上，卷二九八，頁5。
〔75〕《朱文公文集》卷一二，頁185。（《四部叢刊》）
〔76〕 參考加藤繁《唐宋時代之金銀研究》；梅原郁《北宋時代之布帛與財政問題》（《史
林》47卷2期）。

自真宗、仁宗以後，爲增强西、北邊防，兵員增加，因此布帛之需要量，亦隨之大幅增加。至於布帛的支給内容，包括絹、紬、布、綿、隨衣錢等，不過因時間與地域的不同，支給的數量並不一致。茲列下表説明：

品名 地區	絹紬（匹）	布	綿（兩）	隨衣錢（貫）	備　　　考
陝　西	6		12	3	《續資治通鑑長編》卷一六一[77]
冀　州	9	1.2（緞）	10	1.2	《孝肅包公奏議》卷八[78]
江西路	1			3	《李忠定公奏議》卷四九[79]
江西路	4.6	0.7（匹）	12	2.4	同上[80]
南康軍	5		15	2.55	《朱文公文集》卷二〇

上衣是用絹、紬，下衣則用布、綿用來保温，隨衣錢用作支給之加工費，亦用作附屬品之購入費。上表包括南、北宋的資料在内，顯見南、北宋都是大致相同的。至於一年兩回，定期支給春、冬衣的内容與數量，試以南宋江西路爲例，再見下表：

類別	品　名	招填禁軍共五三七三人	每人平均	備　　　考
春衣	絹	10 746 匹	2 匹	《李忠定公奏議》卷四九
	紬	840 匹	0.16 匹	
	布	3 101 匹 2 丈	0.6 匹	
	隨衣錢	7 211 641 文	1 400 文	

[77] 《續資治通鑑長編》卷一六一，頁 12～13，三司使張方平之言；另見張方平《樂全文集》卷二三，頁 2。（烏絲欄鈔本）

[78] 《孝肅包公奏議》卷八，頁105："冀州見屯兵一萬二千五百餘人，其春冬衣賜紬絹十萬三千餘匹，布一萬六千五百餘段，綿一十三萬五千餘兩，隨衣錢一萬四千餘貫……"（商務印書館）

[79] 李綱《李忠定公奏議》卷四九，頁4："原來江西路，物錢三貫，絹一匹。"（明嘉靖以前刻本）

[80] 同注[79]，頁 4～5，增加以後之數。

續表

冬衣	絹	11 460 匹 3 丈	2.1 匹
	紬	2 680 匹 2 丈	0.5 匹
	布	841 匹	0.16 匹
	綿	65 191 兩	12 兩
	隨衣錢	5 995 193 文	1 000 文

其次，要説到宋代的兵數，茲據《宋史·兵志》及《文獻通考·兵考》，列表於下：[81]

時　　期	總　　數	禁　　軍	廂　　軍
開　寶	378 000	193 000	185 000
至　道	666 000	358 000	308 000
天　禧	912 000	432 000	480 000
慶　曆	1259 000	826 000	433 000
治　平	1162 000	663 000	499 000
熙　寧	約 1 068 688	568 688	約 500 000
元　豐	832 870	612 243	227 627
紹興十二年		214 500	
紹興二十三年		254 540	
紹興三十年		318 138	
乾道三年		323 301	
乾道末		215 000	

南宋的兵數，僅知禁軍。考南宋兵種，至爲複雜，有邊兵、宿衛兵、大將屯兵、州郡兵等，其中宿衛兵才是禁軍。[82]《宋史·選舉志》，載南宋廷臣言：

　　方今國家之兵，東至淮海，西至川蜀，殆百餘萬。[83]

葉適《水心集》亦言：

　　此所以竭國力，而不足以養百萬之兵。[84]

〔81〕　參考方師杰人《宋史》（一）、第四章"宋代之軍隊"。
〔82〕　同上。
〔83〕　《宋史》卷一六〇《選舉志》，頁16。（藝文印書館）
〔84〕　葉適《水心集》卷五，頁14，《兵總論》1。（《四部備要》）

故推斷南宋時的總兵數，應不至於比北宋時少，這樣眾多的軍隊，構成極龐大的軍費支出，國庫實不勝負擔。依仁宋時三司使張方平的計算，僅禁軍方面，每年即需紬絹五六百萬匹，綿一千萬至一千二百萬兩。[85] 所以張方平對於此種情形批評說：

> 景祐以前兵五十萬，三司財用無餘，及今而加一倍，
> 則何得足？[86]

如果再比較《宋會要輯稿》所輯歲入總額，可知絲織品之賦入，大半均作支給常備軍衣物之用了。這些且還不包括廂軍在內，《宋史·兵志》載廂軍廩給之制：

> （熙寧）四年，樞密院言：不教閱廂軍，撥併各帶舊請外；今後招到者，並乞依本指揮新定請受：河北崇勝、河東雄猛、陝西保寧、京東奉化、京西壯武、淮南寧淮，各醬菜錢一百，月糧二石，春衣絹二匹，布半匹，錢一千；冬衣絹二匹，紬半匹，錢一千，綿十二兩。兩浙崇節、江東西效勇、荊南北宣節、福建保節、廣東西清化，除醬菜錢不支外，餘如六路。川西路克寧已上，各小鐵錢一千，糧二石，春衣絹一匹，小鐵錢十千；冬衣絹一匹，紬一匹，綿八兩，小鐵錢五千，並從之。[87]

可見支給之龐大，所以三司所收之絲織品，顯然不敷應用，於是平衡的方法便有三種：其一是由內廷支給，其二是買織民間，[88] 其三是出之下策——舞弊，亦稱以絹易布。《宋會要輯稿·食貨》六四載：

> （大中祥符）八年（1015）七月，詔并州置場，中買軍所給衣絹。初言事者稱：并州軍衣，歲給絹四萬餘匹，並目京輦送，比聞軍中得之，悉以貿易土紬，起今如有願中賣入官者，每匹給錢千二百文。[89]

除此之外，河北亦有一部分軍人強賣布帛，見《續資治通鑑長編》載：

---

〔85〕 參考加藤繁《唐宋時代之金銀研究》；梅原郁《北宋時代之布帛與財政問題》（《史林》47 卷 2 期）。

〔86〕 《樂全文集》卷二三，頁 6。

〔87〕 《宋史》卷一九四《兵志》，頁 18。

〔88〕 《續資治通鑑長編》卷一〇六，頁 8："成都歲市布帛縑數千萬，以給秦隴軍用。"《宋史》卷一七五《食貨志》，頁 1："詔川峽市買場織造院，自今非供軍布帛……不需買織民間。"

〔89〕 《宋會要輯稿》，《食貨》六四，頁 6109。

　　壬申（嘉祐五年二月）（1060），知諫院唐介言：朝廷
昨支定州糴軍糧絹五萬，前知定州宋祁用一萬，王素用四
萬，皆貿易河東，而素以所易布，配賣與禁軍三十餘指揮，
出贏利僅萬緡，而多所侵費。[90]

本來，支給軍人之紬絹，均爲品質佳美之絲織品，用來裁制軍衣，
並不適當，且不經濟。故以之出售，改換用廉價、耐用之布帛，這
是不難想像到的，更何況絲織品的數量不敷支應？政府爲便宜計，
也曾局部承認可以買賣，如《宋會要輯稿·食貨》三七載：

　　（大中祥符三年）（1010），詔皇城司言：“察知京城市
肆，以諸軍賜冬衣綿帛，其用錢貿易，不依宣命條約，每
百不盈七十四、五，有雖稱省陌，由貫除錢三十。”帝曰：
“此可諭周起，令府司申明約束。”又曰：“諸軍有營在京城
外者，日赴教習，何眼貿易也？可特給眼三數日。”[91]

這就不是强賣，不過也有一點限制，即是已製成之軍服，法令嚴禁
抵押出售，見《宋史·兵志》載：

　　天聖七年(1029)，法寺裁定諸軍衣裝，騎兵春、冬衣各七
事；步兵春衣七事、冬衣六事；敢質賣者，重寘之法。[92]

此外，紬絹轉成布帛以後，因絲織品價格較高昂，故有剩餘的金錢，
而地方官員卻將這些剩餘錢物，常作個人利殖之用，[93] 如《續資治
通鑑長編》載：

　　（大中祥符九年）（1016），河東轉運使陳堯佐言：本路屯
兵，舊以兩川輦運帛匹充衣賜，今請本路自備今年冬衣，計省
綿絹五十餘萬，以爲上供。丁謂曰：“河東本無綿絹，非可籌
畫，此蓋轉運司每歲大計其數，故積羨爾……”[94]

　　成都歲市布織縑數千萬，以給秦隴軍用，吏多隱剋爲
姦……[95]

[90]　《續資治通鑑長編》卷一九一，頁3。
[91]　《宋會要輯稿》，《食貨》三七，頁5450。
[92]　《宋史》卷一九四《兵志》，頁16。
[93]　《續資治通鑑長編》卷一九一，頁3。
[94]　《續資治通鑑長編》卷八七，頁11。
[95]　《續資治通鑑長編》卷一〇六，頁8：“成都歲市布織縑數千萬，以給秦隴軍用。”《宋史》卷一七五《食貨志》，頁1：“詔川峽市買場織造院，自今非供軍布帛……不需買織民間。”

這些都是舞弊。政府紬絹流入民間，而民間布匹則逆流入軍隊，這也是宋代絲織品支出用於軍人衣料，得以平衡的一個原因。

(二) 恩賞、賜物、郊祀、聖節

將恩賞、賜物、郊禮、天子生日（聖節），以及每年兩次對軍人、地方官之有功者，所賞與之時服，全部合計，其數目相當龐大。《宋史·寇準傳》載：

> 林特爲三司使，以河北歲輸絹闕，督之甚急，而準素惡特，頗助轉運使李士衡而沮特。具言在魏時，嘗進河北絹五萬，而三司不納，以至闕供，請劾主吏以下。然京師歲費絹百萬，準所助纔五萬，帝不悦……[96]

按所謂"京師歲費絹百萬"，即指這些用度，大部爲恩賜所支出者。這尚不包括特別的支出。如仁宗崩，山陵及賞賚，單計綢絹即達二百五十萬匹。[97] 恩賜的對象非常廣泛，見《續資治通鑑長編》載：

> 開寶六年（973）……戊辰，賜皇弟開封尹襲衣、犀帶、羅綺五百匹……[98]
>
> 賜齊王廷美絹萬匹……武功郡王德昭絹五千匹……興元尹德芳絹三千匹。[99]
>
> ……幸鄭國公主第，賜駙馬都尉王承衍……彩絹五千匹，又賜其子世隆……帛百匹。[100]
>
> 鎮寧節度使張令鐸之罷軍職也，上令皇弟光美娶令鐸女爲夫人，及令鐸自鎮寧來朝，被病，上親問之，賜絹五千匹……[101]
>
> 丙寅，陳洪進入見於崇德殿……賜……絹萬匹……[102]
>
> 己未，幸宰相趙普第視疾，賜銀器五千兩，絹五千匹；又賜其妻和氏銀五十兩，衣著三千匹……[103]

---

[96] 《宋史》卷二八一《寇準傳》，頁20。
[97] 《續資治通鑑長編》卷一九八，頁5。
[98] 《續資治通鑑長編》卷一九一，頁3；《永樂大典》卷一二三〇六，頁15。
[99] 《續資治通鑑長編》卷一八，頁7。
[100] 《續資治通鑑長編》卷一九，頁3。
[101] 《續資治通鑑長編》卷一一，頁1。
[102] 《續資治通鑑長編》卷一八，頁16。
[103] 《續資治通鑑長編》卷一一，頁4。

壬子，幸宰相范質第視疾，賜絹二千匹……[104]

……兵部侍郎兼秘書監楊徽之卒……賜其家……絹五
百匹……徽之妻卒及葬，再以繪帛賜其家……[105]

己卯，車駕入西京，賜迎駕僧道絹五百匹。[106]

壬寅，幸水磑，賜役夫衣服彩帛……[107]

……韓琦薨……特賜其家銀絹各二千五百兩匹……[108]

……楊崇勳馳奏益州平，賜以錦袍……[109]

……詔緣邊吏民斬敵首一級，賞錢五千，禽生者倍之，
獲馬者給帛二十匹……[110]

詔廣南有捕獲儂智高者，授正刺史，賞錢三千緡、絹二千
匹，獲智高母，授諸司副使，錢三千緡、絹二千匹……[111]

端午，賜百官衣各一襲……[112]

冬十月丁卯朔，賜百官諸軍校冬服。[113]

《清波雜誌》載：

大觀二年（1108），詔大相國寺，慧林禪院長老，元正
坐化，並無衣鉢，闕葬送之用，賜絹三百匹……[114]

詔賜楚州孝子徐積絹三十匹……[115]

《桯史》也載：

秦檜以紹興十五年（1145）四月丙子朔，賜第望仙橋，
丁丑，賜銀絹萬匹兩，錢千萬，彩千縑……[116]

舉凡皇親、國戚、宰相、大臣、文武百官、僧道、庶民……等，均
爲恩賜的對象。以君主賞給太濫，三司歲入絲織品不敷支用，此亦

---

[104] 《續資治通鑑長編》卷一，頁 16。
[105] 《續資治通鑑長編》卷四六，頁 7。
[106] 《續資治通鑑長編》卷七五，頁 8。
[107] 《續資治通鑑長編》卷一八，頁 17。
[108] 《續資治通鑑長編》卷二六五，頁 26。
[109] 《續資治通鑑長編》卷四七，頁 17。
[110] 《續資治通鑑長編》卷四七，頁 23。
[111] 《續資治通鑑長編》卷一七三，頁 5。
[112] 《續資治通鑑長編》卷一，頁 13。
[113] 《續資治通鑑長編》卷一，頁 22。
[114] 周煇《清波雜誌》卷八，頁 2。（《筆記小說大觀》）
[115] 同注〔114〕，卷九，頁 3。
[116] 岳珂《桯史》卷七，頁 4。

原因之一。

宋帝每年夏至於北郊祀地，冬至於南郊祀天，尚有三年一次，十一月或正月，合祀天地。依照歷朝慣例，郊祀終了之後，上自文武百官，下至中央各級官衙胥吏，均有銀、絹、錢之賞賜。此種銀物，除每年正稅以外，主要是來自產絹州軍的和買，或是加重徵收稅賦。《宋會要輯稿·禮》二十五郊祀賞賜條，從皇太子、宰臣、樞密使以下，乃至工匠、庫子，均有支給額之詳細記載：[117]

最高宰相級爲銀一千五百兩，絹一千五百匹；京官、幕職、州縣官級銀五百兩、絹五匹；胥吏級絹數匹……均依等級而定。《雞肋編》中，載有北宋時郊祀賞賜支費數：

> 蔡襄爲三司使，以嘉祐七年（1062），明堂支費數爲準，每遇大禮，依附封樁，仍乞遣朝臣諸路，劃發錢帛，至今行之。其支賜度錢九十六萬二千餘貫，銀三十五萬四千六百三十餘兩，絹一百二十萬八百餘匹，綢四十萬一百餘匹，金六千七百七十兩。第二等生衣物計錢四十五萬貫，錦、綾、羅、鹿胎、透背等，計錢九萬九千八百餘貫，絲三十八萬八千兩，綿一百四十二萬八千餘兩。[118]

還有每年一度的天子生日（聖節），自太祖時代，即開始實行賜予文武百官衣服。如《宋會要輯稿·禮五七》載：

> （建隆元年）（960）二月長春節，太尉宰臣范質率文武百官詣廣政殿上壽，賜群臣衣各一襲。[119]

宰相、樞密使等高級官員，可以拿到六種高級絲織品，即紫潤羅公服、紅羅繡襦、抱肚、小綾汗衫、勒帛、熟線綾夾袴等六種，[120] 以下按等級依次減低，至最低在京職事，止賞以羅公服。[121]

此外，更多額的衣服，每年五月五日與十月一日，分兩次賜予文武官員，這也是從太祖建隆三年（962）開始的。《宋會要輯稿·禮》六二載：

> （建隆三年）十月，始賜文武常參官冬服。先是，累朝

---

〔117〕 《宋會要輯稿·禮》二五，頁 955～979。

〔118〕 莊季裕《雞肋編》卷中，頁 60。（商務印書館）

〔119〕 同注〔117〕，《禮》五七，頁 1600。

〔120〕 同注〔117〕，《禮》六二，頁 1701。

〔121〕 同上。

以來，只賜將相、翰林學士、諸軍大校。至是，太祖謂侍臣曰：“冬服不賜百官，甚無謂也，宜並賜之。”乃以冬十月乙酉朔，賜文武常參官時服，自後隨爲定制。[122]

《東京夢華錄注》引王闢之《澠水燕談錄》亦言：

> ……每歲誕辰、端午、初冬賜時服，止于單袍，太祖訝方冬猶賜單衣，命易以夾服。自是，士大夫公服冬則用夾。[123]

衣服的詳細品目，具載於《宋會要輯稿·禮》六二中：

> 賜服二府，宰相至同簽書樞密院事，親王、三師、三公、使相、東宮三師、觀文殿大學士……潤羅公服、繡抱肚、黃縠汗衫、熟線綾夾袴、小綾勒帛、銀袋扇子……[124]

以上六品是冬服；還有紫潤羅夾公服、天下樂暈錦寬錦袍、小綾汗衫、勒帛、熟線綾夾袴的夏服。[125] 以次的官員，按等級所賜衣物均有不同。又每遇大臣生日，或對功臣賻贈，亦有多種名目贈賜絹帛，在《續資治通鑑長編》與《宋會要輯稿》中，均迭有記載，不勝枚舉。綜上以觀，每年巨額支出，實在驚人。見《宋會要輯稿·食貨》四二載：

> （乾興元年）（1022）十二月……三司言：兩川匹帛，自來計度每年聖節、端午、十月一日，入春冬衣賜，並准備非時傳宣取索及國信往來，兼應副南郊支用綾羅、錦綺、鹿胎、透背、歇正生白、大小綾、花紗、絹等，下益、梓州兩路織買出染，並逐州依久例於出產州軍，逐旋計綱起發上京於內藏庫送納，今詳所陳，乞與減二、三分，誠爲便民，其如國家年計支費不少，若或減省，深慮闕供，今定奪除錦三十五段全減不織造外，其餘欲且依舊，其絹布、紬、絲綿，自來於益、梓、利、夔四路轉（一作轄）運司轉下州軍，每年買納，除應副陝西、河東、京西轉運司及本路州軍衣賜支遣外，如有剩數，即令逐州軍差人管押上

---

[122]《宋會要輯稿·禮》六二，頁1695。

[123]《東京夢華錄注》卷九，頁225。（世界書局）

[124]《宋會要輯稿·禮》六二，頁1696。

[125] 參考加藤繁《唐宋時代之金銀研究》；梅原郁《北宋時代之布帛與財政問題》（《史林》47卷2期）。

京送納，每年省司元不抛樁，定上京數目，所有自西川水
路起發布帛六十六萬匹，赴荆南水路轉般上京，並要應副
在京并京西州軍衣賜支遣，今定奪難議減省，欲且依舊，
從之。[126]

可知龐大支出已形成定制，難議減省。

其次，軍賞方面支出，亦非常可觀，見《續資治通鑑長編》載：

> 度支副使謝泌條上郊祀賞給軍士之數，上（太宗）曰：
> "朕愛惜金帛，止備賞賜爾。"泌因曰："唐德宗朱泚之亂，
> 後唐莊宗馬射之禍，皆賞軍不豐所致。今陛下躬御菲薄，
> 賞賜優厚，真歷代王者之所難也。"[127]

仁宗天聖六年（1028），因軍賞事，導致汾州駐軍發生暴動，見《續
資治通鑑長編》載：

> 詔："自今南郊軍賞有闕，其三司官吏並劾罪以聞。"
> 先是，南郊賞賜軍士，而汾州廣勇軍所得帛不逮他軍，一
> 軍大譟，捽守佐堂下劫之，約予善帛乃免，城中戒備，遣
> 兵圍廣勇營，轉運使孫冲適至，命解圍弛備，置酒張樂，
> 推首惡十六人斬之，遂定。初守佐以亂軍所約者上聞，詔
> 給善帛，使者至潞，冲促之還曰："以亂而得所欲，是誘之
> 亂也。"卒留不予，既而上以軍賞事訊三司，三司言："汾
> 州舊以淮南紬絹比折給軍士，紬絹不足，又令以土絁布代
> 之，故廣勇軍作亂，首惡既坐誅，餘悉配隸他州。而降是
> 詔。"[128]

英宗時，荆南爲了同樣的情形，亦幾乎引發兵變，見《東軒筆錄》載：

> 英宗即位，赦天下，凡內、外將校厢軍皆加恩，是時
> 荆南所給縑帛，皆故惡不堪，既陳於庭下，軍士睨之失色，
> 揚言曰："朝廷大恩，而乃以此給我。"自旦至午，不肯受
> 賜，而偶語紛紛不已，轉運使劉述大懼，不知所爲，居民
> 往往奔出城外，且言變起矣！是時，張師正爲州鈐轄，馳
> 入軍資庫，呼將卒前曰："朝廷非次之恩，州郡固無預備，

---

[126] 《宋會要輯稿·食貨》四二，頁5565。
[127] 《續資治通鑑長編》卷三四，頁1。
[128] 《續資治通鑑長編》卷一〇六，頁1。

今帑中所有止如此，汝輩不肯拜賜，將何爲也？必欲反，
則非殺我不可。”遂擲劍於廷下，披胸示之，群校茫然自
失，遽聲喏受賜而去。[129]

可見軍賞對於政府來説，是一件相當重要的事情。北宋中期以後，
西、北邊防兵年有增加，因此作爲軍卒恩賞而支出之絹帛數，亦相
對增加；如元祐三年（1088），僅軍賞一項，熙河蘭會路即支絹五萬
匹，鄜延路八萬匹，涇原路七萬匹，環慶路五萬匹，秦鳳路五萬匹，又賜
陝西路轉運司銀絹共四十萬匹兩。[130] 又見《續資治通鑑長編》載：

（元符）詔鄜延、涇原、熙河、環慶路，見管軍賞銀絹
不多，慮緩急闕用，特於内藏庫支發銀絹共二百萬匹兩，
赴逐路經略司封樁，專充準備邊事及招納之用，内鄜延、
涇原路各六十萬匹兩，熙河、環慶路各四十萬匹兩，仰户
部交割，計綱起發前去。既而内藏庫闕銀，以絹七十萬匹
貼支，上止令應副五十萬，以封樁夏國歲賜絹二十萬貼支，
因諭曾布等曰：“内藏絹才百萬，已輒其半。”布曰：“公私
匱乏如此，邊事何可不收斂？關中民力困憊已甚，涇原與
熙河通接邊面，便須爲休息。”[131]

顯見軍賞對國家財政負荷之重了。至於軍賞之內容，除恩賜外，主要是
戰功之賞賜，見《續資治通鑑長編》，開寶三年（970）十一月癸亥條載：

……上喜謂左右曰：“契丹數侵邊，我以二十匹絹購一契丹
首，其精兵不過十萬，止不過費我二百萬匹絹，則契丹盡矣！”[132]

元豐四年（1081）八月丙子條載：

……如殺到乞弟以下蠻兵，每級賞絹二十匹，夷兵十
五匹，小首領三十匹，大首領六十匹……[133]

咸平三年（1000）十二月丙寅條載：

詔緣邊吏民斬敵首一級……獲馬者給帛二十匹……[134]

開寶三年（970）二月己卯條載：

---

[129] 魏泰《東軒筆録》卷一一，頁1。
[130] 《續資治通鑑長編》卷四一一，頁6。
[131] 《續資治通鑑長編》卷五〇五，頁16。
[132] 《續資治通鑑長編》卷一一，頁11。
[133] 《續資治通鑑長編》卷三一五，頁14。
[134] 《續資治通鑑長編》卷四七，頁23。

> 雄州言刺史侯仁矩卒……仁矩子延廣亦有勇略，仁矩
> 在雄州日方飲宴，敵騎數千白晝入州城，居民驚擾，延廣
> 引親信數騎馳出衙門，射殺其酋一人，斬首數級，悉擒其
> 餘黨，持首級以獻，仁矩喜拊其背曰：「興吾門者必汝也。」
> 監軍李漢超以其事聞，詔書褒美，賜錦袍……[135]

咸平三年（1000）十月辛亥條載：

> ……楊崇勳馳奏益州平，賜以錦袍……[136]

其次，是弔慰戰死者家屬，見雍熙三年（986）八月條載：

> ……（楊）業死……賜其家布帛千匹……[137]

因戰功軍賞之名目非常繁多，《宋會要輯稿・兵》十八至二十，對軍賞名目均有詳細記載，足資參考。[138]

軍賞絹帛，雖供直接消費之用，但仍有部分流入民間，故陝西路雖產絹甚少，但是渭州潘原一縣內，即設有絹行十餘家。[139] 另外每年對河東路之義勇、保甲，所賞之絹即約有十三萬匹。[140] 以此例推之，則對廂軍及修河、修城之役工所支給者，當亦具相當數字，故軍賞絲織品的支給，實是宋代政府一項極大負擔。

（三）官員俸祿

宋代官制非常紊亂，而冗官獨多，是其特色。茲據《宋會要輯稿・選舉》二十三、《文獻通考》卷四七、《建炎以來朝野雜記》卷一二，列舉宋代官員之數如下表：[141]

歷　　　朝	京朝官	選　人	武　　　　職		總數及
			大使臣	小使臣	通例部四選
真宗景德以前					共 13 000 餘
仁宗天聖中	2 000 餘		武官共 4 000		
慶曆及皇祐中	二千七八百	1 萬			共 20 000 餘
英宗治平中		3 300			共 24 000 餘

---

[135] 《續資治通鑑長編》卷一一，頁 2。

[136] 《續資治通鑑長編》卷四七，頁 17。

[137] 《續資治通鑑長編》卷二七，頁 19。

[138] 《宋會要輯稿・兵》一八至二〇，頁 7058～7124。

[139] 《續資治通鑑長編》卷一三一，頁 6。

[140] 《續資治通鑑長編》卷三四一，頁 14；卷三五〇，頁 6。

[141] 參考方師杰人《宋史》（一）、第四章"宋代之軍隊"，頁 31。

續表

歷　　　朝	京朝官	選　人	武　　職		總數及
			大使臣	小使臣	通例部四選
徽宗宣和中					四選 16 000 餘
孝宗乾道中	三四千	七八千			四選 33 016
光宗紹熙二年 (1191)	4 159				
寧宗慶元二年 (1196)	4 159	13 680	6 525	18 070	四選 42 000 餘
嘉泰元年 (1201)	3 133	15 204	6 854	12 616	四選 37 800 餘

觀於上表，可知此一官員俸祿之龐大支出，是非常可觀的。茲引《宋史·職官志》中所支給官僚絲織品的種類與數目，列表於下：

官　僚　等　級	支　給　之　絲　織　品
宰相、樞密使、使相、侍中	春冬服各綾二十匹、絹三十匹、冬綿百兩。
參加政事、樞密副使、知樞密院事、同知樞密院事、宣徽使、三司使、節度觀察留後	春冬各綾十匹、春絹十匹、冬二十匹、綿五十兩（自宰相而下春各加羅一匹）。
檢校太保簽書	春冬絹二十匹、綿五十兩。
翰林學士、承旨學士、龍圖天章閣直學士	綾各五匹、絹十七匹，自承旨而下加羅一匹、綿五十兩，已上衣賜隨本官。
三師、三公	綾各十匹、絹二十匹。
東宮三司僕射	綾各五匹、絹二十匹。
東宮三少、御史大夫、尚書、門下中書侍郎、太常宗正卿、左右丞、諸行侍郎、御史中丞、太子賓客	春冬各綾五匹、絹十七匹，惟中丞綾七匹、絹二十匹，太子賓客同中丞。
權三司副使	春綾二匹、冬綾五匹、春冬絹各十五匹，自三師以下，春各加羅一匹、冬綿五十兩。
少詹事	春冬絹各十三匹。
左右正言、監察御史、太常博士、通事舍人、國子五經博士、太子宗正、秘書殿中丞、著作郎大理正	太常博士以上，春冬絹各十匹；諭德以下，春加羅一匹、冬綿三十兩，餘各絹七匹。

官 僚 等 級	支 給 之 絲 織 品
司天	春冬絹各五匹、各綿十五兩。
秘書郎、著作佐郎	春冬絹各六匹、冬綿各三十兩,五官正以下春羅各一匹。
大理寺丞、諸寺監丞	春冬絹各五匹。
大理評事	春冬各絹三匹,自大理寺丞以下冬綿各加十五兩。
太祝奉禮、司天監丞	春冬絹各五匹。
主簿	春冬絹各三匹,丞簿各綿十五兩。
靈臺郎、保章正	春冬絹各三匹,惟靈臺郎冬隨衣錢三千。
節度使	春冬加絹各百匹、大綾各二十匹、小綾各三十匹、羅各十匹、綿各五百兩。
節度觀察留後	春加絹二十匹、冬三十匹、大小綾各十匹、春羅一匹、冬綿百兩。
觀察使	春冬加絹各十匹、綿五十兩,如皇族充觀察者,春冬加絹各十五匹、綾十匹、春羅一匹、冬綿五十兩。
防禦使、團練使	春冬加絹各十五匹、綾十匹、春羅一匹、綿五十兩,諸衛大將軍春冬絹各十匹、綿五十兩。
六軍統軍、諸衛上將軍	春冬綾各五匹、絹十匹、綿五十兩。
左右金吾衛大將軍、諸衛大將軍	春冬綾各三匹、絹七匹、冬綿二十兩。
將軍	春冬綾各二匹、絹五匹、綿二十兩。
率府、率副中郎將	春冬絹各五匹、冬綿十五兩,自諸衛上將軍以下,春衣羅一匹。
內客省使、客省使、閤門使、皇城以下諸司使	春絹各十匹、冬十匹、綿三十兩,惟客省使春冬絹各一十匹。
客省及皇城以下諸司副使	春絹各五匹、冬十匹、綿三十兩。
供奉官	春絹四匹、冬五匹、綿二十兩。
殿直	春冬絹各四匹、冬綿十五兩。

續表

官 僚 等 級	支 給 之 絲 織 品
三班奉職、借職	春冬絹各三匹。
下茶酒班殿侍	春冬絹七匹、冬綿十五兩。
下班殿侍	春冬絹各五匹。
内侍省都知、副都知、諸司使充者	春絹七匹、冬十匹、綿三十兩。
副使充者	春絹五匹、冬七匹、綿二十兩。
内侍省供奉官	春絹五匹、冬七匹、綿三十兩。
殿頭、高品、高班	春絹各五匹、冬六匹、綿二十兩。
祇候、内品、黄門、内品管勾、奉輦祇應	春冬絹各五匹、綿十五兩。
内侍省、内常侍、供奉官	春冬絹各五匹,内常侍春加羅一匹、冬綿十五兩,供奉官冬止加綿二十兩。
寄班小底	春冬絹各十匹。
樞密都承旨、副都承旨	春冬絹各十五匹、春羅一匹。
逐房副承旨	絹各十三匹。
中書堂後官,中書樞密主事、録事令史	春冬絹各十匹、春羅一匹,主事已上冬綿五十兩,録事令史三十兩。
主書、守當官、書令史	春冬絹各二匹,主書、書令史春錢三千、冬綿十二兩,守當官春錢一千。
三司檢法官、刑部檢法官、判官、推官、司録、法曹、功曹、法直官、副法直官	春冬絹各五匹、冬綿十五兩。

元豐時與南宋後，均曾改動過，其各級官僚所支給之絲織品數量，亦見於《宋史·職官志》中。如果以上表爲基準，我們可以充分瞭解宋代官僚俸禄絲織品支出數字之龐大。

（四）糧草市糴

北宋爲了對付遼與西夏，沿邊均駐有龐大數目軍隊，故調集糧食、草料等給養，頗成問題，要取諸當地實不可能，只有仰賴東南的補給。本來，從東南向京師輸送，尚有運河、汴渠可循，但自京師再向北方及西北去，困難就多了；在這樣交通不便的情況之下，兼以公家的運輸制度，施行起來流弊百出，不僅是多耗公帑，而且使沿邊百姓苦於力役，因此乃招募商人來輸送糧秣，償以現錢或實物，這就是入中邊糧。[142] 如何籌集市糴糧草之本錢，是爲北宋財政之重要問題，吾人於此所特別注意者，乃爲以絹帛作爲糴糧之本錢。

北宋國家財政，在太祖、太宗時代，尚見寬裕，隸屬於中央三司，錢物納入之左藏庫，經常錢帛充足，見《宋史全文續資治通鑑》卷三，太平興國三年（978）十月：

> 上初即位，幸左藏庫，視其儲積，語宰相曰：此金帛如山，
> 用何能盡？先帝焦心勞慮，以經費爲念，何其過也？於是分
> 左藏北庫爲內藏庫，并以講武殿後封樁庫屬焉，改封樁庫爲
> 景福內庫。初太祖制置封樁庫，欲贖幽薊，會宴駕，不果。[143]

至真宗朝，封禪天書之事，幾將太祖、太宗兩朝之積存，浪費殆盡。[144] 至仁宗朝，由於西夏興起，軍費更見增大，國家財政更瀕臨危機，俱具《宋史全文續資治通鑑》卷七，天聖元年（1023）春正月載：

> 我朝之財，始蠹於天禧、祥符，再蠹於寶元、慶曆。
> 自禱祠之事興，而宮室之役起，內之帑藏稍已空竭，則省
> 浮費之策，不得不申明於天聖之年也。自元昊叛於西，契
> 丹擾於北，外之財用，不免告匱，則節冗費之說，不得不
> 條畫於慶曆之日也。[145]

在上述情況之下，下表便是說明自真宗大中祥符年間至仁宗嘉祐年間，約五十年間，由政府以糴本及其他名目，所支出之錢絹概數（以五年爲一單位）：[146]

時　　間	錢（萬貫）	年平均	布帛（萬匹）	年平均	金銀（千兩）
祥符一至祥符五	183	36	55		2
祥符六至天禧一	265	53	15		38
天禧二至乾興一	750	150	13		432

---

〔142〕 參考宋晞《北宋商人的入中邊糧》。（《宋史研究論叢》）
〔143〕 《宋史全文續資治通鑑》卷三，太平興國三年十月。（文海出版社）
〔144〕 參考方師杰人《宋史》（一）、第四章"宋代之軍隊"，頁95～97。
〔145〕 同注〔143〕，卷七，天聖元年春正月條。
〔146〕 參考加藤繁《唐宋時代之金銀研究》；梅原郁《北宋時代之布帛與財政問題》（《史林》47卷2期）。

續表

時　　間	錢(萬貫)	年平均	布帛(萬匹)	年平均	金銀(千兩)
天聖一至天聖五	20		10		
天聖六至明道一	80		120	24	
明道二至寶元一	320	64	510	102	150
寶元二至慶曆三	240	48	700	140	1000
慶曆四至慶曆八			20		300
皇佑一至皇祐五	80		160	32	
至和一至嘉祐三	140	28	130	26	200
嘉祐四至嘉祐八	250	50	270	54	

觀於上表，就布帛類（絹、紬、綾、錦）而論，仁宗自景祐以後
（明道二至寶元一），其支出急劇增加，包括寶元時趙元昊興起之十
年間，每年平均百數十萬之絹、紬，作爲糴本，而被消費。參見
《續資治通鑑長編》，景祐四年（1037）春正月甲午條載：

　　甲午，内藏庫主者言：歲出縑錢六十萬，以助三司，
蓋始於天禧三年（1019）十二月，時詔書切戒三司毋得復
有假貸，自明道二年（1033）距今纔四年，而所借錢帛凡
九百十七萬二千有餘。[147]

至和二年（1055）十一月丙辰條載：

　　出内藏庫絹三十萬，下并州市糴軍儲。[148]

嘉祐元年（1056）十月丁卯條載：

　　出内藏庫銀十萬兩，絹二十萬匹，錢一十萬貫下河北
市糴軍儲。[149]

至於用布帛的糴法，則如下述：

　　先是，提舉糴便糧草薛向建議，並邊十一州軍，歲計
粟百八十萬石，爲錢百六十萬……自京輦錢帛至河北，專
以見錢和糴。時楊察爲三司使，請用其説，因輦絹四十萬
匹，當縑錢七十萬……[150]

---

[147]　《續資治通鑑長編》卷一二〇，頁1。
[148]　《續資治通鑑長編》卷一八一，頁11。
[149]　《續資治通鑑長編》卷一八四，頁5。
[150]　同前注。

惟此種布帛作爲糴本，又有兩種情形：

第一，至經略司、安撫司、轉運司調成現錢，糧草以現錢購入。五代時，各個地方軍閥均以資本家之姿態活動，入宋以後，西、北二邊之軍團統領，部分仍保有以前之面目，雖然時過境遷，但州以上之官廳，所有以交際、宴犒、機密費等名目支給之公使錢（公用錢），仍依各自採購量而增加。[151] 名爲糴本，而由中央所支給之布帛乃至紋銀，亦隨其大勢，由地方官廳作有利轉運，調成現錢。《續資治通鑑長編》熙寧五年（1072）正月己亥條載：

> 賜河東經略司銀絹各二十萬，召人賒買，收本息，封椿，以備邊費。[152]

熙寧五年（1072）四月壬子條載：

> 詔三司，出紬絹百萬，付陝西四路經略司變易，以備邊用。[153]

經略司等經常變易銀、絹，以備邊用，此乃表示紬絹之類，係以高利貸支用，此種支用除地方官吏本身外，乃至幕僚、胥吏、廂兵或御用商人等，名目非常繁多；此並非直接生産者的結合，乃係商人寄生於國家財政政策所致，由彼等所轉運之絹帛，多爲都市及地方有力人士所消費，自不待言。另外，以布帛類爲本錢，代替金錢支出，此在青苗法常平本錢中，亦可窺其端倪，見《續資治通鑑長編》，熙寧五年（1072）五月癸巳條載：

> 司農寺丞蔡天申，請河東經略安撫司亦置常平倉，其條約並如陝西。上批："麟府豐三州蕃戶，方之陝西諸路，尤爲貧困，宜依天申所請，於近賜陝西紬絹數內，撥令賜涇原、鄜延路五萬匹，爲河東本錢。"[154]

熙寧五年（1072）六月甲戌條載：

> 京西提舉常平司，乞留先借轉運司紬絹十四萬（疑爲四）爲常平錢。從之。[155]

---

[151] 宮崎市定《胥吏の陪備を中心としで——中國官吏生活の一面——》。（《アジア史研究》第三）
[152] 《續資治通鑑長編》卷二二九，頁6。
[153] 《續資治通鑑長編》卷二三二，頁1。
[154] 《續資治通鑑長編》卷二三三，頁14。
[155] 《續資治通鑑長編》卷二三四，頁15。

不過，此種糴本，並不是將紬絹直接分散於農民，而是經由商人之手，先調成現錢。糴本及其由中央支出之絹帛、銀等，實行現錢化，其法：主要先依財產量（物力），強制配售於都市坊郭戶，再將現款納入；此種配售之具體例證，在絹帛方面，見韓琦《安陽集》卷九載：

> 臣勘會轉運司，昨將山東絹，配賣與諸州軍坊郭等第人戶，每一匹估錢一貫五百二十文至一貫六百文以來，限半年納錢。尚近下等第人戶，有破賣家財，方能貼賠送納了當者。[156]

可知強制配售，使都市下等第人戶深受痛苦，弊害滋多。商人收購配售之紬絹，再以高價售於消費者，從中賺取利潤。

第二，作爲糴本之絹紬，與糧草交換，先將布帛、銀折價，代替現錢，再以紬絹之類，直接收買糧草。此係北宋中期以後，以銅錢不足，而採取之權宜辦法。但在河北等主要絹織物生產地區，商人對此一方法，並不太歡迎，見《續資治通鑑長編》，元豐三年（1080）六月癸卯條載：

> 三司言：河北糴便糧草鈔價，本以見錢法，一等給還；後別立草料錢，以銀紬絹及茶本錢折。商人無利遂增草料虛錢……昨薛向乞用見錢法糴買，當時三司以錢不給，又即如舊。今勘會，紬絹本非河北、京東商人所須，交引鋪以賤價收之。[157]

可知，一旦中央出售絹帛，經京師交引鋪另行出售，而直接收受米票，因商人多愛現錢，仍難通行。

（五）歲幣、歲賜

宋代歲幣、歲賜的主要對象，北宋爲遼與西夏，南宋爲金。日野開三郎在《五代北宋の歲幣歲賜の推移》一文中，[158] 認爲這種歲幣、歲賜，對於維繫當時東亞國際和平及經濟關係均衡發展，都有莫大的意義。本來，對等國家的贈與，謂之幣；贈予臣屬國家，謂

---

〔156〕 韓琦《安陽集》卷九；參考加藤繁《唐宋時代之金銀研究》；梅原郁《北宋時代之布帛與財政問題》（《史林》47 卷 2 期）。

〔157〕 《續資治通鑑長編》卷三〇五，頁 6～7。

〔158〕 日野開三郎《五代北宋の歲幣歲賜の推移》，《五代北宋歲幣歲賜考》第一章（《東洋史學》五）。

之賜；呈與宗主國，謂之貢。儘管形式有異，但在實質上，都是屬於一種歲贈。而歲贈之物，最主要的內容，便是銀與絹，銀爲當時中國文化圈的國際通貨，絹絲織物則爲代表中國文化，對周邊民族最具吸引魅力的物品。

中國與遼的歲幣關係，最早始於五代石晉時，見《資治通鑑》，後晉高祖天福元年（936）載：

> 契丹主謂石敬瑭曰：＂吾三千里赴難，必有成功。觀汝器貌識量，真中原之主也！吾欲立汝爲天子。＂敬瑭辭讓者數四，將吏復勸進，乃許之。契丹主作册書，令敬瑭爲大晉皇帝，自解衣冠授之，築壇於柳林，是日，即皇帝位。割……十六州以與契丹，乃許歲輸帛三十萬。[159]

天福三年（938）七月亦載：

> ……帝事契丹甚謹，奉表稱臣，謂契丹主爲父皇帝；每契丹使至，帝於別殿拜受詔敕，歲輸金帛三十萬之外……[160]

此外，《五代史·契丹傳》與《五代會要》，均有歲輸絹的記載；但是此種歲贈關係，維繫不久，晉出帝與契丹衝突後就停止了。一直到了北宋時澶淵之盟以後，才再恢復歲贈關係。真宗景德元年（1004）十二月七日，宋、遼兩國立有誓書，宋誓書曰：

> 維景德元年，歲次甲辰，十二月庚辰朔七日丙戌，大宋皇帝謹致誓書於大契丹皇帝闕下，共遵成信，虔奉歡盟，以風土之宜，助軍旅之費，每歲以絹二十萬匹，銀一十萬兩，更不差臣專往北朝，只令三司差人般送至雄州交割……[161]

此種歲贈予遼絹二十萬匹，一直持續到仁宗慶曆二年（1042）。見《續資治通鑑長編》富弼使遼事載：

> ……每年增絹一十萬匹，銀一十萬兩，前來銀絹般至雄州白溝交割。[162]

因此從慶曆二年（1042）以後，這種歲贈絹增加到了三十萬匹，再一直延續到北宋末年宋、金盟約夾擊遼時爲止。依宋廷當時財務狀

---

[159] 《新校資治通鑑注》一五，卷二八〇，頁9154。（世界書局）
[160] 同注〔159〕，頁9188。
[161] 《續資治通鑑長編》卷五八，頁22。
[162] 《續資治通鑑長編》卷一九一，頁3；《永樂大典》卷一二四〇〇，頁9。

況，每年予遼絹二十萬匹，抑或三十萬匹，對當時宋廷財政，影響並不大，而爲國體上之極大恥辱。[163] 不過，若從另一角度看，它維繫了宋、遼之間一百多年的和平，否則兵釁一開，其損失又豈止歲費絹三十萬匹？富弼説得好：

> 南朝皇帝守祖宗之土宇，繼先皇之盟好，故致幣帛以代干戈，蓋惜生靈也。[164]

《三朝北盟會編》鄭居中奏乞守盟誓罷遣女真人使亦載：

> 是時，太宰鄭居中奏乞罷使女真之人，又於朝堂責蔡京曰："朝廷欲遣使入女真，軍前議事，夾攻大遼，出自李良嗣欲快己意，公爲首臺，國之元老，不守兩國盟約，輒造事端，誠非廟算，且在昔章聖皇帝與大遼昭聖立誓，至今已二百年，兵不識刃，農不加役，雖漢唐和戎，未有我宋之策也，公何以遽興此舉？且兵者不祥之器，勢不獲已，即可暫用，昔景德中遼人舉國來寇，真宗用宰相寇準之策親征，後遣使議和，自此守約，不復盜邊者三十九年，及慶曆中契丹聚兵境上，以求關南地爲名，仁宗用富弼報聘增幣，觀真宗、仁宗意不欲動兵，恐害生靈，堅守誓約，至今一百七十四年，四方無虞，今若導主上棄約復燕，恐天怒夷怨，切在熟慮，無遺後悔，事繫宗廟，豈可輕議？又況用兵之道，勝負不常，苟或必勝，則府庫乏於犒賞，編户困於供役，蠹國害民莫過此也，脱或不勝，則患害不測。"京曰："上厭歲幣五十萬匹兩，故有此意。"居中曰："歲幣五十萬匹兩，比之漢世，和單于歲尚給一億九十萬，西域七千四百八十萬，則今與之幣未爲失策，又後漢永初中諸羌反十四年，當時用兵用財二百四十億，永和後復經七年，用八十萬億，且前古帝王豈忍以中國之富，填於盧山之壑，委於狼望之北哉？蓋聖人重惜民生之本也，載於史策，非妄言也。"[165]

鄭居中唱的雖是低調，但是估量宋朝當時國力，以及證諸以後歷史的發展，鄭的論點是對的。從經濟觀點言，宋與遼歲幣，對雙方經濟關係的均衡發展，都有益處。除了這種歲贈絹之外，賜予契丹使

---

[163] 參考方師杰人《宋史》（一）。
[164] 《續資治通鑑長編》，《永樂大典》卷一二四〇〇，頁8。
[165] 徐夢莘《三朝北盟會編》卷之一，頁6~7。（文海出版社）

臣，以及通問慶吊之事，均有大量絲織精品外流支出。《續資治通鑑長編》，對於接待契丹使臣記載道：

> 朝見日，賜大使金塗銀冠皂羅氈冠衣八件……彩帛二百匹；副使皂紗折二巾衣七件……彩帛二百匹……其從人上節十八人各練鵲錦襖及衣四件……彩帛三十匹；中節二十人各寶照錦襖及衣三件……彩帛二十匹；下節八十五人，各紫綺襖及衣四件……彩帛二十匹……承天節各別賜衣一襲……又命節帥就玉津圖伴射，弓賜來使……其中的，又賜錦窄袍五件。……辭日，長春殿賜酒五行，賜大使盤球暈錦窄袍及衣七件……彩帛二百匹；副使紫花羅窄袍及衣六件，彩帛一百匹；並加金束帶、雜色羅錦綾絹百匹。從人各加紫綾、花絁、錦袍及銀器、彩帛……[166]

另外在通問慶吊方面，《續資治通鑑長編》又載：

> ……契丹生日，朝廷所遺……衣五襲……錦綺透背雜色羅紗綾絹二千匹，雜彩二千匹……其母生日約此數焉。正旦則遺以……雜色羅紗綾縠絹二千匹，雜彩二千匹。[167]

> 契丹國母蕭氏卒，年五十七……爲吊慰使，賻以衣五襲，綾羅帛萬匹……[168]

> 賜近臣契丹錦、綺、綾、縠、新羅……等。[169]

自澶淵之盟以後，有大量的絲織品，透過這些方式，從宋朝支出流入契丹。

其次，是宋朝絲織品支出流入西夏。早在西夏立國之前，就有歲賜，《續資治通鑑長編》載：

> （元昊）數諫德明無臣中國，德明輒戒之曰：「吾久用兵，終無益，徒自疲耳！吾族三十年衣錦綺衣，此聖宋天子恩，不可負也。」元昊曰：「衣皮毛事畜牧，蕃性所便，英雄之生，當王霸耳！何錦綺爲？」[170]

可知在元昊之前，宋廷即有甚多歲賜絲織品入西夏。慶曆三年

---

[166]《續資治通鑑長編》卷六〇，頁9～10。
[167]《續資治通鑑長編》卷六一，頁13。
[168]《續資治通鑑長編》卷七二，頁20。
[169]《續資治通鑑長編》卷六七，頁15。
[170]《續資治通鑑長編》卷一一一，頁16～17。

（1043）三月，宋人提出議和條件是：

> 置榷場於保安軍，歲賜絹十萬匹，茶三萬斤，生日與
> 十月一日賜賚之，許進奉乾元節及賀正……[171]

其後，交換誓書，成立和約的條件是：

> ……朝廷歲賜絹十三萬匹，銀五萬兩，茶二萬斤；進
> 奉乾元節，回賜銀一萬兩，絹一萬匹，茶五千斤；賀正貢
> 獻，回賜銀五千兩，絹五千匹，茶五千斤；仲冬賜時服，
> 銀五千兩，絹五千匹，及賜臣生日禮物，銀器二千兩，細
> 衣著一千匹，雜帛二千匹；乞如常數，不致改更……[172]

通問慶吊亦如契丹，只是禮數稍差，見《續資治通鑑長編》載：

> 襄霄卒……達州刺史鄧保信爲吊慰使，賜絹一千匹，布
> 五百匹……及其葬，又賜絹千五百匹，餘如初賻之數。[173]

宋對夏的歲贈絹，其間還曾中斷過兩次：一次是神宗時的略邊，一
次是哲宗時的劃界。但元豐六年（1083）（即神宗駕崩前二年），《宋
史》載“夏之歲賜如舊”；[174] 以及元符二年（1099），宋廷答：“自
今已往，歲賜仍舊。”[175] 都證明不久之後，還是恢復了宋與夏的歲
賜絹關係，大概一直到北宋滅亡時才再中止。

至於宋、金之間的歲贈絹關係，最早是始於宋、金聯盟攻遼時，
宋、金合作條件中，有一條是：

> ……燕京並所管州城元是漢地，若許復舊，將自來與
> 契丹銀絹轉交……[176]

宣和二年（1120）九月，宋致金國書亦云：

> ……銀絹依與契丹數目歲交……[177]

故可以説，自宣和二年（1120）以後，宋歲予遼的銀二十萬兩、絹
三十萬匹轉贈給金了，其後宋金關係破裂，才再度中止了這種歲幣。
靖康元年（1126），宋、金第一次和談後，宋曾予金絹一千萬匹，[178]

---

[171]　《續資治通鑑長編》卷一四〇，頁5。
[172]　《續資治通鑑長編》卷一五二，頁10。
[173]　《續資治通鑑長編》卷一六三，頁3。
[174]　《宋史》卷四八六，頁9。
[175]　同注〔174〕，頁13。
[176]　徐夢莘《三朝北盟會編》卷之四，頁7。
[177]　同注〔176〕，頁9。
[178]　徐夢莘《三朝北盟會編》卷之七二，頁8～9。

其後金兵攻入開封，檢視大宋庫藏，所得到的絲織品有：

> 絹五千四百萬匹，大物段子一千五百萬匹……[179]

金人在短短數年內，所得竟超過了一百多年遼、夏兩國所得之總和，同時這也是最大一次絲織品的外流支出。紹興七年（1137），金人廢偽齊劉豫，再入汴京時，又得了絹織品二百七十萬匹，[180] 這又是第二次的絲織品大規模外流支出。到了紹興十二年（1142），宋、金第二次和議，確立了宋予金歲幣銀帛各二十五萬匹兩，[181] 以後還更改過兩次，一次爲乾道元年（1165）符離之役以後，歲幣銀絹各減五萬兩匹；另一次則爲開禧用兵失敗以後，歲幣銀絹再增至三十萬兩匹。[182] 宋、金的歲幣關係，大概一直維持到金宣宗興定元年（1217）時。[183] 在宋、金對峙時，除了歲幣之外，北使入謁，亦有絲織品外流支出，《武林舊事》載：

> 北使到闕……次日……上馬入餘杭門……又賜被褥銀
> 沙鑼……又明日，入見於紫宸殿……又賜使、副衣各七……
> 色綾絹一百五十匹，餘竝賜衣帶銀帛有差；明日賜牲餼，
> 折博生羅十匹，綾十匹，絹布各二匹……六日，裝班朝辭
> 退，賜襲衣金帶……紅錦二，色綾二匹，小綾十，色絹三
> 十匹，雜色絹一百匹，餘各有差……自到闕至朝辭，密賜
> 大使銀一千四百兩，副使八百八十兩，衣各三襲，金帶各
> 三帶；都官上節各銀四十兩，衣二襲，中下節各銀三十兩，
> 衣一襲……[184]

在通問方面，亦如北宋與遼的情形一樣，每年金主生辰及正日，宋均遣使往賀，並有所饋贈。宋予金歲幣，也是國體上的一大恥辱，周密《齊東野語》卷一二和戎之費條曾言：“……開邊之費固無窮，而和戎之費亦不易！”此固義理之言，但是通盤看來，對南宋經濟尚無嚴重影響，倘單以絲織物耗費而論，則就更微不足道了。[185]

---

〔179〕 宇文懋昭《大金國志》（下）卷三二，頁3，金國檢視大宋庫藏。（廣文書局）
〔180〕 同注〔179〕，卷三一，頁6。
〔181〕 《大金國志》（上），卷一一，頁4。
〔182〕 參考方師杰人《宋史》（二）。
〔183〕 《金史》卷一五《宣宗本紀》，頁2：“四月丁未朔，以宋歲幣不至，命……等經略南邊。”
〔184〕 周密《武林舊事》卷八，頁2。（《筆記小說大觀》）
〔185〕 參考王德毅先生《略論宋代國計上的重大難題》。（《姚從吾先生紀念論文集》）

遼、夏、金是宋對外歲幣、歲賜之主要對象，通過此種方式，每年皆有大批歲贈絹外流支出。由於絲織物是代表彼時中國文化的高度成就，而爲對四圍民族最具吸引魅力的物品，因此藉著與四圍民族通往交流的關係，復有不定期的賜與，大量絲織品外流支出。《宋史》外國列傳中，高麗、交趾、大理、占城、真臘、蒲甘、邈黎、三佛齊、闍婆、勃泥、注輦、月眉流、天竺、于闐、高昌、回鶻、大食、層檀、龜茲、沙州、拂菻、流求國、安定國、渤海國、日本國、黨項、吐蕃、西南夷……等，均有賜予絲織品的記載。日本京都東寺，迄今尤保存爲數頗多的宋代絲織品。

五、結　言

由上所述，可知宋代絲織品的賦入與支出數額，都非常地龐大，尤其是在支出方面，是要超過正常的賦入，故如何平衡收支，乃成爲財政上一大難題，於是就求助於雜稅的收入。此外，本文以官方用途爲主，民間之自家消費，或爲商品而織造者，並未列入，倘使一併計入的話，則宋代絲織品之生產總數，還要遠超過估計，因爲兩宋是一個絲織業極爲發達的時代。綜結而言，宋代絲織品之賦入與支出，是以中央集權之王朝爲背景，憑權力、政策所形成之官消費爲主，但寄生於民間市場爲中心之民間消費，日漸地發達了。

※ 本文原載《臺大歷史學報》10、11 期，1984 年；又收入《宋史研究集》，臺北：中華叢書委員會，1994 年。

※ 趙雅書，臺灣大學歷史研究所博士，臺灣大學歷史系退休教授。

北亞遊牧民族南侵各種原因的檢討[1]

蕭啓慶

　　遊牧民族與農耕民族的相互挑戰與反應，是近代以前世界史上最重要的課題之一。自從騎馬術發明以來，分佈在歐亞大陸草原地帶——從興安嶺到匈牙利——的遊牧民族，憑藉著騎射的優勢，一直是周近農耕社會最頭痛的敵人。十七世紀以後，滿清與俄國倚恃槍炮之利，向內陸亞洲擴張，才把這些在黃沙白雪中熬煉出來的"天之驕子"的氣焰壓制下去。

　　以我國北部蒙古爲中心的北亞草原地帶，是世界大草原的一部分，也是近代以前整個草原地區，乃至全世界的主要的動亂搖籃。兩千多年來，遊牧民族無數次的移民運動與對外侵略，多肇源於斯，造成一連串的連鎖反應，影響及於遠方的定居社會。我國更首當其衝。北亞遊牧民族的入侵和征服，可說是我國歷史形成的最重要的因子之一。[2]

　　什麼是促使遊牧民族侵襲農耕社會的原因呢？這自然是古來衆所關心的一大問題。中外學者企圖對此問題作一解釋者甚多。大體說來，過去學者偏重由人性和自然環境等角度來尋求答案。近年來，學者多從經濟的觀點著眼。事實上，幾千年來遊牧社會與農耕社會的相互反應，是一極爲繁複的歷史現象，單從一二角度去分析很難得到真相。

　　本文旨在對中外學者所主張的各種説法作一較有系統的評介，以求對這一問題獲得比較全面的印象。例證的範圍雖以北亞遊牧社會與中國農耕社會爲限，但以下臚列的各種原因中有二三項也可適用於其他地區。遊牧民族的侵略農耕地區，原是一個世界性的現象，無法把北亞和東亞地區完全孤立來討論。

---

[1] 本文係就筆者於 1971 年 10 月 29 日應臺大歷史系及中國阿爾泰學會之約在 "姚從吾先生冥誕紀念會" 上所作演講增刪而成。

[2] 參看陶晉生《邊疆史研究集——宋金時期》（臺北，1971），頁 1～15。

　　各家主張，雖有歧異，但多肯定遊牧地區與農耕地區各有不同的自然環境，因而產生不同性質的社會；其中之一，由於環境的壓力和經濟的需要，不時侵入另一社會。因而，在介紹各種解釋以前，先將遊牧經濟的特質——尤其是造成他們向外侵略的各種質素，略加剖析，以助瞭解。至於北亞的自然環境是衆所周知的，不再辭費。

　　北亞遊牧民族的經濟生活主要建立在“逐水草而遷徙”的草原遊牧制上。這種草原遊牧與牧場畜牧制不同，既不栽培牧草，也不儲備乾草以待乾旱或雪寒，卻高度仰賴自然，順應季節的循環而輾轉於夏季和冬天的牧地之間。[3] 這種草原遊牧經濟的特色之一是，對自然變化——尤其雨量的多寡——極爲敏感。草地對牲畜的包容力隨氣候而增減的幅度之大，實超出我們農耕社會人民想像力之外。[4] 換句話說，在一定面積的牧地上，如遇氣候良好水豐草美，幾年之內畜群便可增殖一倍以上。如雨量減少，牲畜必因乏草而大量死亡。此外，對於瘟疫、風雪等意外，也缺乏適當的應急辦法，牲畜死亡率往往高達百分五十至八十。[5]《史記》説，天災使匈奴“人民死者什三，畜産什伍”，絶非誇大。因而，遊牧民可能在短期間喪失原有的生活資源，必須另闢蹊徑，謀取生活。同時，由於牲畜是遊牧社會的主要財富，牲畜的喪失便是財富的喪失，因而遊牧民極難於聚積財富。

　　第二、北亞遊牧民族的遊牧經濟有跟農耕社會達成“願以所有、易其所無”的必要。從表面看來，北亞的遊牧營賬是比較自足的經濟生產單位，它們同時放牧幾種動物，如羊、牛、山羊、馬、駱駝等，這和西南亞遊牧民以一種動物爲主要生產憑藉者不同。[6] 這種多動物的遊牧方式，幾乎供給了遊牧民衣食住行必需的資料。而且，由於各遊牧營賬所産大體相同，故無相互交換的必要。不過，遊牧

〔3〕　後藤富男《内陸アジア遊牧社會の研究》（東京，1968），頁1～39。

〔4〕　根據新南威爾斯（New South Wales）的牧場報告：年雨量十吋時，每方哩草地可供羊十頭食用，如雨量爲十三吋，同面積的草地便可供一百頭羊，如雨量增至二十吋，則激增至六百頭。如雨量減少，草地對牲畜的包容力便與上述的數字成反比遞減。參看，E. Huntington, *The Pulse of Asia* (Boston, 1919)，頁382～383。

〔5〕　江上波夫《匈奴の經濟活動——牧畜と掠奪の場合》，《東洋文化研究所紀要》九（1956），頁23～63。

〔6〕　E. Bacon, "Types of Pastoral Nomadism in Central and Western Asia," *Southwestern Journal of Anthropology* 10 (1954), pp. 44～68。

社會雖無對內交換的必要，卻有對外交換的需求。

北亞的遊牧制度是一種甚爲專業化的生產方式。在這一經濟體系裏，畜牧佔了主要部分。雖然匈奴、突厥和蒙古都留有發展農業的痕跡，但農業在整個經濟中的份量顯然微不足道，這和西方的遊牧經濟不同。阿爾泰山以西的突厥民族，伊朗及阿剌伯人等，往往在一河谷或綠洲之中同時擁有畜牧和農業兩個生產單元，兩者密切接合、維持共生關係。北亞的遊牧社會中則無足以平衡遊牧單元的農業單元，而與東亞以中國爲中心的農業社會形成一個廣大的經濟共生區。[7]

遊牧社會必須與農業社會交換乃是由於下列的原因：一、他們有取得農產品的需要。遊牧民雖以 "食獸肉，飲其汁" 爲主，但至少自匈奴以來，遊牧民——尤其是貴族——即有以米穀佐食、釀酒的習慣。[8] 這種對農產品的需要量，不是草原上稀疏的灌溉農業所能供應。二、遊牧貴族需要若干高水準的工藝品來增益他們的生活內容。工藝技術只有在安定和長遠的基礎上才能發達，在著重流動性的遊牧社會裏，工藝技術的發展甚爲有限。許多維持較高生活水準的必需品，都是遊牧社會不能自行生產的。例如：絹織品、麻織品及若干金屬器具和飾物，都須自居國社會以交換或掠奪的方式去取得。三、在草原經濟繁榮時代，遊牧民族必須向農耕社會推銷過剩的畜產品，這是一個極爲重要而通常爲人忽略的因素。農業社會主要的財富是土地和糧食，土地既有較固定的價格，又不會因天災或兵燹而毀滅；遊牧社會主要的財富則爲動物，動物在惡年會死亡，豐年時則因過剩而普遍貶值。[9] 所以，凡在草原牲畜繁衍時，遊牧民必須以之向農耕社會傾銷。

以上述各因素爲背景，現在討論關於遊牧民族何以不時南侵的幾種解釋：

第一種是天性嗜利說。這是農業社會中傳統的看法。我國史書中可尋出許多這類例子。如《史記》說匈奴人 "逆天理……以盜竊爲

---

〔7〕 L. Krader, "The Cultural and Historical Position of the Mongols," *Asia Major* (New Series), 3 (1952), pp. 169~183.

〔8〕 江上波夫著，于景讓譯《匈奴的飲食》，《大陸雜誌》17卷2、3期(1958)，頁1~13。

〔9〕 O. Lattimore, *Inner Asian Fronties of China* (New York, 1951), pp. 328~334.

務”,“苟利所在,不知禮義”,“行盜侵驅,所以爲業也,天性固然”,[10]《唐書》說回紇人“貪婪尤甚, 以寇抄爲生”,[11] 都是此類。至於《漢書》所謂“夷狄之人, 貪而好利, 被髮左衽, 人面獸心”,[12] 更是出於激情的指責, 而不是理智的分析。這些看法以遊牧民族天性貪婪、傾於盜竊, 故以掠奪爲職業, 都是忽略了遊牧社會的經濟特性, 而致倒果爲因。但是, 由於寫史權一直操於農業民族之手, 這一看法古來流傳很廣, 而且深入人心。

第二種解釋是氣候變遷說。這一解釋以美國地理學者亨廷頓（E. Huntington）爲首倡, 而以英國史學大師湯因比（A. Toynbee）爲後勁。亨氏曾作出兩條歷史上氣候變遷的曲線, 再由這兩條曲線推斷出氣候脈動（climatic pulsations）的結論: 兩千年來世界的氣候曾有若干相互承繼的潤濕和乾燥周期。他以這一理論來解釋遊牧民族的歷史, 認爲: 一乾燥周期開始以後, 草原隨之乾化而成沙漠。遊牧民爲尋求新牧場, 不得不向外移動, 遂造成一連串移民和征服的現象。[13]

亨廷頓的氣候脈動論在六十年前曾轟動一時, 後來漸爲人淡忘。自湯因比的名著《歷史研究》出版後, 卻再度引起注意。在湯氏手中, 這一理論變得更機械化。[14] 湯氏曾將世界史上四千年來亞非歐三洲遊牧民入侵農耕地區的史實列表說明。他認爲遊牧民的活動有兩個值得注意的現象: 第一, 各地遊牧民族侵入農耕地區的同時併發性（synchronism）; 第二, 遊牧民族的外侵有一定的活躍和靜止周期。六百年爲一大周期; 前三百年爲活躍期, 後三百年爲靜止期。而在每一活躍期的第一世紀, 遊牧民族的侵略尤爲猖獗。湯氏覺得他的遊牧民族活動和靜止周期表與亨氏的乾燥和潤濕曲線若合符節, 所以斷言: 亨氏所謂氣候的脈動, 便是操縱這種併發性和周期性的動力。換句話說: 遊牧民族隨著氣候每三百年一變遷的韵律而有周期性的活躍和靜止。除去氣候乾化把遊牧民族推出草原這一因子外,

[10]《史記》(此書及其他二十五史皆用百衲本)卷一一一,頁3上。卷一一〇,頁2上。
[11]《唐書》卷一四五, 頁1下。
[12]《漢書》卷九四, 頁32上。
[13] Huntington, *op. cit*, pp. 282～344.
[14] A. Toynbee, *A Study of History*, Ⅲ (1934), pp. 7～22, 395～452.

湯氏也承認農業社會的内在失調現象也足以把遊牧民族拉進農耕社會去。不過，無論"推"或"拉"，遊牧民族都是被動的；因而他們是"没有歷史的"。這才是湯氏的自然決定論的主旨所在。

　　湯氏的理論確實很動人。假若此一理論能成立，歷史學便應成爲氣象學的一支了。但是，湯氏理論的弱點很多。湯氏所依據的亨廷頓氣候曲線的本身便不無問題。[15] 而且由亨氏的曲線並看不出氣候變遷的周期性來，何况湯氏的周期表與亨氏的曲線並不能完全密合，必須容許太多的例外。赫貞（G. F. Hudson）更曾依據地理學的原理指出這一理論的基本弱點：歐亞大陸的氣候如普遍乾燥化，遊牧民族未必西向或南向侵入農耕地區。因爲如氣候乾化是一普遍現象，引起戈壁與西伯利亞間氣候帶的轉移時，南方的沙漠雖向北擴張，北方較爲潤濕的森林帶的南端，必因乾化而轉變爲草原，故草原面積並不減少。遊牧民族僅須向北稍移，而不必冒矢石之危侵入農耕地區。[16] 總之，湯氏的理論誠如賴德懋（Owen Lattimore）所説，[17] 是建構在假設上的另一假設——空中樓閣而已。

　　第三，人口膨脹論。這一種説法可視爲氣候變遷論的一個變形。最先主張此説的便是人口學大師馬爾薩斯（Thomas Malthus）。馬氏在其名著《人口論》中指出：草原人口增加的速率如超過生活資源的增加，便會造成饑饉；這便是迫使遊牧民族侵襲中國和波斯等地的根本原因。[18] 馬氏的解釋在亨廷頓的手中與氣候變遷論發生關聯。亨氏指出：草原如氣候良好，動物繁殖加速，人口必隨著增加。人口增多後，如再逢乾旱，必有饑饉的發生，迫使遊牧民族向外掠

---

〔15〕　亨氏作成兩條氣候曲線，是根據他對加州若干美洲杉的年輪和裏海的湖岸水位遺痕的觀察。在亨氏 1945 年的新著 The Main Springs of Civilization（New York, 1945, 572 ~ 574）一書中，採用 Antevs 氏所作的一條曲線來比較陶氏的遊牧民族活動周期表。Antevs 的這一曲線也是根據加州杉樹年輪而作成。但這一曲線便與亨氏原作曲線有了出入。在亨氏原作曲線上，十三世紀初是在一乾燥周期中，故可解釋蒙古之勃興與氣候乾化有關。但在 Antevs 的曲線上，十三世紀卻在一潮潤周期中，亨氏便不得不把蒙古人之大征服歸功於成吉思汗個人之領導力。

〔16〕　Toynbee, *op. cit.*, Ⅲ, pp. 453 ~ 454.

〔17〕　O. Lattimore, *Studies in Frontier History* (Oxford, 1962), pp. 241 ~ 244.

〔18〕　T. Malthus, *An Essay on the Principles of Population.* 三民書局版中譯本《人口論》（臺北,（1966）, pp. 23 ~ 25。

奪或侵略。[19] 但是遊牧民族外侵時代，其人口是否超出當時生產水準所允許的人口包容力，而造成人口壓力，則是一不易解答的問題。近代以前任一遊牧民族的人口數字現在都無法確定。[20] 不過，如遭受天災，即使人口未達到實際包容量，也會感到短缺食物。但是在人饑馬瘦的情形下，發動大規模的侵略，攻擊中國的高壘深池，似不大可能。《後漢書》臧宮傳說匈奴"窮則稽首，安則侵盜"。[21] 突厥名臣敦瞰谷（Tunyukuk）認爲：突厥之能够以劣勢與唐長期周旋，在於"强則進兵抄略，弱則竄伏山林"。[22] 這都表示遊牧民族在貧弱時，或則求和，或則逃匿，而不大規模地侵略。内田吟風教授曾分析公元前 209 年至公元後 91 年間匈奴入侵的記錄，結論爲：凡匈奴發動戰爭時，國内都無饑饉現象；反而有九次因饑荒而退兵求和。[23] 不過，如因人口膨脹或自然災害而形成饑饉，草原邊緣的小股遊牧民被迫鋌而走險，侵襲中國邊境的農村，則很有可能。可惜這類小型的侵襲大多不見於記載。

　　第四種解釋爲貿易受阻論。近來主張這一論的學者最多。我國

---

[19]　Huntington, *Main Springs of Civilization*, p. 576.

[20]　近代以前，遊牧社會的人口數字，實在是一個難以揭曉的謎。歷來學者估計出入極大。日本兩個匈奴史權威對匈奴人口的估計可爲例證。内田吟風估計匈奴兵力六萬、人口三十萬（《匈奴史研究》〔大阪，1953〕，頁 189），江上波夫則認爲兵力三十萬、人口一百五十萬（《匈奴の經濟活動》，頁 55～57）。馬長壽氏亦主張一百五十萬之説（《論匈奴部族國家的奴隷制》，《歷史研究》1954 年第 5 期，頁 99～118）。兩説相差達五倍之巨。自來學者對十三世紀蒙古人口的估計，亦有四十八萬，一百萬，與二百五十萬之差（V. A. Riasanovsky, *Fundamental Principles of Mongol Law*〔Bloomington, Indiana, 1965〕, p. 198; D. Martin, *The Rise of Chingis Khan and His Conquest of North China*〔Baltimore, 1950〕, p. 14). 筆者傾向於百萬人左右一説。近來管東貴先生根據滿族入關前有兵八萬的事實，再利用"人口金字塔"（popualtion pyramid）的觀念推定滿族入關前人口大約有七十五到八十萬（《入關前滿族人數與人口問題的探討》，《中央研究院歷史語言研究所集刊》第 40 本第 2 分（1969），179～194。我們確知在 1206～1227 間，蒙古兵力在九萬五千至十二萬五千之間，如利用管先生的方法估計，則蒙古勃興時代人口應在百萬左右。據日本經濟學者伊藤幸一的估計，蒙古高原在 1938 年左右的人口包容力爲二〇九萬人（《蒙古社會經濟考》，名古屋，1965 年，頁 65～66）。若此説成立，並假定此時以前當地生產力無大改變，則匈奴與蒙古人口皆未超出此一包容力。但在天災時，包容力自會減少。三五十萬亦可謂爲人口過剩。

[21]　《後漢書》卷一八，頁 23 上。

[22]　《唐書》卷一四四，頁 14 下。

[23]　内田吟風《古代遊牧民族の農耕國家侵入の真因——飢餓と侵入との關係についての再檢討》，《内陸アジアの研究》（ユーラシア學會研究報告，Ⅲ）（1954），頁 21～41。

有札奇斯欽先生、[24] 余英時先生;[25] 美國有賽瑞斯神甫
(Rev. H. Serrucys);[26] 匈牙利有艾克西迪（Hilda Ecsedy）氏;[27]
日本則有松田壽男、[28] 田村實造、[29] 萩原淳平等人。[30] 這些學者
或則研究漢代和明代的朝貢制度兼及貿易，或則研究隋唐的絹馬貿
易，或則研究明代的茶馬貿易，或則研究土木之變的經濟背景，或
則綜論幾千年來的貿易和戰爭與和平的關係，題目容有不同，結論
容有小異，但大體上都肯定遊牧民族與農耕社會間貿易的有無跟兩
者間的戰和有極大關係。現因限於篇幅，無法分列各家的論點，茲
綜述於後：

（一）遊牧民族有向農耕社會取得若干物資的必要。這些物資可
以和平的方式——朝貢與互市——取得；也可以掠奪的方式去取得。
掠奪是一種無償的貿易，但因中國邊防堅強，武器優異，遊牧民寧
願出之於和平的方式。武裝掠奪是一種不得已的次要方式。

（二）無論遊牧國家和農業王朝維持什麼形式的外交關係——漢
初與匈奴的昆弟對等關係，宋遼、宋金的叔姪關係，或朝貢制度下
的君臣關係——都蘊含着交換方物和互市的經濟交換關係。遊牧國
家跟中國朝廷維持正常外交關係的著眼點，即在於這種經濟交換。
因此對遊牧民族而言，接受歲幣或賞賜和互市，才是朝貢與和親的
實質。

（三）中國對這種貿易卻常不從經濟觀點著眼，而從政治著眼。
中國古來自認爲物産豐饒，無庸對外貿易。中國強力的中央集權的

〔24〕 札奇斯欽《塞北遊牧民族與中原農業民族間和平戰爭與貿易之關係緒言》，《食貨》
　　　復刊 1 卷 4 期（1971）。1210 英文本，"Trade, Peace and War between the Nomadic
　　　Altaics and the Agricultural Chinese"，《國立政治大學邊政研究所報》一（1970），35 ~
　　　80。

〔25〕 Yü Ying-shih, *Trade and Expansion in Han China*, Berkeley, 1967.

〔26〕 *Sino-Mongol Relations during the Ming*, Ⅱ, *The Tribute System and Diplomatic Missions*
　　　(1400 ~ 1600), Bruxelles, 1967.

〔27〕 Ecsedy, "Trade and War Relations between the Turks and China in the Second Half of the
　　　6th Century," *Acta Orientalia* XX (1968), pp. 131 ~ 180.

〔28〕 松田壽男《絹馬交易覺書》，《歷史學研究》6 卷 2 號（1936），頁 126 ~ 137；《絹馬
　　　貿易に關する史料》，《内陸アジア史論集》（東京，1964），頁 1 ~ 14。

〔29〕 田村實造《明と蒙古との關係についての一面觀——特に馬市を中心として》，《史
　　　學雜誌》52 卷 12 期（1941）。

〔30〕 萩原淳平《土木の變——經濟問題を中心とする明蒙交渉》，《東洋史研究》11 卷 3
　　　期（1951），頁 1 ~ 20。

官僚組織，更嚴格地限制了私人的對外貿易。商人與邊疆百姓對國際貿易的需要，多不爲政府所顧及。政府所著重的是以對外貿易爲"和戎之一術"，把它當作維持以中國"天子"爲中心的世界秩序——朝貢制度——的一種手段。所以，對中國而言，通關市與賞賜禮物是建立世界秩序的代價。

（四）中國朝廷往往由於政治設想或財政困難，而與遊牧民族斷絕或減少互市。在這種情形下，遊牧民族惟有以武力來開拓市場。對遊牧民族而言，戰爭和貿易是不相矛盾的。貿易是武力的目標，武力是貿易的後盾。貿易有賴軍事行動來創造機會；而貿易數量的大小往往與他們所能投資的武力的強弱成正比。

這一種貿易論的看法兼顧了遊牧國家的經濟特質和中國傳統對外關係的特質，可說觸及了遊牧民族與中國之間戰和關係的最根本的原因。但討論貿易之重要性者必須兼顧下述的掠奪說，始能得到較爲平衡的看法；因爲遊牧民族之犯邊，並非全由農耕國家斷絕關市所引起。

第五種解釋：掠奪是遊牧民族的一種重要生產方式。主張這一說法者有青木富太郎、[31] 護雅夫、[32] 江上波夫[33] 等人。由於草原社會的生產力不穩定，工藝技術落後，難於累積財富，而遊牧民族又是盡人皆兵，所以聚衆掠奪是遊牧社會的一種自然的無償輸入行爲，也可說是一種生產行爲；藉以解脫困厄，或增益生活內涵。這種掠奪又可分爲：①遊牧民之間的互相掠奪，②對來往草原的隊商的掠奪，③對農耕社會的侵奪。現在所擬討論的乃是最後一類。

遊牧民對農耕社會的掠奪，主要是由於受後者的物資誘惑。當遊牧民族有統一的政治組織，而且兵強馬盛時，常會發動大規模的掠奪戰。例如，匈奴冒頓、老上、軍臣三單于皆屢次違背和親之約，侵略漢邊，便是以掠奪爲目標。也先（Esen）的侵攻明朝而引起土木之變，基本的動機也在於掠奪。[34] 江上波夫指出：匈奴掠奪的主

---

[31] 青木富太郎《蒙古勃興期に於ける遊牧民の掠奪》，《歷史學研究》三四（1936），頁 836～865。
[32] 護雅夫《中國古代における遊牧國家と農耕國家》，《歷史學研究》一四七（1950），頁 1～13。
[33] 江上波夫，前揭文。
[34] 萩原淳平，前揭文。

要目標爲①家畜，②人口，③物資。[35] 前兩者是遊牧民不可或缺的
生活資料和生產手段（工匠，奴隸），都是正規互市中無法取得的，
後者則足以增加遊牧君長和平民的財富。

　　掠奪可說是遊牧社會中無論貴賤都歡迎的一種生產方式。朝貢
貿易的利潤，似爲可汗及少數貴族所壟斷，而掠奪的戰利品，則由
大家所分享。這幾乎是古來遊牧民族一貫的習俗法。匈奴人"所得
鹵獲，因以予之，得人以爲奴婢，故其戰，人人自趨爲利"。[36] 鮮
卑人"每鈔略得財物，均平分付，一決目前，終無所私"。[37] 可見
掠奪是一項重要的利益均沾的生產行爲，雖然酋長仍保持分配戰利
品的權利。[38]

　　總之，貿易與掠奪是遊牧民族取得所欠缺物資的兩種方式，兩
者相輔相成，各有各的功能。掠奪是一種無償的貿易；以武力爲後
盾的貿易也可視爲一種變相的掠奪。至於以武力屈服農耕國家，西
域綠洲城市，或其他草原部落，強徵貢賦或歲幣，也可視爲一種長
期性的、制度化的掠奪。

　　第六種解釋是政治的，即是：對外的掠奪、貿易或戰爭是遊牧
社會從初級的氏族組織，進展到高級的部族組織、遊牧帝國，乃至
征服王朝的催化劑；也是遊牧領袖加強自己的權力，擴大勢力，從
氏族長、部族長上升到遊牧帝國的可汗和征服王朝的帝王的必要手
段。許多學者的著作中都表露出這一看法。現在也綜述於後。

　　賴德懋教授曾指出：一個建構在近乎純遊牧經濟上的社會（純
遊牧經濟從未存在），它的社會和政治組織必定較爲簡單與平衡。戰

---

[35]　江上波夫，前揭文，頁 49～54。

[36]　《史記》卷一一〇，頁 11 上下。

[37]　《三國志》卷三〇，頁 9 上。

[38]　蒙古人的分配戰利品，似依戰功及地位，平均分配。趙珙《蒙韃備錄》："凡破城
　　　守，有所得，則以分數均之，自上及下，雖多寡每faced一分爲成吉思汗皇帝獻，餘則
　　　敷俵有差，宰相等在於朔漠不臨戎者，亦有數焉。"《王觀堂先生全集》卷一二，臺
　　　北，1968 年，頁 5007；彭大雅《黑韃事略》亦有類似記載，頁 5056，蒙古（《元朝
　　　秘史》二五二節，也可參考）。波斯政治家 Nasiral – Din Tūsī 也有相似的觀察：Of
　　　the booty which the army has brought, together 1 whatever the *bahadurs* have taken by their
　　　personal valour – is given to them; from the rest, one fifth is levied by the Universal Soveri-
　　　gn for his needs, and the remainder is divided among the army, the tursemen and foot sol-
　　　diers receiving respectively in the proportion of two to one（M. Minovi and M. Minorsky,
　　　"Nasīr al Dīn Tusī on Finance," *Bulletin of the School of the Oriental and African Studies*
　　　X. 3〔1940〕, 774）。

爭與貿易必然會帶來經濟分配關係的變化、財富累積的岐異，乃至
促使部族長與平民間隸屬關係的強化。[39] 因爲欲求在掠奪或戰爭中
發揮較爲有效的功能，並防止敵人的報復，必須使組織擴大，軍事
化和永恒化。另一方面部落君長因手操戰利品分配權，故可加強部
民或次級首長跟他們之間的隸屬關係。對外貿易更能增加遊牧君長
個人的財富與權力。這種種對外的活動，都足以弱化原有的氏族或
部族組織，進而組成較爲强大的部族聯盟或遊牧國家。[40]

即在遊牧國家成立後，由於遊牧經濟本身的薄弱，不足以維持
廣大的國家組織，可汗仍必須領導部衆向農業社會掠奪，發展貿易
和徵納貢賦，以期强化內部的團結，鞏固國家的經濟基礎和他個人
以及統治氏族的權力基礎。如可汗及統治氏族不能執行這些功能，
遊牧國家往往便會分崩離析，或回歸到原有部族林立的狀態，或以
另一氏族爲核心而形成一新的政治組織。有時，遊牧國家且進一步
自農業地區擄掠農民或工匠，或吸收戰亂時華北的流民集團，在草
原內部組成農耕及工藝製造的聚落。這種新生產聚落的形成，象徵
著遊牧國家本身的質變——從純遊牧國家到牧農政權。牧農政權的
形成，不僅代表遊牧國家的經濟基礎的變化，而且促使可汗對內權
力的絕對化與對農耕國家的軍事壓力的持久化。[41]

以農牧兩種生產力爲後盾，遊牧國家往往能發動長期的掠奪戰
或征服戰，以確保大量農產品和奢侈品的來源。如適逢中國內亂，
而又有可資利用的官僚或地主，遊牧國家便會不惜一戰，在邊境或
中國內部設立傀儡政權。這種傀儡政權又往往是建立征服王朝的先
聲。[42] 所以，農耕社會的內亂便是遊牧國家施行戰爭和征服的最好
時機。陳寅恪先生所説的中國與外族盛衰的連環性，[43] 賴德懋所説
中國的中央化（centralization）和地方化（decentralization）與遊牧社
會的分散（dispersal）與集中（concentration）兩個循環的相互呼

〔39〕 Lattimore, *Studies in Fronrier History*, p. 254.
〔40〕 參看田村實造《中國征服王朝の研究》上（京都，1964），頁 38～56；護雅夫《遊
牧民族史上における征服王朝の意義》，《岩波講座世界歷史》九（1970），頁 12～
17。
〔41〕 同上。如回鶻時代的富貴城（Bay Baliq），阿保機時代的各漢城，俺答汗（Altan
Qan）的板升城等都是這類遊牧區內的農業聚落。
〔42〕 田村實造《中國征服王朝の研究》中（京都，1971），頁 649。
〔43〕 陳寅恪《唐代政治史述論稿》（臺北，1967），頁 94～116。

應[44]和湯因比所說的定居社會的内在失調足以將遊牧民族拉進來，
都是指此而言。

第七，在心理上，北亞遊牧民族自古便感覺與中國各有不同的
文化，不應服屬於中國，而應分庭抗禮。這一觀念無疑成爲把他們
納入以中國爲中心的世界秩序的障礙，而致時服時叛。同時，遊牧
民族自古便有君權神授的觀念，由此而衍生出主宰世界的普遍王權
的觀念。這一觀念更導致他們屢次發動征服農業地區的戰爭。這是
筆者一時想及，尚無學者仔細加以論證。所以較爲詳細地叙述於後：

漢初，中國以"天子"爲中心的世界秩序尚未制度化，[45] 匈奴
與漢間的關係是建構在對等的和親制上。老上單于致文帝書是以
"天地所生、日月所置匈奴大單于敬問漢皇帝無恙"開端。文帝也答
以："皇帝敬問大單于無恙。"[46] 狐鹿姑致武帝書也說："南有大漢，
北有强胡，胡者，天之驕子也。"[47] 可見漢初匈奴一直以漢爲對等，
而漢廷也承認這一主權上的對等地位。宣帝時，呼韓邪雖納貢於漢，
但這一朝貢關係的建立主要由於雙方實力的轉變，並不反映匈奴對
漢觀念的更換。以後，八世紀時，薛延陀取代東突厥而成爲漠北霸
主，薛延陀的可汗曾明言："我薛延陀可汗與大唐天子俱一國主。"[48]
十七世紀初，察哈爾林丹汗（Legdan Qan）也說過："明帝爲南方之
主，我爲北方之主。"[49] 可見遊牧民族始終保持與中國對等的觀念，
並未因屢次迫於經濟或政治原因，而向中國天子稱臣納貢以致有所
改變。即使遊牧國家與中國建立朝貢貿易的關係，有時遊牧國家亦
不自認爲居於臣屬的地位。譬如據中文記載，俺答汗（Altan Qan）
向明稱臣並接受順義王的封號。但蒙文史料卻都說明室向俺答納貢
（*alba tatalgha*），[50] 這也是出於遊牧民族的獨立自主的政治意識。

這一與中國相對等的觀念的形成，一方面由於遊牧國家在軍事

〔44〕 Lattimore, *Studies in Frontier History*, pp. 252～253.
〔45〕 關於中國的世界秩序的建立及其意義，參看 J. K. Fairbank（ed.），*The Chinese World Order*（Cambridge, Mass., 1968），頁 1～19。
〔46〕《史記》卷一一〇，頁 13 下、14 下、18 下～19 上。
〔47〕《漢書》卷九四上，頁 29 下。
〔48〕《唐書》卷一九九下，頁 14 上。
〔49〕 Hagiwara Junpei（萩原淳平），"The Political Ideas of Lin dan Khan"，《第三屆東亞阿爾泰學會會議記錄》（臺北，1970），頁 103。
〔50〕 *Altan Tobci*（Cambridge, Mass, 1952），Ⅱ，p. 180；*Erdeni-yin Tobci. Geschichte der Ost-Mongolen*（St. Petersburg, 1829），pp. 208～211.

上常可與中國相抗衡，另一方面也反映出遊牧民族自古便有獨立的文化和政治意識。漢文帝致老上單于書中説："先帝制：長城以北引弓之民受令單于，長城以内冠帶之室朕亦制之。"[51] 這種以長城爲界"引弓之國"與"冠帶之室"兩個文化世界相對立的觀念，恐不僅漢人有之，匈奴人當亦有之。努爾哈赤（Nurhaci）復林汗書中也説："且明與朝鮮異國也，言雖殊而衣冠相類。……爾我異國也，言雖殊而服髮亦相類。"[52] 這也表示出北亞民族間自覺有共通的文化認同（identity），而與中國和朝鮮相異。由這種獨立的文化意識而産生獨立的政治意識，覺得不應受制於中國，而應力爭平等。王莽時匈奴的再"叛"，便是志在恢復以前的平等關係。七世紀末，突厥骨咄禄（Qutlugh）的舉起反幟，結果擺脱唐的羈縻州縣制度而建立突厥第二帝國，也是出於同樣的原因。

遊牧民族不僅有力求與中國平等的意念，而且有和中國天命思想相類似的王權神授的觀念，並由王權神授的觀念而發展出主宰世界的雄心。古來北亞遊牧民族崇信薩滿教，以天（突 *täŋri*、蒙 *tn-gri*，滿 *abka*）爲最高主宰。[53] 遊牧國家的最高統治者被認爲係受天命而君臨，擁有世俗和宗教雙重統治權。[54] 中國的天命思想發展爲普遍王權的觀念："普天之下，莫非王土。"遊牧民族的王權神授思想似乎也發展成主宰世界、創造世界帝國的觀念。匈奴人是否曾有創造世界帝國的觀念，雖不可知，可能爲匈奴後裔的匈人（Huns）確實有此野心。匈人領袖阿提拉（Attila）便曾揚言他係受上帝之命而爲世界之主。[55] 西突厥可汗室點密（Dilziboulos = Istämi）也曾對

---

〔51〕 《漢書》卷九四上，頁 4 下。

〔52〕 《滿洲實録》（臺北，1964），頁 288。

〔53〕 J. p. Roux, "Tängri, Essai sur le ciel-dieu des peuples altaï ques", *Reuve de l' Histoire des Religions*, XLIX (1956), 49 ~ 82, 197 ~ 230；杜而未《撐犂即天論》，《中國古代宗教研究》（臺北，1959），頁 20 ~ 51。

〔54〕 匈奴單于自認爲："天地所生，日月所置"和"天之驕子"。匈奴單于的全銜爲"撐犂孤涂單于"，意即大天子（《漢書》卷六四上，7 上）。突厥人的天命思想表現得更清楚，突厥人認爲可汗乃是承受"天命"（täŋri yarligh）、"天力"（täŋri küč）或天智（täŋri biliq）而主宰"人之子"（參看護雅夫《古代トルコ民族史研究》（東京，1967），頁 4 ~ 7、24 ~ 29）。後來蒙古人和滿洲人也喜以"天命"（tengri-yin jayaghatu, akbai fulingga）爲謚號或年號，參看 D. M. Farquhar, "The Origins of the Manchus' Mongolian Policy", Fairbank, *op. cit.*, pp. 201 ~ 202。

〔55〕 E. A. Thomson, *A History of Attila* and the *Huns* (Oxford, 1948), p. 89.

拜占庭使者表示：據其祖先顯示，突厥人征服世界時機已至。[56] 蒙古人更擁有宗教性的征服狂熱，相信他們乃是承受"長生天"之命，"倚恃長生天的氣力"而作征服世界之舉。[57] 這種主宰世界，創造世界帝國的觀念，固然可能是受到中國或波斯的普遍王權觀念或基督教世界教會觀念的影響，但更可能直接由古代王權神授的觀念衍生而來。[58]

　　總之，由於生態系統和生活方式的不同，遊牧民族古來便產生獨立的文化意識和自主的政治觀念。而且這些觀念持續不變，和中國近鄰的農業國家高麗、安南等的情形有異。後者因與中國的生活方式相近，故為儒家文化所同化，因而易於納入中國的世界秩序，以臣屬的地位，與中國和平相處。北亞遊牧民族則始終力求與中國取得平等的地位，甚至想主宰中國，因而也引起很多戰爭。

　　以上所說是中外學者對造成遊牧民族不時南侵原因的各種解釋。從表面看來，這些說法不無相互矛盾之處。實際上，不過是各著重問題的一面，並非完全抵觸。

　　最後，筆者試為融合上述各說，歸納出遊牧民族侵略農業地區的一般因素：

　　遊牧民族南侵的原因，深深植根於他們的經濟體系之中。遊牧經濟有對自然變化的脆弱性、對農耕社會的倚存性和工藝文明的遲進性。對農耕社會的貿易與掠奪，是遊牧民族解決經濟問題的兩個變換手段。從表面看來，無論為解決因氣候變化所造成的經濟困難或為取得遊牧社會所不生產的奢侈品，掠奪都不失為一捷便的手段。但通常只有在遊牧民族本身有相當統一的政治組織，兵強馬盛，而中國則在分裂狀態，大難初定，或已由盛而衰的情形下，遊牧民族始能發動有效的掠奪戰爭。少數為饑寒驅迫的遊牧民，以血肉之軀與中國的強弩高壘相對抗的例子並不多見。和平的朝貢與貿易，則是遊牧民解決對農耕社會經濟倚存問題的另一方式。這種貿易的發

〔56〕 Chabot（tr.）, *Chronique de Michel le Syrien*（Paris, 1905）, Ⅲ, p. 150.

〔57〕 參看 E. Voeglen, "The Mongol Orders of Submission to European Powers," *Byzantion* 15（1941）, 378～413；G. Vernadsky, *Mongols and Russia*（New Haven, 1953）, pp. 92～99. J. J. Saunders, *History of the Mongol Conquests*（London, 1971）, pp. 94～96。

〔58〕 B. Spuler, *The Muslim World*, Ⅱ, *The Mongol Period*（tr. by F. R. C. Bagley, Leiden, 1960）, pp. 4～5；Vernadsky, *op. cit.*, pp. 97～99.

展，往往有賴於武力爲後盾，要求貿易不遂，常迫使遊牧民族發動戰爭。但貿易不遂不是造成遊牧民族南侵的唯一原因，而遊牧民族在武力上的優勢，也未必是與農耕國家建立貿易關係的唯一要件。

除去這些經濟因素外，遊牧君長的對內政治設想和帝國意識，也是觸動他們對外侵略的原因。就對內政治設想而言，對農耕社會的掠奪、貿易和戰爭，是遊牧君長吸引部衆，絕對化其權力的重要因素。就意識形態而言，遊牧民族的獨立主權與普遍王權的觀念，常是促成他們與農耕國家發生衝突乃至發動征服戰爭的心理原動力。上述各種動機所觸發的戰爭，可能是局部性的掠奪戰，也可能是全面性的征服戰。戰爭性質的差別與規模的大小，不僅決定於動機的差別，而且決定於遊牧社會和農耕社會雙方的內在形勢和相對的軍事力量。不過，征服王朝的建立則可看作上述各種動機的最高體現。就政治觀點而言，征服王朝代表遊牧君長權力絕對化與普遍王權觀念的體現。就經濟觀點而言，則是遊牧社會對農耕社會經濟倚存的極限狀態的實現——掠奪和貿易都出之於稅收的方式。

※ 本文原載《食貨月刊》復刊 1 卷 12 期，1972 年 3 月。

※ 蕭啟慶，美國哈佛大學博士，中央研究院院士、國立清華大學歷史研究所講座教授。

《蒹葭堂稿》與陸楫"反禁奢"思想之傳衍

林麗月

一、前　言

　　數十年來,在明清"奢侈論"及其相關社會經濟變遷的論述中,陸楫(1515～1552)以一篇質疑禁奢的文章,受到不少學者的注意。前輩學者中最早發現陸楫此文重要性的是傅衣凌、楊聯陞二位先生。1957年,傅先生在《明代江南市民經濟試探》一書中論述明代後期江南城鎮"市民經濟的成長"時指出:陸楫崇奢黜儉的主張,所論營利、市易與奢侈,是"資本主義發展上所不可缺少的前提條件",推崇陸楫爲"中國一個傑出的經濟思想家",與英國古典經濟學先驅之一的曼德維爾(Bernand de Mandeville,1670～1733)在《蜜蜂寓言》中反對節儉的觀點類似。[1] 同年,旅居美國的楊聯陞先生在一篇討論《管子・侈靡篇》的英文論文中附錄了此文,介紹陸楫鼓勵消費的主張,並推崇這篇文字是比較近代的文獻中所能找到"最接近經濟分析"的文章。[2] 但此後二三十年間,陸楫的思想並未見持續的討論。

　　1980年代中期以後,若干學者討論明代中葉以後的經濟思想與社會變遷,陸楫這篇文章才再度受到矚目。吳申元、陳學文、徐泓諸位先進皆曾引述。[3] 但學者引用陸楫這段文字,一向取自明人沈

---

〔1〕　傅衣凌《明代江南市民經濟試探》,上海:上海人民出版社,1957年,頁107。

〔2〕　Lien-sheng Yang, "Economic Justification for Spending: An Uncommon Idea in Traditional China." *Harvard Journal of Asian Studies*, Vol. 20(1957). 後來收入楊先生的論文集 *Studies in Chinese Institutional History* (Cambridge: Harvard University Press, 1961), pp. 588～594. 中譯文見陳國棟譯《侈靡論——傳統中國一種不尋常的思想》,收入楊聯陞《國史探微》,臺北:聯經出版事業公司,1983年,頁169～188。

〔3〕　吳申元《試論明代中後期經濟思想的演變》,《復旦學報》(社會科學版)1984年第1期。陳學文《明中葉"奢能致富"的經濟思想》,《浙江學刊》1984.4。陳學文《明代中葉民情風尚習俗及一些社會意識的變化》,《山根幸夫教授退休記念明代史論叢》,東京:汲古書院,1990年,頁1207～1231。徐泓《明代社會風氣的變遷——以江、浙地區爲例》,《第二屆國際漢學會議論文集・明清與近代史組》,臺北:中央研究院,1989年,頁137～159。

節甫所編《紀錄彙編》卷二〇四《蒹葭堂雜著摘抄》,[4] 對陸氏的文集《蒹葭堂稿》,則似一無所知,即使較爲注意這一文獻的中國經濟思想史學者亦然。如趙靖在其主編的《中國古代經濟思想名著選》中稱陸楫“著有《蒹葭堂雜著摘抄》,並輯有《古今説海》一百二十卷”。[5] 在巫寶三先生主編的《中國經濟思想史資料選輯》中,明清卷編者李普國則稱陸楫“著有《蒹葭堂稿》、《蒹葭堂雜著摘抄》,並輯《古今説海》一百四十二卷”。[6] 二人皆誤以《蒹葭堂雜著摘抄》爲陸楫文集之名,後者則更誤以《蒹葭堂稿》、《蒹葭堂雜著摘抄》爲陸氏兩種不同之著作。

1994 年,筆者在《陸楫(1515～1552)崇奢思想再探》一文中,首度引用圖書館所藏《蒹葭堂稿》,指出陸楫論奢侈這段文字的原始出處,並根據文集中其他資料考索陸氏生平略歷與相關思想,也對陸楫這段文字在明末清初傳抄之脈絡,略作梳理。其後,陳國棟先生更就陸楫奢侈論所涉經濟學學理問題,作了深入的申論,補充了拙文西方經濟學理論之不足。[7] 唯海内外學者對《蒹葭堂稿》一書似仍未予留意,余英時先生在近作《士商互動與儒學轉向》(1998)中分析十六世紀以後儒家社會思想的發展,其中一節論“奢的社會功能”,即以陸楫的奢侈論爲核心,文中對陸楫崇奢論的傳衍,亦略有分疏,唯所引陸楫著述仍僅見《蒹葭堂雜著摘抄》,且於陸楫這段文字與稍後明清士人著作之關係,余文仍有資料所限尚難判定之處。[8] 本文之作,可以説是與前述相關論著的對話與補充,文中除了介紹《蒹葭堂稿》的主要内容與史料價值,主要將就陸楫論奢侈的這段文字在明末清初輾轉傳鈔的關係詳加考索,以闡明陸楫《蒹葭堂稿》在明清“反禁奢”思想傳衍中的地位及其意義。

---

〔4〕 沈節甫輯《紀錄彙編》卷二〇四,臺北:臺灣商務印書館,1969 年,頁 2a～4a。

〔5〕 趙靖編《中國古代經濟思想名著選》,北京:北京大學出版社,1985 年(按此書爲北京大學指定經濟系中國經濟思想史研究生之教學參考書),頁 548。

〔6〕 巫寶三主編《中國經濟思想史資料選輯——明清部分》,北京:中國社會科學出版社,1990 年,頁 131。

〔7〕 陳國棟《有關陸楫“禁奢辨”之研究所涉及的學理問題——跨學門的意見》,《新史學》5. 2(1994.6),頁 159～179。

〔8〕 余英時《士商互動與儒學轉向——明清社會史與思想史之一面相》,收於郝延平、魏秀梅主編《近世中國之傳統與蜕變:劉廣京院士七十五歲祝壽論文集》,臺北:中央研究院近代史研究所,1998 年,頁 3～52。文中有關“奢的社會功能”,見頁 28～34。

二、陸楫的生平及其《蒹葭堂稿》

陸楫的奢侈論雖受到現代學者的重視，但有關他的家世、生平與著述，過去相關論著則所知極少，其中最為人熟知的是知其為松江府上海人，父陸深，係弘治中狀元，官至詹事府詹事，對陸楫的生卒年代甚至不得其詳。[9] 主要關鍵即在《蒹葭堂稿》之鮮為人知。按現存圖書館所藏《蒹葭堂稿》，係嘉靖四十五年（丙寅，1566）陸氏家刊本，全二冊，共八卷，其第八卷有國子監司業林樹聲所撰《明故恩蔭太學生小山陸君墓誌銘》，為迄今僅見之陸楫墓誌，也是釐清陸楫生平略歷及其先祖世系的唯一原始資料，對推斷陸楫思想的背景亦極為重要。

據陸楫墓誌銘載，其先世出自三國吳姓陸氏，元末，六世祖子順定居松江府華亭縣的馬橋鎮，至子順之孫德衡（號竹居）時，始由華亭遷居上海，德衡子璿（號筠松），璿子平（號竹坡），俱無功名仕宦，至陸平子深，始以進士入仕。[10] 陸楫在嘉靖二十四年（1545）的《家廟新主祭文》中自述曰：

> 吾陸自漢三國而下，世為東吳著姓，而我高祖考竹居
> （德衡）府君，遭家不造，故遷至華亭之馬橋，建業於邑治
> 黃埔東洋涇之原。[11]

至其父陸深，始“發蹟甲科，擢居禁侍，位躋九列，歷事三朝”。[12] 在可考的陸楫先世中，陸深是唯一以科甲顯達者。

| 子順 | — | 慶餘 | — | 德衡（竹居） | — | 璿（筠松） | — | 平（竹坡） | — | 深（儼山） | — | 楫 |

（本表據莫如忠《蒹葭堂集敘》及林樹聲《明故恩蔭太學生小山陸君墓誌銘》製）

陸深(1477～1544)弘治十八年(1505)舉進士二甲第一，選庶吉士，授編修，歷仕弘治、正德、嘉靖三朝，曾任南京主事、國子司業、國子祭酒、延平同知、山西提學副使、四川左布政使、太常卿等，以詹事府詹事致仕，嘉靖二十三年(1544)卒，謚文裕。有文名，工書法，《明史·文

---

〔9〕 如趙靖於《禁奢辨》之作者簡介，僅籠統推斷“陸楫本人當為明中葉人”，未確定生卒年代。見《中國古代經濟思想名著選》，頁548。

〔10〕 陸楫《蒹葭堂稿》卷八《明故恩蔭太學生小山陸君墓誌銘》，頁1a。

〔11〕 陸楫《蒹葭堂稿》卷三《家廟新主祭文》，頁14b～15a。

〔12〕 陸楫《蒹葭堂稿》卷三《家廟新主祭文》，頁15a。

苑》有傳。[13] 陸楫為其獨子,字思豫,號小山,據林樹聲所撰墓誌銘載,陸楫生於正德十年(乙亥,1515),卒於嘉靖三十一年(壬子,1552),享年僅三十八。陸楫於嘉靖十四年入松江府府學,十八年,朝廷因冊立皇太子,恩詔三品以上京官廕子入監,時陸深任太常卿兼翰林學士,楫以是應詔入國學。嘉靖十九年,楫以北監監生應順天鄉試,不第。林樹聲稱其“出貴閥而自奉如寒素,貌清玄,氣恂恂如。……自朝貴名達至郡邑大夫,接君議論者皆以國士期君,然君自負激昂,視名節當俯拾。及屢試不利,意快快遘疾”。[14] 是陸楫在嘉靖十九年鄉試落第後,曾多次再試,皆未能中舉,導致其抑鬱成疾,英年早逝。墓誌稱陸楫“屢試不第”,唯文中所載陸楫以北監監生參加順天鄉試,僅見兩次,一在嘉靖十九年(庚子,1540),一在嘉靖二十八年(己酉,1549)。[15] 而陸楫在祭其師母沈孺人文中曾自述,“三舉鄉闈,不獲見售”。[16] 至於鄉試之年,則未詳說。推斷除了墓誌中提到的嘉靖十九年與二十八年兩次鄉舉外,陸楫應曾參加嘉靖二十二年或二十五年的鄉試,惜前後三次均告落榜。

　　陸楫一生科名,僅止於國子監廕生,未曾仕宦。妻唐氏、側室瞿氏“凡五舉子,不育”,[17] 後以從姪郯過繼為子。陸楫死後,郯輯其詩文刊為《蒹葭堂稿》,邑人莫如忠為之序。此外,陸楫生前曾於嘉靖二十三年(甲辰,1544)與同鄉士人黃標(良玉)、姚昭(如晦)、顧名世(應夫)等人合編《古今說海》,其書搜羅古今野史、外記等書凡一百三十五種,計一百四十二卷,分為“說選”、“說淵”、“說略”、“說纂”四部。所選雜記傳奇,以唐、宋小說為最多,是中國最早的小說專門叢書,《四庫全書提要》評其“所載諸書雖不及曾慥《類說》,多今人所未見;亦不及陶宗儀《說郛》捃拾繁富,巨細兼包。而每書皆削其浮文,尚存始末,則視二書為詳贍;參互比較,各有所長。其搜羅之力,均之不可沒焉”。[18] 該書

〔13〕 詳見《明史》卷二八六《文苑·陸深傳》。
〔14〕 陸楫《蒹葭堂稿》卷八《墓誌》,《明故恩廕太學生小山陸君墓誌銘》,頁3a。
〔15〕 陸楫《蒹葭堂稿》卷八《墓誌》,《明故恩廕太學生小山陸君墓誌銘》,頁3a~3b。
〔16〕 陸楫《蒹葭堂稿》卷三《祭先師竹齋姚先生室沈孺人文》,頁16a。
〔17〕 陸楫《蒹葭堂稿》卷八《墓誌》,《明故恩廕太學生小山陸君墓誌銘》,頁4a。
〔18〕 《欽定四庫全書總目》卷一二三,子部,雜家類七,臺北:藝文印書館,1974年四版,頁24b。

卷前有"校書名氏"共計十三人,爲陸楫所記,名爲"校書",實則並羅列諸人所捐藏書卷數,因此這些"校書者"可說是《古今説海》的贊助人兼編輯群。所列十三人中,除一人不詳其功名外,有七人爲太學生,三人爲上海縣學生,餘二人爲舉人。[19] 似可反映陸楫與上海地區的中下層士人論學交遊之一斑。

《蒹葭堂稿》刻於嘉靖四十五年(1566),卷前有陸楫同鄉、時任貴州按察司提學副使的莫如忠所撰序文,文中說此集所收詩文"雖零落遺編,不能十一,而讀者以溯家學之承,知文裕公蓋有子云"。[20] 又説:

> 余讀《蒹葭堂集》,詩不滿百,而命詞遒逸,屬思冲和,務嚴體裁,弗矜色澤;文不數十,而議論慨慷,率依名節,深切世務,薄視浮榮,總厥撰著,非苟而已也。[21]

就著作數量來説,集中所收陸楫詩文,卷帙確實不多。本書目錄前五卷並未依詩文類別標示主題,而是羅列各篇篇名,從内容來看,前兩卷爲詩作,卷一 66 首,卷二 34 首,共計詩作正好"滿百"。卷三共有 12 篇文章,包括序五、祭文四、論辯三。卷四爲書、啓,共 14 篇。卷五至七爲《雜著》,各篇均未加標題,卷五共 7 條,[22] 分別論湯、武、漢武帝、漢光武帝、孫策孫權父子、唐太宗、李泌、宋太祖等前朝人物;卷六共 14 條,所論以當朝人物爲主,如明太祖、張皇后、劉健、丘濬、吳寬、沈周、方孝孺、楊一清等人,但亦有少數幾條論事者,其備受矚目的論奢侈的文字,即在本卷第 3 條。第七卷共 11 條,所論以當朝制度居多,如服制、外夷、鄉官、藩王等。卷八名爲一卷,實則僅有一篇,即國子司業林樹聲爲陸楫所撰墓誌銘。各卷文類篇數如下表:

卷次	一	二	三	四	五	六	七	八
類別	詩	詩	文	書啓	雜著	雜著	雜著	墓誌
篇數 (或條數)	66	34	12	14	7	14	11	1

[19] 該十三人之功名與里籍,詳見陸楫編《古今説海》,成都:巴蜀書社,1992 年,頁 5,《古今説海》校書名氏。

[20] 莫如忠《蒹葭堂集叙》,《蒹葭堂稿》,頁 1b。

[21] 莫如忠《蒹葭堂集叙》,《蒹葭堂稿》,頁 2a。

[22] 《蒹葭堂稿》卷前目錄作 10 條,但内文實僅有 7 條。

　　《蒹葭堂稿》自嘉靖四十五年陸郊集稿刊刻後，似未見重刻，書中所收詩文唯一引起後世重視的僅有卷六《雜著》中一篇論奢的文字。其實書中其他議論亦不乏精闢獨到之見，如其論華夷之別說：

> 華夷有辨乎？曰：有。……然皆自吾人視之也，自天視之則不然。蓋天高地下，而人生乎其間，人君者，民之主而天之子也。夷狄亦人也，猶一鄉一邑然，中國則市廛也，夷狄則郊遂也；中國則世族也，夷狄則村氓也。自邑長鄉大夫視之，則皆其境土也，皆其民也。然則中國、夷狄，自天視之，則皆其所覆載也，皆其所生育也。……故窮覆載而言之，則華夏爲中國，四裔爲夷狄；就華夏而言之，則中原爲中國，邊徼爲夷狄，本非如禽獸之異類也。[23]

陸氏論華夷，不爲 "華尊夷卑" 的傳統觀念所囿，因此他對金、元兩代多所肯定，認爲儒者不應因宋黜金，對許衡（1207～1281）的仕元，推崇他 "遇時而出，爲斯道計，爲生民計爾"。[24] 陸楫曾自陳其 "嘗有理外之論，物外之想"，[25] 又論士子唯以詩賦爲務，"而於經史之實學，典章之沿革漫不探求，則雖軒輊王、楊，馳騁屈、宋，亦不過嘲弄風雲，流連光景，以爲粉飾太平之具，何足以深副國家養士之初意？"[26] 並引述劉健（1433～1526）所說 "學詩到李、杜，亦只是兩個醉漢"，[27] 強調其 "經世之見" 不可廢。故其議論古今，頗注意典章制度之沿革得失，此不僅見於書中之雜著，亦屢見於其書牘之中，對明代史論、典制與人物之研究俱有參考價值。

三、禁奢辨：陸楫的奢侈論及其傳衍

　　陸楫質疑禁奢的一段文字，原文並無篇名，在趙靖編的《中國古代經濟思想名著選》中，此文被選爲九十篇名著之一，題爲《禁奢辨》（全文見本文附錄），係編者所加，此一篇名頗能切合文意，爲便於討論，以下亦將以《禁奢辨》稱之。

　　《禁奢辨》全文共計 657 字，總結其議論大旨，主要有四：其一，基

---

〔23〕　陸楫《蒹葭堂稿》卷三《華夷辨》，頁 22a～23a。
〔24〕　陸楫《蒹葭堂稿》卷三《華夷辨》，頁 23b。
〔25〕　陸楫《蒹葭堂稿》卷七《雜著》，頁 4b。
〔26〕　陸楫《蒹葭堂稿》卷四《上徐少湖閣老書》，頁 2b。
〔27〕　同上。

於孟子“通功易事,羨補不足”的觀點,節儉不能使整個社會富有,奢侈
則可以“均天下而富之”。換言之,個人或個別家庭崇尚節儉,雖然有
助於財產的累積,但就整個社會而言,奢侈卻是有利的。其二,風俗奢
侈可以帶來較多的消費,大量消費有助人民生計,強調“其地奢,則其
民必易爲生;其地儉,則其民必不易爲生”。肯定富者的奢侈與貧者的
生計是一種“彼有所損,此有所益”的互動關係。其三,習尚越奢侈,從
事工商等“末業”者越多,對促進地方經濟發展有利。其四,風俗之儉
奢,是由各地貧富的不同所造成,因此爲政者要“因俗而治”,不宜一律
強制禁止奢侈行爲。[28]

在《禁奢辨》中,陸楫只就社會經濟的觀點申論禁奢的不當,
不談倫理道德的問題,強調“先富而後奢,先貧而後儉”,主張風俗
奢靡有其先決條件,也就是説一個社會要有相當程度的經濟發展,
並且處於繁榮的現狀(工商發達),人民才“奢”得起來;反之,
則非“儉”不可。[29] 因此,陸楫完全肯定“末業”對人民生計與就
業的價值,他説:

> 吳俗之奢,莫盛於蘇、杭之民,有不耕寸土而口食膏
> 梁,不操一杼而身衣文繡者,不知其幾。何也? 蓋俗奢而
> 逐末者眾也。[30]

而所謂奢者,“不過富商大賈、豪家巨族自侈其宮室、車馬、飲食、
衣服之奉而已。彼以粱肉奢,則耕者、庖者分其利;彼以紈綺奢,
則鬻者、織者分其利”。[31] 他認爲風俗奢靡,不但耕者可以獲利,
“庖者”、“鬻者”、“織者”等傳統認定的“末業”從事者也都可以
得到好處,甚至於“輿夫”、“舟子”、“歌童”、“舞妓”也都被認定
是正當的就業。此一觀點,論者以爲應是陸楫在傳統社會思想上很
大的突破。[32]

陸楫的“奢易爲生”説,涉及經濟思想中“消費”與“就業”
關係之認識,與西方經濟思想家曼德維爾鼓勵消費以增加就業的想

---

〔28〕 詳見林麗月《晚明“崇奢”思想隅論》,《臺灣師大歷史學報》19(1991.6),頁215~234。

〔29〕 陳國棟《有關陸楫“禁奢辨”之研究所涉及的學理問題——跨學門的意見》,《新
史學》5.2 (1994.6),頁176。

〔30〕 陸楫《蒹葭堂稿》卷六,頁3b。

〔31〕 陸楫《蒹葭堂稿》卷六,頁3b~4a。

〔32〕 同注〔29〕。

法十分接近，論理也有類似之處。[33] 和陸楫同時及稍後的一些江浙士人，對於奢侈與生計（就業）的關係，亦有相近的看法。如葉權（1522～1578）談到杭州的奢侈，認爲杭俗之奢始於五代，盛於南宋，至晚明則“已入骨髓”，根本無法禁止，也不必禁止，他說：

> （杭州）城中人不事耕種，小民仰給經紀，一春之計全賴西湖。大家墳墓俱在兩山。四方賓旅渴想湖景，若禁其遊玩，則小民生意絕矣。且其風俗華麗，已入骨髓，雖無西湖，不能遽變。往遭兵飢，春來湖中寂寞，便非太平氣象。余少時則見其逾遊逾盛，小民逾安樂耳，何煩禁之？[34]

其反對禁奢的理由，與前述陸楫“俗奢而逐末者衆”有助小民生計的主張可謂不謀而合。更晚於陸楫、葉權的王士性（1546～1598）也認爲，杭州的湖山風景之勝爲當地人民提供許多謀生機會，站在維護小民生計的立場，對於“遊觀”這種奢侈的習尚，王士性也主張不宜禁止，他說：

> 遊觀雖非樸俗，然西湖業已爲遊地，則細民所藉爲利，日不止千金。有司時禁之，故以易俗，但漁者、舟者、戲者、市者、酤者咸失其本業，反不便於此輩也。[35]

此與陸楫說蘇杭之人喜好遊觀，當地小民“仰湖山而爨”，富商巨族生活奢侈，則耕者、庖者、鬻者、織者皆得以分其利，可謂如出一口。

十六世紀以後，江南商品經濟的發達，使一些生長於斯的士人對商業繁盛的好處，有切身的體會與認知。陸楫自高祖德衡以來，世居經濟最發達的上海，又從祖父陸平（1438～1521）開始，因從事客商活動而致富，陸平次子陸深在其父行狀中有如下的記載：

> 少從鄉先生治經學，大通，已乃棄去，事遠遊。出入兩都，北走三邊諸關，南泛於湘沅之間，多從名公卿遊，名公卿無不愛之重之。[36]

[33] 兩者的比較與分析，詳見陳國棟《從〈蜜蜂寓言〉到乾隆聖諭——傳統中西經濟思想與現代的意義》，《當代》142（1999.6），頁44～61。

[34] 葉權《賢博編》，《元明史料筆記叢刊》，北京：中華書局，1987年，頁9。

[35] 王士性《廣志繹》，《元明史料筆記叢刊》，北京：中華書局，1981年，卷四《江南四省》，頁69。

[36] 陸深《儼山集》卷八一，收入《影印文淵閣四庫全書》總1268冊（臺北：臺灣商務印書館），行狀四，頁2a～b，《敕封文林郎翰林院編修先考竹坡府君行實》。

又稱：

> （陸平）長於理財，積至千金，輒復散施無餘。既以此
> 佐筠松府君起其家，府君甚愛之。[37]

濱島敦俊歸納陸氏這一地主家族的興盛有如下特徵：一、陸平年輕時曾修儒學、事舉業，其後中輟；二、棄舉業後，遠遊兩京、湖廣、北邊諸關，與各地名流交往；三、陸平的主要經濟活動，除水利開發、收購田土之外，並直接經營農業；更值得注意的是，陸平在各地"遠遊"，往往"遠出經歲"，歷時久而涉足廣，其目的在從事遠距離的客商活動。[38] 余英時亦認爲陸楫的家世有"棄儒就賈"的背景，故其崇奢思想與當時"士商混而難分的情勢有關"，並稱陸楫曾祖父是"一個棄儒就賈的成功商人"。[39] 唯就陸深《儼山集》中的相關資料來看，陸楫曾祖陸璿"倜儻沈毅，博學好古，聲望隱然重東南"，[40] 後因陸平之助，家道始盛，則陸家是否從陸璿開始"棄儒就賈"，似有待商榷。但可以肯定的是，陸楫的祖父陸平確是陸家"棄儒就賈"並成功致富的關鍵。[41] 此一出入士商的家世背景與江南的生活環境，應是陸楫在奢靡論及其相關社會思想上能有如此突破的主要原因。而陸楫與其稍後的葉權、王士性在"奢易爲生"與"羨補不足"等想法的近似，也顯示了晚明社會經濟環境對士人思想觀念的影響日趨深廣。明末，若干地方官對奢侈風氣的思考，亦有與陸楫同調者，如崇禎《漳州府志》稱：

> 人無貴賤，多衣綺繡，意製相詭，華采相鮮。蓋一二
> 華胄貴人或存寒素，而俗子官儀、孿童婦氏，每每瓶無餘

---

[37] 陸深《儼山集》卷八一，《行狀》四，頁 2b，《敕封文林郎翰林院編修先考竹坡府君行實》。

[38] 詳見濱島敦俊《土地開發與客商活動——明代中期江南地主之投資活動》，《中央研究院第二屆國際漢學會議論文集·明清與近代史組》，臺北：中央研究院，1989 年，上冊，頁 103。

[39] 余英時《士商互動與儒學轉向——明清社會史與思想史之一面相》，郝延平、魏秀梅主編《近世中國之傳統與蛻變：劉廣京院士七十五歲祝壽論文集》，頁 32。

[40] 陸深《儼山集》卷八一，《行狀》四，頁 2a，《敕封文林郎翰林院編修先考竹坡府君行實》。

[41] 唯據《兼葭堂稿》莫如忠《兼葭堂集叙》與林樹聲所撰墓誌，均不見陸楫先世棄儒從商及其從事客商活動之記載。濱島敦俊認爲明代中期江南地區富家在外省的客商活動普遍未能如實記述，或因士大夫"重本輕末"思想所致，見濱島敦俊前揭文，頁 104。

粟，桁列殘衣。嘗見隆、萬初年，布衣未試，子衿依然皂
帽，今則冠蓋相望於道，不知何族之弟子也。歎世者謂競
盛之端即伏衰之路，省煩裁僭，是當世第一喫緊。然一家
之繁費，十家取給焉，貧人因得糊口其間。損有餘，補不
足，安知非天道乎？[42]

府志編撰者在慨歎明末服飾競尚奢華、貴賤不分之餘，也承認"一
家之繁費，十家取給焉"，肯定"損有餘補不足"是順應自然的道
理，顯見這類奢侈觀念在晚明知識界的流傳，已不限於江浙一帶的
士人。

清初，魏士俶認為富家的奢侈有助於白銀流通與小民生計，說：

奢者之靡其財也，害在身；吝者之積其財也，害在財。
害在身者，無損於天下之財；害在財，則財盡而民窮矣。
今夫奢者，割文繡以衣壁柱，琢珠玉而稀其用器，倡優飲
酒，日費百萬，然必有得之者，其財未始不流於民間也。
而暴殄天物，僭禮逾法，害身而喪家，或則其子孫受之，
饑寒流離以至於死，故曰害在其身。[43]

雖然魏氏立論有其特殊的時代背景，與前述針對工商發達的現狀所
作的分析有所不同，[44] 但在"酌盈劑虛"這一點上，與陸楫《禁奢
辨》的想法仍是一致的。

值得注意的是，陸楫等人的"反禁奢"思想不僅得到明清士人
的肯定，連清代的乾隆皇帝也對江南一帶禁奢的做法有所保留。乾
隆三十三年（1768）三月，高宗在剛剛到任的兩淮鹽政尤拔世的奏
摺中批示："商人奢用，亦養無數遊手好閑之人。皆令其敦儉，彼徒
自封耳。"[45] 稍後更諭令尤拔世撤回要求兩淮商人不要奢靡的命令，

---

〔42〕 袁業泗等纂修《漳州府志》卷二六《風土志》上，崇禎元年刊本，臺北：圖書館據
日本內閣藏本景照，頁3。

〔43〕 魏士俶《魏昭士文集》，收於《寧都三魏全書》卷七，臺北：清易堂刊巾箱本，臺
大圖書館藏，頁1a，《奢吝說》。

〔44〕 《奢吝說》主張崇奢黜吝，如說："今夫吝者，菲衣惡食，吊慶之節，不修於親戚，
杯酌乾餱之歡，不接於鄰里，惟以積財為務，有入而無出，甚則坎土穴墻以藏埋
之。是故一人小積，則受其貧者百家；一人大積，則受其貧者萬家。"（同前書，卷
七，頁1b）其內容涉及魏士俶對清初貨幣問題的看法，詳見岸本美緒《康熙年間の
穀賤について——清初經濟思想の一側面》，《東洋文化研究所紀要》89 "反退藏
論"，東京：東洋文化研究所，1982年，頁270～271。

〔45〕 《宮中檔乾隆朝奏摺》卷二九，臺北：故宮博物院，1983～1984年，頁847～848。

他在上諭中說：

> 此等殷商，坐擁厚貲，即費用略多，亦復何礙？且使遊手
> 好閒之徒藉以資其膏潤，若徒拘崇儉之虛名，更復加以禁遏，
> 則伊等轉以自封爲得計，於酌盈劑虛之道深屬無當。[46]

由此可見，"酌盈劑虛"、"羨補不足"仍是乾隆皇帝不贊成尤拔世對鹽
商聚集的兩淮施行禁奢的原因。[47] 這個事件似乎也反映了從晚明到
盛清，這類"反禁奢"觀念有漸由書生議論擴及於朝廷政策的空間。

陸楫英年早逝，且不曾爲官，《禁奢辨》這篇文章後來如何在明
清士人的著作中傳抄流衍，的確值得重視。余英時在近作《士商互
動與儒學轉向》文中，對陸楫崇奢論是否引起當時和後世注意的問
題，提到乾嘉時期的法式善（1753～1813）在《陶廬雜錄》中的一
段錄自《推篷寤語》的文字：

> 今之論治者，率欲禁奢崇儉，以爲富民之術。殊不知天
> 地生財，止有此數，彼虧則此盈，彼益則此損。富商大賈，豪
> 家巨室，自侈其宮室車馬飲食衣服之奉，正使以力食人者得
> 以分其利，得以均其不平，孟子所謂通功易事是也。上之人
> 從而禁之，則富者益富，貧者愈貧也。吳俗尚奢，而蘇杭細民
> 多易爲生；越俗尚儉，而寧紹金衢諸郡小民恒不能自給，半遊
> 食於四方，此可見矣。則知崇儉長久，此特一身一家之計，非
> 長民者因俗爲治之道也。予聞諸長者云。[48]

余先生認爲，《陶廬雜錄》這條筆記毫無疑問是陸楫原文的提要，同時
指出："《推篷寤語》原書未見，但法式善的轉錄必無大誤。末句說'予
聞諸長者云'，好像是聽前人說的。但細察遣詞用字，則非見陸氏原文
不可能寫成。這只有等將來找到《推篷寤語》原書時才能判定。"[49] 筆
者於《陸楫崇奢思想再探》文中亦曾指出《陶廬雜錄》這段論奢的文字
抄自明末李豫亨的《推篷寤語》，[50] 惜當時亦未得見《推篷寤語》原刊

---

〔46〕 《宮中檔乾隆朝奏摺》卷三○，臺北：故宮博物院，1983～1984 年，頁 271～272。

〔47〕 關於尤拔世與乾隆皇帝對兩淮禁奢令的態度，陳國棟有精采的論述，詳見陳氏著
《有關陸楫"禁奢辨"之研究所涉及的學理問題——跨學門的意見》，《新史學》
5.2，頁 159～162。

〔48〕 法式善《陶廬雜錄》卷五，北京：中華書局，《歷代史料筆記叢刊》，1997 年，頁 161。

〔49〕 余英時《士商互動與儒學轉向——明清社會史與思想史之一面相》，頁 33。

〔50〕 林麗月《陸楫（1515～1552）崇奢思想再探——兼論近年明清經濟思想史研究的幾個
問題》，《新史學》5.1（1994.3），頁 142～143。

本,致無法就《禁奢辨》與《推篷寤語》、《陶廬雜録》相關文字進行比對。

《推篷寤語》凡九卷,刊行於隆慶五年(1571)。臺北新興書局《筆記小説大觀》第三十八編收有《推篷寤語》,但僅爲部分節録,總計只有十四條,與原書内容相去甚遠,其中並無奢侈論相關的文字。[51] 近讀《四庫全書存目叢書》子部,得見北京首都圖書館藏隆慶五年刊本之《推篷寤語》,其中卷八《毗政篇上》有一段論奢的文字,兹將原文照録如下:

> 今之論治者,率欲禁奢崇儉,以爲富民之術。殊不知天地生財,止有此數,彼虧則此盈,彼益則此損。富商大賈,豪家巨室,自侈其宮室車馬飲食衣服之奉,正使以力食人者得以分其利,得以均其不平,孟子所謂通功易事是也。上之人從而禁之,則富者益富,貧者愈貧矣。吳俗尚奢,而蘇杭細民多易爲生;越俗尚儉,而寧紹金衢諸郡小民恒不能自給,半遊食於四方,此可見矣。則知崇儉長久,此特一身一家之計,非長民者因俗爲治之道也。予聞諸長者云然,爲筆識於此。[52]

如以此文與前述法式善所録文字對勘,可發現《陶廬雜録》除了删去《推篷寤語》末句"然爲筆識於此"等六字外,餘皆一字不漏,全部鈔録,所以這段文字遣詞造字雖與陸楫《禁奢辨》内容神似,卻不能如余先生説是"非見陸氏原文不可能寫成"。陸楫《禁奢辨》在其身後的傳衍,《推篷寤語》應是一個最早的、重要的線索。

《推篷寤語》的作者李豫亨,字元薦,松江縣人,生卒年不詳。但由所著《推篷寤語》刊刻於隆慶五年(1571),另一書《三事溯真》卷前有王畿(1498~1583)的序,[53] 則其時代應在嘉、隆年間

---

[51] 筆者以《筆記小説》本與原書對勘,發現前者名爲《推篷寤語》,實則僅爲原書卷七《訂疑篇》之部分節録。按:《推篷寤語》原書卷七《訂疑篇》又分禮樂、名物、文史、遐方、山川五類,《筆記小説》本《推篷寤語》僅録"訂禮樂之疑"三條,"訂名物之疑"八條,"訂文史之疑"三條,總計僅有十四條。見《筆記小説大觀》38 編第 4 册(臺北:新興書局),頁72a~74b。

[52] 李豫亨《推篷寤語》卷八(北京國家圖書館藏明隆慶五年李氏思敬堂刊本),收入《四庫全書存目叢書》子部雜家類第 85 册(臺南:莊嚴文化事業公司,1995),《毗政篇上》,《毗閭閣之政》(卷前目録作《毗阜民之政》),頁18a。

[53] 《三事溯真》,見《四庫全書存目叢書》子部雜家類第 85 册(臺南:莊嚴文化事業公司,據陝西省圖書館明萬曆秀水沈氏刻寶顏堂秘笈本影印,1995)。

而稍後於陸楫。《推篷寤語》的刊刻，僅僅晚於《兼葭堂稿》
(1566) 五年，但與陸楫同屬松江府人的李豫亨，對《兼葭堂稿》
中那段談禁奢的文章，卻是"聞諸長者云然，爲筆識於此"，顯然並
未親賭目讀，似乎《兼葭堂稿》在嘉、隆年間的流傳很少。

　　萬曆年間，繼李豫亨之後注意陸楫這段文字的是沈節甫的《紀
錄彙編》，此書初刻於萬曆四十五年（1617），其中所收的《兼葭堂
稿雜著摘鈔》，其實僅有《禁奢辨》一篇，近代學者得見陸楫之奢侈
論，主要還是得自《紀錄彙編》的流傳，《推篷寤語》與陸楫這篇
文字的淵源，反而鮮爲人知。

　　值得注意的是，在陸楫《禁奢辨》的傳鈔過程中，"保富"觀
念往往伴隨著"崇奢"的主張，受到士人的肯定。《推篷寤語·毗政
篇》中認爲富民是"國之元氣"，爲政者應"時時培養"，這些議論
緊接在前述論奢的文字之後，説：

　　　　善役民者，譬如植柳，薪其枝葉，培其本根。不善役
　　　民者，譬如剪韭，日剪一畦，明日復剪，不盡其根不止也。
　　　每見江南差役，率先富民，今年如此，明年復然。富民不
　　　支，折爲貧窶，復遣中户，中户復然，遂致村落成墟，廛
　　　市寥寂。語曰：富民，國之元氣，爲人上者，當時時培養。
　　　如公家有大徵發、大差遣，亦有所賴。大兵燹、大饑荒，
　　　亦有所藉。不然，富民盡亡，奸頑獨存，亦何利之有
　　　焉？[54]

這段文字後來也被法式善抄錄在《陶廬雜錄》中。[55] 稍早於法式善
的汪輝祖（1730～1807）也認爲保富是"爲治要道"，因爲富人
"爲貧人之所仰給"，他申論保富的必要説：

　　　　藏富於民，非專爲民計也。水旱戎役，非財不可。長
　　　民者保富有素，遇需財之時，懇惻勸諭，必能捐財給匱。
　　　雖吝於財者，亦感奮從公，而事無不濟矣。且富人者，貧
　　　民之所仰給也。邑有富户，凡自食其力者，皆可藉以資生。
　　　至富者貧，而貧者益無以爲養。適有公事，必多梗治之患，

〔54〕　李豫亨《推篷寤語》卷辦，《四庫全書存目叢書》子部雜家類第 85 册，《毗政篇
　　　上》，《毗閭閻之政》，頁 18b。
〔55〕　法式善《陶廬雜錄》卷五，頁 161。

故保富是爲治要道。[56]

文中説“邑有富户，凡自食其力者皆可藉以資生”，確是中肯之論。此外，魏源（1794～1857）在所著《默觚》中也有一段論奢儉和保富的文字，兹節録如下：

> 儉，美德也；崇奢黜儉，美政也。然可以勵上，不可以律下；可以訓貧，不可以規富。《周禮》保富，保之使任恤其鄉，非保之使吝嗇于一己也。車馬之馳驅，衣裳之曳婁，酒食鼓瑟之愉樂，皆巨室與貧民所以通功易事，澤及三族。王者藏富于民，譬同室博奕而金帛不出户庭，適足損有餘以易不足，如上並禁之，則富者益富，貧者益貧。……則知以儉守財，乃白圭、程鄭致富起家之計，非長民者訓俗博施之道也。[57]

據葉世昌的推斷，上述文字係抄自李豫亨的《推篷寤語》，因此，陸楫的奢儉論通過李豫亨的轉抄而影響及於魏源。[58] 凡此，似可窺見十六世紀以來“保富養貧”與陸楫等人“崇奢論”並轡而行的軌跡。

四、結　論

陸楫《禁奢辨》中鼓勵消費的主張，在傳統中國經濟思想史上的地位早經學者肯定，但過去相關研究對陸楫的生平與著作，則所知極少。本文利用圖書館所藏嘉靖四十五年陸氏家刊本《蒹葭堂稿》考索，不僅釐清《禁奢辨》一文的原始出處，且對陸楫家世與生平的瞭解應大有增益。此外，本書中陸楫論前朝與當代制度、人物的資料，亦可與其他明人筆記、文集互參，以補相關記載之不足，故本書對明史研究之價值，自非僅在奢侈論及其社會、經濟思想之課題而已。

陸楫的奢侈論，透過同時及其後著作的轉抄，在晚明至盛清的士人之間流衍，其中以隆慶五年（1571）刊刻的《推篷寤語》影響最爲深遠。《推篷寤語》的作者李豫亨未親見《蒹葭堂稿》，但抄録

---

〔56〕汪輝祖《學治續説》，收在《汪龍莊遺書》（臺北：華文書局，1970），頁125。《保富》條。

〔57〕魏源《魏源集·默觚》，瀋陽：遼寧人民出版社，1994，《默觚下·治篇十四》，頁83～84。

〔58〕葉世昌《魏源與〈推篷寤語〉》，《中國經濟思想史論文集》（上海社會科學出版社，1986），頁266～269。

了一段"聞諸長者"的《禁奢辨》提要，其後又分別爲法式善的《陶廬雜録》與魏源的《默觚》所抄録或改寫，因此，《禁奢辨》的奢侈觀在十八、十九世紀的中國知識界仍有其不可忽視的影響。

《禁奢辨》中所説的"先富而後奢，先貧而後儉"，"其地奢，其民必易爲生"，是先祖亦儒亦賈、世居上海的陸楫對明代中葉日益發達的經濟情況實際觀察的心得。在同時或稍後的晚明士人中也有類似的看法，他們都强調孟子的"通功易事，羨補不足"，主張爲政者因俗而治，酌盈濟虚，反對盲目禁奢。而隨著經濟的發展與崇奢思想的傳衍，明清士大夫"保富"的觀念亦有愈來愈盛之勢，"崇奢"與"保富"兩種觀念的並轡而行，適足反映奢侈論的流衍與傳統本末觀念之轉化實有密切關係。

耐人尋味的是，陸楫的《蒹葭堂稿》原書流傳不廣，但他那篇六百餘字的《禁奢辨》，不僅在萬曆年間被沈節甫收入《紀録彙編》而受到後世的注意，也因明清之際不少"知音"從《推篷寤語》以下的輾轉抄録，其崇奢論之大要得以在明清兩代流衍。對科場偃蹇又英年早逝的陸楫來説，"没世無聞"與"名留青史"似僅有一線之隔。

附　録：

禁　奢　辨

論者屢欲禁奢，以爲財節則民可使富也。噫！先正有言：天地生財，只有此數，彼有所損，則此有所益。吾未見奢之足以貧天下也。自一人言之，一人儉則一人或可免於貧；自一家言之，一家儉則一家或可免於貧。至於統論天下之勢則不然。治天下者將欲使一家一人富乎？抑亦欲均天下而富之乎？

余每博觀天下之勢，大抵其地奢，則其民必易爲生；其地儉，則其民必不易爲生者也。何者？勢使然也。今天下之財賦在吳、越，吳俗之奢，莫盛於蘇、杭之民，有不耕寸土而口食膏梁，不操一杼而身衣文綉者，不知其幾。何也？蓋俗奢而逐末者衆也。只以蘇、杭之湖山言之，其居人按時而遊，遊必畫舫、肩輿、珍羞、良醖、歌舞而行，可謂奢矣。而不知輿夫、舟子、歌童、舞妓仰湖山而待饔者，不知其幾！故曰：彼有所損，則此有所益。若使傾財而委之溝壑，則奢可禁。

不知所謂奢者，不過富商大賈、豪家巨族自侈其宮室、車馬、飲食、衣服之奉而已。彼以粱肉奢，則耕者、庖者分其利；彼以紈綺奢，則鬻者、織者分其利，正孟子所謂“通功易事，羨補不足”者也。上之人胡為而禁之？

若今之寧、紹、金、衢之俗，最號為儉。儉則宜其民之富也；而彼諸郡之民，至不能自給，半遊食於四方。凡以其俗儉而民不能以相濟也。

要之，先富而後奢，先貧而後儉，奢儉之風起於俗之貧富。雖聖王復起，欲禁吳、越之奢，難矣。

或曰：不然，蘇、杭之境為天下南北之要衝，四方輻輳，百貨畢集，故其民賴以市易為生，非其俗之奢故也。噫！是有見於市易之利，而不知其所以市易者正起於奢。使其相率而為儉，則逐末者歸農矣，寧復以市易相高耶？且自吾海邑言之。吾邑僻處海濱，四方之舟車不經其地；諺號為小蘇州，遊賈之仰給於邑中者，無慮數十萬人，特以俗尚奢，其民頗易為生爾。

然則吳、越之易為生者，其大要在俗奢；市易之利，特因而濟之耳，故不專恃乎此也。長民者因俗以為治，則上不勞而下不擾，欲徒禁奢可乎？嗚呼！此可與智者道也。

※ 本文原載中國明代研究學會主編《明人文集與明代研究》，臺北：中國明代研究學會，2001 年。
※ 林麗月,臺灣師範大學歷史研究所博士,臺灣師範大學歷史系教授。

明代中期食鹽運銷制度的變遷

徐　泓

一、戶口食鹽法的變質與官賣制度的衰落

（一）戶口食鹽法不復支鹽

戶口食鹽法本是計口派賣食鹽，使人人有鹽吃。最初是在鹽場附近實施，以防止私鹽流行。永樂初年以後，全國通行，由各地方政府差人役前往運司，按戶口名冊支鹽，運回地方，計口散給。（請參閱拙作《明代前期的食鹽運銷制度》，《文史哲學報》第 23 期。）此法用意雖好，但內地各州縣離運司遙遠，搬運困難，往往不能給民食鹽。而鹽鈔、鹽糧本有定額，每年必須一半存留本地，一半解京，不能有缺。因此州縣雖不再支鹽，卻仍按口徵收鈔、米。

江西瑞州等府、高安等縣，原屬兩淮鹽的銷區，戶口食鹽必須到揚州兩淮運司關支，路途太遠，早在宣德九年（1434）時，"鹽已住支而徵鈔如故"。[1] 湖廣郴州屬縣亦爲兩淮銷區，離運司 "水程六千七百餘里，往復艱難"；永樂八年（1410），雖經桂陽縣知縣梁善請准，改於廣東鹽場支鹽，但計程仍有 "二千餘里"，還是不方便。[2] 又如北京官吏軍民食鹽，例於長蘆運司支給，路途已够遠！正統三年（1438）又改於山東運司支給，路程更遠。[3] 其不能按期支給，甚至停止支給，當爲意中之事。這種情形，後來愈趨普遍，到正統四年（1439），全國各地已普遍發生 "民納鹽鈔如舊，鹽課司十年、五年無鹽支給" 的現象。[4] 成化（1465～1487）以後，情形更加嚴重，《實錄》中屢見戶口食鹽累歲未關支的記載。成化四年

---

〔1〕《明宣宗實錄》（本文所引《明實錄》皆用史語所校印本）卷一一四，頁 8，宣德九年十二月癸亥條。

〔2〕《明太宗實錄》卷一〇三，頁 1～2，永樂八年四月戊戌條。

〔3〕《明太宗實錄》卷一七八，頁 5，永樂十四年七月甲寅條。《明英宗實錄》卷六九，頁 3，正統五年七月辛丑條。

〔4〕《明英宗實錄》卷五六，頁 6，正統四年六月戊戌條。

（1468）十一月，山西道監察御史王賓説：“夫户口不得食鹽，而虚令納鈔，已爲損民。”[5] 六年（1470）五月，南京十三道監察御史李瓛等説：“户口食鹽之法，即驗口收鈔，即當驗口支鹽。今鈔入於官，而鹽不及民。”[6] 十七年（1481）四月，巡撫山西都御史何喬新也説：“山西所屬户口，户口食鹽多年未支。”[7] 弘治十三年（1500）四月，福建左布政使李琮也説：“本省各府州縣户口食鹽，自成化二年（1466）之後，未曾請給。”[8]

地方志中也屢見不給食鹽而納鈔如舊的記載。《永州府志》云：“國初官予民以食鹽，計丁口而收其鹽鈔，因以通行於天下。其後有商人引鹽，民自買矣。既已徵商，而民間鹽鈔亦復不免。”[9] 《寧國府志》云：“洪武中以鹽給民，故徵鈔；今官不給鹽，而徵鈔如故”。[10] 永州、寧國離海較遠，尚有可説，其後連鹽場附近州縣也不復給鹽。如福建惠安場所在地的惠安縣，據《嘉靖惠安縣志》説，最初是“計民男女成丁者，歲與鹽三斤，徵米八升。天順六年（1462），因鈔法不行，罷米折鈔”，“久之，民不復支鹽”，“而有司口食鈔尚如故”。[11] 海口場、牛田場所在地的福州府也是如此，據《萬曆福州府志》説，“計民男女成丁者，歲給鹽三斤，徵米八升”，後改爲“每丁口歲納鈔六貫”，“久之，民不復支鹽，納鈔如故。”[12] 又如浙江《蘭溪縣志》也説，户口食鹽因“有司以關支搬運之艱，故其鹽不復請給，而納米納鈔則仍其舊”。[13] 總之，明代中期以後，全國各地户口食鹽已經普遍停止支給。

（二）户口食鹽法的賦稅化

户口食鹽法原爲一種食鹽配銷制度，自從不復給鹽而徵鈔如故

〔5〕《明憲宗實錄》卷六〇，頁1，成化四年十一月庚申條。
〔6〕同前，卷七九，頁9～10，成化六年五月丁酉條。
〔7〕同前，卷二一四，頁4，成化十七年四月庚戌條。
〔8〕《明孝宗實錄》卷一六一，頁2，弘治十三年四月乙未條。
〔9〕顧炎武《天下郡國利病書》（商務《四部叢刊》影印崑山圖書館藏明崇禎十二年纂輯稿本），原編第25册，頁50。
〔10〕同前，原編第九册，頁46。
〔11〕《嘉靖惠安縣志》（嘉靖九年刊本）卷七，頁2～3。
〔12〕《萬曆福州府志》（萬曆四十一年刊本）卷三二，頁1。
〔13〕《天下郡國利病書》原編第21册，頁34。此類例子還有很多，如《崇禎江浦縣志》卷六，頁48～49：“蓋鈔存舊額，鹽已不支矣。”《嘉靖開州志》卷三，頁4：“王崇慶曰：‘國初户口尚食鹽於官，……今不食鹽久矣，而民猶納鈔如故。’”

之後，就變成一種地方賦稅制度。

鹽鈔之徵收，本爲維護寶鈔的幣值，但是正統（1436～1449）以後，鈔價大貶，戶口食鹽法既然變成一種賦稅制度，明朝政府當然不願收入這種幾乎如同廢紙的寶鈔。景泰初年，乃有改納米之令。[14] 順天府人民即每戶交納細米一斗五升作爲鹽糧。[15] 河間府也命鹽鈔改折雜糧，運納于官倉，作爲官軍人等俸糧。[16] 成化二年（1466）並有"該納米者仍舊納米，該納鈔者錢鈔中半兼收"之令。當時"每錢一、二文折鈔一貫"。[17] 四川則在成化三年（1467），將鹽鈔全改收米，每口原徵鈔六貫，改徵米一斗。[18] 於是鹽鈔大部分改徵米或錢。

隨著商品貨幣經濟關係的發展，明代的賦役徵收，逐漸由徵收實物改爲徵收白銀。戶口食鹽法在這種趨勢的影響下，各地也隨經濟發展的程度，相繼改徵白銀。成化二十一年（1485），左副都御史馬文升便建議："天下戶口食鹽俱收折銀，通計天下一年亦可得銀百萬餘兩。"[19] 弘治四年（1491），山東、河南等處歲輸於宣府的戶口食鹽錢鈔，即"通折以銀，每錢七文，折銀一分，鈔一貫折銀三釐"。[20] 六年（1493），又有人建議將全國戶口食鹽錢鈔改折銀，據估計除存留之數外，解京之數大約一年可得二十二萬三千餘兩。[21] 於是各地相繼改徵鹽銀。例如直隸永平府便於弘治九年（1496）改徵折銀，"每錢七文折銀一分，鈔十貫折銀三釐"。[22] 福建各場附近州縣也在弘治十四年（1501）左右，將"鈔貫錢俱改折徵銀"，"每鈔一貫折銀三釐，折色錢七折文銀一分"。[23] 廣東也改折銀，此例也是"每鈔一貫折銀三釐"。[24] 兩淮改折較晚，淮安府於嘉靖六年

[14] 《明憲宗實錄》卷六○，頁1，成化四年十一月庚申條。

[15] 《明英宗實錄》卷二二六，頁11，景泰四年二月乙卯條。

[16] 同前，卷三○二，頁6，天順三年四月丙子條。

[17] 《明憲宗實錄》卷一二七，頁10，成化十年四月甲申條。《萬曆大明會典》（臺北：東南書報社據萬曆十五年司禮監刊本影印，1963）卷四一，頁34。

[18] 《明憲宗實錄》卷四七，頁2，成化三年十月丙午條。

[19] 同前，卷二六二，頁5～6，成化二十一年二月壬申條。

[20] 《明孝宗實錄》卷四七，頁3，弘治四年正月乙未條。

[21] 同前，卷七四，頁9，弘治六年四月庚戌條。

[22] 同前，卷一一五，頁5，弘治九年七月丙辰條。

[23] 《萬曆福州府志》卷三一，頁1。《天下郡國利病書》原編第26冊，頁74，引《泉州府志》；頁93，引《漳州府志》。

[24] 《天下郡國利病書》原編第27冊，頁41，引《增城縣志》。

（1527），定“每鈔一千貫（或）錢二千文，折銀四兩”。[25] 嘉靖中，實行一條鞭法時，更將“戶口鹽鈔併之於地”，由“稅糧內帶徵”，[26] 從此戶口食鹽法完全廢止。

（三）戶口食鹽法徵收的流弊

戶口食鹽鈔米的徵收，本依戶口而定，“戶口有多寡，則鹽糧有增減”，並無一定的額數。明代中期以後，由於戶口食鹽法賦稅化的發展，各縣鹽鈔米遂有一定的額數，不論人口是否有增減，均須按原額徵收。因此常發生代輸賠累之事。正統十二年（1447），福州府閩縣知縣陳敏政就説：“今各處鹽糧之徵，悉如舊額，如本縣舊額戶口比之新册多糧九百一十餘石，逐年分派里甲賠輸，於民甚有所損。”[27]

而徵收時，又多生包攬之弊。成化三年（1467），據巡按江西監察御史趙敔巡視江西各地鄉村後的報告稱：“每年徵收戶口鹽鈔，多被包攬。刁徒賄囑吏胥里老，先將己鈔扣數代納，然後帶同里甲下鄉照册多收，監禁、拷打，將貧民子女、牛畜、田地、房屋准折變賣。往年有收尚且無還，今遇饑荒愈加無措，受逼不過，不免逃移。”[28] 可見鹽鈔變爲賦稅後，惡勢力如何藉包攬稅收之名，通同里甲剝削欺壓小民。尤其改徵銀兩之後，經濟落後地區的人民負擔更爲加重；因爲得銀困難，不得不賤賣物產，以輸官府，而里胥又乘機作弊，往往“用一取十，作弊多端”，使人民受其酷害。[29]

由於戶口食鹽鈔的徵收發生流弊太多，許多關心民間疾苦的官員屢次上疏請求蠲免。統治者則以爲戶口鹽鈔已是一種賦稅，不可免除，最多只允暫免某些受災州縣的徵收。前述巡按江西監察御史趙敔的報告奏上之後，戶部僅准其“今年鹽鈔通行停免”而已。[30] 成化六年（1470），南京十三道監察御史李璣也奏稱：“戶口食鹽之

---

〔25〕《天啓淮安府志》（順治五年印本）卷一二，頁16～17。

〔26〕《明神宗實錄》卷五八，頁5，萬曆五年正月辛亥條。趙文華《嘉興府圖記》（嘉靖二十八年刊本）卷九，頁15～16。《天啓海鹽縣圖經》（天啓二年刊本）卷六，頁43～44。《恩平縣志》（道光五年刊本）卷七，頁33。《光緒四會縣志》（光緒二十二年刊本）編三，頁31。《太和縣志》（萬曆二年刊本）卷二，頁25：“國朝……鹽皆食於官，每歲男婦納米八升，給鹽三斤，小口米量半之。後不給鹽，納米如故。……每口計銀一分七釐五毫八絲……逐年均派里甲徵解。”

〔27〕《明英宗實錄》卷一五三，頁6，正統十二年閏四月丙戌條。

〔28〕《明憲宗實錄》卷四九，頁6，成化三年十二月丙辰條。

〔29〕同前，卷一一一，頁3，成化八年十二月癸酉條。

〔30〕同注〔28〕。

法，既驗口收鈔，即當驗口支鹽。今鈔入於官，而鹽不及民；況徵收之際，轉爲奸利十倍，中止以一倍入官，鈔皆腐爛，不得實用"；因此請求"通行天下一切減免"。朝廷卻認爲"户口鹽鈔亦已減半，欲盡蠲免，恐非長策"，於是照例説"徵收之弊宜通行禁革"，對於完全減免的事，也就照例不准了。[31] 後來因爲流弊太大，連奸宦劉瑾也上疏"請免徵天下户口食鹽銀鈔"，但户部會議結果，還是決定"軍民户口食鹽仍舊"。[32] 朝廷之所以堅持徵收鹽銀鈔的原因，在於它是一種賦税，一種穩定的人頭税。這和原來用意相反，户口食鹽法原是一種食鹽配銷法，原則上應該是人人出鈔、米換鹽食用，現在鹽已不給而强制計口徵鈔收銀，對人民來説，不啻是增加一層負擔；因爲他們仍得向鹽商買鹽，又要多出一分鹽商轉嫁在他們身上的鹽税，所以《天下郡國利病書》評論户口食鹽法説："民虚納銀於官，復市鹽於商；官收倍利，民獲二害。"[33]

户口食鹽法對一般人民來説，是一種相當重的賦税負擔。但是對於官吏來説，這不但不是賦税負擔，反而是一種特權。當一般人民已不復支鹽時，許多官吏人員卻利用計口配鹽的規定，"冒增口數，以支食鹽"。景泰五年（1454），據南京户部的報告稱："有官一員支鹽二千餘斤者，吏一名支鹽五百餘斤者。"雖然經户部規定官吏食鹽的額數："凡吏典知印許報五口至十口，文武官許報十五口至三十口。凡大口納鈔十二貫，支鹽十二斤；小口納鈔六貫，支鹽六斤。"[34] 但是這種利用特權牟利之事，仍然層出不窮。例如成化初期，南京諸司官吏食鹽共一千一百餘引，由諸司各遣官吏赴兩淮鹽場支給。這些官吏就"往往挾勢多支，轉販謀利"。[35] 成化十六年（1480），據南京户部奏稱："南京鷹揚等衛委關口食鹽吏，違限年久。其最初多因通同富豪勢要之人，包銀買鈔上納，後遂以官鹽賣出，及夾賣私鹽，展轉營利。互有數年不還者，其册大率謄上年所造丁口，任情增減，有以三、四年前未關，因人包鈔造册補支者，

〔31〕 同前，卷七九，頁 9～10，成化六年五月丁酉條。
〔32〕 《明武宗實録》卷五五，頁 7，正德四年閏九月丁丑條。
〔33〕 《天下郡國利病書》原編第 18 册，《陝西上》，頁 83，引《平涼府志》。
〔34〕 《明英宗實録》卷二四七，頁 3，景泰五年十一月己未條。
〔35〕 《明憲宗實録》卷一〇四，頁 2，成化八年五月甲辰條。

弊端不一。"〔36〕 雖經朝廷屢下禁令，而在京各衙門，仍然派人前往鹽場，"倍蓰收運，恣爲奸利"。嘉靖年間，"錦衣衛官校乃至運巨舟數百艘，塞河而上，沿途私販，車運馬馱"，巡緝單位，"莫敢詰捕"，遂使"鹽法爲之壅滯"，嚴重影響鹽課收入。因此明廷不得不於嘉靖四十三年（1564）下令："自後百司遂停食鹽不支，唯十三道歲支如故。"從此一般在京官吏，除十三道御史外，均停止支給戶口食鹽，官吏利用戶口食鹽的特權牟利至此結束。〔37〕

（四）戶口食鹽法變質的影響

戶口食鹽法本爲一種官搬官銷的官賣制，自從不復支鹽，變爲一種賦稅制度以後，對一般人民來説，官賣制已經在鹽的運銷制度中消退了，相形之下，通商制遂日益壯大。因此《嘉善縣志》云："明初民于運司支口食鹽，有司因徵鹽糧，雖有商人住賣，尚屬寥寥。厥後口食鹽不復給，而戶口日繁；故於各市鎮添設小鋪，以便民就近買食。"〔38〕在官賣制消退的過程中，有些地區如浙江所屬府縣，在商業資本勢力影響下，竟使"富商大賈持鹽赴官，官爲斂散，追徵之急過于租賦"；後經刑科給事中鮑輝提出反對，以爲這樣做是"奪民之食，以益富商之資"。結果雖不再准許鹽商強迫計口派鹽於人民，但是"民間食鹽，聽其自買"，賣鹽之權仍在鹽商手中，也就是説通商制已經代替了官賣制。〔39〕

戶口食鹽法雖然不再支鹽，但對沿海地區的食鹽運銷制度發生相當的影響。以兩淮地區爲例，計口給鹽之法不行之後，淮安、揚州二府所屬州縣，由於靠近鹽場，私鹽充斥，於是仍仿戶口食鹽法之意，於民戶中"僉報殷實舖戶"，〔40〕先令備完價銀，前赴運司買引，"親自下場關支，裝運出場"，前往本州縣拆賣。手續較開中商鹽簡單，鹽價也低了"三分之一"，以便與私鹽競争。然舖戶賣鹽，完全由"閭閻擇價而食"，沒有戶口食鹽法計口賣鹽的強制性，且鹽價仍較私鹽高得多，因此人民還是不買舖戶的食鹽，"每州縣派引百餘引者，只買三、四引；三、四百引者，只買十餘引"。遂使舖戶成

〔36〕《明憲宗實錄》卷二〇九，頁4~5，成化十六年十一月癸已條。
〔37〕《明世宗實錄》卷五三八，頁1，嘉靖四三年九月壬寅條。
〔38〕《重修嘉善縣志》（光緒二十年刊本）卷一二，頁14。
〔39〕《明英宗實錄》卷一二〇，頁1~2，正統九年八月戊申條。
〔40〕《明神宗實錄》卷一九〇，頁1~2，萬曆十五年九月辛卯條。

爲一種苦役，常有"破產以包賠者"。每當僉報舖戶時，"富家勢要接踵而請託，奸書猾吏假手而脫漏，至留以應役者，皆中下孤弱之戶，每鹽一引賠銀一兩有餘"，苦不堪言。[41] 可見這種官賣制的殘餘，在明代後期已經行不通了。商品經濟發達的時代中，人民希望的是較自由的貿易，所以官專賣制就因不適合時代而被淘汰。

二、開中法的變遷與運司納銀制的建立

明初實施開中法，以補充邊區軍需供應的不足。不但使"轉輪之費省"，"軍儲之用足"，而且商人亦可獲利，真所謂"鹽法、邊計相輔而行"。[42] 其後由於中鹽無度，鹽場上生產的鹽，不敷引額之需要，商人納粟之後，不能立即領到鹽，於是開中的方式逐漸繁複，而有守支與兌支之法，以致商人困累到了極點。另一方面，明代中葉以後，自然經濟迅速消退，爲商品貨幣經濟所取代。在商品經濟發達的時代，人民希望的是較自由的貿易，因此開中法必須作若干修正，以適應時代的需要，而有運司納銀制的產生。

(一) 守支與存積常股法

開中法實施時，爲期其運作正常，發給商人的倉鈔中所記之鹽引總數，必須與各鹽場歲產總額相符。永樂以後，開中無度，鹽引濫發，其總數往往超出鹽場實際的產量。雖然政府曾下令，商人到場支鹽，應"不拘資次，鹽引遇到即支"，[43] 但是商人到鹽場，仍然經常無鹽支給，尤其兩淮、兩浙鹽場的情形最爲嚴重，[44] 以致商人不得不在鹽場守候待支，稱爲"守支"。其守支年久者，竟有自永樂中候至天順年間，守支達六十年，父祖子孫相代尚不得支者。[45]

商人開中納粟，若支鹽易，出賣速，則資本周轉靈活，獲利自然豐富。自從"中納名項數多，鹽不足支"而生"守支"的現象

〔41〕 袁世振《兩淮鹽政疏理成編》卷三，頁 10～18，《鹽法議九》，《皇明經世文編》卷四七六所載。

〔42〕 《明太祖實錄》卷五三，頁 11，洪武三年六月辛巳條。詳見拙作《明代前期的食鹽運銷制度》，《文史哲學報》第 23 期，1974 年 10 月。

〔43〕 《萬曆大明會典》卷三四，頁 5。

〔44〕 《明英宗實錄》卷五，頁 7，宣德十年五月癸巳條："淮、浙鹽少，客商守支歲久。"卷一五，頁 10，正統元年三月戊子條："近年官吏懈怠，倉鹽無積，客商久候不得。"

〔45〕 《明英宗實錄》卷六三，頁 9，正統五年正月丁卯條；卷二八二，頁 10，天順元年九月戊子條。

後，商人資本停擱，收回不易，利息無得，於是商人困累，每遇政府開中，多望之卻步，"來者愈少"。[46]

為了解決守支的現象，明政府除了差官督促灶丁生產，"不足者補足，鹽課有不完者追完"，[47]並且減少開中的地點，以減輕鹽場的負荷。例如宣德四年(1429)，經戶部尚書郭敦奏准，將淮、浙等處鹽，以十分爲率，六分支與北京在城倉納米者，四分支與遼東、永平、山海、甘肅、大同、宣府、萬全已納米者，"其餘各處中納暫且停支"。[48]此外宣德年間，又歲遣御史督視鹽法，令各運司查中鹽商人年遠物故無子孫支給者，將各商姓名、籍貫造册繳部，移文原籍州縣，"每引給資本鈔二十錠，優恤之"。[49]正統五年(1440)正月，又規定不願守支者，政府每鹽一引給還資本鈔三十錠，以爲補償。[50]

但是這些方法仍然不能增加商人的信心，尤其在鈔價狂貶的時候，償鈔法根本發生不了多大的作用；因而開中時還是"少有上納者"，嚴重地影響邊餉的供應。正統五年四月，乃行"存積""常股"之法，以處置鹽的支給。先在兩淮、兩浙、長蘆三運司，將每年正鹽總額中，以十分之八給與守支客商，在場挨次支給，稱爲"常股"；其餘十分之二，另外收積在官，遇邊方急用糧時，召商中納，商人持倉鈔至鹽場，立刻不依順序優先支給，稱爲"存積"。由於開中存積鹽者，"人到即支"，不必像開中常股鹽者那樣挨次守候，因此則例較重，上納糧草較多。[51]例如湖廣邊方開中兩淮存積鹽每鹽一引納米五斗，開中常股鹽一引只納米三斗五升。[52]

---

〔46〕《明宣宗實錄》卷五五，頁4，宣德四年六月丁亥條。

〔47〕《明英宗實錄》卷一五，頁10，正統元年三月戊子條。

〔48〕同注〔46〕。

〔49〕同注〔46〕。《萬曆揚州府志》(萬曆二十九年刊本)卷一一，頁3~4。

〔50〕《明英宗實錄》卷六三，頁9，正統五年正月丁卯條。其後償鈔數稍有變更，正統十年改爲二十錠。成化十六年改爲三十錠。成化十九年，又規定正統十四年以前的鹽引，仍償三十錠；景泰元年以後的鹽引，除淮鹽仍爲每引三十錠外，兩浙、廣東、四川、雲南改爲每引二十五錠，河東、長蘆、福建、山東每引改爲二十錠。(《明英宗實錄》卷一三三，頁10，正統十年九月戊戌條。《明憲宗實錄》卷二〇六，頁1，成化十六年八月甲寅條；卷二四三，頁4，成化十九年八月庚午條。)

〔51〕《明英宗實錄》卷六六，頁8，正統五年四月癸巳條。趙伸《籌邊疏》卷一，頁13，《皇明經世文編》卷二三四所收。盛儀《嘉靖惟揚志》(清光緒二十年影抄明嘉靖二十一年修本)卷九，頁15。《戶部題稿》(北平圖書館藏鈔本)，嘉靖二十一年十二月二十六日，戶部右侍郎王□等具題。

〔52〕《明憲宗實錄》卷一四三，頁1，成化十一年七月戊申條。

開中存積鹽，雖然則例較重，但是得鹽較易，因此商人"爭先趨中"。[53] 正統十三年（1448）以前，由于存積鹽只佔十分之二，數目不大，而灶丁所辦鹽課，常過其數，開中存積者，"朝來暮去，無所壅滯"。[54] 土木之變後，邊事日緊，存積鹽所佔的此例隨著增加。正統十四年（1449），兩淮、兩浙存積鹽增爲十分之四。景泰元年（1450），更增至十分之六。[55] 自後因循不改，以致"存積鹽數多，而催辦（灶丁）之課不及其數，每過中納，不分存積、常股，俱各守支十餘年"，則存積與常股又無差異，是以"客商鮮少，而邊儲缺乏"。成化七年（1471），經浙江巡鹽御史李鎔建議，才恢復存積鹽佔十分之四的比例。十九年（1483），甚至將存積鹽減至十分之三。然商人仍喜報中存積鹽，而守支之弊仍不能消除。[56]

（二）兌支法與兼中法

全國各大鹽場中，以兩淮的額產最多，品質最好，鹽價最高，行鹽地最廣，人口最密，且地"當江河之衝"，交通"四通八達，水運甚易"，商人得利最厚。兩浙的地理位置"稍僻遠"，鹽價稍次，商人得利次於兩淮。至於山東、長蘆，則因行鹽地狹小，且"深入東偏，陸路數百餘里，水路千里之遠"，鹽價最低，商人得利最薄。因此每遇開中，商人"只於兩淮"報中，"而浙江差少，長蘆全無"，遂使兩淮、兩浙鹽產量不足供應引額之需求。[57]

爲了緩和各鹽場間開中數量的不均衡現象，明廷開始實行"兌支法"。正統二年（1437），令在兩淮運司守支永樂年間引鹽者，按比例分兩地支給，"以十分爲率，與淮鹽四分，六分兌與山東運司支給"。[58] 次年，又許客商應支引鹽不敷時，得於別地兌支，例如兩淮、雲南准於河東、陝西、福建、廣東等鹽場兌支，長蘆、河東准於福建、山東、廣東、海北等鹽場兌支。[59] 爲了鼓勵商人兌支，對

〔53〕 史起蟄、張榘《嘉靖兩淮鹽法志》（嘉靖三十年成書，中央圖書館藏鈔本）卷五，頁 26。

〔54〕 《明憲宗實錄》卷八七，頁 7～8，成化七年正月丙申條。

〔55〕 《嘉靖惟揚志》卷九，頁 15。

〔56〕 同注〔54〕。又同書，卷二四六，頁 4，成化十九年十一月辛亥條。

〔57〕 陳仁錫《皇明世法錄》（臺北學生書局據中央圖書館藏本影印，1965）卷二九，頁 24～25，嘉靖十三年，戶科給事中管懷理，"議處長蘆等處鹽法"。

〔58〕 《萬曆大明會典》卷三四，頁 5。《嘉靖惟揚志》卷九，頁 18。

〔59〕 同注〔58〕。《明英宗實錄》卷四一，頁 11，正統三年四月己卯條；卷四三，頁 4，正統三年六月丙寅條。

兌支者酌量增給引數。這個辦法是從宣德十年（1435）發展來的，當時即以河東貯鹽多而淮浙鹽少，客商守支歲久，支與河東鹽而量加其數。[60] 正統八年（1443），便確切規定加倍增給引數，對守支永樂、宣德年間淮、浙、長蘆引鹽之客商，如有願兌支河東、山東、福建運司者，"每一引支與二引"。[61] 成化十六年（1480），又令永樂至正統年間，客商所中引鹽全未支而願兌換者，兩淮兌福建、山東，兩浙兌廣東，所兌俱加二分之一，即一引兌一引半。[62]

商人無鹽可支而坐困，兌支法不失爲補償救濟之策，然而商人輾轉兌支，疲於奔命，勞費亦大。因此許多商人依照"不願兌者，聽其守支"的規定，繼續於兩淮鹽場守支。[63] 爲了減輕兩淮的負荷量，正統三年（1438），經鎮守陝西右副都御史陳鎰奏准，實施强制性的"兼中法"，令"各邊召商中納鹽糧，淮浙兼中，如以十分爲率，淮鹽八分，浙鹽二分；或淮鹽七分，浙鹽三分"。[64] 由於"淮、浙相去無幾，又俱在水路，人不甚苦"，頗有成效。[65] 然這只緩和了淮、浙間的不均衡現象，對於淮、浙和全國其他各場間的平衡並無緩和作用，商人守支淮、浙鹽的情形，仍然很嚴重。嘉靖初年，乃有"各司通融搭配"之令，不許商人"單開淮鹽"，於是有"一人而兼三路者"，商人奔走於長蘆、兩淮、兩浙之間，勞費更大，只有"減價發賣"，甚至"棄而不支"了。[66] 因此"兌支法"、"兼中法"也不能爲商人帶來方便，反而增加商人的負擔，增加其營運的成本。

---

〔60〕《明英宗實錄》卷五，頁7，宣德十年五月癸巳條。

〔61〕《嘉靖惟揚志》卷九，頁18。

〔62〕《明憲宗實錄》卷二〇六，頁1，成化十六年八月甲寅條。《萬曆大明會典》卷三四，頁7~8。

〔63〕曾仰豐《中國鹽政史》（商務《中國文化史叢書》本，1936），頁17~18。

〔64〕《明英宗實錄》卷四二，頁3，正統三年五月乙未條。《萬曆大明會典》卷三四，頁5~6。

〔65〕陳仁錫《皇明世法錄》（臺北學生書局據中央圖書館藏本影印，1965）卷二九，頁24~25，嘉靖十三年，户科給事中管懷理，"議處長蘆等處鹽法"。

〔66〕同注〔57〕。查志隆《萬曆山東鹽法志》（萬曆四十一年刊本）卷三，頁13~15，嘉靖四年，高世魁《懲奸商以通鹽法疏》。黄訓《皇明名臣經濟錄》（《四庫全書》本）卷二三，頁28，梁材《題鹽法議》（嘉靖十四年五月初三題）。戴金《皇明條法事類纂》（弘治中修，嘉靖中續修，日古典研究會據東京大學藏鈔本影印，1966），頁726~727，《通鹽法以資民用》（嘉靖六年二月）。《明世宗實錄》卷一三三，頁1，嘉靖十年十二月庚辰條；卷一八三，頁3，嘉靖十五年正月甲戌條。許讚《許文簡公奏疏》（《皇明經世文編》卷一三七）卷一，頁6，《覆議鹽法疏》。

(三) 運司納銀制形成的背景

運司納銀制之形成,由於三層原因:一爲守支年久,商人不願中鹽;二是勢要占中,阻壞鹽法;三由於商品貨幣經濟關係發展之刺激。

存積常股法、兌支法與兼中法,本爲緩和商人守支的情形而設的,實際上守支的情形並未見改善多少。例如中軍都督同知杜清,曾于正統年間 (1436～1449) 令其表姪王斌等開中淮鹽二千引,守候至天順元年 (1457) 尚未得關支。[67] 錦衣衛帶俸都指揮僉事孫續宗,也曾於正統十四年 (1449) 令其家人開中淮鹽六千七百餘引,守候了九年,到天順二年 (1458) 還未得關支。[68] 會昌侯孫繼宗守支更久,他于宣德九年 (1434) 令家人馮得開中淮鹽一萬八千引,守候了二十三年,到天順元年 (1457),仍以“資次未到,不得關支”。[69] 這幾位都是擁有特權的貴戚官僚,尚且不能避免守支之苦,至於一般商民更不必説了。例如有位陝西朝邑縣民,永樂初年赴邊納粟中鹽,守候年久,不得支鹽,亡故後由其子代支,仍舊在場守候,至天順七年 (1463),共守支了六十年,仍未得關支引鹽。[70] 其資本佔擱之久,損失之大可知。

貴戚官僚守支年久,尚可憑藉其政治地位,向皇帝申訴,請求准予“不拘資次關支”,或“令運司即與支給”,皇帝照例“從之”。至於一般商民只好耐心等候,如果竟敢提出抗議,不但得不到鹽,還會招禍。例如前述之朝邑縣民,即因守支年久,屢次上書户部抗議,户部非但不予答復,且“以其年遠無籍可照”,請求英宗准予“罪之”。幸而英宗因其“捐己財以助國用”,下令“不給鹽可矣,不必罪”,才免除了刑罰。然而父子二人卻空候了六十年,最後連本錢也收不回來。[71] 這類情形很多,户部爲免麻煩,遂以“商人引鹽有年遠未支者,恐有奸弊,難於稽查”爲由,于弘治三年 (1490) 下令,凡守支景泰五年 (1454) 以前引鹽本人身没而告代支者,一律停給鹽或鈔。“今後 (守支) 過三十五年以上者,不論商之存没,

---

[67] 《明英宗實錄》卷二八二,頁10,天順元年九月戊子條。

[68] 《明英宗實錄》卷二八八,頁4,天順二年閏二月丁卯條。孫續宗與孫繼宗是明宣宗章皇后的兄弟。

[69] 同前,卷二八二,頁3,天順元年九月戊辰條。

[70] 同前,卷三五四,頁2,天順七年七月己亥條。

[71] 同注〔70〕。

皆不許給"[72] 守支之弊，責任不在鹽商，而在鹽務機關。户部身
爲鹽務最高機關，不檢討流弊發生的原因，反而想用"不給鹽"來
解决問題。這種推諉塞責的官僚作風，是自欺欺人的，不但不能輕
減守支之弊，反而使一般鹽商"人懷疑貳"，每遇開中"莫肯争
趨"[73] 至于狡黠的商人，便攀附權貴，投託勢要，以不正當的手
段來圖暴利。

明初實施開中法，由於鹽屬專賣範圍，最易引起壟斷專利之弊，
因此明太祖於洪武二十七年（1394）下令："公、侯、伯及文武四品
以上官，不得令家人、奴僕行商中鹽，侵奪民利。"[74] 有犯者，一
經查獲，則治以罪。例如永樂初年，駙馬都尉富陽侯李讓家人中鹽，
爲人告發，時李讓已卒，子茂芳"謝過丐免"，成祖説："法度於
（與）天下共之，豈爲私親廢？爾曹政當奉法保恩，豈可恃恩撓法？
夫欺謾以苟利，與賄賂以逃刑，雖爾曹亦（不）可得免，況爾家人
乎！"成祖這種"行法必先于貴近"的執法態度，使開中法得以順利
實施而弊病不生。[75]

可惜宣德以後，禁令漸弛。宣德五年（1430），因甘肅等邊境要地，
"民糧艱于轉輸，比年雖召商中鹽，途程險遠，趨中者少，供用不敷"，遂
"暫許各處寓居官員、軍餘有糧之家"納米豆中鹽。[76] 這雖然只是臨
時措施，但是例子一開，其後凡急缺邊儲時，即許官員"不分品級"前去
中鹽。[77] 例如正統初年，"因陝西等處急缺邊儲，奏准不分品級，前去
中納"。[78] 所以前面提到的杜清雖是從一品官，孫續宗是正三品官，
孫繼宗是侯爵，他們都違反了太祖的禁令，讓家人去中鹽。景泰元年
（1450），因瓦剌入侵，大同、宣府等處糧運不繼，遂正式下令"不分四品
以上官員，軍民之家，俱許中納"。[79] 如此屢禁屢弛，遂予勢要可乘之

---

〔72〕 王崇武《明代的商屯制度》，《禹貢》半月刊，第5卷11期，1946年，頁473。《明
孝宗實錄》卷三七，頁2～3，弘治三年四月甲午條。

〔73〕《明英宗實錄》卷七六，頁14，正統六年二月乙未條。

〔74〕《萬曆大明會典》卷三四，頁19。

〔75〕《明太宗實錄》卷五四，頁6，永樂四年五月戊午條。

〔76〕《明宣宗實錄》卷七四，頁3，宣德五年閏十二月丁未條。

〔77〕《明英宗實錄》卷六一，頁4～5，正統四年十一月丙寅條。

〔78〕 同前注。

〔79〕《明英宗實錄》卷一九三，頁8，景泰元年六月癸未條；卷一九九，頁11，景泰元年十二
月己亥條："召商於貴州在城并三衛（平越、清平、都匀）倉納米，……不分四品以上官
員之家，俱聽於所擬衛倉納米，不次關支。"

機,用權勢壟斷鹽利。尤其正統以後,朝政腐敗,勢要中鹽之弊滋甚。例如兵部郎中羅通隨尚書王驥往甘肅整飭邊務,即"私帶家人中鹽"。[80] 朝廷遇到此類情事,往往不加處罰。遼東都指揮使鄒溶令其子及無籍軍吏詭名中淮、浙鹽共六千九百七十引,被人訐發,英宗宥其罪,仍准支給引鹽。[81] 通政使李錫也令家人輸米一千二百餘石於山海倉中鹽二千五百引,户部尚書王佐等奏錫違例,欲没其鹽於官,英宗宥之,"仍聽錫支鹽"。[82] 於是勢要占中成風,以致"朝廷令人易納馬草開中鹽糧"時,"各場納草之人,多係官豪勢要及該管内外官","令子姪家人伴當,假託軍民出名承納"。至於其他各處開中鹽糧,"亦係官豪勢要之家占中居多"。[83] 且商人中鹽的數額有限制,"不許過三千引";[84] 而勢要占討,"或五萬、十萬,至二十萬引",並無限制。[85] 尤其成化年間,勢要經常奏討鹽引,憲宗給賜,每次少則千引,多則數萬。例如成化十五年(1479),賜給萬貴妃的兄弟萬通淮鹽五千引;[86] 十六年,賜給純皇后母段氏兩淮官鹽二萬引;[87] 賜給錦衣衛帶俸正千户邵宗淮鹽五千引。[88] 十七年,賜司設監太監王助淮鹽一千引,作爲建寺工料費;[89] 十八年,賜御馬監太監梁方兩淮存積鹽五萬引;[90] 賜崇王兩淮存積鹽一千引;[91] 賜太監王包淮鹽六千引;賜萬通的家人錦衣衛千户徐達淮鹽三萬引。[92] 於是開中鹽引多遭勢要之家所獨佔。

及至支鹽時,勢要又利用權勢,"囑管鹽官攙越關支","不拘年次,本場無鹽,輒易他所,三倍加支"。場鹽生產本有定額,多遭勢要關支,致使"無勢客商守支年久",甚至有"本錢折閲者"。即使領到了鹽,前

〔80〕 《明英宗實録》卷四三,頁7~8,正統三年六月癸酉條。
〔81〕 同前,卷六五,頁7,正統五年三月丁巳條。
〔82〕 同前,卷一六一,頁4,正統十二年十二月乙亥條。
〔83〕 同前,卷一一五,頁5~6,正統九年四月壬辰條。
〔84〕 《萬曆大明會典》卷三四,頁6。
〔85〕 朱廷立《鹽政志》(序於嘉靖八年,臺北中央圖書館鈔本),卷七,頁11,弘治二年,譚英《清理鹽法疏》。
〔86〕 《明憲宗實録》卷一九四,頁7,成化十五年九月戊寅條。
〔87〕 同前,卷二〇〇,頁8,成化十六年二月戊寅條。
〔88〕 同前,卷二〇九,頁1,成化十六年十一月癸未條。
〔89〕 同前,卷二一六,頁4,成化十七年六月甲寅條。
〔90〕 《明憲宗實録》卷二二三,頁1,成化十八年正月乙亥條。
〔91〕 同前,卷二二六,頁6,成化十八年四月甲子條。
〔92〕 同前,卷二三四,頁4,成化十八年十一月庚戌條;卷二三四,頁5,成化十八年十一月戊午條。

往批驗所秤掣時,除了"因委官監掣不以時至,復有久候之困"外,遇有勢家之鹽至,"又爲苛禁,官較摯子盡爲所匿,私置攔票,令商給領,派以泥鹽,抑勒償價,方許掣賣"。[93] 因此場鹽也多遭勢要之家所壟斷。

在勢要之家獨佔壟斷下,商人爲得鹽利,不得不投託勢要,藉其權勢,取得開中之權。於是成化二年(1466),有呂銘等八人,投託勢要,不經過户部,直接向憲宗奏請中納成化二年兩淮運司存積鹽五萬五千引。[94] 引數是商人中鹽最大限度的兩倍多(每人最多三千引,八人最多二萬四千引),而且是鹽利最高、不必守候立即關支的兩淮存積鹽,此例一開,人們競相效尤。此外由於勢要之家包佔了開中權利,這種權利時人稱之爲"窩",商人欲開中,也只有向勢要"買窩",每千引約費銀百餘兩或七八十兩。[95] 至於支鹽時,商人也因爲"投託勢要"而得以"攙越資次"優先關支,有的商人還賄賂鹽課司官吏,"通同重復關支",以獲取暴利。[96]

投託勢要之家的鹽商,可獲巨利,至于無勢客商,有的在開中處所不得中納,有的卻在鹽場守支年久而不能得鹽,"喪貲失業,嗟怨莫伸"。[97] 因此商人視開中爲畏途,"不肯上中",直接影響邊儲的供應。[98] 可見開中法發展到明代中期流弊已經很深,到了非改變方式不可的時候。至於如何改變才能使"官民兩便",只有順應社會經濟的發展可以辦到。

明代中期的社會經濟,已經進入商品貨幣經濟關係急速發展的時代。以糧食生産而論,前代的糧食生産主要目的在自給,剩餘的糧食才投到商品流通中,明代中期在不少地區已經開始以商品爲主的糧食生産,江南湖廣地區不用説,就是邊遠地區也有糧食的商品生産。例如宣德年間,寧陽縣侯陳懋即在陝西邊區,役使軍士三千,

---

〔93〕《明憲宗實録》卷一一五,頁5~6,正統九年四月壬辰條。又《明孝宗實録》卷三〇,頁6~7,弘治二年九月戊寅條。

〔94〕《明憲宗實録》卷三七,頁7,成化二年十二月甲寅條。

〔95〕《皇明條法事類纂》卷一八,頁15~16。《鹽政志》卷七,頁3,馬京(昂)《禁革勢要姦商議》。參閱藤井宏《占窩の意義及び起原》(《清水博士追悼紀念明代史論叢》,頁551~575)。

〔96〕《明英宗實録》卷二二七,頁6,景泰四年三月乙丑條。

〔97〕《明英宗實録》卷一一五,頁5~6,正統九年四月壬辰條。同注〔95〕。

〔98〕《明憲宗實録》卷二六〇,頁16,成化二一年正月庚寅條。

種田三千餘頃，進行大規模的糧食商品生產。[99] 既然邊地也有了商品糧食，原來負擔"民運糧"以補充邊餉的人民，也要求順應貨幣經濟的發展，將賦稅貨幣化，以免除苦役。因此英宗即位之初，就允許將"徽州府該運糧八萬石，折銀三萬二千兩，轉發宣府、大同，依時直糴買糧料"。[100] 正統三年（1438），連靠近邊區的山西民運糧也改納銀，每兩折糧四石，共送十萬兩於宣府。[101] 其後陝西西安、鳳翔等府起運供應河西邊區的糧食，也改爲折色，"每銀一兩折米一石"，再由軍衛管糧等官將銀給散軍餘人等，趁熟買糧。[102]

既然民運糧可以改納折色，深以運糧到邊區開中爲苦的商人，也想仿效，希望把納糧開中改爲納銀開中。當時白銀已在各地市場上成爲普遍通用的貨幣，[103] 納銀開中不但有利於商人，而且有利於政府，因爲白銀在財政上的運用，遠較納糧草爲靈活。於是在商品貨幣經濟的刺激下，開中法進行了一連串的變革，最後形成運司納銀制。

（四）運司納銀制形成的過程

納銀開中之事，明朝初期已經有了，但只是臨時措施，未能成爲一種制度。因此《實錄》中有關納銀開中的記載，在太祖、惠帝、成祖、仁宗、宣宗五朝，只有三條。[104] 英宗以後，隨著稅糧、民運糧的改折，邊方納銀開中的記載才多起來。正統十四年（1449），准許雲南永平縣與千戶所軍民，"每引納銀三兩，於金齒倉交收糴米"。[105] 次年（景泰元年，1450），廣西也行納銀開中法，"兩淮鹽每引銀四錢五分，兩浙鹽銀三錢五分，四川仙泉鹽銀五錢"。[106] 到了天順八年（1464），由於各邊開中淮、浙、長蘆、河東鹽引，"米價過重，中納者少，邊儲不給"，爲了招徠商人，除了量減斗頭之外，又

---

[99] 《明宣宗實錄》卷七六，頁 10，宣德六年二月壬子條。
[100] 《明英宗實錄》卷一○，頁 3，宣德十年十月壬寅條。
[101] 同前，卷六一，頁 1，正統四年十一月乙巳條。
[102] 桂蕚《桂文襄公奏疏》（《皇明經世文編》卷一八一）卷三，頁 13，《進沿邊事宜疏》。
[103] 全漢昇《明代的銀課與銀產額》，《新亞書院學術年刊》第 9 期，1967 年。
[104] 三條納銀開中的記載是：（1）《明太祖實錄》卷九五，頁 2，洪武七年十二月辛丑條。（2）同前，卷九六，頁 2，洪武八年正月甲戌條。（3）《明太宗實錄》卷一六三，頁 3，永樂十三年四月乙丑條。
[105] 《明英宗實錄》卷一七九，頁 3，正統十四年六月乙卯條。
[106] 同前，卷一九四，頁 11，景泰元年七月辛酉條。

順應商品貨幣經濟的發展，准許商人使用市場上普遍通用的白銀開中，於是納銀開中成爲全國各邊區通行的制度。[107] 此後《實錄》中經常出現納銀開中的記載。不但糧米可以改納折色，草料、馬匹也可納折銀。成化二年（1466），經巡撫宣府右僉都御史葉盛奏准，令山西納草之處，每草一束折收銀四分。[108] 成化八年（1472），大同各城乏馬，即募人上納，開中河東運司鹽，"每鹽七十引納馬一匹或納價銀十兩"。[109]

商人運送白銀赴邊開中，雖較運糧方便得多，但旅途中得防盜賊搶劫，仍有不便之處。於是要求一種更簡便的方法以換取鹽引，而有運司納銀制出現。運司納銀制源於割沒餘鹽的鬻賣。天順三年（1459），由於各邊"添調軍馬，動以數萬，有司苦于供給"，政府乃將兩淮"各場遞年收貯沒官並秤割下餘鹽"，運往儀真變賣，"依時值，每鹽一引易銀一兩，運付各邊"。[110] 這種餘鹽是商人收買灶户的私鹽，夾帶出場時，被查獲沒收的，或是在批驗所秤掣時，因超額而割下的。收買割沒餘鹽，並不需要先取得倉鈔、勘合，也不需要守支，既省赴邊勞費，又免長年守候之苦，因此很受商人歡迎，而爲其他鹽場所仿效。成化八年（1472），長蘆鹽場的長蘆、小直沽兩批驗所，也將所收割沒餘鹽，"變賣銀米，以備振濟"。[111] 後來更將割沒餘鹽在運司開賣加以制度化。成化九年（1473）兩淮運司定例："凡盤獲一應私鹽並沒官掣割等項商鹽，俱運至儀真批驗所，並本所掣割餘鹽，通至二萬以上開報，差官變賣給還。"[112] 兩年後，長蘆運司也定例："凡收割沒餘鹽，積至一千引以上，申報户部變賣。"[113] 十五年（1479），兩浙運司也"照長蘆、直沽餘鹽例，每數至千引，則易價解部"。[114] 從此有部分商人可以不必赴邊上納糧草。成爲專賣割沒餘鹽的鹽商。

餘鹽既可在運司開賣，正鹽也仿效行之。成化四年（1468），長

---

〔107〕《明憲宗實錄》卷一一，頁11，天順八年十一月丙子條。
〔108〕 同前，卷二六，頁4，成化二年二月丁亥條。
〔109〕《明憲宗實錄》卷一〇六，頁1，成化八年七月庚子條。
〔110〕《明英宗實錄》卷三〇六，頁4，天順三年八月甲子條。
〔111〕《明憲宗實錄》卷一〇六，頁1，成化八年七月丁酉條。
〔112〕《萬曆大明會典》卷三四，頁16～17。
〔113〕 同前，卷三四，頁17，原作"一千斤"當改爲"一千引"。據《明憲宗實錄》卷一八八，頁1～2，成化十五年三月庚午條："照長蘆、直沽餘鹽例，每數至千引，則易價解部。"
〔114〕《明憲宗實錄》卷一八八，頁1～2，成化十五年三月庚午條。

蘆巡鹽御史林誠開始實行正鹽運司納銀制，會同戶部郎中李璵，"定派場分，隨估賣銀解部"。[115] 十年（1474），河東運司仿行，將商人報納未完之鹽，"即行運司變賣，候積銀至數萬兩，申達本（戶）部，以給邊儲"。[116] 十二年（1476），更推廣到除了兩淮以外的全國"各鹽運及提舉司"，由邊區巡撫等官委府州縣官"召商發賣，其銀領回，糴買米豆"。[117] 十五年（1479）兩淮也撥了七萬引，召商於運司"變賣銀價"，"以濟江西、湖廣、河南災傷之急"。從此全國各場均行正鹽運司納銀制。[118] 次年，兩淮並將用途擴大爲補充太倉儲積，"以備支用"，[119] 而爲其他各場所仿效。[120] 至於變賣鹽斤也與時俱增。例如兩淮在成化十五年內爲七萬引，十六年增至三十萬引，二十年更增至一百二萬餘引。[121] 長蘆也於十七年"出新舊鹽課百四十萬引賣之"。[22] 兩浙在二十年也賣了七十四萬引。[123] 這些數目都超過各場的歲額，例如兩淮歲額七十萬引，竟賣出一百二萬餘引，超出了三十二萬餘引；兩浙歲額四十四萬引，賣出七十四萬餘引，也超出了三十萬餘引。可見運司納銀制已成爲開中法的主體。

　　總之，在商品貨幣經濟的刺激下，到了成化末期，不但實行了納銀開中法，運司納銀制也已經形成。故王瓊《戶部奏議》曰："自天順以前，俱是戶部出榜，定斗頭則例，開中糧草。……成化年間，始有納銀之例。……其後開賣滋甚，年年賣銀解京，貯之太倉銀庫。"[124]

（五）葉淇與運司納銀制的確立

　　成化年間，運司納銀制雖已形成，"然未嘗著爲令"，[125] 以致每次都得由戶部奏准，才能實施。例如淮、浙鹽在成化二十年

〔115〕《鹽政志》卷七，頁4，成化二十年，兩浙巡鹽御史林誠《折納鹽課疏》。

〔116〕《明憲宗實錄》卷一二九，頁1～2，成化十年五月丁亥條。

〔117〕同前，卷一五八，頁4，成化十二年十月庚辰條。

〔118〕同前，卷一八九，頁1～2，成化十五年四月己丑條。《天下郡國利病書》原編第15冊，《山東》上，頁133。

〔119〕同前，卷一九九，頁5～6，成化十六年正月庚戌條。

〔120〕例如成化十九年正月，長蘆即以賣鹽銀二千四百八十兩，解送承運庫，以補助"內帑缺用"。參閱《明憲宗實錄》卷二三〇，頁4，成化十九年正月壬子條。

〔121〕同注〔92〕、〔93〕。《明憲宗實錄》卷二五八，頁6，成化二十年十一月壬子條。

〔22〕同前，卷二二一，頁1，成化十七年十一月丙子條。

〔123〕同注〔121〕。

〔124〕王瓊《戶部奏議》（正德、嘉靖間黑口本）《重邊餉以防大患》，頁4～5。

〔125〕《續文獻通考》（商務《萬有文庫》本）卷二〇，頁2964。

(1484)，共在運司開賣一百七十六萬餘引；[126] 二十二年（1486），要再實施運同納銀時，仍得由戶部奏准，才將額辦鹽課，委官在運司開賣。[127] 直到弘治初年，由於"開賣滋甚，年年賣銀解京"，才把這個制度確立起來。

弘治初年，孝宗爲了掃除成化朝的積弊，盡去佞臣妖僧，太監梁芳、都督萬喜及李孜省均以罪減等謫戍死，萬安、尹直諸人也被罷斥。並起用賢臣良吏，如徐溥、劉健、馬文升、丘濬等人，進行政治改革。[128] 在檢討前朝得失之中，校尉胡餘慶於弘治元年（1488）上疏，指陳運司納銀制之流弊説：

> 召商上納糧草，易以鹽課，商人獲利而不憚勞，此祖宗立法備邊深意，萬世不可易者。前年戶部奏准，將淮、浙額辦鹽課，委官去彼，召商中納，止收價銀解邊，殊失祖宗俯邊美意。而不察饑寒之時，雖富有銀貨，亦將焉用。古有遇凶年抱金玉而餒死者，兵法亦曰："軍無糧食則亡。"乞榜諭天下商人照舊上納糧草。[129]

然而戶部認爲運司納銀制比邊方納糧制有利得多，理由有三：

（1）明代中期以後，尤其是南方，在商品貨幣經濟關係急速發展的衝擊下，白銀的勢力大增，成爲市場上普遍使用的交換手段。由于白銀是貴金屬，在財政上的運用比較靈活，因此成化年間，政府爲救濟財政困難，相繼實行"樁朋銀"、"運司納銀"等制度。孝宗即位之初，丘濬進呈皇帝的《大學衍義補》一書中，就力主順應經濟發展趨勢，規劃實施銀本位制。[130] 戶部爲順應經濟發展的要求，當然希望繼續擴大實行運司納銀制。

（2）明代前期，由於開中商屯興辦的成功，促使邊區日漸繁榮，糧價日益降低。開中時，"鹽每引（上納）米豆六斗或四斗者，止直銀三、二錢；三斗、二斗者，止直銀一錢五分"，[131] 商人因此得利

---

[126]　同注〔95〕。

[127]　同注〔98〕。弘治元年的前年是成化二十二年。

[128]　谷應泰《明史紀事本末》（商務《國學基本叢書》本）卷四二《弘治君臣》。

[129]　同注〔98〕、〔124〕。又鄧球《皇明泳化類編》（明隆慶年間刊鈔補本）卷一〇三，頁7～8，及《嘉靖兩淮鹽法志》卷六，頁42所引，均將"淮浙額辦鹽課"誤爲"淮北額辦鹽課"，今據《戶部奏議》原疏改正。

[130]　參閲萩原淳平《葉淇の變法をめぐつて》，《東方學》第25輯，1964年，頁53～55。

[131]　《明憲宗實録》卷一五八，頁4，成化十二年十二月庚辰條。

頗豐，對政府則頗爲不利。嘉靖七年（1528），詹事霍韜"興哈密復鹽法疏"云：

> 天順、成化間，甘肅、寧夏，粟一石易銀二錢。時有計利者曰："商人輸粟二斗五升，支鹽一引，是以銀五分，得鹽一引也。請更其法，課銀四錢二分，支鹽一引；銀二錢，得粟一石；鹽一引，得粟二石，是一引之鹽，致八引之獲也。"戶部以爲實利，遂變其法。[132]

此處所説的"商人輸粟二斗五升，支鹽一引"，顯然不是成化年間的斗頭則例，而是永樂年間的則例。成化年間的則例，以成化十年（1474）爲例，甘肅、寧夏開中淮鹽，每引納粟四斗，以當時糧價換算，則銀八分得換鹽一引。若每引課銀四錢二分，則以一引之鹽，政府雖不能致八引之獲，也可致六引之獲。[133] 又據《實錄》載，成化十六年（1480）左右的遼東米價，豐年爲銀二錢五分一石，歉年爲五錢一石。[134] 按十五年（1479）所定的則例是開中長蘆鹽每引納米四斗五升，以豐年米價折算，則一錢一分二釐五毫可得鹽一引；以歉年米價折算，則二錢二分五釐可得鹽一引。而成化十七年（1481），長蘆鹽在運司納銀，每引三錢，是以一引之鹽，多則可致二點七引之獲，少則亦可得一點三引餘之獲。[135] 因此改折之後，"一時運司年例之銀，充滿太倉銀庫"，"累至百萬"。[136] 可知實施運司納銀制，對政府財政收入的增加，是十分有利的。

（3）對商人來説，"就邊上料，價少而商人有遠涉之虞"，如果改在運司納銀，鹽價雖較多，但可"得易辦之便"。因此商人極力要求實施運司納銀制。[137]

由於以上三層考慮，户部尚書葉淇便將這個成化以來發展成的運司納銀之例，加以制度化，使它更通行，更普遍化。

顯然葉淇並非運司納銀制的創始人，而是推廣者，他只是對已經

---

〔132〕《霍文敏公文集》（《皇明經世文編》卷一六八）卷二，頁27～28。
〔133〕《明憲宗實錄》卷一三一，頁4～5，成化十年七月辛未條。
〔134〕同前，卷二〇八，頁6，成化十六年十月丙寅條。
〔135〕同前，卷二二一，頁1，成化十七年十一月丙子條。
〔136〕《皇明泳化類編》卷一〇三，頁7～8，引《雙溪雜記》。《桂文襄公奏疏》卷一《應制條陳十事疏·復邊糧》，頁11。
〔137〕《桂文襄公奏疏》卷一，頁11。

形成的趨勢,加了推波助瀾的工夫。所以當時人並未把這件事當作
"變法",而《實錄》、《會典》等官方文書中,也就未加以記載。直到嘉
靖以後,邊患日益嚴重,爲了加强邊防,充實邊儲,朝廷大臣紛紛討論
屯田事宜,才體會到運司納銀制建立之後,雖有一時之利,然邊區因此
"少耕種之人,道路無買賣之積",致使"城堡爲之不守,廒倉爲之日
傾"。[138] 大家把怨氣全出在葉淇身上,而"歸咎於淇,謂其廢壞成
法"。[139] 於是明代後期以來,公私史書如《繼世紀聞》、《國朝典彙》、
《稗史彙編》、《明大政纂要》、《罪惟錄》、《名山藏》、《明史》等,無不以
葉淇爲運司納銀制之創始人,並將明代後期邊儲匱乏與邊防脆弱,歸
咎於葉淇。例如《明史·食貨志》云:

> 明初,募鹽商于各邊開中,謂之"商屯"。迨弘治中,
>
> 葉淇變法,而開中始壞;諸淮商悉撤業,西北商亦多徙家
>
> 于淮。邊地爲墟,米石直銀五兩,而邊儲枵然矣。[140]

就是這類説法的典型代表。此外還有王瓊的《雙溪雜記》,[141] 以私人
筆記的記載,更認爲葉淇之主運司納銀制,是因聽鹽商之言;而爲
桂萼、錢薇、李廷機、華鈺、焦竑、黃承昊、孫承澤等人所採
信。[142]《雙溪雜記》原書已不存,節本收在《叢書集成》、《今獻彙

---

〔138〕《桂文襄公奏疏》卷一,頁11。

〔139〕龐尚鵬《龐中丞摘稿》卷一,頁34,《疏通引鹽》(《皇明經世文編》卷三五七)。《桂文
襄公奏疏》卷三,頁9,《進哈密事宜疏》(《皇明經世文編》卷一八一)。錢薇《承啓堂
文集》卷二《鹽法論》,頁16~17(《皇明經世文編》卷二一五)。《明神宗實錄》卷三一
〇,頁2~3,萬曆二十五年五月丙申條。

〔140〕《明史》(商務百衲本)卷七七,頁10。其他採同樣見解的尚有陳洪謨《繼世紀聞》
(《紀錄彙編》本)卷二,頁6。《憲章錄》卷四一。徐學聚《國朝典彙》(臺北:
學生書局據中國圖書館藏鈔本影印,1965)卷九六,頁11。王圻《稗史彙編》(萬
曆三十八年刊本)卷七一,頁15~16。《明大政纂要》,弘治五年八月條。《孤樹裒
談》卷一〇,正德二年條。《昭代典則》卷二二。黃道周《博物典彙》(崇禎八年
刊本)卷一四,頁4。何喬遠《名山藏》(崇禎年間刊本)册一五,頁3。查繼佐
《罪惟錄》(商務《四部叢刊》本)卷二九,頁3。

〔141〕王瓊(1459~1532),號晉溪,太原人。成化二十年進士,弘治中,任户部郎中。正德
初,任僉都御史。九年,升任户部尚書,次年改兵部尚書。爲人工心計,厚事錢寧、江
彬等,因得自展。世宗時督陝西三邊軍務,功最多,嘉靖十一年卒,年七十四。《雙溪
雜記》是他晚年的私人筆記,是葉淇爲圖利鹽商而變法之説的最早記載。

〔142〕《桂文襄公奏議》卷三,頁9。錢薇《承啓堂文集》卷二,頁16~17。李廷機《李
文節公文集》,《鹽政考》(《皇明經世文編》卷四六〇,頁31)。《續通考》卷二
〇,頁2964,引華鈺《鹽筴議》。焦竑《玉堂叢語》(萬曆四十六年曼山館刊本),
卷八,頁34~35。《崇禎實錄》(史語所據所藏鈔本影印,1967)卷一,頁13,崇
禎元年六月丁未條。孫承澤《春明夢餘錄》卷三五,頁44。

言》、《廣百川學海》、《説郛續編》等叢書中，但其中均無此事的記載，僅《皇明泳化類編》、《繼世紀聞》、《孤樹裒談》等書轉載其言曰：

> 自弘治間，户部尚書葉淇與内閣徐溥同年，最厚。淇，
> 淮安人，鹽商皆淇親識，淇誤聽商人言，遂奏兩淮運司鹽
> 課，于運司開中納銀，解部送太倉銀庫收貯，分送各邊。
> 鹽價積至一百餘萬兩，人以爲利，而不知壞法也。[143]

如此把一項經濟發展自然歸趨的制度，"認爲是葉淇個人的創意，完全是受鹽商影響所致。

第一位起來爲葉淇辯護的人，是《通鑑綱目三編·發明》的作者，他説：

> 葉淇召商納銀之議，論者多咎其更開中法，以致邊儲日
> 匱。而不知明代邊儲之匱，自在屯政不修，而不盡關于鹽法。
> 其鹽法之壞，又在勢家乞中，而不關淇之變法也。……夫商
> 人挽輸數千里外，守支至數十年之久，而不得鹽。及既得鹽，
> 復爲奏乞鹽所壅閼，而不獲速售。然則商人病開中亦極矣。
> 雖曰下令招之，其誰應哉？淇見報中之怠，乃爲更制以利商。
> 商利則報中多，報中多則國課裕，是亦救弊之策也。如云"商
> 屯撤業，邊粟翔貴"，獨不思塞下之地，商可屯，軍不可屯乎？
> 《明(史)·食貨志》稱："成化時，屯田法廢。戍卒多役于私
> 家，子粒不歸于公廩。"論者不深咎此，而徒責其變法，亦昧於
> 輕重之計者矣。[144]

《資治通鑑三編·發明》的作者雖仍肯定有葉淇變法之事，但否定此法與鹽政的敗壞及邊儲匱乏的關係，以爲葉淇辯護。

1936年，王崇武先生發表《明代的商屯制度》一文，來爲葉淇辯護。運司納銀制的建立，明代後期傳説是由於淮商多爲葉淇的鄉親，葉淇爲了鹽商的方便而實行變法。王先生便從葉淇的生平證明他的爲人清白廉潔，決不會因爲圖利鄉親而變法。而且主張"折粟納銀"的人還有徐溥，也是個品德極好的人。其實折色徵銀，是自

---

[143] 《皇明泳化類編》卷一〇三，頁7~8，引《雙溪雜記》。《桂文襄公奏疏》卷一《應制條陳十事疏·復邊糧》，頁11。
[144] 《御定通鑑綱目三編》（《四庫全書》本）卷一六，頁17。

然的趨勢，在弘治五年以前，已經有納銀的事實。這種變法，可以救濟政府的困窮，同時又便於商人的轉運。所以葉淇將此法變成明文規定，使它更通行，更普遍化。[145] 王先生的重點與《三編·發明》不同，他着重在證明邊方開中折銀是弘治以前就有的事實，並非葉淇所創設的，來爲葉淇辯護。

日本學者藤井宏先生於 1943 年發表《明代鹽商の一考察》，首先指出《雙溪雜記》是葉淇變法説的最早記載，並對此説表示懷疑。他進一步指出王瓊在正德二年(1507)以僉都御史總理兩淮鹽法時奏上的《議處兩淮鹽法疏》即説，成化年間已有納銀之例，淮北在成化二十二年已建立了運司納銀之制。其後開賣滋甚，年年實施，遂使商人廢棄邊地納糧之規，"坐守運司納銀之例"。而且從《實錄》的記載中，也可以知道運司納銀制早在成化四年已經實施，所以藤井先生認爲《雙溪雜記》的記載謬誤。葉淇只是順應趨勢，而大規模實行運司納銀制。至於葉淇受鹽商影響而變法之説，更是不可置信。這只是因爲葉淇的故鄉，恰巧是鹽商聚集的淮安，而產生的謠言。[146]

以上三種説法中，《三編·發明》確認葉淇變法實有其事。王崇武與藤井宏兩位先生的論據雖不完全相同，然皆以爲葉淇不是運司納銀制的創始人，而是推廣者。不過對於葉淇推廣納銀限制的動機中，是否受到淮安鹽商的影響一事，王先生與藤井先生的看法不同。王先生認爲"淮商請求折色納銀是有的，但他們（指葉淇與徐溥）決不會單因淮商便利而改革鹽法"。藤井先生則認爲葉淇，徐溥與淮商關係一節，完全是王瓊《雙溪雜記》的謬誤。

按王瓊在弘治年間曾任户部郎中，葉淇則爲弘治四年至九年任户部尚書，王瓊對葉淇在尚書任内確立運司納銀制一事應該有相當的瞭解，不應造成重大的謬誤。因此有一項推斷認爲《雙溪雜記》所説是故意栽贓污蔑葉淇。王瓊的人品不好，王世貞説他是小人，並指出《雙溪雜記》的謬誤九處之多。[147]《四庫全書總目提要》也

---

[145]　王崇武《明代的商屯制度》，頁 7~9。
[146]　藤井宏《明代鹽商の一考察》(一)，《史學雜誌》第 54 編第 5 號，1943 年。淮北在成化二十二年建立運司納銀制的説法是錯的，"淮北"實爲"淮浙"之誤。這是藤井先生没看到王瓊《户部奏議》的緣故。參見注〔129〕。
[147]　王世貞《弇山堂别集》卷二○，頁 9、12；卷二二，頁 20；卷二四，頁 17；卷二五，頁 8、20、21；卷二六，頁 13；卷二七，臺北：學生書局影印萬曆年間刊本，1965 年，頁 3。

指出王瓊爲人不正，《雙溪雜記》中有關正德、嘉靖年間的事，往往
"自任其私，多所污蔑，不可盡據爲實録"；至於弘治以前之事，雖
説"頗有稽核，與正史相參，即是非取予，亦不甚刺謬"，也仍須謹
慎處理。[148] 因此王瓊污蔑葉淇是可能的。然而王瓊也不能全無事
實，憑空捏造，當係葉淇贊成納銀，淮商也曾請求納銀，乃將兩事
聯在一起，加以渲染，遂成葉淇爲圖利商人而變法之説。其實運司
納銀爲既有之事實，爲已成之趨勢，葉淇不過是承認這個事實，順
應這個趨勢而行事，並且兼顧到政府與商人的利益，決不是單因淮
商的便利而確立運司納銀制的。分辨運司納銀制是商品貨幣經濟關
係發展下的産物，是本節的主旨，我比較贊同王崇武先生的看法。
葉淇與運司納銀制的關係，正如張居正與"一條鞭法"的關係一樣，
他們都不是制度的創始者，而是推廣它，使它更制度化罷了。

三、運司納銀制與鹽商經營形態的改變

（一）運司納銀制與鹽商的内徙及分化

在運司納銀制形成以前，鹽商必須在邊倉上納糧草，以取得倉
鈔與勘合，前往鹽場支鹽。爲省勞費，有的在邊地興辦商屯，有的
在當地糴買穀物，就地上納，使開中法成爲補助軍屯與民運糧的軍
需供應體系。尤其邊區有警急情況，急速調動客兵前往時，其兵餉
即完全依賴開中供給。

運司納銀制成立後，納粟開中之法並未廢除，"及至邊方有警，
用糧緊急"時，仍然"召納本色糧料"。[149] 但鹽商既可在運司納銀
取得關支引鹽的權利，免除了邊塞、鹽場兩地奔波之苦，自然多
"舍遠就近"，廢棄趁熟沿邊糴買之規，習慣坐守運司納銀之例"。於
是對前往邊塞上納本色糧料之事，多抱着觀望態度，並不中納，"縱
有納者，所入甚微"，有時因"無人報中"，迫使政府不得不"改收
折色"。[150] 因此納粟開中之法"屢行屢止"，而且在數額上遠非運司
納銀可比。[151] 例如弘治六年（1493）九月，在甘肅開中兩浙鹽十五

---

〔148〕《四庫全書總目提要》（臺北：藝文印書館影印本，1964）卷一四三，頁 17～18。

〔149〕 王瓊《户部奏議·重邊餉以防大患》，頁 5。

〔150〕 同前，頁 5～6。

〔151〕《皇明泳化類編》卷一〇三，頁 10。

萬餘引，福建鹽九萬四千餘引，兩淮鹽五萬餘引，共二十九萬餘引，仍然“召商上納糧草”。[152] 但次年便改爲納銀，“每引價銀六錢”，僅兩淮鹽一項便開中了五十萬引。[153] 可見運司納銀已成爲開中法的主體。其後雖屢有人提議廢除納銀制，恢復納粟制，但納銀之勢已不可挽回。例如弘治十四年（1501），巡鹽御史馮允中奏稱：“開去各邊方引鹽，不肯趨納，皆由運司開賣銀兩故，商人舍遠就近。”他建議恢復“各邊開中召商上納本色糧草，不許收受銀兩布貨，不得再於各運司、提舉司開賣銀兩”。雖經户部通過，但“題奏未久而旋復廢格。[154]

總之，自運司納銀制成立後，納粟之制已退居次要地位，在數量上已遠非納銀制可比。擁有大資本的鹽商，遂紛紛自邊方“輟業而歸”，内徙淮、浙鹽場，坐守納銀之利。[155] 弘治末年，南京刑部主事胡世寧應詔“陳言時政邊備疏”就説：“今山陝富民，多爲中鹽，徙居淮、浙，邊塞空虛。”[156] 沿邊商屯主持無人，致使“墩台遂日頹廢，堡伍遂日崩析，遊民遂日離散，邊地遂日荒蕪”，[157] 標準型的商屯完全崩潰。沿邊只剩些資本較小的鹽商，利用高利貸包買的方式，收取邊區軍民所種的糧草上納。例如宣府、大同兩鎮，就有“勢力之家，刁豪之客，乘青黄不接之時，低價撒放於農，而秋成倍收”。[158] 據嘉靖年間御史趙炳然的實際調查，此輩勢商豪賈，“各挾重貲，遍散屯村，預行收買。小家已賣青苗，不得私糶，大家乘時廣糴，閉糴牟勢”。[159] 在鹽商的壟斷剥削下，沿邊的這種鹽商以高利貸資本控制的商屯也漸漸崩潰，加以正德、嘉靖以後，北方邊警日趨嚴重，達延汗統一漠南蒙古，其繼承人俺答可汗又時常入寇，總督曾銑在大學士夏言的支持下，力主收復被韃靼侵佔的河套失地，卻爲嚴嵩所陷害，誣其輕啓邊釁，誤國家大計，夏言、曾銑均被殺

---

〔152〕　《明孝宗實録》卷八〇，頁2，弘治六年九月癸卯條。

〔153〕　同前，卷九二，頁4，弘治七年九月丙申條。

〔154〕　王瓊《户部奏議》，頁6。

〔155〕　《霍文敏公文集》卷二，頁27～28，《興哈密復鹽法疏》。

〔156〕　《胡端敏奏議》（《四庫全書》本）卷一，頁8。

〔157〕　同注〔155〕。

〔158〕　李承勛《李康惠奏疏》卷一，《會議事件》，頁13。（《皇明經世文編》卷一〇〇）

〔159〕　趙炳然《趙恭襄文集》（《皇明經世文編》卷二五二）卷一，頁9《題爲條陳邊務以俾安攘事》。

死。此後天下"竟無一人議復河套者",而俺答也因此迭次入寇。嚴
嵩採"寇飽自颺"的政策,放任俺答入寇,使邊民受到殘酷的屠殺
與蹂躪。[160] 不但使"沿邊隙地數千里而以防虜不暇佃作",而且使
"生齒日遂凋落,地方日遂困敝",以致於"千里沃壤莽然榛墟",
無論商屯、軍屯均趨於崩潰,難於恢復。[161]

屯田不能恢復,納粟開中更難恢復,邊餉供應更須依賴運司納
銀。因此鹽商分化爲二:富商全內徙淮、浙,沿邊僅存一些小資本
土著鹽商,"專輸米、豆、草束中鹽"。前者人稱之爲"内商",後
者爲"邊商"或"外商"。[162] 如李因篤《受祺堂文集》所云:"是
時輸粟之令漸頹,以輸粟者爲外商,輸金者爲内商。内商重,外商
輕,而倉庚蕩然,盜賊竊發不時矣。"[163]

鹽商既然分化爲邊商與内商,而内商買得引鹽,又需運至引岸
販賣。兩淮鹽銷區甚廣,距鹽場遙遠,且"涉長江,排風浪,時有
漂損"之險,是以内商自解綱者僅佔十分之一,其餘十分之九皆由
"江(西)、湖(廣)行商","爲買引鹽代行",是爲"水商"。[164]
於是鹽商有邊、内、水三商之分。

(二)邊、内、水三商的關係

運司納銀制成立後,邊方納粟制雖未廢除,然客商皆以運司納
銀爲便,而以"邊地遼廓","憚遠不至"。[165] 於是在邊區上納的,
只是一些小資本的土著鹽商,是爲"邊商"或稱爲"土商"。土商
往往因資本薄弱而受制於人。如延綏鎮土商,據涂宗濬說,即"無
一殷實之家,率多借資晉地",受制於山西商人的高利貸資本。[166]
遼東的開中權利多爲"勢家霸佔",非一般土商所能抗衡,"至有歲
兼萬引者,又有阿事諂媚分討引目爭相投獻者",計全遼之引不過十

---

[160] 《明史紀事本末》卷五八《議復河套》,卷五九《庚戌之變》。

[161] 《明世宗實錄》卷一八四,頁3~9,嘉靖十五年二月丁酉條;卷三三七,頁7,嘉
靖二十七年五月辛未條。《胡端敏奏議》卷一〇,頁7~8。

[162] 《萬曆揚州府志》卷一一,頁7。

[163] 李因篤《受祺堂文集》卷四《先府君孝貞先生行實》。

[164] 《萬曆揚州府志》卷一一,頁7~8。

[165] 陳子壯《昭代經濟言》(序於天啓六年九月,《嶺南遺書》本)卷一三,頁14,張
棟《陳邊事》。

[166] 涂宗濬《涂司馬撫延疏草》(《皇明經世文編》卷四四八)卷二,頁9~10,《奏報
閱視陳條十事疏·理鹽法》。

一萬引，而"勢豪將領顧得其十之六"，以是"土商一名僅得一、二十引，或不及十引"，欲親自前往揚州或山東支鹽，又以"引少而不足以往"，欲轉賣之豪貴，則"勢壓而卒爲彼所乘"。[167]

邊商、土商除受高利貸資本剥削與勢豪之欺壓外，又受米價騰貴、斗頭則例（開中鹽糧交換率）增加之苦，因此成本大增。自從商屯日趨崩潰後，沿邊雖仍有軍帥私營屯田，人民屯墾，但農産已非昔日商屯興盛之時可比。而軍隊卻因邊患日趨嚴重而增加，所需軍餉多由内帑發銀給之，"不過糴所在之粟，入所在倉廩"，邊塞田畝本已"佈種不廣"，米穀又"別無輦致"，於是發生供應不足的現象，往往雖有官銀也"無所糴入"，而使"穀價騰踴"。[168] 據霍韜説，甘肅、延綏一帶，成化以前，"米一石價銀二錢"，嘉靖初年，竟漲到"銀一錢僅買粟二升"的地步。[169] 米價騰貴，斗頭不但不減，反而隨著增加，成化時，每引輸米不過三四斗，折銀也不過四五錢，嘉靖初年，竟增至六錢，甚至七錢五分。[170] 再加上"買窩、賣窩刻取二錢，邊上科罰或三四錢，勸借米麥亦復二錢"，[171] 則一引成本需銀一兩四五錢。此外又受搭中法影響，以前僅搭淮、浙，至是"既搭兩浙，又搭長蘆"，運費大增。[172] 據霍韜説："計淮鹽一引，蓋用銀二兩有奇矣"。[173]

邊商開中成本的增加，使資本薄弱者不敢應納，造成"消乏而無人"報中的現象。[174] 政府爲確保邊餉之供應，遂"提原日商人，驅逼上納"，[175] 或"僉報富民爲商，籍名在官，派引徵糧，不足則僉貧民上納"，貧民不能獨支，便"扳報子户，衆擎共舉，甚至有一

[167] 侯先春《侯給諫奏疏》（《皇明經世文編》卷四二八）卷一，頁27~28，《安邊二十四議疏》。

[168] 楊一清《楊石淙奏議》（《皇明經世文編》卷一一九）卷六，頁13，《論甘肅事宜》。《明世宗實錄》卷八四，頁7，嘉靖七年正月丙申條。

[169] 《霍文敏公文集》（《皇明經世文編》卷一八六）卷二《天戒疏》，頁32~33。

[170] 《明世宗實錄》卷七六，頁10，嘉靖六年五月己亥條。《皇明條法事類纂》，頁726~727。

[171] 張萱《西園聞見録》（哈佛燕京學社排印本，1940）卷三五，頁20。《霍文敏公文集》卷三，頁9。

[172] 《皇明世法録》卷二九，頁18，嘉靖六年，御史戴金題《通鹽法以資民用》。又《皇明條法事類纂》，頁726。

[173] 同注〔171〕。

[174] 同注〔165〕。

[175] 《龐中丞摘稿》卷一《疏通引鹽》，頁28~29。

引而累及數人者"。[176]

邊商以如此消乏之身，前往運司關支引鹽時，又常有"守候之難"。[177] 原來鹽商開始分化之初，邊商資本尚稱雄厚，其時成本較低，雖有守候之事，尚不致太以爲苦，故皆親自前往支鹽，如開中淮鹽者，即"親自支鹽，至儀（真）、淮（安）二（批驗）所掣賣"。[178] 嘉靖以後，因韃靼强大，威脅北邊，軍費日增，乃增加鹽課以爲救濟手段。嘉靖七年（1528）定餘鹽添買之法，"原在邊中正鹽一千引，許報中餘鹽二千引"，即"正鹽一引許帶餘鹽二引，正鹽在邊納粟，餘鹽在場納價"，使引目增加兩倍。[179] 九年（1530），改爲正鹽一引，帶餘鹽一引，正鹽二百八十五斤，餘鹽二百六十五斤，即每引五百五十斤。[180] 二十年（1541）以後，邊患更趨嚴重，俺答連年入寇，深入內地。二十九年（1550），更入犯京師，"焚掠三日夜"。[181] 明廷乃"增兵設戍"，餉額因而過倍，在京邊歲用增至五百五十九萬，爲以前的三倍。雖增賦、加派，亦不能使歲入充歲出之半，度支遂爲一切之法，以平衡開支。[182] 二十九年十二月，從御史楊選之請，於正餘鹽五百五十斤外，又加二百斤，"令商人自行買補，赴掣入銀運司"。於是每鹽一引增至七百五十斤，幾乎是明初一引二百零五斤的四倍。[183] 其後又改爲"正鹽一引，許帶餘鹽二引"，共爲八百五十五斤，[184] 並"增收鹽三十五萬引"爲"工本鹽"（將每年解京的割没餘鹽銀存留若干在運司，散給灶户作工本，淮南鹽每引給銀二錢五分，淮北鹽每引給銀二錢，是爲"工本鹽"），與正鹽一體開邊。[185] 因此鹽額大增，僅兩淮一地鹽額即爲明初的四倍，

〔176〕 董其昌《神廟留中奏疏彙要》（北平：燕京大學圖書館據館藏鈔本印行，1937）卷八，頁13，萬曆三十七年九月二十五日，《兵部題爲遵奉明旨摘陳修復屯田事宜等事疏》。

〔177〕 《明穆宗實錄》卷六四，頁13，隆慶五年十二月丙辰條。

〔178〕 同前，卷八，頁14，隆慶元年三月甲申條。

〔179〕 《萬曆大明會典》卷三二，頁8。《嘉靖兩淮鹽法志》卷六，頁34。

〔180〕 《萬曆大明會典》卷三二，頁9。

〔181〕 《明史》卷三二七，頁19。

〔182〕 王鴻緒《明史稿》（臺北，文海出版社影印本，1962），《志》六十，《食貨》二，頁9～10。

〔183〕 《明世宗實錄》卷三六八，頁1，嘉靖二十九年十二月庚申條；卷三七二，頁7～8，嘉靖三十年四月丙戌條。《萬曆大明會典》卷三二，頁9。

〔184〕 《明世宗實錄》卷三九三，頁15，嘉靖三十二年正月辛丑條。

〔185〕 同前，卷五五〇，頁8，嘉靖四十四年九月庚申條。

批驗所之掣驗一時忙不過來，須長期守候。邊商"不暇守候"，且邊土商的資本薄弱，無力收買數量爲兩倍的餘鹽，因此邊商"既苦買餘鹽之費"，"又難于守支"，只好"分撥引目"，"售之內商"。[186]

在內商與邊商的交易中，內商又往往乘機掯勒，故意"不即承買"邊商引目，遂使邊商持倉鈔、勘合到運司，"變賣則無主承買，守支則無資不能挨及"，最後只好聽任內商勒減價值。如將買窩錢等額外支出不計算在內，據王崇古説，"淮鹽費本五錢，止（賣）三、四錢；浙鹽費本三錢五分，止賣一錢";[187] 山東鹽費本一錢五分，"僅賣五、七分"。[188] 涂宗濬也説，邊商之引，兩淮鹽七錢五分，止賣四錢；兩浙鹽三錢六分，止賣一錢六分。[189] 就因爲這樣受"各運司坐司太商（內商）占引抑困之故"，"邊商報中日寡",[190] 而使政府不得不另想辦法解救。

爲解救邊商之困，政府乃於嘉靖年間，在兩淮、兩浙鹽場設立"庫價"之制。邊商持倉鈔、勘合投到運司後，即由運庫先行支給部分引價，兩淮每引二錢五分，兩浙二錢一分，是爲"庫價"，俾邊商得立刻回邊辦糧，不受內商掯勒。內商欲買引，則向運司承買，"自將應與邊商引價照數交還運庫"，由運司將"餘銀找補邊商"，淮鹽補給三錢，浙鹽補給一錢四分，雖對邊商仍然不利，不過總比受內商掯勒好得多。至於長蘆、山東等運司，則未設庫價，仍由"邊商自與內商交易"，若非運使優恤，邊商未有不受內商抑勒之苦者。[191]

內商買得倉鈔、勘合後，便下場支鹽，過橋壩，上堆候掣，由官爲定價，將鹽轉售給水商。水商之中除十分之一是內商自任外，

---

〔186〕 葛守禮《葛端肅公文集》（序於萬曆十年）卷一四，頁2～3，《與龐惺菴中丞論鹽法》。《明世宗實錄》卷五〇二，頁2～3，嘉靖四十年十月甲子條。《明穆宗實錄》卷六，頁14，隆慶元年三月甲申條；卷二六，頁3～4，隆慶二年十一月丁巳條。《萬曆揚州府志》卷一一，頁7。《萬曆山東鹽法志》卷二，頁1。

〔187〕 畢自嚴《度支奏議》（崇禎六年刊本），《山東司》卷一，頁28～30。《題覆諸臣條議鹽政疏》。王崇古《王鑑川文集》（《皇明經世文編》卷三一七）卷二，頁30，《條覆理鹽法疏》。

〔188〕《萬曆山東鹽法志》卷二，頁1。王崇古，同前疏。

〔189〕《明神宗實錄》卷四四一，頁3～5，萬曆三十五年十二月丙寅條。涂宗濬《涂司馬撫延疏草》卷一《邊鹽壅滯疏》，頁24。

〔190〕《明穆宗實錄》卷六四，頁3，隆慶五年十二月乙未條。

〔191〕《度支奏議·山東司》卷一，頁28～30；卷六，頁61～62。《明世宗實錄》卷三二九，頁6～7，嘉靖二十六年十月丁卯條。

其他十分之九，均爲行商，以"內商不能自致，爲買引鹽代行"。即由官爲總其鹽數船數，發給水程，運往行鹽地販賣。[192] 簡而言之，三商的關係爲"邊商，中引者也；內商，支掣者也；水商，運賣者也"。"沿邊土著者爲邊商，輸芻粟於邊，領倉鈔賣於向居揚州之內商，內商即赴場買鹽，賣與水商"。[193]

（三）內商資本的發展

內商之中，多爲山陝與徽州人。山陝商人與徽州商人爲明清時代全國二大財閥，所經營的行業、販賣的商品與範圍遍於全國，鹽業尤爲其大宗。（關於其資本的發展與性質將另文論述）

全國各大鹽場中，均有山陝、徽州商人。兩淮的鹽商，尤其是內商，據《萬曆揚州府志》稱："多徽歙及山陝之寓籍淮、揚者。"[194]《康熙兩淮鹽法志》所截明代鹽商登科錄中，非山陝人，即爲徽歙人。其中弘治以後，兩淮共產生進士八十九名，土著僅佔四名，其餘皆爲流寓之士，流寓中，徽歙佔五十八名，山陝佔二十七名。舉人共一百一十二名，土著佔九名，流寓佔一百零三名，其中徽歙佔八十四名，山陝佔十九名。[195] 可見《揚州府志》所言非虛。而淮商中又以徽歙之新安商人勢力最大，山陝商人次之。故《萬曆揚州府志》于若瀛序曰："揚，水國也，……聚四方之民，新都（徽歙）最，關以西（陝西）、山右（山西）次之。"

兩浙鹽場則全以新安人爲主。據《嘉慶兩浙鹽法志》所載鹽籍進士名單中，隆慶二年（1568）至崇禎十六年（1643），共有十二名，全是徽州人，其中歙縣佔四名，休寧縣佔八名。山陝人一個也沒有。由此可以看出徽州人在兩浙鹽場佔壓倒優勢。這是因爲兩浙離徽州近，徽州人早在兩浙培植了强固的勢力，山陝商人能插足的

---

[192] 《萬曆揚州府志》卷一一，頁7。

[193] 《明神宗實錄》卷五五五，頁3，萬曆四十五年三月辛巳條。李澄《淮鹺備要》（道光三年刻本）卷上，頁2，"原始"條。清人入主中國後，以北邊防兵無多，乃罷邊商中鹽，於順治二年（1645），正式廢開中制度。明代邊、內、水三商，遂剩內、水二商。內商本務收鹽，賣與水商，至是內商多改行鹽，其性質與明代不同。遂重訂鹽商名目，凡在鹽場收鹽者，無論其原爲內商或爲代辦之人，均稱之爲"場商"。至於買場商之鹽行銷者，則稱之爲"運商"。請參閱拙著《清代兩淮的場商》（《史原》，創刊號，1970）。

[194] 同注〔192〕。

[195] 謝開寵《康熙兩淮鹽法志》（康熙三十二年成書，木刻本）卷一六。

餘地甚少，且兩浙鹽利不如兩淮，風險較大，因此成弘之間"爲中鹽徙居淮浙"的山陝商人，多集中在兩淮，而很少到兩浙。[196]

徽商不但在淮浙壓倒山陝商人，而且在福建方面相當活躍。但其他鹽場除兩廣、貴州、雲南、山東因鹽利較少，中鹽商人不樂前往外，皆爲山陝商人的天下，河東、陝西本爲山陝商人的地盤；四川因爲"民貧鮮貲所稱"，"爲鹽商者，多係山陝人民"；[197] 長蘆鹽商分爲五綱（行會），徽商只佔其一，其餘皆爲山西商人。[198]

總之，明代鹽業由山陝商人與新安商人所平分，尤其山陝商人在明初行邊方納粟開中時，由於地利之便，就近開設商屯，利用黃土高原之"土厚水深"，挖掘土窖蓄藏穀粟，就近輸納中鹽，獲利甚厚。山陝之俗儉樸，因以累積資本，成爲大鹽商。[199] 運司納銀制成立之後，山陝商人內徙淮浙，新安商人也集中於淮浙，成爲內商。納粟開中制有開中只限三千引的規定，商人不能大規模經營，且以粟易鹽，物物交易，在客觀上也不容許大規模經營。自從行運司納銀制後，不再有此限制，加以用銀爲交易手段，運用靈活，遂使鹽商資本擴大有了可能。

不過內商累積資本的方式，多以從事高利貸爲主，或貸予邊商，或貸予灶戶，以收取暴利。尤其在餘鹽開賣制實行之後，內商只要在運司納價，既不要像邊商那樣"報中在數年之前"，往返於邊區運司之間，也不要像水商那樣有跋涉江湖之勞，冒風浪漂損之險。而且在邊商、水商交易的過程中，只要按政府規定的價格交易，已可獲利數倍。據《萬曆揚州府志》的記載，官定邊商賣與內商之引價，淮南八錢五分，淮北七錢五分；內商賣與水商之鹽價，每引約銀三兩二錢。則內商於轉手之間，已得二兩四五錢之利，爲本錢的二三倍。[200] 若以私價揢勒邊商，則獲利更大。因此到了萬曆年間，淮揚鹽商之富者，資本積至百萬，次者亦有二三十萬。[201]

〔196〕《嘉慶重修兩浙鹽法志》（嘉慶六年修，木刻本）卷二四。藤井宏《明代鹽商の一考察》（二），頁68。
〔197〕《全蜀經略志》（《萬曆四川總志》卷二一，萬曆四十七年刊本）卷一。
〔198〕《雍正長蘆鹽法志》（雍正四年御製序，木刻本）卷二。
〔199〕《學海類編》（臺北，文源書局影印本，1964，《晉錄》，頁2。藤井宏《新安商人の研究》（二）（《東洋學報》第36卷2號，1953），頁182～183。
〔200〕《明穆宗實錄》卷一四，頁13，隆慶元年十一月庚午條。《萬曆揚州府志》卷一一，頁7。
〔201〕謝肇淛《五雜俎》（明萬曆年間德聚堂本）卷四，頁25～26。

四、結　論

總之，明代鹽的運銷，在前期是官賣制與通商制並存的。官賣制下的戶口食鹽法，只是收鈔回籠的工具，這部分的鹽不具有商品的性質。通商制下的開中法，是政府與商人交易的媒介，這部分的鹽雖具商品的性質，卻是有限的。因此明代前期，鹽的流通面與生產面一樣，是具有自然經濟性質的。

明代中期以後，在商品貨幣經濟關係發展的衝擊下，官賣制迅速消退，變爲一種賦稅制度，通商制成爲唯一的運銷制度。同時通商制下的開中法也隨著社會經濟結構的變遷，而發生巨大的變化。成化、弘治年間，開中的方式，由以物物交易爲主的納粟、納草、納馬等法，轉變爲納銀法，開中的地點，也由邊區移到運司。也就是說，在邊區納粟之物物交易的方式已經退居次要地位，運司納銀制成爲開中法的主體。鹽商因此分化爲三，除了小資本的邊商仍爲糧商兼鹽商外，大資本的內商與水商成爲專業鹽商，加以實施納銀之制後，銀兩成爲交易手段，運用靈活，累積容易，大有利于鹽商資本的發展。而且隨著商品經濟的發展，政府對於鹽的流通也減低了控制力，商人在發展上比較自由，雖然仍有行鹽地的限制，但是鹽商尤其是內商，在高利貸資本的發展中，獨佔了鹽業利潤。這種商業資本的增殖過程中，往往不以擴大再生產行之，而是以勾結勢要官僚等不正當的手段行之。因此在政府確保財政收入的政策下，本已屬於專賣事業的鹽業，由於商業資本與勢要官僚的結合，更促進了壟斷性的官僚資本的發展，爲明清兩代鹽業商專賣制度的形成，提供了前提條件。

※ 本文原載《臺灣大學歷史學系學報》第 2 期，1975 年。
※ 徐泓，臺灣大學歷史研究所博士，東吳大學歷史系教授。

美洲白銀與婦女貞節：

1603年馬尼拉大屠殺的前因與後果

張彬村

這篇文章叙述了一個歷史故事。通過這個叙述，我希望讓讀者瞭解表面上好像漠不相干的兩件事情，事實上是息息相關的。它們不是根據簡單的邏輯因果律來息息相關，而是根據複雜的因緣法則來息息相關。緣有此事，故有彼事。

《莊子》内篇的第三篇《養生主》一開始便説道：“吾生也有涯，而知也無涯；以有涯隨無涯，殆矣。”這一警句適用於人類的任何研究活動，包括學術的研究。爲了擴展人類知識的領域，學術研究必然是一種危險的遊戲，像滾雪球一般地越來越大，而了無止境。同樣地，一個歷史事件的前因與後果，若要認真追究，也是了無止境。把《莊子》的警句牢記在心頭，我在這篇文章裏只把焦點放在一個前因和一個後果，希望避開知識貪求無厭的陷阱。即使如此，我的工作也不容易。人類先天上就被設定這樣來理解事物：一件事的任何前因以及任何後果，都與許多其他事件交織在一起，其他事件又與其他事件交織在一起，以至於無限。刻意地標出一個前因或後果，而沒有説明與其他事件如何聯繫在一起，這樣做實在没有什麽意義。然而説明也必須刻意地適可而止，知識的追求才有個止境。説了這些，讀者多少可以寬容我在下面所作的故事叙述，如果該叙述讓讀者不滿意，甚至失望。我將把1603年發生在菲律賓（Philippine）的首都馬尼拉（Manila）的一個悲劇事件叙述成美洲白銀與中國婦女貞節的聚會點，雖然這兩者各自受到截然不同的歷史洪流所驅動。事後看起來，這個悲劇理應可以避免，而且完全不必要。但是在歷史裏它必須發生，而且發生了。因此它是屬於希臘的 *Oedipus the King* 一類的悲劇。不同的是在這個故事裏没有英雄，只有一般市井小民。像我們一樣，他們只是財神和上帝的玩物。有了這個前言，底下就開始叙述故事。

一、美洲白銀：致命的吸引力

我們説美州白銀與中國婦女貞節各自受到截然不同的歷史洪流所驅動，主要有兩股：一股是西歐市場經濟發展的洪流，另一股是中國社會規範演進的洪流。馬尼拉大屠殺剛好是它們的接觸點。我們先來看看第一股洪流如何把美洲白銀帶到馬尼拉來。

Adam Smith 説過："美洲的發現，以及經由好望角（Cape of Good Hope）到東印度群島（East Indies）的航道的發現，是人類歷史上所記錄的兩件最偉大的事件。"[1] 由於這兩個發現，歐洲人所主宰的全球貿易逐漸成形。"它攜出去他們的土地與勞力所產出而不被他們需要的剩餘產品，帶回來以此產品交換得來而爲他們所需要的其他東西。藉著交換其他東西，它賦價值予他們的剩餘產品，利用這些東西來滿足部分欲望，增加享樂。"[2] 全球貿易的發展帶來前所未有的商業革命，市場經濟擴大，區間貿易的絕對利益給人類的物質需求提供更大的滿足。

在人類歷史上市場經濟的重要性已經是有目共睹的事實。正如 Adam Smith 所努力闡述的，由市場經濟與產業分工之間的相互作用所形成的正向返饋圈是經濟持續成長的關鍵，這個成長首先出現在西歐。在他的一本影響深遠的書裏，John Hicks 觀察到：人類經濟發展的歷史本質上是市場經濟不斷地滲透、侵蝕、取代非市場經濟部門的過程。[3] 在西歐市場經濟經過很長久的過程才取得整個經濟的支配地位，在其他地區這個過程更長久。從中世紀起，在西歐商品市場要經過六個世紀才終於在十二世紀扎實其根，[4] 而此後更要再經過六個世紀要素市場才完全形成。市場經濟的優勢很快就表現在西歐自中古後期不斷推出的創新，包括在海洋科技方面的創新。[5]

---

[1] Adam Smith, *The Wealth of Nations*, new print of the 1776 ed. , (Chicago：The University of Chicago Press,1976), II , p. 141.

[2] 同上，I , pp. 468 ~ 469。

[3] John Hicks, *A Theory of Economic History*, rep. of 1969 ed. , (Oxford： Oxford University Press, 1986).

[4] Georges Duby, *The Early Growth of the European Economy*, trans. from the French by Howard Clark, (Ithaca： Cornell University Press, 1987).

[5] Nathan Rosenberg and L. E. Birdzell, *How the West Grow Rich*, (New York： Basic Book, Inc. , 1986).

這些創新的科技, 尤其是帆船和槍炮的製造技術, 奠定了地理大發現和西歐的海上霸權的基礎。[6]

然而地理大發現的先鋒並不是來自市場經濟比較先進的北意大利或萊因河下游(Lower Rhine), 而是來自市場經濟並不先進的伊比利(Iberia)半島, 雖然他們的海上探索活動必須仰賴市場經濟比較先進的地區所創新的航海科技。在這裏意識形態扮演了重要的角色。信奉基督教的伊比利人(包括西班牙和葡萄牙人)在半島上與當地的回教徒發生三個多世紀的長期鬥爭, 產生了歐洲其他地區見不到的宗教熱誠, 因而積極尋求繞過回教區去推銷基督福音的航路。就是這個宗教熱誠, 結合了發財的貪念和冒險的虛榮, 促使伊比利人率先投入一望無際的大洋, 發現了 Adam Smith 所讚美的兩條海上的航路。[7]

Adam Smith 說美洲的發現給歐洲的商品打開了一個嶄新而且無窮的市場。[8] 這句話或許適用於他的時代和以後, 但絕不適用於十六、十七世紀, 如果不是黃金與白銀的發現。美洲土著的生產十分原始, 無法給歐洲產品提供足夠的交換。只有在它大量生產黃金與白銀之後, 美洲才對歐洲以及世界其他地區的產品具有強大的吸收力。美洲黃金的主要產地在葡萄牙人殖民的巴西 (Brazil), 直到十七世紀末期產量才有顯著的增加。在此之前對擴展全球貿易貢獻最大的美洲產品是白銀, 完全出於西班牙人的美洲屬地。

西班牙人在 1521 年征服墨西哥 (Mexico), 1535 年征服秘魯 (Peru), 分別在兩地設置新西班牙 (今天的 Mexico) 與秘魯 (今天的 Guatemala 到 Chili) 兩個省 (viceroyalties)。他們在消滅當地的印第安 (Indian) 王國時只掠奪到少量的財寶, 感到失望。在 1540 年代南美洲的重要銀礦逐漸被發現, 但是這些銀礦的大量投產要等到 1560 年代中期, 當時歐洲研發出的一種新的汞合法 (mercury amalgamation process) 被應用於銀礦的開採, 使得白銀能夠迅速地從礦石中分離出來。從此以後的兩百多年美洲白銀以前所未有的巨量泛濫於世界各地。根據一個估計 (表1), 從 1550~1800 年西屬墨西哥和

[6] Carlo M. Cipolla, *Guns, Sails, and Empires*, Manhattan, (Kansas: Sunflower University Press, 1965).

[7] William McNeill, *The Rise of the West*, (Chicago: University of Chicago Press, 1963), pp. 565~598.

[8] Adam Smith (1776), I, p. 470.

秘魯生產的白銀超過 80% 的世界白銀總產出。[9] 這樣大量的白銀突然涌出來注定要給全球的經濟帶來深遠的衝擊，也注定要引起許多社會的複雜變化。

表 1　十六至十七世紀西屬美洲銀產量佔世界總產量的估計比率(％)

地　　區	十六世紀	十七世紀
秘　魯	57.1	61.0
墨西哥	11.4	23.3
佔世界比率	68.5	84.4

資料來源：Harry E. Cross, "South American Bulion Production and Export 1550 ~ 1750," in J. F. Richards, ed., *Precious Metals in the Later Medieval and Early Modern Worlds*, (Durham, North Carolina: Carolina Academic Press 1983), p. 403.

從一開始秘魯的銀礦就有最大的生產力。在十六世紀裏它們的產出超過南美洲的 80%，在十七世紀裏大約佔了 75%。秘魯銀礦生產的高峰落在 1580 ~ 1620 年之間。1640 年代之後它們的生產開始進入長期的衰退，而在 1680 年代被墨西哥的銀礦超越過。在秘魯的銀礦中位於 Potosi（今天的 Bolivia）的礦區最重要。在十七世紀它大約貢獻了秘魯產出的 60%（表 2）。

表 2　1571 ~ 1610 秘魯省與 Potosi 銀產量估計

（每 10 年，百萬 Million Pesos 和百萬公斤 Million Kgs）

10 年期	秘　魯		Potosi	
	Million Pesos	Million Kgs	Million Pesos	Million Kgs
1571 ~ 1580	49.4	1.3	29.1	0.77
1581 ~ 1590	117.0	3.1	68.6	1.83
1591 ~ 1600	123.4	3.3	72.3	1.95
1601 ~ 1610	116.6	3.1	68.3	1.83

資料來源：Cross, ibid., pp. 409 and 422. Potosi 白銀的公斤數是我換算出來的。

美洲白銀大部分輸出到西班牙,然後很快地流到歐洲其他國家和世界各地,就像雨水灑落到西班牙屋頂一樣。有些美洲白銀被留在當

---

[9] Harry E. Cross, "South American Bullion Production and Export 1550 ~ 1750," in J. F. Richards, ed., *Precious Metals in the later Medieval and Early Modern Worlds* (Durham, North Carolina: Carolina Academic Press, 1983), p. 397.

地使用,其中的一大部分又被運到菲律賓（表 3）。自從 1571 年西班牙人征服呂宋（Luzon）島後,一個繁榮的國際貿易市場就在那裏誕生出來。

表 3　政治與私人匯往 Castile 與菲律賓的白銀量

（以公斤 Kgs 計）1581～1610

	政　　府			私　　人		
	Castile	菲律賓	（%）	Castile	菲律賓	（%）
1581～1590	231 075	32 198	12	？	？	
1590～1600	238 563	11 912	5	2 005 866	14 779	1
1601～1610	273 793	30 030	10	1 722 774	89 886	5

注：除了往 Castile 的私人白銀匯自西屬美洲之外, 其餘的都匯自墨西哥。

資料來源:John J. TePaske,"New World Silver, Castile and the Philippines, 1590～1800," in J. F. Richards, ed., *Precious Metals in the Later Medieval and Early Modern Worlds*, (Durham, North Carolina: Carolina Academic Press 1983), pp. 444～445, Tables 4～5.

由西班牙國王 Charles V 所護持的 Ferdinand Magellan （1480～1521）的船隊共有三艘船,1521 年抵達菲律賓;在那裏與土著的衝突中,喪失了兩艘船,也賠上 Magellan 的生命。四十多年後,1565 年西班牙人開始殖民菲律賓。1571 年他們佔領整個呂宋島,建立馬尼拉作爲菲律賓省的首都,隸屬新西班牙省（Mexico）管轄。[10] 在他們的征服過程中,西班牙人遇見一些中國商人,帶他們到馬尼拉,然後要他們回去邀請更多商人來。這些人回去後,立即在 1571 年帶領三艘商船來,滿載著商品。馬尼拉與中國之間的商業關係就此建立起來。西班牙人在馬尼拉提供了無與倫比的商業自由與安全,前來的華人與日俱增。[11] 幾年後,馬尼拉很快就發展成"東亞貿易的輻輳"。[12] 葡萄牙、日本、西亞和中國商人都來馬尼拉與來自墨西哥和秘魯的西班牙商人交易,其中華人的數量最多,交易量也最大。

---

[10] Don Miguel Lopez de Legazpi （1505～1572）是西班牙統治菲律賓 333 年期間的 122 位總督中的第一任總督。1565 年 4 月 26 日他領軍登陸 Cebu 島,建立第一個西班牙殖民地。1571 年 5 月 16 日他登陸呂宋島,佔領 Raha Sulayman 的回教王國所統治的馬尼拉,並且在 6 月 24 日以它作爲西屬菲律賓的首都。Legazpi 在 1572 年 7 月病逝馬尼拉。Gregorio F. Zaide, *Documentary Sources of Philippine History*, （Manila: National Book Store, Inc., 1990）, four volumes, Ⅱ, pp. 117～131.

[11] Zaide, Ⅱ, p. 125.

[12] Zaide, Ⅲ, p. 172.

西班牙第一任菲律賓總督在 1572 年的一個報告中說，除了沾油的麵包之外，所有其他西班牙產品在馬尼拉都賣不出去。[13] 西班牙人攜帶到馬尼拉的價值高而且需求大的產品，只有美洲白銀。也就因爲美洲白銀，馬尼拉才會出現繁榮的國際貿易。利用白銀來支付，西班牙商人把許多東方的產品運回美洲，甚至運回西班牙去牟利。這些東方產品中，除了香料一類的熱帶產品外，最主要的項目是中國的絲與瓷器。就這樣，著名的"馬尼拉大帆船（Manila Galleons）"在兩個半世紀裏不斷地橫越太平洋，往來於墨西哥的 Acapulco 與菲律賓的馬尼拉之間，運來美洲白銀以交換東方產品。[14] 由於西屬馬尼拉的興起對於近代早期的國際經濟影響很大，有些學者甚至把 1571 年當作世界貿易的起源。[15]

西屬菲律賓的殖民政府依靠兩種財源來支持：稅收，主要是進出口稅收，以及新西班牙省每年固定的白銀補貼撥款。由於菲律賓土著不能提供讓西班牙人滿意的日常需求，華人很快地就成爲他們依賴的對象。1590 年當他退休時，第一任馬尼拉大主教送了一份報告給西班牙國王，詳細描述馬尼拉的中國城 Parian。他說在那裏住著各行各業的許多華人，提供給西班牙人各種必要的商品和服務。也有不少華人住在鄉下種植和畜牧，給馬尼拉提供食物。[16] 西班牙的行政、軍事、宗教人員以及一般商人都用白銀向華人購買商品與服務。因此除了隨船貿易的華商以外，很多中國的技術勞工也來馬尼拉討生活。

好像是一種歷史巧合，中國政府在實施兩個世紀的史無前例的嚴格海禁政策之後，在 1567 年它首度鬆綁，開放一個海港讓華人到海外貿易。這個明朝開放的唯一港口是位於閩南漳州府的海澄港，以前是有名的走私中心。政策鬆綁是由於倭寇蹂躪中國的東南沿海二十多

---

[13] Zaide，Ⅱ，p. 129.

[14] 在整個馬尼拉帆船時期，中國的絲與瓷器是最重要的東方產品。華人與西班牙人在馬尼拉的市場交易經歷過三個階段。1589 年以前是個別交易的時期，西班牙商人常常在此種交易中處於下風。爲了補救，1589 年 8 月 19 日西班牙國王 Philip Ⅱ 下令採用批買制，稱爲 Pancada。由西班牙商人組成委員會，集體與華人議價，批買整船的載貨。1699 年 Pancada 被取消，代之以展覽會制，稱爲 feria（fair），在一定的期間內舉辦國際貿易大會。這個制度持續到十九世紀初馬尼拉大帆船停航爲止。參看 Zaide，Ⅲ，p. 167.

[15] Dennis O. Flynn and Arturo Giraldez, "Born with a Silver Spoon: The Origin of the World Trade in 1571," *Journal of World History*, 6:2（1995）.

[16] Zaide，Ⅲ，pp. 169 ~ 178.

年後,在一群開明官僚的主導下所做的調整,更重要的是由於一個在位四十四年的十分頑固的皇帝的死亡。1566 年明朝的世宗皇帝死亡,朝廷馬上批准設置一個以海澄港作爲縣衙門所在地的海澄縣,隔年開放海澄港。[17] 爲什麼一個世界上最富庶的國家會剛好在世界上最富庶的銀礦開始大量生產時才開放海貿港口,這始終是個謎。無論如何,地理位置的接近使得海澄港十分方便華人去馬尼拉貿易。從那裏到馬尼拉大概需要航行六天,而中國帆船經常是三月到達,六月返航。[18]

自從明朝紙幣在十五世紀前期崩潰以後,中國就已通行一種白銀與銅錢共同流通的雙元幣制。在此以前,白銀就像黃金一樣,主要是一種價值的保藏,而不是通貨。白銀如何以及爲什麼會取代紙幣而成爲一種強勢通貨,這個問題仍然令我們感到困惑。[19] 事實是到了海澄開放的時候,中國人已經長期習慣於使用白銀,這就使得美洲白銀更具有吸引力。

雖然是一種強勢通貨,但是中國本身的白銀產出有限,不足以滿足其需求。[20] 供求失衡的緊張一直存在,而在十六世紀市場經濟比較大幅成長的壓力下更加強化。因此美洲白銀的到來對於當時的中國實在是一場久旱中的及時雨。

由於供給的差異,白銀在中國的價格很高,而在西班牙帝國則很低。這種價差不僅反映在白銀的購買力,而且也反映在白銀與黃金的比價。當西班牙人初到菲律賓時,他們就發現華人的商品與勞

---

[17] 《漳州府志》,1573 年本(臺北:學生書局,1965)卷三〇,頁 1 上~2 上。

[18] 張燮的《東西洋考》(重印 1618 年本,北京:中華書局,1981),頁 222,提到商船在舊曆的十一或十二月出洋,隔年的四或五月返回。《海澄縣志》(1634 年本,北京:書目文獻出版社,1992,卷五,頁 7 下)則説出洋時間不會晚於三月。西文資料記録中國帆船在西歷每年的二或三月(Zaide, III, p. 324),或則四月到達馬尼拉,而在六月生意完了之後返航。參看 Emma Helen Blair and James Alexander Robertson, *The Philippine Islands*, 55 vols., (Cleveland, Ohio: A. H. Clark Company, 1903~1909), IV, p. 54。

[19] 一般的説法是明政權濫發紙幣來挹注財政,導致紙幣的崩潰。這是不對的。在十五世紀前期明政權的國力正強,財政健康,紙幣政策很保守。針對這一點我們曾經從通貨競爭與泡沫化效應的角度來解釋,參看 Chau-nan Chen, Pin-tsun Chang and Shikuan Chen, "The Sung and Ming Paper Money: Currency Competition and Currency Bubbles," *Journal of Macroeconomics*, 17:2 (1995)。

[20] 史料没有記載明代銀產量的確切數字,但記載銀課的資料都説礦坑的產出很少。參看梁方仲《明代銀礦考》,《中國社會經濟史集刊》6 (1939),收入《梁方仲經濟史論文集》(北京:中華書局,1989),頁 90~131。全漢昇《明代的銀課與銀產額》,收入其文集《中國經濟史研究》3 冊 (香港:新亞研究所,1976) 第 2 冊,頁 209~232。

力都很便宜，表示中國的物價與工資率都偏低。在十六世紀末和十七世紀初，在中國白銀與黃金的比價大概是在 5:1 到 8:1 之間，而在西班牙帝國這個比價官方就訂爲 12:1。[21] 這個金銀比價的差異就足以讓西班牙人攜帶白銀到馬尼拉時，立即感受到財富的增加。我們也就不難瞭解爲什麼西班牙人拼命地把白銀運到菲律賓來，把中國的商品運到美洲去，儘管運輸成本很高，風險也很大。運回美洲的中國商品中，當然也包括少量的黃金。[22] 但是相對於其他商品，尤其絲與絲織品，黃金並不是西班牙商人喜歡的選擇。1602 年的一個官方報告提到：“商人不喜歡購買黃金，因爲黃金只能產生 50% 的利潤，而其他商品可以讓他們賺取 500% 或更多的利潤。”[23] 以美洲白銀計價的中國黃金當然便宜，但是還不如其他商品那麼便宜。獲利最大而銷路最廣的商品是中國絲。大量的中國蠶絲與絲織品就這樣被攜帶到馬尼拉，然後運往美洲去，同時美洲白銀以反方向流入中國。由於廉價的中國商品的涌入，西班牙本國的產業立即受到與日俱增的威脅，對美洲的出口衰退很快。爲了補救，西班牙國王從 1582 年起即屢次頒令限制馬尼拉與 Acapulco 之間的通商與美洲白銀的流出量。[24] 這一條從閩南到馬尼拉到 Acapulco 的 “海上絲綢之路” 幾乎完全建立在美洲白銀生產的基礎上。[25]

馬尼拉的繁榮吸引越來越多的華人前來。不只是商人，各行各

---

〔21〕 中國的比價，參看彭信威《中國貨幣史》，1958 年本（上海：上海人民出版社，1988），頁 741；西班牙比價，參看 Earl J. Hamilton, *American Treasure and the Price Revolution in Spain*, 1501 ~ 1650, rep. of 1934 ed., (New York: Octagon Books, 1977), p. 71。

〔22〕 Blair and Robertson, Ⅵ, p. 217.

〔23〕 Ibid., (ⅩⅡ), p. 65.

〔24〕 馬尼拉與 Acapulco 之間的繁榮貿易，造成不同地區的西班牙商人之間的許多利益衝突。他們的抗議，導致西班牙國王頒佈了好幾個命令，旨在保護本國的產業和減少白銀的流失。1954 年馬尼拉大帆船被限定每年只能從 Acapulco 出航兩艘，每艘裝載白銀 250 000 reals，就是在此考量下制訂的命令。參看 Harry E. Cross, "South American Bullion Production and Export 1550 ~ 1750," in J. F. Richards, ed., *Precious Metals in the Later Medieval and Early Modern Worlds*, (Durham, North Carolina: Carolina Academic Press, 1983), pp. 435 ~ 436。

〔25〕 到底有多少白銀從馬尼拉流入中國，學者的粗略估計差異很大。參看全漢昇《明清間美洲白銀的輸入中國》與《自明季至清中葉西屬美洲的中國貿易》，收入他的《中國經濟史論叢》（香港：新亞研究所，1972），第 1 冊，頁 444, 451 ~ 473；John J. TePaske, "New World Silver, Castile and the Philippines 1590 ~ 1800," in J. F. Richards, ed., *Precious Metals in the Later Medieval and Early Modern Worlds*, p. 434。

業的人都跑來謀生，給西班牙人提供日常生活所需要的物品與服務。
受到本國海禁政策鬆弛的鼓勵，地方官員和人民都利用海澄這個唯
一開放外貿的港口去開發美洲白銀在馬尼拉打開的經濟機會。中國
官方發給的"船引"，也就是商船販洋的許可證，數量增加得很快。
1589 年官方確定爲 88 張，到 1593 年又增加到 110 張。在 1589 年的
船引中，有一半，也就是 44 張，指定是去"東洋"的，當時的東洋
包括菲律賓及其東南方的香料群島。[26] 東洋船引之中又有 16 張是指
定去呂宋島，目的地當然是馬尼拉。事實上許多東洋航線的商船，
雖然不持有呂宋的船引，也來馬尼拉做生意，這一點可以從西班牙
人有關中國帆船到訪的記錄看出來（表 4）：

表 4　到訪呂宋的中國貿易船數量，1570～1610

年份	船隻	年份	船隻
1570	9	1596	40
1573	8	1597	14
1575	12～15	1599	19
1577	9	1600	25
1578	19	1601	29
1580	19	1602	18
1581	9	1603	16
1582	24	1604	15
1584	25～30	1605	18
1586	25～40	1606	26
1587	30	1607	39
1588	46	1608	39
1589	11～12	1609	41
1591	21	1610	41
1592	22～28		

Sources：E. H. Blair and J. A. Robertson, *The Philippine Islands*, Cleveland（Ohio：
A. K. Clark Company, 1903～1909），Ⅲ, pp. 74 229, 243；Ⅴ, p. 238；Ⅵ,
pp. 61 302；Ⅶ, p. 120；Ⅷ, pp. 137, 172；ⅩⅠ, p. 3；ⅩⅡ, p. 130. Pierre Channu
的 *Les Philippines et les Pacifique de Iberiques*（Paris：S. E. V. P. E. N., 1960,
Ⅰ, pp. 148～160）列舉的數字與這裏的數字略有出入，參看 Richard Von
Glahn, *Fountain of Fortune：Money and Monetary Policy in China*, 1000～
1700（Berkeley：University of California Press, 1996），p. 120.

---

[26]　張燮《東西洋考》北京：中華書局, 1981 年，頁 132；許孚遠《敬和堂集》卷八，
　　　1594 年本，頁 10 上～10 下。

到訪馬尼拉的中國帆船的數量起伏頗大，我們並不瞭解其原因。可以確定的是它們常常超過官方的定額，例如在 1588 年竟達到了 46 艘的高峰。由於到呂宋的商船除了攜回白銀之外，其他商品很少，政府幾乎抽不到進口商品稅。爲了彌補稅收的短缺，從 1589 年起，官方開始對從呂宋回來的商船課徵白銀進口稅，名爲"加增餉"，按船計稅，每艘 150 兩。在商人的陳請下，稅額在 1590 年降爲 120 兩，如此維持到明朝滅亡。[27] 從 1570 年代起，閩南商人開始攜回大量的美洲白銀，到十七世紀初，西班牙的各種銀幣已經在閩南地區廣泛流通起來。[28]

二、大屠殺

從 1603 年 10 月 3 日到 11 月 14 日，在西班牙總督領導之下的西班牙人、日本人和菲律賓土著的聯合武裝力量對馬尼拉和整個呂宋島的華人展開一場大屠殺，華人死亡的人數估計一萬五千到三萬人之間。[29] 華人與西班牙人之間的猜疑，在缺乏透明的資訊與可靠的溝通管道的環境下，終於點燃了衝突的烈火。然而，就本論文的立場而言，根本的原因其實是美洲白銀。它吸引到馬尼拉的華人遠超過西班牙殖民者的數量，使後者不能安心。

龐大的華人社群給殖民政府帶來兩難。在一方面，華人既是馬尼拉繁榮的主要來源，也是政府稅收的重要來源。在另一方面，他們對西班牙人的統治造成威脅。早在 1580 年代後期，一些西班牙人已經警覺到日益增多的華人在馬尼拉及其附近聚居。表 5 的粗略記錄可以看出華人增加的趨勢。這些擔心的西班牙人警告殖民政府，要採取行動來限制華人的數量，以免被推翻。[30] 他們的警告並沒有受到理會，主要是因爲殖民政府的貪圖稅收和實際需要。來往的華商給馬尼拉帶來繁榮的國際貿易以及因此產生的可觀稅入，而定居

〔27〕 《海澄縣志》，1634 年本（北京：書目文獻出版社，1992），卷五，頁 1 上 ~ 3 上。

〔28〕 "銀錢：其中有文大者七錢五分，夷名黃幣峙。次三錢六分，夷名突厝。又次一錢八分，名羅料醬。小者九分，名黃料醬。又小者四分有奇，俱自呂宋佛郎機攜來，今漳人通用之。"同上，卷一一，頁 11 上。

〔29〕 José Eugenio Borao 對於這場大屠殺作了詳細的敘述與討論，參看 "The Massacre of 1603," in *Itinerario*, 22：1（1998），pp. 22 ~ 40。感謝康豹（Paul Katz）告知我這篇精彩的論文。

〔30〕 Zaide, Ⅲ p. 275.

的華人都是西班牙人日常生活的舒適所依賴的各種技術勞工。同時
這些定居華人也繳稅給殖民政府，包括繳給官員許多賄賂。因此對
殖民政府官員來說越多華人表示越多利益，只要華人安靜無事。

表 5　呂宋的華人數量，1570～1621

年	人　數	年	人　數
1570	40	1594	10 000
1571	150	1597	10 000
1586	4 000～5 000	1603	16 000～20 000
1588	10 000	1605	1 648
1590	6 000～7 000	1621	22 000

資料來源：陳荆和《十六世紀之菲律賓華僑》（香港：新亞研究所，1963），頁 135～
　　　142。

　　但是在 1590 年代這些警告開始引起關切。華人繼續增加，而
1592 年日本的豐臣秀吉以武力作爲威脅，要求馬尼拉的西班牙政府
向他朝貢，這就提醒西班牙人外力入侵的可能。[31]　殖民政府開始遣
回部分的華人，希望把定居人數減到六千人，殖民政府認爲這些人
數就足以提供西班牙人的生活需要。但是政令的執行一直是西班牙
帝國的問題，菲律賓也不例外。不只是官員人數少，而且他們大多
很腐敗。除了某些宗教界的人士，西班牙官員老遠來到馬尼拉，跟
華人一樣，是爲了發財。既然目標一致，妥協也就容易。1603 年 7
月 5 日菲律賓的大主教寫給西班牙國王一封信，說道：

　　　　每一年審計官要負責驅逐華人，但是他沒有這樣做，只
　　幫他的親戚朋友謀生與致富；因爲每一張居留許可證華人除
　　了繳給國王貢賦之外，還要繳給他西幣二 reals；這項稅收很
　　大，因爲一直有八千或一萬個華人。這還沒有計算華人的很
　　多額外支付，如果他所指派的人想要張開手去接受的話。就
　　在我寫這封信的時候，我接到一份教會公署的職員遞來的便
　　條，內容與此事有關，因此我要整個給您看。它是這樣的：
　　"願耶穌與您同在。有幾個華人想要說服我替他們取得居留
　　許可證，但我不願意。幾天以後他們來找我，帶著許可證，告

〔31〕　Zaide, Ⅲ, p. 223.

訴我說每一張花掉他們二十 reals。果真事情如他們所說，過

去幾年的事情似乎很可能是真的，也就是居留證花掉他們七

萬 pesos 西幣，因爲舞弊更多。願主保佑您。"[32]

該封信繼續指出，"這些華人從來都沒有被實際地驅逐出去，數目也沒
有減少。我擔心這些華人不會被逐出，直到上帝會因爲我們在這裏犯
下的罪惡而摧毀我們爲止"。可以看出，政府和官員的貪婪，使得政令
沒有被認真執行。他們容許大量華人來居留，只要沒事情就好。

但是事情果然到來，來啓動一場大屠殺。這就是三個中國官員
的到訪。

1603 年 5 月 23 日，搭乘一支由十五艘商船組成的船隊之中的最
後一艘船，三個中國官員在馬尼拉的外港 Cavit 登陸。[33] 他們率領
一個中國皇帝派遣的特使團，來呂宋勘查傳聞中的"金山"或"寶
山"。有一位在馬尼拉住過很多年的木匠回去向中國當時的萬曆皇帝
報告這個靠近馬尼拉的寶山，說它出產大量的金銀。這個報告引起
皇帝的興趣，他就命令當時派駐福建的宦官作個調查，於是派遣了
這個特使團到馬尼拉來。

明廷當時很缺銀。1592 年與 1597 年日本兩度入侵中國的親密藩
屬國朝鮮，爲此中國派遣大軍去幫朝鮮人抵抗日本侵略者，耗掉大
量庫存的白銀。然後在 1596 年和 1597 年北京紫禁城發生兩場大火，
燒毀了乾清宮與太和殿。明廷亟需白銀去重建兩宮。就這樣，從
1599 年起，萬曆皇帝在全國各地派遣了許多宦官當作"礦稅使"，
爲的是要增加銀礦的開採和稅銀的收入。[34] 在萬曆三十（1602）年
八月，他聽到這個寶山的消息時，萬曆皇帝就下令調查。

由海澄縣丞率領的這個特使團終於在 1603 年 5 月 23 日抵達馬
尼拉。跟隨三個官員而來的有許多隨從與士兵。他們威風凜凜地進
入馬尼拉，任意逮捕和刑罰當地的華人，完全無視於西班牙人的主
權。底下是一段目擊者的報告：

星期五，我推算是 5 月 23 日，有三個不信教的華人進

[32] Blair and Robertson, XII, pp. 108～109.

[33] 他們的到訪詳細地保留在兩份西班牙人的報告中，分別寫於 1603 年 5 月 27 日與 7
月 5 日。參看 Zaide, III, pp. 323～327。

[34] L. Carrington Goodrich, ed., *Dictionary of Ming Biography*, (New York: Columbia Uni-
versity Press, 1976), p. 331.

城，他們搭乘從中國來的最後一艘船來……這三個聲稱是官員的華人從他們的房子進入城裏，坐在四個華人的肩膀抬著的轎子上；他們的每一邊有六個帶著弓箭的衛兵。這些人的前面有兩個華人，肩膀懸著一個瓷器盒，據說裏面裝有表示官員身份的印信……這些人的後面有一個騎馬的華人，據說是官員的秘書。在前面又有六個排成行的華人，每人肩上扛著木板，尾端插著有金字的牌子，據說表示他們的功勛。另有六個華人手拿不同顏色的旗子，上面寫著中國字，據說表示官員們的偉大的權威與廣大的管轄權。有一個華人，據說是司法官，拿著一根手臂一般粗的棍子，漆成黑色。在其中有一個華人拿著兩個小鏡鈸，四個華人拿著 canfonias 和其他樂器，都在演奏。這些人前面又有六個華人，其中兩個拿著鐵鍊，據說是奉令逮人時用的；另外兩個拿著兩條繩子，繫住放在他們肩上的棍子，據說是用來捆綁他們奉令要棒打的人；其他兩個人叫做 upos，類似西班牙的劊子手，扛著兩根棒子，用來捶打犯人，他們希望幾下就把人打死。在他們之間有兩個華人，不時地用他們的語言大叫，據說是叫著："迴避，大人來了。"他們一出門就叫，而且叫喊不停，直到走進屋裏。當華人碰到這些官員時，他們趕快走避；如果來不及，他們就低低地彎著身，兩手爬伸在地上，保持這種姿勢，直到官員通過爲止……星期日下午他們在三官員之一的屋前的街道上鞭打一個華人與菲律賓人的混血兒，用中國的司法方式，當時該官員正在窗邊看。昨天，星期一，他們在一個華人的屋裏棒打該華人，而且對另一個華人施行手刑，完全依照他們的習慣。有兩個隨員……捉住一個基督徒華人……說要帶他去大人面前，因爲大人差他們來抓他。但是當他們經過審計官 Doctor Antonio de Morga 的門前時，他聽到吵鬧聲，來到窗前，出來阻止他們……[35]

中國官員停留幾天後，發現並無寶山，就耀武揚威地回去了。

---

[35] 這段生動的描寫來自一位西班牙官員呈給國王的報告，時間是 1603 年 5 月 27 日。（Zaide，Ⅲ，pp. 322～323.）

這個事件引起了西班牙人的憤怒與恐懼。他們對於特使團的擅作威福感到憤怒，對於中國可能會派軍隊入侵感到恐懼。畢竟搜尋寶山的説法很荒謬，可能只是作爲間諜任務的藉口。中國入侵的謠言傳之已久，但從來沒有像現在那麼真實。由於擔心當地華人會呼應入侵者，殖民政府決定對他們採取防患措施。華人，除了基督徒外，被移出馬尼拉城，住在幾個指定的地方。西班牙人開始徵集土著來補強城墻、挖壕溝、輸送糧食等等。他們也挑選有力的土著，加以訓練和武裝。同時在馬尼拉的日本人也被要求幫忙防衛。

這些防患措施引起華人的恐慌。屠殺華人的謠言很快地傳開來。一些比較躁進的華人開始組織和武裝起來保衛自己。但華人四分五裂。多數比較有錢的商人不相信謠言，寧可保持安靜；許多普通的華人猶豫不決。

雙方都作了最壞的打算，但都希望避免它。然而猜疑的種子已播下而且在滋長，滋長不可能停頓，除非雙方都取消防患措施，而事實上都沒有這樣做。僵局持續，而有些西班牙人和日本人開始公然欺負華人，隨意拿走他們出賣的東西，並且辱罵他們是叛徒、惡人等等，使得某些華人驚慌失措。在 10 月 3 日晚上 11 點，一些魯莽的華人決定行動，大概有數百人。他們對住在鄉下的西班牙人展開攻擊。

多數叛亂的華人聚集在 Tondo，離馬尼拉約 5 哩（1.5 海里）。這些華人大多務農或做工，反亂的機會成本低，也就是比起有錢的華商，他們可能會失去的東西並不多。有錢的華商大多住在接鄰馬尼拉市的中國城 Parian。在聽到反叛華人燒殺鄉間的西班牙人住宅與修道院後，總督和一些西班牙商人在 10 月 5 日和 6 日來到 Parian 勸説住在那裏的大約二千五百個華商或工匠帶著他們的財物移居馬尼拉城。多數華人不敢去，只把財物委託西班牙朋友保管。既然如此，總督最後發放給每個人一張保證生命安全的證書，在 6 日下午離去。

面對叛亂的華人，總督立即派遣西班牙正規軍和武裝的土著去攻擊位於 Tondo 的叛徒總部。但是在 6 日的首次戰役中，由總督姪兒所率領的一支七十個西班牙士兵組成的部隊中了埋伏，除了四人身受重傷逃回馬尼拉城之外，包括總督姪兒在內的所有官兵全軍覆沒。憤怒的總督馬上下令呂宋全境的西班牙部隊、武裝土著和日本人全面攻擊並殺光華人，包括不久前他承諾生命安全的在 Parian 的華人，不管有没有參加叛亂。總共大約有七百名西班牙士兵，二千五百個土著，三百個黑人，以及五百個日本人聯手攻擊呂宋全境的華人。總督允許他們燒殺打劫，任由他們掠奪華人的財物作爲戰利品。一場可怕的大屠殺就這樣展開。

反亂的華人是一群烏合之衆，武裝簡陋，四分五裂，因此很快就被打敗，儘管人數很多。在 10 月 6 日到 20 日之間，大部分在呂宋的華人都已被殘殺，雖然有一小群華人被追逐到 11 月 14 日才被殲滅。西班牙人所領導的聯軍損失很少，但是有高達一萬五千至三萬之間的大量華人被屠殺。[36] 除了留在馬尼拉市内和少數後來被發現的幸存者，呂宋島的華人在這四十一天裏全部被消滅。有一個記錄説殘存的華人只有八百人。[37]

三、寡婦貞節：聖人不仁，以百姓爲芻狗（《老子》五章）

殖民美洲大陸的西班牙人把美洲白銀帶到馬尼拉，這些白銀終於變成爲 1603 年華人在那裏被大量屠殺的基本誘餌。當大屠殺的效應接觸到在中國社會裏長期演進形成的婦女規範的洪流時，許多節烈婦女立即出現在閩南的歷史舞台。我們現在來看看她們的一些可歌可泣的事蹟。

大屠殺落幕後，殖民政府開始面臨兩重恐懼。它害怕通商的華人不來，也害怕報復的中國軍隊到來。菲律賓總督因此趕緊派遣兩個信使去澳門，請求葡萄牙人向中國官方解釋事變的原委，同時藉機打探中國官方的反應。他們得知中國政府除了會行文指責之外，不會採取什麽行動。馬尼拉的西班牙人接獲報告後才大爲放心。[38]

殖民政府開始歸還被没收或受信託的財物給在當地或在中國的死難者的親友，請求幸存的華人寫信回去邀人來馬尼拉貿易。它也

---

[36] 一萬五千是菲律賓總督承認的數字，三萬是中國官方的數字。確切數字已不清楚，黃滋生認爲二萬至二萬二千之間比較可靠，參看：黃滋生、何思兵著《菲律賓華僑史》（廣州：廣東高等教育出版社，1987），頁89。

[37] 西班牙人對於大屠殺有詳細的描述，參看 Zaide，Ⅲ，pp. 328～362。黃滋生（頁 72～103）也作了詳細的叙述。

[38] 關於這次大屠殺，中國官方的資料很少提到。當代人何喬遠説廣東與福建的官僚深怕負責任，不敢把慘案報告給朝廷。參看何喬遠《閩書》，1629 年本（臺南：莊嚴文化企業有限公司，1996），卷一四六，頁 19 下。

送了一封信給福建官方，提供解釋與道歉。但該信的主要目的還是請求福建的官僚鼓勵中國商船到馬尼拉來。[39]

華人遭屠殺的消息曾經震驚地方的官僚，也報告給朝廷。但是中國政府並不認為需要報復，反而認為那些受害者是死有餘辜。雖然中國政府從 1567 年起允許商人到海外貿易，但並不允許他們逗留海外，而是要隨船回國。由於死難華人都是没有隨船回來的"非法移民"，他們不是值得皇帝照顧的子民。在一封 1605 年 5 月 22 日由駐在福建的宦官寫給西班牙總督的譴責西班牙人殘忍罪行的書信中，死難華人被説成是"卑賤的人，對他們的祖國、父母、親戚不心存感恩，因為已經過了這麼多年他們都没有回到中國來"。該信明白表示中國皇帝寬大為懷，不擬報復：只要求西班牙人歸還屬於華人的財物。[40] 中國政府所做的唯一懲罰是把捏造呂宋寶山的木匠和他的兩個同夥砍頭，並且把他們的頭顱傳示海外。

既然中國官方如此反應，西班牙人又重新努力招徠和優遇華人，中國的商船很快地又來馬尼拉貿易，解除了西班牙人缺乏日用品和海上絲綢之路消失的焦慮。在 1604 年 5 月"一支由十三艘帆船組成而滿載著食物與商品的中國貿易船隊"，來到馬尼拉，引起全城的歡呼。[41] 由於舊的中國城 Parian 在亂中被燒毀，殖民政府重新蓋了一個中國城給華商居留和貿易，在 1605 年春天完工。

可以想見，到馬尼拉的隨船華商或定居華人絕大多數是單身漢。西班牙人的報告中没有提到任何中國婦女被殺害。有些受害的華人娶土著婦女為妻。[42] 然而他們之中有些人已經在其故鄉結婚或訂婚。他們的突然死亡造成了許多寡婦，其中有不少的貞節寡婦或者要辛苦地守寡，或者很快地跟隨已故丈夫或未婚夫的脚步去共赴黃

---

[39] Zaide, Ⅲ, pp. 332, 393 ~ 397.《海澄縣志》卷二〇，頁 19 上 ~ 20 上，記載中國奸商冒領財物。

[40] Zaide, Ⅲ, pp. 388 ~ 391. 該信列舉了不報復的三個理由，這三個理由也見於當時的福建巡撫徐學聚的一篇奏疏："皇帝以呂宋久相商買，不殊吾民，不忍加誅；又海外爭鬥，未知禍首；又中國四民，商買最賤，豈以賤民，興動兵革；又商買中棄家遠遊海，壓冬不回，父兄親戚，共所不齒，棄之無所可惜，兵之反以勞師。"參看《報取回呂宋囚商疏》，陳子龍等編《明經世文編》，1640 年左右的版本（北京：中華書局，1987），卷四三三，頁 5 下 ~ 6 上。

[41] Zaide, Ⅲ, p. 364.

[42] Zaide, Ⅲ, p. 347.

泉。

　　作爲一種社會規範的寡婦貞節，其演化的因緣是一個直到今天還讓我們深感困惑的複雜故事。家族主義、家長制、婚姻制度、儒家思想等等因素對它的形成與發展似乎都起了作用。但是直到今天我們仍然不清楚這些比較直接相關的因素如何互相作用，更不瞭解如此產生的動力。然而寡婦貞節演進的途徑已多少有個清楚的輪廓。

　　作爲中國"宗法倫理"的衍生品，寡婦貞節自古即受到推崇與讚美。由於儒家思想給宗法倫理提供理論的基礎，寡婦貞節的思想重量似乎與儒家的興衰息息相關。孔子在公元前六世紀創立儒家這個學派，爲的是要恢復周朝在公元前十一世紀建立的"宗法制度"。該制度被認爲是文明社會可能看到的最完美的設計。但是進入公元前八世紀以後宗法制度日益衰落，而在孔子的時代已經式微了。念舊的孔子努力宣揚它的優點，把它當作撥亂反正的藥方。孔子在當世是失敗了，但是他的教誨由他的學生一代又一代地傳遞下來。然後在公元前二世紀歷史的因緣際會使儒家浮現在漢朝的政治舞台的中心，獲得獨尊的地位。這個地位到公元二世紀末漢朝逐漸衰微時，也跟著不保。此後在日益蓬勃的佛家與道家的挑戰下，儒家進入半休眠狀態，直到十一世紀才又重據政治與思想舞台的中心。當時儒家吸收了許多佛家的養料，脫胎換骨爲具有活力的新儒家。從十一世紀初到清朝滅亡，除了蒙古人統治的元朝，新儒家一直主導著中國的政治與思想。但是宋代的新儒家有其實際的一面，他們從來沒有企圖推行原型的宗法制度，畢竟已經時過境遷。他們卻十分熱心去推廣與宗法制度相應的一套倫理道德，企圖在家族裏將它落實。爲此目標他們從十一世紀起發動了一個前所未有的社會與思想的改造運動，鼓吹建立宗法家族，遵行宗法倫理。新儒家的學說隨著時間越來越有説服力，到明清時代洗腦運動獲得徹底成功，宗法家族的制度牢固地建立起來。

　　然而一直到 1276 年宋朝滅亡爲止，宗法制度衍生出來的寡婦貞節都還不是一種社會規範，只是一種道德的理想。很少人實踐它。新儒家的開山祖師像程頤與朱熹，雖然贊美寡婦貞節，都鼓勵他們的年輕喪偶的女性親屬遷就實際的需要去再嫁。有名的儒者范仲淹與真德秀也都親自爲自己的寡媳和寡女安排再嫁。宋太祖甚至把寡妹嫁給名將高懷德。宋代的年輕寡婦通常會再嫁，而風俗上本生父母也有責任這樣安排。有美德的再嫁婦女與貞節婦女一樣受到社會的尊敬。這些現象幾乎不見於明清社會。[43]

在明清時代，中國社會不只是贊美寡婦的貞節，而且強烈鼓勵年輕寡婦去實踐它。事實上，隨著時間的演進，寡婦貞節已經日益成爲道德的“必要”，而不只是道德的理想。再婚的寡婦日益受到社會的歧視，即使再婚是出於實際的需要。對單一丈夫及單一家族的忠誠變得十分重要，以致於在十六世紀以後不只是寡婦，而且有很多只訂婚而未過門的婦女，因爲未婚夫的突然死亡，也要表現她們的貞節。可以想見，許多這類婦女選擇了自殺來“殉節”。[44]

寡婦貞節從宋代人的道德“理想”演變爲明清人的道德“實踐”，與元代蒙古婚制的引進所造成的衝擊有關係，但又不盡然是該衝擊的結果。蒙古婚制的引進使中國已婚婦女的人身、財產和子女權大量流失掉，給寡婦再嫁製造了實質的困難。比起宋代以前的中國社會，明清時代的已婚婦女所享有的權益實在很少，尤其是子女權與財產權。[45] 但是權利的流失只能部分説明明清寡婦守節的現象，無法説明没有子女與財產的寡婦也守節，更不能説明訂婚婦女的守節與殉節。這是一個與社會規範密切相關的複雜問題，我們到今天還不明白。

無論如何，在馬尼拉大屠殺發生的時候，寡婦貞節在中國已經是一種被廣泛遵行的社會規範，包括在受害者的故鄉閩南地區。

由於海澄自從十六世紀初就已經是一個走私中心，而且自從1567 年以來是中國開放給本國商人出洋貿易的唯一港口，當地的外貿風氣特別興盛，所謂“澄民習夷，十家而七”。[46] 在這次大屠殺中，海澄人可能佔了受害者中的大多數，有一個記録説高達80%。[47] 太多家庭在這次事變中喪失了親人，因此當事變的消息在

---

〔43〕 參看張彬村《明清時期寡婦守節的風氣：理性選擇（Rational Choice）的問題》，《新史學》10.2 (1999)。

〔44〕 T'ien Ju-k'ang, *Male Anxiety and Female Chastity*, (Leiden: E. J. Brill, 1988).

〔45〕 張彬村《明清時期寡婦守節的風氣：理性選擇（Rational Choice）的問題》，前引文，頁 33～52。

〔46〕 張燮《東西洋考》，頁 222。

〔47〕 《海澄縣志》1634 年本，卷一四，頁 10 上。

1604 年初傳到海澄時，居民的哭聲震動了天地。面對這個前所未有的社會創傷，當時的縣令姚芝蘭立刻舉辦一個“盂蘭盆會（ullamba-na）”，來超渡亡靈和安慰生靈。他也派人幫忙死難者的家屬到呂宋尋回死者的遺骨加以安葬。[48]

受難家屬中有許多是大屠殺造成的寡婦。她們寄望丈夫遠涉重洋以攜回白銀，共同建立美滿的家園，現在這個寄望完全破滅了。丈夫一死，她們忽然被一個流行的社會規範要求去忠於已故的丈夫和孝養夫家的翁姑。大屠殺不僅使她們夢碎，而且考驗著她們的貞節。

馬尼拉大屠殺產生的中國貞節寡婦現在已經都消失了。她們大部分會永遠消失和永遠被遺忘掉，因爲沒有留下記錄。當時閩南人販洋的習俗是“富者出貲，貧者力傭”，在馬尼拉受害的華人也應該以窮人爲主。這些人爲了改善生活，比較願意冒險去海外，而他們也最容易被歷史記錄忽略掉。同樣地，他們的貞節的配偶並不是文人注意的對象。也許由於這些貞節寡婦一時忽然大量出現於閩南，有一些人才會溜進文人的筆下。從現存的記錄，我們多少還能窺見她們的貞節行跡的一鱗半爪。底下就是幾個例子。

> 例 1：江光彩妻謝八娘，贈中憲謝君禮之女也。光彩家
> 貧遠商。萬曆癸卯，呂宋首戕殺華人無數，彩死焉。八娘
> 聞訃，欲絕。及祖姑慰解之曰：有遺腹在，萬一產男，祀
> 可勿斬也。閱三日，果男。茶苦備嘗，育懷間，兒以成立。
> 祖姑及姑後先喪事，皆其營總焉。並時有馬鵬振妻林氏者，
> 振以夷變死，聞訃，絕食自經而捐。姚令芝蘭旌其門曰：
> 節烈遺風。今梁令兆陽旌謝曰：貞淑芳型。[49]

萬曆三十一年是癸卯年，西曆 1603 年。在這個例子裏我們可以看到生育兒子作爲繼嗣對於寡婦的存活具有決定性的作用。沒有這個遺腹子，謝八娘大概和馬振鵬的妻子林氏一樣，會自殺殉節。林氏在自殺後馬上受到縣令的旌表，應該是在 1604 年，因爲自殺的確已經實現她對丈夫的忠誠，符合貞節婦女的標準；而謝八娘的旌表要等到 1634 年左右，因爲明朝延續元朝在 1304 年所制訂的貞節標準：

---

[48]　《海澄縣志》1634 年本，卷一九，頁 1 下，以及 1693 年本，卷一四，頁 8 下。
[49]　《海澄縣志》卷一○，頁 30 上。梁兆陽的旌表文提到“適江七載”、“孀居貞始，逾五秩以彌堅”，可見是結婚七年才生子，而旌表時已超過五十歲。

婦女都要在三十歲以前守寡而年滿五十歲以後，至少守寡二十年，才能被旌表。到1634年馬尼拉事變已經過了三十年，所以事變發生時謝八娘至少應該有二十歲。[50]

> 例2：柯日蕃妻顏氏，晉江安平人。日蕃死呂宋，氏號哭爲死計，其父遣嫗婢謹護之。比卒哭，擁以歸。氏佯爲不死狀，食語如常。值蕃忌日，前期語父歸奠。薦俎後，乘間自縊。衆躪戶入，絕矣。[51]

元代的婚制規定寡婦要無條件地在夫家守寡。明代放寬了這個規定，只要求擁有子女權的寡婦需要留在夫家。如果沒有生孩子，她可以回到本生家去守寡，這是一直到宋代中國社會的傳統習俗。例2中的寡婦顏氏被她的生父帶回去，以防她自殺。但是一年後她還是利用丈夫死亡一周年的忌日，去夫家祭拜並藉機上吊自殺了。

> 例3：烈婦黃氏，宗耀之女，陳章憲妻也。安海以商爲業，雖文身赤髮之國亦到。呂宋比諸夷較近，但此禽獸狡猾無常性。萬曆癸卯間，無故殺華人之在其國者三萬人，而章憲父子與其妹夫及僕四人俱受害。訃至，黃氏哭絕。方蘇，遂朝夕盡禮。乃辭姑嫜，與小姑議約殉死。士林義其節烈，爲作傳詞詩記以榮之。又爲上於有司，以期旌焉。自是黃死節，小姑死貞，僕婦亦死貞，〔貞〕節共聚一家。[52]

例3中我們發現有四個陳家的人同時在馬尼拉受害。在下面的例5中我們也看到一家三口同時都受害。閩南人當時多半與同鄉結伴到海外貿易或謀生，而家人和親人是最自然的夥伴。在大屠殺中喪失親人隊伍的家族所受到的打擊當然特別巨大。這三個殉節的婦女當中黃氏結了婚，所以是"死節"，其他兩位都只是訂完婚而沒結婚，所以是"死貞"。

> 例4：謝三娘，謝士棟女。許配楊應鈞。萬曆癸卯，鈞

---

〔50〕 姚芝蘭在1603～1606年之間任職海澄知縣（卷六，頁1下，13上）。梁兆陽在1632年開始擔任海澄知縣，1634年在任內主編了第一本《海澄縣志》，從該書我們摘取了這個例子（卷一〇，頁30上）。

〔51〕 《泉州府志》，1612年本（臺北：學生書局，1987）卷二二，頁29上。

〔52〕 《安海志》，佚名，康熙年間手抄本（上海：上海書店，1992），頁573。李光縉的《景璧集》（1637年本，揚州：江蘇廣陵古籍刻印社，1996）記載："烈婦名孫娘，里人黃宗耀女，年十八歸陳典箴之子章憲。"（卷一四，頁80上）

以呂宋之變，身殞異域。謝聞訃，即料理奔喪。母拒之力，
欲別字人。號痛移時，閉門自縊死，年才十六耳。死之夕，
楊家女夢見應鈞已娶婦，新婦素衣侍立床前。質明而耗至，
蓋魂已先到夫家矣。姚令芝蘭扁其門曰：正氣天植。[53]

一個很令人困惑的趨勢是從十六世紀以後寡婦貞節的社會規範不只
是已婚婦女遵行它，許多只是許配的未婚婦女也遵行它。這種趨勢
通常被認爲是規範影響的深化。[54] 例 3 中我們看到兩個爲未婚夫殉
節的婦女，這個例子裏的謝三娘更是一個典型。明代的成文法並没
有規定未婚婦女對可能的丈夫及其家族要承擔任何義務。對這類婦
女發生影響力的其實是不成文但已成習俗的社會規範。規範所適用
的範圍的確隨時代會有伸縮，而在這個時代無疑地範圍伸展得很大。
本質上謝三娘決不是一個合格的寡婦，但是她還是爲已故的"准丈
夫"殉節了。楊家人在她自殺身亡那天晚上夢見兩人的冥婚典禮，
説來只是在無奈之中替她討回一點公道。

　　例5：貞烈陳英娘，陳典箴女，爲黃崇〔〕未婚妻也。
工刺繡，嫻詩史。安平多尚遠商，不計華夷。呂宋較諸夷
更近，取利捷便，人多趨之。萬曆癸卯之變，崇及其婦翁
兄，俱受禍。訃至，痛哭撲地，絶蘇者屢屢。以死殉夫之
心，如鐵鑄心腸，與嫂氏共訂盟矣。第以父靈在，欲盡其
父期三浹旬，而後歸黃，以全其義於夫，則孝義兩舉，父
夫兩無憾矣。自是母兄每寬慰之曰：何忍於母？曰：母有
兄在，子事父，婦殉夫，天之分也。母曰：吾無多女，惟
有汝可朝夕相依，汝去，吾無依，吾命盡矣。曰：兒〔聞〕
之熟矣，臣死忠，子死孝，婦死烈，皆義也。母以兒爲人
妻而使兒勿義死，非義方之訓也，是不敢從。又〔〕其族
之長老及章縫之士，委曲諭之。則曰：老伯叔如有行善事，
則喜而贊之親之也；婢子欲往就義，則又多方阻之，毋乃
教澤不公，而疏外婢子也。叔兄讀書之家，一醮之義，亦
聞之熟矣，何靳不從余志。言罷而哭。於是知志不可回矣，
乃群衣冠而送之於黃之門。謁廟拜姑，盡婦之禮，然後易

〔53〕《海澄縣志》，1634 年本，卷一〇，頁 31 下～32 上。
〔54〕T'ien Ju-k'ang, pp. 39～69.

衣執喪，朝夕哭奠，不離苦次。母時往詣之，至必持而哭，則慰之曰：母勿哭，死，吾分也，不死，非吾分也；兒得吾分而死，甘如飴矣，何以哭爲？乃謂兄曰：後勿使母來，來則輒不勝情，妹又慮其慟而傷母之心也。家乃厚其殮具，則固辭不可，曰：父夫附於身者，若何？能必誠必信乎？否也，而吾忍獨安之，是重吾不孝不義之罪也。登門，期哭奠二十日。越〔　〕月七日午時，就帛自裂殮衣，戒母使男子近吾身，自題懸帛詩，曰：抱恨結褵婿折分，珠泪萬古斷殘魂，此去貞心酬凤願，玉樓和瑟會夫君。是文山衣帶之高致也。晨起，沐浴更衣，拜天地祖宗，以及族〔黨〕姻戚，禮盡而午矣。手自結帛作圈，將懸，姑母哭，復顧謂姑母曰：勿哭，兒云得見父夫樂事也。乃整襟端拱，引頸入帛，俄而絕。母兄解帛扶下就殮。是日也，晴明杲日，即午，忽天昏雨泣。殮罷，復霽。天亦終始垂顧〔　〕〔　〕者。嗟呼，異哉，烈也。柏舟死於夫婦齊眉之後，君子尚置之於節烈傳之前，而况面目未交如貞烈者，而能以一帛繫綱常之重乎？《關雎》沐周南之化，而知匹鳥之自贄，删詩列之於《國風》之首篇。是女以未笄之年，而有季羊之誠，其有得於《關雎》之化者多矣。惟其知季羊之贄，是以有今日之貞也。至於從容慷慨，則又當于文山議之，而非當世尋常節烈者比也。余年老，久疏筆研，特以一族之長，見此盛事，哀而傷憐而嘉之，故勉強詮次爲傳，登諸族譜、《安海志》，以爲觀風者〔考〕焉。[55]

這是一篇感人的傳記，記載陳英娘爲死難的未婚夫自殺殉節的故事。未婚夫與她的父親、哥哥一起去馬尼拉謀生，一起被屠殺。她在殉節之前爲亡父與未婚夫盡了各種禮節，並且與親人作別，然後從容上吊。文中洋溢著母親對她的無盡的慈愛，但畢竟挽回不了她對寡婦殉節的執著。可注意的是大家雖然不忍心，所有族人似乎並不努力去勸阻她，反而把她的自殺看做像文天祥一樣的"從容就義"來贊美。傳記由讀過書的族長寫成，明白說要載入族譜和地方志，這是當時流行的做

〔55〕《安海志》，同前，頁572。文中括弧〔　〕是看不清的字。李光縉的《景璧集》也比較簡略地記載此事（卷一四，頁80上）。

法。我們果然在《安海志》裏看到這個記錄，雖然它是康熙時代傳抄的。

列舉五個例子，應該足以看出馬尼拉大屠殺與中國的寡婦貞節這種社會規範互相關聯所帶來的不幸後果：製造了許多守節與殉節的寡婦。前兩個例子發生在漳州府的海澄縣，後三個發生在泉州府晉江縣的安平鎮，也叫做安海。幾乎所有被屠殺的華人都來自這兩個府。鑒於與事變有關的貞節寡婦都出於海澄縣與晉江縣，我們可以進一步推測來自這兩個縣的受害者特別多。

四、結　論

馬尼拉大屠殺是一個不必要的悲劇，由一個從馬尼拉回來的木匠莫名其妙地生出的荒謬念頭所啓動引發。所以不必要，因爲中國政府毫無入侵菲律賓的打算，甚至在事變之後也是如此；而西班牙人也沒有屠殺華人的打算。該木匠所捏造的馬尼拉寶山的消息迎合貪婪無知的中國皇帝的需要，於是有調查寶山的特使團的派遣。中國特使團到達馬尼拉讓西班牙人害怕可能遭受中國的侵略，以及害怕當地華人可能會起而呼應。西班牙人防患華人的動作引起華人的不安，害怕會被殺害。當雙方都爲自衛採取行動時，關係立即緊張起來。緊張不斷升高，最後爆發血腥的衝突而不可收拾。除了幾百個幸存者之外，所有在馬尼拉和呂宋島上的華人都被西班牙人、日本人以及菲律賓土著的聯合武裝力量屠殺掉。受害者估計在一萬五千～三萬人之間。

這些受害的華人來馬尼拉爲的是要賺取西班牙人從美洲運來的白銀。自從 1571 年西班牙人征服呂宋島並且建立馬尼拉作爲首都開始，三十年來每年都有大量的美洲白銀流入馬尼拉，大量的國際貿易商人也因此被吸引到馬尼拉來，其中華人的數量最多。事實上美洲白銀也吸引了許多有技術的華人移居馬尼拉，使西班牙人在那裏能夠過著文明而舒適的生活。1590 年馬尼拉大主教寫給西班牙國王的信中盛贊華人的貢獻，使馬尼拉成爲西班牙帝國殖民地中最繁榮富庶的城市，這決不是誇大之詞。[56]

美洲白銀的發現是伊比利人（Iberians）在地理大發現的過程中最大的意外收穫，而沒有西歐人所具備的帆船與槍炮方面的優越技

---

〔56〕　Zaide, Ⅲ, p. 172.

術，地理大發現根本不可能。自從中古後期西歐人經歷了一個強壯而不可逆轉的市場經濟的擴張，終於啓動了一個創新不斷加速的過程。海洋活動方面的技術創新是這個過程的自然結果。

具備著優越的航海技術，伊比利人開始第一波的全球探險與征服事業。他們之中的西班牙人在 1571 年征服菲律賓，下一個目標是希望能征服傳奇性的中國。他們的聖經和槍炮並不能吸引或屈服中國人，但是他們的白銀卻讓中國人無法抗拒。即使中國皇帝也無法抗拒它。我們甚至可以說就是中國皇帝對呂宋白銀的痴想才會促成 1603 年發生在馬尼拉的這場大屠殺。

馬尼拉大屠殺給閩南地區製造了許多寡婦。她們突然被投入一個社會規範的洪流中，要求她們表現婦女的貞節。就像西歐市場經濟的長期發展一樣，這個社會規範的形成是一個漫長的歷史過程，到明清時代已經對中國的寡婦產生強大的約束力量。面對突發的變局，有些人以犧牲生命來遵循該規範，另外一些人則在辛苦的守寡生活中養育子女與照顧公婆。就這樣，馬尼拉華人的血池培育了閩南婦女的貞節花朵。她們跟她們的丈夫一樣，是大屠殺裏的無辜的犧牲品。曾經是這些匹夫匹婦用以構築美夢的美洲白銀，到頭來竟變成他們噩夢的來源。閃閃發光的東西可能是祝福，也可能是詛咒。

參考書目

1. 中文書目

《安海志》，康熙年間手抄本（上海：上海書店，1992）。

全漢昇《中國經濟史論叢》（香港：新亞研究所，1972）。

全漢昇《中國經濟史研究》（香港：新亞研究所，1976），3 冊。

李光縉《景璧集》，1637 年本（揚州：江蘇廣陵古籍刻印社，1996）。

何喬遠《閩書》，1629 年本（臺南：莊嚴文化企業有限公司，1996）。

《泉州府志》，1612 年本（臺北：學生書局，1987）。

《海澄縣志》，1634 年本（北京：書目文獻出版社，1992）。

《海澄縣志》，1693 年本，微捲。

陳子龍等編《明經世文編》，1640 年左右本（北京：中華書局，

1987）。

陳荊和《十六世紀之菲律賓華僑》（香港：新亞研究所，1963）。

梁方仲《梁方仲經濟史論文集》（北京：中華書局，1989）。

許孚遠《敬和堂集》，1594 年本。

張彬村《明清時期寡婦守節的風氣：理性選擇（Rational Choice）的問題》，《新史學》10：2（1999）。

張燮《東西洋考》，重印 1618 年本（北京：中華書局，1981）。

彭信威《中國貨幣史》，1958 年本（上海：上海人民出版社，1988）。

黃滋生、何思兵《菲律賓華僑史》（廣州：廣東高等教育出版社，1987）。

《漳州府志》，1573 年本（臺北：學生書局，1965）。

2. 西文書目

Blair, Emma Helen and James Alexander Robertson, *The Philippine Isands*, (Cleveland, Ohio: A. H. Clark Company, 1903 ~ 1909).

Borao, José Eugenio, "The Massacre of 1603," *Itinerario* 22：1 (1998).

Chen, Chau-nan, Pin-tsun Chang and Shikuan Chen, "The Sung and Ming Paper Money: Currency Competition and Currency Bubbles," *Journal of Macroeconomics*, 17：2 (1995).

Cipolla, Carlo M., *Guns, Sails, and Empires*, (Manhattan, Kansas: Sunflower University Press, 1965).

Cross, Harry E., "South American Bullion Production and Export 1550 ~ 1750," in J. F. Richards, ed., *Precious Metals in the Later Medieval and Early Modern Worlds*, (Durham, North Carolina: Carolina Academic Press, 1983).

Duby, Georges, *The Early Growth of the European Economy*, trans. from the French by Howard Clark, (Ithaca: Cornell University Press, 1987).

Flinn, Dennis O. and Arturo Giraldez, "Born with a Silver Spoon: The Origin of the World Trade in 1571," *Journal of World History*, 6：2 (1995).

Goodrich, L. Carrington, ed. , *Dictionary of Ming Biography*, (New York: Columbia University Press, 1976).

Hamilton, Earl J. , *American Treasure and the Price Revolution in Spain*, 1501 ~ 1650, rep. of 1934 ed. , (New York: Octagon Books, 1977).

Hicks, John, *A Theory of Economic History*, rep. of 1969 ed. , (Oxford: Oxford University Press, 1986).

McNeill, William, *The Rise of the West*, (Chicago: Chicago University Press, 1963).

Rosenberg, Nathan and L. E. Birdzell, *How the West Grow Rich*, (New York: Basic Book, Inc. , 1986).

Smith, Adam, *The Wealth of Nations*, new print of the 1776 ed. , (Chicago: The University of Chicago Press, 1976).

TePaske, John J. , "New World Silver, Castile and the Philippines 1590 ~ 1800," in J. F. Richards, ed. , *Precious Metals in the Later Medieval and Early Modern Worlds*, (Durham, North Carolina: Carolina Academic Press, 1983).

T'ien, Ju-k'ang, *Male Anxiety and Female Chastity*, (Leiden: E. J. Brill, 1988).

Von Glahn, Richard, *Fountain of Fortune*: *Money and Monetary Policy in China*, 1000 ~ 1700, (Berkeley: University of California Press, 1996).

Zaide, Gregorio F. , *Documentary Sources of Philippine History*, (Manila: National Book Store, Inc. , 1990).

※ 本文原載朱德蘭主編《中國海洋發展史論文集》第八輯，臺北：中央研究院中山人文社會科學研究所，2002 年。

※ 張彬村，美國普林斯頓大學博士，中央研究院人文社會科學研究中心研究員。

清代倉儲制度穩定功能之檢討[1]

劉翠溶

一、常平倉儲穀量之變動

清代各地方常平倉所收貯的倉糧，一般是未去殼的穀子，其種類則因地而異。常平倉儲穀量之變動，可由兩方面加以觀察：一方面是以各省爲單位進而觀察全國總儲量之變動；另一方面是以資料較多的州縣來加以比較。前者所需之數字可於清代官書記載中得之，後者則儘可能由地方志中搜集得到。全國總體的觀察可以給我們一個概括的印象，州縣個別的體察除可顯示地方特殊情形外，亦可進而印證總體的趨勢。以下就先討論全國常平倉儲量之變動，再討論州縣個別的變動。

清代官書中對於常平倉儲量最完整的記錄是《户部則例》卷一八分省表列的數字。這些統計表列出各州縣的數字而未計一府或一省以至於全國的總數。並且，這些數字標明爲"額儲"，但未注明是何時之額。根據《大清會典事例》卷一九〇記載，乾隆五十四年（1789）議定的數額，包括奉天府、錦州府、江蘇省、陝西省、甘肅省、廣東省、廣西省、雲南省、貴州省和江西省各州縣的常平倉儲穀量。逐一核對各州縣之細數後，我們發現除江西省有較多數之州縣數字出入較大以外，其他各地則户部則例與《大清會典事例》所記載的數額相同。可知《户部則例》之所謂"額儲"大多是乾隆五十四年之定額，而爲後來所沿用者，可以說是清政府所認定的理想數額。

那麼，在乾隆五十四年定額的前後，常平倉儲量之變動情形如

〔1〕 本文爲于宗先教授主持"清代經濟發展中政府之功能與貢獻"專案計劃之部分成果，承國科會支持，謹此誌之。又本文所用之方志資料是在 1974～1976 年間在耶魯大學 Concilium of International Studies 與美國社會科學研究委員會（SSRC）資助下搜集的，亦謹誌之。

何？我們從清代官書中找得到的完整的資料是乾隆十三年（1748）
與五十四年（1789）兩年各省的數字，列於表一。就各省分別觀察，
除盛京以外，關內十八省之中僅有二省（山東和廣東）的儲穀量減
少，廣西的儲量未變，其他十五省的儲量則都增加。就全國總儲量
而言，則在四十一年中增加35%。如果我們暫時忽略各省儲量的變
動而僅就全國總儲量來觀察，那麼另外可以找到屬於乾隆十三年以
前和道光十五年（1835）的兩個數字。前者是 48 118 350 石，後者
是 24 000 000 石。[2] 相較之下可知，乾隆十三年的總額較之該年以
前的總額減少29.7%，而道光十五年的總額又較乾隆五十四年的減
少47.6%。

在此，我們對於乾隆十三年的數額要略加以說明。乾隆十三年
因爲米價昂貴，引起了許多議論。[3] 乾隆皇帝因衆議以爲米貴是由
採買過多所致，故下令各省常平倉儲穀量除雲南、陝西、福建、廣
東和貴州五省以乾隆年間存穀爲定額外，其他各省皆以雍正年間
（1723～1735）之舊額爲準。[4] 於是乾隆十三年的定額就較前此爲
少。由此可知，在康熙、雍正年間及乾隆初年，清政府曾不斷地努
力於常平倉儲量之擴充。[5] 甚至到乾隆十一年（1746）仍因歲豐而
下令各省督撫酌量地方情形撥款採買。[6] 乾隆十三年定額以前，清
代常平倉儲量曾一度達於最高，而該年定額所顯示的減少其實僅是
暫時的現象。由表一可以看出，至少直到乾隆末年，常平倉儲量尚
維持著增加的趨勢。換言之，在清代康、雍、乾盛世，常平倉儲量
不斷地擴充，正反映這個制度曾良好地運行。

至於常平倉儲量之減少，到底開始於何年，是難以肯定的。嘉
慶四年（1799）的一次諭令中就透露倉穀已有虧缺，因而下令各省
督撫加以稽查。[7] 到了道光十一年（1831），御史卞士雲又奏請

---

〔2〕《大清會典事例》（1899年版，臺灣中文書局影印）190:5b，192:8b。
〔3〕參見全漢昇《乾隆十三年的米貴問題》，收在《中國經濟史論叢》（香港，1972），
　　547～566。
〔4〕《大清會典事例》190:3b～5a。
〔5〕參見《大清會典事例》191:9b～15b，"豐年備儲"項下各條。由康熙十九年
　　（1680）至乾隆十年（1745），因豐年而撥款買穀存倉之事件，康熙間四次，雍正間
　　五次，乾隆十年以前七次。
〔6〕《大清會典事例》191:5a～b。
〔7〕同上，191:16a。

"飭直省嚴核常平倉儲".[8] 這一清查花了四年工夫才得到結果。這就是上面提到的道光十五年各省常平倉實存的總數。當時戶部歸納倉穀減少之原因，有下列諸項：[9]

(1)歷年動缺穀　　12 500 000 石，

(2)虧缺徵變穀　　 2 700 000 石，

(3)糶缺借缺穀　　 3 100 000 石，

(4)未隨時買補　〔銀 1 100 000 兩〕，

　　總計短缺穀　　18 000 000 石。

由以上諸種原因看來，常平倉穀之減少大部分是由於歷年動缺而未買補所致。換言之，常平倉制度之運行已經鬆懈。"各州縣玩視倉儲，既不慎重出納，該管上司復不實力稽查"。在盛世時運行良好的制度，在嘉慶、道光年間已漸露衰態。這種倉穀日絀之情形，到了太平天國之亂以後，就更顯出空虛，乃至於連倉廠都根本毀壞不存的實況。

再就各地的情形來看，在資料許可的範圍內僅能得到若干不太完整的圖像。大多數地方志雖然都有倉儲的記錄，所記的數字往往只是"額儲"，而其數額又多與官書所記的相同。地方志中保存了幾個時期不同的數字而可供觀察倉儲量變動的州縣並不多，因此，我們所能描繪的僅僅是如圖一至五所示的零碎的畫面。不過，資料儘管不全，這些圖仍有若干參考價值。

表一　清代各省常平倉儲穀量（單位：石）

省　別	乾隆十三年 (1748)[1]	乾隆五十四年 (1789)[2]	變　動　量	變　動　率
盛　京	1 200 000	520 000[b]	－　　680 000	－ 0.56
直　隸	2 154 524	2 198 520	＋　　 43 996	－ 0.02
山　東	2 959 386	2 945 000	－　　 5 386	－ 0.002
河　南	2 310 999	2 866 499	＋　 555 500	0.24
山　西	1 315 837	2 110 031	＋　 794 194	0.60
陝　西	2 733 010	3 558 504	＋　 825 494	0.30

〔8〕《嘉興府志》(1879) 25:6b～7b。
〔9〕《大清會典事例》192:8b～10a。

續表

省　別	乾隆十三年 （1748）[1]	乾隆五十四年 （1789）[2]	變　動　量	變　動　率
甘　肅	3 280 000	6 892 250	＋　3 612 250	1. 10
江　蘇	1 528 000	1 538 000	＋　10 000	0. 006
安　徽	1 884 000	1 894 000[c]	＋　10 000	0. 005
浙　江	2 800 000	2 926 561	＋　126 561	0. 045
江　西	1 370 713	1 405 832[d]	＋　35 119	0. 026
湖　北	520 935	2 091 628[e]	＋　1 570 693	3. 02
湖　南	702 133	1 522 682	＋　820 549	1. 17
福　建	2 566 449	2 984 620[f]	＋　418 171	0. 16
廣　東	2 953 661	2 850 038	－　103 623	－ 0. 035
廣　西	1 294 829	1 294 829	0	0
四　川	1 029 800	3 118 004	＋　2 098 204	2. 03
雲　南	701 500	835 246	＋　133 746	0. 19
貴　州	507 010	2 258 496	＋　1 751 486	3. 45
總　計	33 812 786[a]	45 810 740	＋ 11 997 954	0. 35

資料來源：1.《大清會典事例》190：3b～5b。

2.《戶部則例》18：5b～30a，並參照《大清會典事例》190：7b～34a。

a. 原文云："通計直省共積穀 33 792 330 石"（190：5b），比實際總計爲少。

b. 僅指奉天府及錦州府，未包括盛京旗倉。如包括旗倉，則爲 1 256 840 石。

c.《戶部則例》記安徽儲量以米計，在此以一米二穀折算。

d. 此數爲《大清會典事例》所記各州縣之總合，若按《戶部則例》則僅爲 1 365 712 石。

e. 除穀 1 980 234 石外，另有米 55 697 石，以一米二穀折算。

f. 包括臺灣府。

　　圖一至五所表示的分別是直隸（河北）五州縣，山西十州縣，湖北五州縣，湖南十縣，以及廣東八縣常平倉儲穀量變動的情形。我們的做法是按各地方志所記的數字，在各時點上點出，然後把各點以直線連上。這樣表現的圖像只能告訴我們一些較明顯的趨勢。圖上所示之州縣，有的存穀多，有的存穀少，但是很明顯地有兩個共同的趨勢：（1）儲穀量的增加大都發生在 1800 年以前，尤其是在 1730～1760 年期間；（2）儲穀量的減少發生在 1800 年以後，特別是 1850 年以後常發

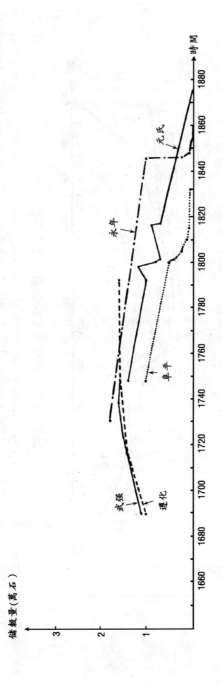

圖一、直隸（河北）五州縣常平倉儲量之變動

儲糧量（萬石）

時間

資料來源：《元氏縣志》（1875）6：1a～2b；《阜平縣志》（1874）4：37b～38a；《永年縣志》（1877）5：5a；《廣平府志》（1894）23：1a～3a；《遵化州志》（1794）7：24a～25b；《武強縣志》（1831）3：18a。

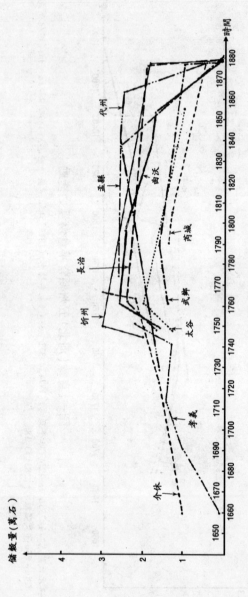

圖二、山西十州縣常平倉儲穀量之變動

資料來源：《太谷縣志》(1795)3：9b～10a；(1855)3：9a～b；《曲沃縣志》(1758)20：1b～3b；(1796)3：20b～21b；(1880)15：1a～3b；《長治縣志》(1763)7：11a～b；(1894)3：14a～b；《孝義縣志》(1770)滑附：10a；(1880)上：30a～b；《介休縣志》(1819)4：10a～14b；(1880)2：64a～b；《忻州志》(1747)2：49a～50a；(1880)17：3a～4b；《代州志》(1785)1：16b～17b；(1880)5：12a～b；《孟縣志》(1784)5：16a～17a；(1881)9：18a～b，《育城縣志》(1881)1：11a～b；《武鄉縣志》(1790)2：9a～b；(1879)1：32a～33b。

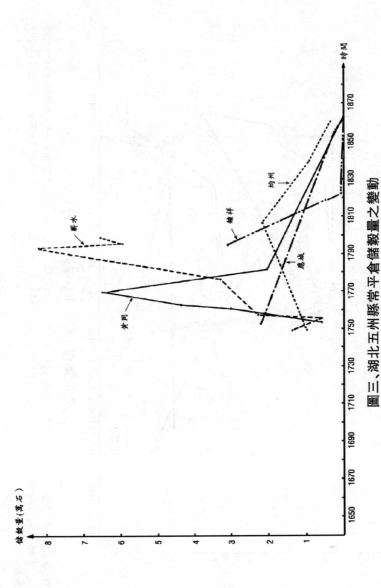

儲穀量（萬石）

時間

圖三，湖北五州縣常平倉儲穀量之變動

資料來源：《黃岡縣志》(1882) 4：42a～43a；《蘄水縣志》(1880) 4：55b～57a；《鍾祥縣志》(1937) 7：20a；《應城縣志》(1882) 2：16a～17a；《均州志》(1884)
7：25a～b。

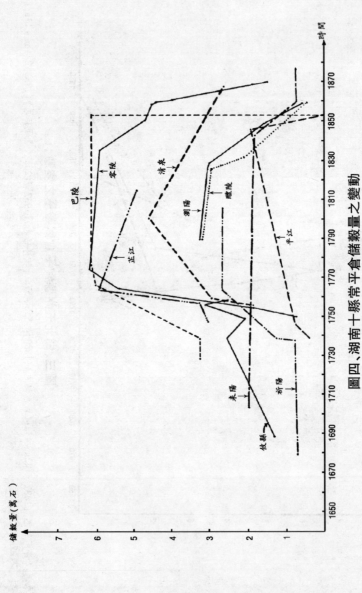

儲穀量（萬石）

時間

圖四，湖南十縣常平倉儲穀量之變動

資料來源：《醴陵縣志》(1871) 3：22；《瀏陽縣志》(1873) 7：8～17；《攸縣志》(1871) 14：6；《巴陵縣志》(1872) 6：2～4；《平江縣志》(1875) 20：5～8；《清泉縣志》(1763) 6：4；(1869) 4：4～5；《未陽縣志》(1826) 5：4～7；(1885) 2：1～6；《芷江縣志》(1839) 9：21～22；《零陵縣志》(1876) 4：15～17；《祁陽縣志》(1870) 17：6～31。

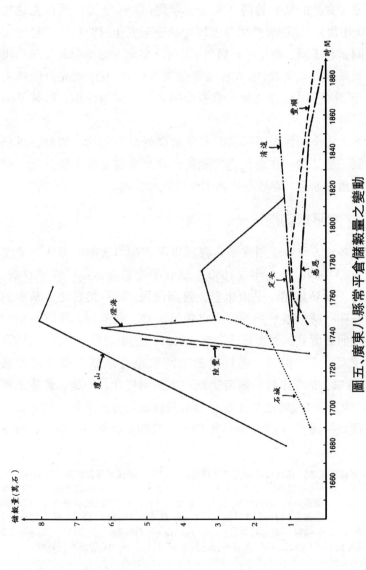

圖五、廣東八縣常平倉儲穀量之變動

資料來源:《清遠縣志》(1880)5:20;《陸豐縣志》(1745)9:28～30;《澄海縣志》(1815)14:21;《豐順縣志》(1884)2:27～30;《石城縣志》(1819)1:63;(1892)4:64～65;《瓊山縣志》(1857)6:1～3;《安定縣志》(1878)3:29～30;《感恩縣志》(1931)5:11

生倉穀用盡的情形。這共同的趨勢與上述全國總儲量增減之勢大抵相合，與《初探》一文中所舉四川各州縣之情形亦頗相似。

在共同的趨勢外，另有特殊的情形值得加以注意。例如，山西若干州縣常平倉穀的枯竭時間不在咸豐年間（1850 年代），而在光緒初年（1870 年代）。這顯然是與發生於光緒三至五年（1877～1879）的大旱災有關。除了圖二所示的州縣外，山西許多地方志都記載當時動用常平倉穀賑災。在災後，地方官雖奉命買穀還倉，並未能完全恢復舊額。[10] 至於在那次大旱災時，倉穀發揮多大的賑濟作用，留待下面再加以討論。

總之，由全國與州縣個別的常平倉儲穀量變動情形來看，我們可以得到一個結論：在清代盛世期間，常平倉儲量曾不斷擴充，但隨著清朝由盛而衰，存穀亦逐漸空虛以致於枯竭。

二、常平倉功能之一：平糶

清代各地方政府運用常平倉存糧以調節糧價波動的辦法主要是“平糶”。早在順治十七年（1660）就有平糶的規定：“常平倉穀，春夏出糶，秋冬糶還，平價生息，務期便民。”[11] 換言之，基本的辦法是春糶秋糶，以平抑季節性之糧價波動。在最初，政府平糶的價格是按照市價，例如康熙三十年（1691）的規定是：“每年三四月照市價平糶。”[12] 但是，遇到災歉的時候也有減價平糶的情形發生。[13] 後來，減價平糶的臨時措施也逐漸制度化，於是，乾隆七年（1742）規定：“成熟之年，每石照市價核減五分；米貴之年，每石照價市價減一錢。”到了乾隆四十四年（1779）又進一步規定，減價

---

[10] 《補修徐溝縣志》(1881) 2：22a；《交城縣志》(1882) 3：10b；《續修曲沃縣志》(1880) 15：3a～b；《翼城縣志》(1881) 9：37a；《太平縣志》(1882) 2：1a～2a；《汾西縣志》(1882) 2：4b～5a；《永濟縣志》(1896) 5：40a；《榮河縣志》(1881) 3：26b；《續猗氏縣志》(1880) 上：43a，《長治縣志》(1894) 3：14a～b；《長子縣志》(1882) 4：8a～b；《屯留縣志》(1885) 3：16b～18b；《襄垣縣續志》(1880) 9：31a～b；《潞城縣志》(1885) 2：31a～b，《壺關縣志》(1881) 上：21a～b；《續高平縣志》(1880) 7：1b～2b；《平定州志》(1882) 9：36b；《忻州志》(1880) 17：3a；《代州志》(1880) 5：12a～b，《安邑縣續志》(1880) 1：15a～b；《夏縣志》(1880) 4：11b～12a；《芮城縣志》(1881) 1：11a；《絳縣志》(1880) 5：22a～b；《沁源縣續志》(1881) 1：4b～5a；《武鄉縣續志》(1879) 1：32a～b。

[11] 《大清會典事例》275：1a。

[12] 同上。

[13] 同上，275：1b～3a，康熙三十三年，雍正十二年等條。

平糶倉糧，"每石不得過三錢"；如果必須大加酌減，則由各督撫臨時奏請核准。[14] 另外，對於出糶倉穀之數量，雖以存七糶三為原則，在災歉或豐收時也可以不必拘泥一定的比例。[15] 由以上這些規定可知，清政府對於平糶之規定最初只限於季節性波動之調節，後來才逐漸涉及週期性波動之調節。

我們知道，就清代物價的長期趨勢來看，十八世紀當中呈現的是上漲的趨勢。[16] 上面提到的關於平糶價格之規定，實際上反映了清政府針對物價趨勢而作適應的調整。康熙年間之規定照市價平糶，因為那時物價上漲之勢尚未形成。乾隆初年之規定減價平糶，正是物價上漲之勢已成之措施。此外，其他實例更可證明在糧價過度高漲時，減價可以超過規定。例如，乾隆十六年（1751），京師倉米每石市價 1.55 兩，而平糶價格為 1.2 兩，減價達 0.35 兩。嘉慶七年（1802），江西南昌瑞州等地之糧價，按市價之高低（每石 2.4～2.5 兩，2.6～2.8 兩，2.9～3.1 兩，3.2～3.4 兩）而有減銀二、三、四、五錢之相對措施。[17] 值得注意的是，嘉慶七年江西之減價平糶表現出糧價愈高，則減價幅度愈大之情形（由低價至高價，分別是 8%，11%，13%，15%）。[18] 可見甚至在清代盛世之末，政府仍能適時控制糧價之波動，使之趨於輕微。這正符合我們在《初探》一文中所作的推測。[19] 當然，這一時一地之情形是否足以代表整個清代盛世之情形，頗可存疑，而衰世之情況目前更無實例可援，故整個糧價波動如何平抑之問題尚待故宮檔案資料整理完竣後，才能進一步討論。

至於以常平倉穀平抑週期性糧價波動之實際情形，可以由平糶頻數及所用糧米之來源作一個大概的觀察。根據《大清會典事例》

---

[14] 乾隆七年之規定是依乾隆四年蘇撫奏請者，見《大清會典事例》275：6b～7a。至於"不得過三錢"之規定見275：12b；《戶部則例》（1865）16：13b，將這些規定併在一條，未註明年份。

[15] 詳見《戶部則例》16：12a～15b。

[16] Yeh-chien Wang, "The Seculare Trend of Prices During the Ch'ing Period," *The Journal of the Institute of Chinese Studies of the Chinese University of Hong Kong*, Vol. V. No. 2 (1972), p. 362.

[17] 《大清會典事例》275：9b，15a～b。

[18] 這些數字是由 0.2/2.45 = 0.08，……，0.5/3.3 = 0.15 而求得。

[19] 《初探》，頁 12。

記載，自康熙三十三年至光緒三年（1694～1877），經過奏准的平糶事件共計九十七次。這些事件因為都是特別經過奏准，所以可能是代表著常例之外的周期性波動之調節。在九十七次中，標明以各地方常平倉穀平糶者共六十三次，另有六次是由同一省份其他州縣之倉穀撥來平糶。這兩項合計，則以常平倉穀平糶之次數共為六十九次，佔總平糶次數的百分之七十一。其他二十八次，則或截撥漕糧，或撥款赴豐收之鄰省採買，或撥京通各倉存米，或勸捐集貲購糧，種種辦法皆用以補充常平倉平糶功能之不足。[20] 尤可注意者，在咸豐以後（1850年以後），十五次平糶中僅有六次是用常平倉穀。換言之，在清季，常平倉發揮調節周期性糧價波動之功能已經大不如前了。

三、常平倉功能之二：出借

常平倉穀除用於平糶以調節糧價波動外，另一項功能是出借給農民作為籽種口糧，以解決一部分青黃不接時農村發生的困難，並達到倉穀出陳易新之目的。一般的辦法是春借秋還，還時加收百分之十的利息（即借一石收息一斗），歉年則只收穀本而不收息。[21] 至於每年出借的倉穀是多少？出借和平糶是否同時舉行呢？官書上沒有明確的條款，但地方志中有若干記載。例如，山西陝西有些地方志說，常平倉在穀貴時存七糶三，在價平時存七借三，加一收息，收成在七分以下之年免息。[22] 可知，以常平倉穀出借或平糶，大約是各地因時制宜的，總是用每年必需出陳易新的部分（約為儲量的百分之三十）來舉辦。

出借的倉穀是否都能如期收還呢？我們從地方志中固然搜集到一些常平倉出借倉穀收息的記錄（如表二所列），這些事件並不算多，而且大部分是發生於乾隆年間。除了這些直接的證據外，若干間接的證據似乎也暗示著，出借倉穀的辦法並未運行得很好。例如，乾隆二十三年（1758）一次諭令中說："……若不如期催領完納，而

---

〔20〕 詳見《大清會典事例》卷二七五。
〔21〕 官書中明文規定之記載，見《大清會典事例》276：3a～b，乾隆二年條。
〔22〕 山西的《壺關縣志》（1770）4：10a；《介休縣志》（1819）4：10a；《平定州志》（1882）9：36b；《忻州志》（1747）2：49a；陝西的《咸陽縣志》（1751）3：10a～b，常平條規中亦言及存七出三。

以舊欠作新領，則出借之項，年復一年，不肖胥役從中影射，日久遂致無著，大非慎重儲積，賑恤困乏之意。嗣後各督撫務當實力奉行，除緩徵州縣外，所有民欠倉穀，令依限還倉。"[23]

此外，從蠲恤事例中，我們可以看到由乾隆四年至六十年（1739~1795），蠲免民欠倉穀的事件共十九次，而嘉慶以後，蠲恤事項就不再包括民欠的常平倉穀。[24] 顯然，在乾隆年間，民借倉穀就已經常未還倉，故嘉慶六年（1801）就決定："各省常平倉穀，如遇災歉必須接濟之年，仍查明果係農民，按名平斛面給。其無災年份，概不准出借。"[25] 這項決定終止了常平倉在平時發揮借貸的功能，而只能在災荒時救濟貧窮的農民。《山西通志·荒政記》詳細列出嘉慶道光年間以倉穀貸給災民之事蹟，共達十四次，可以佐證上述之決定。[26]

以常平倉穀借給農民，其基本精神與宋代王安石的青苗法是類似的，就是要解決短期農業資金需要的問題。不同的是，在青苗法之下，農民償還貸款必須易穀爲錢，無形中更加重了利息的負擔，因此遭受反對而不能實行下去。[27] 那麼，清代以常平倉穀出借，借穀還穀，利息亦較宋代青苗法爲低，爲何還是無法行之久遠呢？這個問題牽涉到的是地方行政效率。例如，在表二列出的例子中，只有曲沃縣在1755年和1756年的出借收回完全清楚，其他則都是含糊的"歷年"數字。也許這是地方志編纂者選擇史料之缺失，但各地方政府的原始資料（如縣冊、采訪錄等）是否保持完全也是頗有疑問的。除由記錄缺陋而反映出行政效率之問題以外，清代各地方之行政效率，既然操之於胥役之手，可能是因地而異或因人而異的。這個問題似可專文討論，在此從略。

四、常平倉功能之三：賑濟

常平倉的第三個功能是在嚴重災荒時，以倉穀賑濟災民。順治

[23] 《大清會典事例》276: 8a。
[24] 同上，266: 2b、12a~b、12b~13a、14b~15a、17a、20a、21b、21b~22a、24a、24b、25a、26a、30b~31a、31b、34a、39b、40a、40b~41a各條。嘉慶以後之蠲免事項見卷二六七。
[25] 同上，276: 16b。
[26] 《山西通志》（1892）82: 7b~8b。
[27] 《初探》，5~6及《附錄二》。

十七年（1660）的規定，除平糶外，又説："如遇凶荒，即按數給散災民貧户。"[28] 積穀以備荒歉引起的周期性波動是政府設立公共糧倉的重點，其道理在《初探》一文中已經討論過了。[29] 在此，將略就所掌握的資料來探討在嚴重災荒時，常平倉之賑濟功能。

表二　常平倉穀出借得息之記録

地名		年份	事項	資料來源
直隸	懷安縣	1706	糶借出三分之一	縣志(1876)2：1b
	寧河縣	1780	節年民欠米 6 027 石	縣志(1880)3：16a
河南	光山縣	1783	歷年息穀共 4 075 石	縣志約稿(1936)，頁 55
山西	曲沃縣	1755	借給里民穀 4 400 石，秋後共收本息穀 4840 石。	新修曲沃縣志(1758)20：1b～3b
		1756	出借里民穀 4 000 石，奉文分征一半，本息共收穀 2 200 石。	
		1757	出借里民穀 3 000 石。	
		1839	新收本年民借穀 4 000 石	續修曲沃縣志(1880)15：1a～3b。
		1847	民借穀均已征收還倉	
		1867		
	猗氏縣	1864	免 1859 年民借未完穀 2 195 石	續猗氏縣志(1880)上：43a～b。
		1879	免 1867 年民借未完穀 54 石	
	應歸縣	1753	本息穀共 21 605 石	縣志(1754)5：9b。
	歸石縣	1817	歷年生息穀 3 000 石	縣志(1817)3：14a。
	武鄉縣	1761	積息各 2 047 石	武鄉縣續志(1879)1：32a～b。
		1877	出借里民穀 2 500 石	
		1878	借給貧民籽穀 1 260 石	
陝西	清澗縣	1828	歷年豁免民欠穀 22 562 石	縣志(1828)4：30a。
湖南	茶陵州	1759	收息穀 327 石	州志(1870)10：3。
	零陵縣	1748～1752	出借息穀 760 石	縣志(1876)4：15。

《大清會典事例》記載賑飢的篇幅長達四卷（271～274），其中特别指明動用倉穀的事件列於表三。這些事件在清代賑饑活動中佔多少分量是很難估計的。但是可以肯定的是，在嚴重災荒時，僅賴常平倉穀是不足以救濟的。最著名的例子是光緒初年的大旱災。光緒二

---

[28] 《大清會典事例》275：1a。
[29] 《初探》11。

年(1876)，直隸開始發生旱災，當時動用倉穀設立粥廠或查戶放賑的地方有大名(1 950石)、元城(2 009石)、濼州(8 000石)、長垣(2 130石)、平鄉(1 200石)、慶雲(315石)。[30] 次年，旱災擴及山西。山西各地方志對於動用倉穀賑災的情形頗有記述，表四所列即是當時動用的倉穀與常平倉額儲量的比較。在二十五州縣中，除四縣的動用穀數不明以外，其他二十一州縣動用倉穀佔常平倉額儲的比率，最少的佔21%，最多的佔90%。可見常平倉儲穀量雖不足以救恤大災荒，但在災荒初生之時，至少還能濟急於一時。[31]

表三　以常平倉穀賑飢之事例

年份	地　　　　　　　　　　　　區
1651	山左，江浙。
1691	直隸井陘等十四州縣。
1704	湖北監利。
1707	江南。
1714	陝西、甘肅。
1720	陝西、甘肅。
1723	直隸、河南。
1725	江南、睢寧、宿遷二縣。
1726	安徽　無為州、望江等地(撥鄰近州縣積穀)。
1730	山東。
1742	江蘇　山陽等五縣。
1743	江東(倉穀不敷之州縣，折銀散給)。
1746	河南　鄢陵等二十六州縣,(銀米兼賑)。
1747	山東　(有倉穀不敷，銀穀兼賑者)。
1758	甘肅　(銀糧兼賑)。
1760	甘肅　(撥鞏昌等府倉儲)。
1783	陝西　(各處倉儲不敷，全予折色)。
1797	安徽　宿州等五州縣。
1801	陝西　咸寧等十州縣。
1807	河南　新鄉等十七州縣。
1807	江蘇　淮屬一帶(借各屬常平倉穀十萬石)。
1832	直隸。
1853	安徽　(撥鄰近未被擾州縣倉穀)。

資料來源：《大清會典事例》卷二七一～二七四。

---

[30]　《畿輔通志》(1884)108:4320。

[31]　參見《山西通志》(1892)82:19a～b,《賑冊》。

常平倉賑濟功能之限度，主要在於倉存量不足以應付嚴重的災害。清代賑災早就有以銀代穀或銀米兼放的情形，而乾隆四十一年（1776）更正式規定了各省折賑的定價。[32] 如此，災民若要以政府賑給的銀子買米，便要依賴民間的存糧或商人之販運。災情嚴重時則往往需賴外地之接濟。

五、其他公共糧倉

除常平倉外，清政府爲調濟地區間糧食的流通，另外設立了幾個特別的糧倉，分別敘述於下：

（1）河南漕倉：河南漕倉興建於康熙四十四年（1705）。當時在河南府（洛陽）建立倉廠 293 間，並在沿汴水和洛水附近的祥府、中牟、汜水、鞏縣、澠池、偃師、陝州、靈寶和閿鄉等地建倉 71 間，共計倉廠 364 間，收貯漕米 465 682 石，其中以 235 682 石收貯於河南府，以 230 000 石收貯於其他各地。以河南府爲重心，因爲該地"居數省之中"，而且近便山西陝西。河南漕倉之主要目的就是爲"賑濟山陝之需"而設。在平時，漕倉的存穀"每年於青黄不接之時，出陳易新，照依三分之一，借給農民，秋後還倉。"[33] 换句話說，河南漕倉的功能是以防備鄰省的週期性波動爲主，而以調節本省的季節性波動爲輔。

至於河南漕倉儲量之變動如何？乾隆十三年（1748）儲穀 775 143 石，則較上述康熙四十四年之數，增加了 66%。[34] 但是，乾隆十三年之數可能是一個頂點，因爲根據《户部則例》所載，河南漕倉額儲穀總計是 697 000 石。[35]

（2）安徽裕備倉：安徽省的裕備倉設立於乾隆四十二年（1777）。在鳳陽府之壽州、鳳陽、鳳台及潁州府之阜陽、潁上、霍邱、亳州、蒙城、太和等九州縣分別收儲豆、麥、雜糧共二十萬石，目的在於"備鳳陽泗州二屬災賑之用"。平時則亦照常平倉之例糶易。[36]

---

[32] 《大清會典事例》272：6a～b。
[33] 《大清會典事例》192：2b～3a。
[34] 同上，192：5b。
[35] 《户部則例》18：31b～32a。
[36] 《大清會典事例》192：7a～b；《户部則例》17：4a；18：33b～34a。

（3）江寧倉：江寧倉於康熙年間存儲捐米，康熙四十三年（1704）存穀達 87 000 石，因恐久儲浥爛，決定照常平倉之例，每年存七糶三，秋成買補。[37] 到了乾隆十三年，江寧倉儲穀僅 12 000 石，顯然減少了很多。[38]

（4）臺灣倉：臺灣倉之設立是專爲接濟福建之需要。雍正四年（1726）以正項錢糧運米十萬石於邊海地方建倉備儲。雍正七年（1729）又以官莊存米之價銀 73 400 餘兩採買。到了乾隆十一年（1746）更決定以四十萬石永爲定額。而乾隆十三年實存 396 716 石，與定額頗爲接近，可見當時確曾盡力使存穀足額。[39]

（5）廣西備貯廣東穀（或稱備東穀）：乾隆二十四年（1759）決定：廣西在常平倉額穀之外，另於桂林、平樂、梧州、潯州四府加貯穀十萬石，以備廣東平糶之用。原來廣西所產之稻米有餘，一向藉商人之販運而接濟廣東。乾隆二十三年（1758）因米價昂貴（地方官將原因歸諸於商販居奇）而撥廣西常平倉穀十萬石接濟廣東。事後經地方官奏准成爲定例，於是，廣西在常平倉原額外加貯十萬石作爲備東穀。乾隆三十五年（1770）曾略爲調整存穀的地點，但數額不變。[40]

以上所述河南漕倉、安徽裕備倉、江寧倉、臺灣倉和廣西備東穀都是特爲調濟地區間之需要而設立之倉儲。它們都在常平倉系統之外，但運行的辦法則類似。此外，還有浙江永濟倉、玉環同知倉及廣東廣糧通判倉也是在常平倉系統外的糧倉，皆因地制宜而設。至少在乾隆十三年時，這些糧倉皆有相當數額之存糧。[41]

以上所述是政府設立的糧倉。至於民間設立的則有社倉和義倉。社倉和義倉雖說是由民間自己管理，因爲每年要報官查覈故實具有半官方的性質；甚至在陝西和廣西兩省，社倉之穀本是由常平倉撥出，更可說是完全屬於官方的性質。以下就討論社倉和義倉及其補助常平倉之功能。

---

[37]《大清會典事例》192: 2a～b。
[38]《大清會典事例》192: 5b。
[39] 同上，192: 3a、3b、5a～b、6a。
[40]《廣西通志》（1800）162: 2b～3b。
[41]《大清會典事例》192: 6a。

表四　光緒初大旱災，山西各地常平倉動用穀與額儲穀比較

地名	常平倉額儲穀（石）	賑災動用穀（石）	動用穀佔額儲之百分比（%）
徐溝縣	28 000	5 749	21
交城縣	13 000	3 400	26
曲沃縣	26 000	6 353	24
翼城縣	16 000	（賑盡）	—
太平縣	16 000	（賑盡）	—
汾西縣	8 000	（賑盡）	—
永濟縣	20 000	（賑盡）	—
榮河縣	13 000	8 538	66
猗氏縣	16 000	10 666	66
長治縣	24 800	13 121	53
長子縣	13 000	7 742	60
屯留縣	13 000	8 150	63
襄垣縣	13 000	9 633	74
潞城縣	22 000	19 313	88
壺關縣	16 000	12 504	78
高平縣	16 000	10 387	65
平定州	30 000	23 215	77
忻　州	30 000	20 020	67
代　州	16 000	4 400	28
安邑縣	16 000	7 336	46
夏　縣	13 000	2 791	21
芮城縣	14 000	7 454	53
絳　縣	13 000	9 976	77
沁源縣	16 000	14 000	88
武鄉縣	14 000	12 552	90

資料來原：見注〔10〕。

　　清政府對於社倉和義倉之規定最早在康熙十八年（1679）。當時決定由"地方官勸諭官紳士民捐輸米穀，鄉村立社倉，市鎮立義倉"。[42] 可見社倉和義倉的主要差別是在於所在地有鄉村和市鎮之

〔42〕《大清會典事例》193：15a。

不同。但是，這個定義並不是絕對的。實際上鄉村或市鎮之界限並
不嚴格，有些地方設在市鎮的也稱爲社倉，有些地方設在鄉村的也
稱爲義倉。無論名稱之互用，社倉之管理辦法是："春則支借，秋成
還倉。設正副社長司其出納，每歲報該管地方官查核。"〔43〕 至於收
息之規定，據雍正二年（1724）定例是："每石收息二斗，小歉減息
之半，大歉全免其息，止收本穀。至十年後，息已二倍於本，止以
加一行息。"〔44〕 由這項規定可見，由康熙至雍正，其間社倉之成立
並未普遍，才有十年後減息之預先規定。但是這"十年後減息"之
辦法，似乎並非按各地社倉成立之年份起算。例如，雍正十三年
（1735）雲南成立社倉，就採用"加一還倉"之利率。〔45〕 總之，百
分之十的利率不僅是常平倉也是社倉通用的收息標準。

社倉的本穀於每年青黃不接時出借，以輔助常平倉,其息穀在乾
隆年間曾作爲地方水利建設之資金。例如，安徽、山西、福建、江西和
湖南等省的社倉息穀已積得相當多(如山西 458 700 石,江西 323 856
石),因此分別在乾隆三十九年(1774),四十年(1775),四十四年
(1779)和四十六年(1781)奏准,以大部分的息穀糶賣,變價所得之銀
兩存布政司,以作爲地方民田水利之用。〔46〕 一省之息穀能够積至三
四十萬石,可見那時社倉辦理得相當有成效。

至於社倉(或義倉)的存穀到底在各地倉儲系統中佔多少比重,可
以個別地方的數額加以比較。在這方面,我們尚未得到全國社倉的總
數。例如,表五所列是在乾嘉之際(約 1800 年左右)廣西省各種倉儲
之存穀量。就全省而言,常平倉穀佔 68%,社倉穀佔 14%,義倉穀佔
10%,另外備東穀、捐監穀和軍流遣犯口糧三項合佔 8%。就各府州而
言,常平倉穀多於其他各倉是共同的情形。又如四川,就全省總數而
言,社倉穀約佔常平和社倉兩項總和的三分之一;但是,有少數地方
(邛州直隸州、綿州直隸州、太平廳)則社倉穀反較常平倉穀爲多。〔47〕
又如河南,在乾隆三十年(1765),常平、義、社倉共貯穀 2 316 050 石,

〔43〕 《大清會典事例》193：1a。
〔44〕 同上，193：3a～b。
〔45〕 同上，193：6a。
〔46〕 同上,193：11a～12b;參見《户部則例》17：29a。
〔47〕 詳見《初探》20,表 1。

表五　廣西各種倉儲之存穀量，1800 年左右

單位：石

地名	常平穀*	備柬穀	捐鹽穀	社倉 本穀	社倉 息穀	義倉	軍流遣犯口糧 本穀	軍流遣犯口糧 息穀	總數	常平倉穀所佔百分比	社倉本穀所佔百分比	義倉所佔百分比
廣西省	1 274 378	100 000	28 236	258 275	25 411	178 276	6 940	2 864	1 874 385	68	14	10
桂林府	209 000	16 500	3 488	42 500	4 711	44 942	550	149	321 842	65	13	14
柳州府	146 544	—	2 733	28 000	2 578	24 680	819	28	205 386	71	14	12
慶遠府	79 184	—	4 058	19 499	1 282	3 175	850	157	108 210	73	18	3
思恩府	83 000	—	—	17 775	5 784	11 660	470	368	119 061	70	15	10
泗城府	22 852	—	942	10 999	962	2 881	600	413	39 652	58	28	7
平樂府	117 750	26 900	930	29 000	1 360	10 474	700	322	187 438	63	15	6
梧州府	135 935	26 100	—	18 999	—	22 704	450	221	204 412	67	9	11
潯州府	98 433	26 000	—	27 500	1 169	7 893	467	84	150 378	65	18	5
南寧府	155 493	—	5 030	21 500	5 101	20 369	664	294	204 521	76	11	10
太平府	100 784	—	7 724	20 000	256	5 710	420	221	139 963	72	14	4
鎮安府	36 398	—	2 114	12 500	256	5 881	400	271	57 823	63	22	10
鬱林州	89 000	4 500	1 215	20 000	1 200	17 897	550	330	135 694	66	15	13

資料來源：《廣西通志》(1800)卷一六二～一六三。

* 與《戶部則例》(1865)所載數字比較，僅桂林府（226 000 石）與柳州府（150 000 石）略有出入，其餘各府數額皆相同。

另外勸捐民社倉貯穀 730 443 石,後者約佔兩項總額之 24%。[48] 至於最著名的畿輔義倉(因設於鄉村,實爲社倉),據方觀承在乾隆十八年(1753)的奏報,當時直隸全省共建義倉 1 005 座,共存穀 285 300 石。以全省 39 687 個村莊計之,平均一倉大約服務 40 個村莊。[49] 若與乾隆十三年(1748)直隸常平倉儲量 2 154 524 石(見表一)相較,義倉存穀量僅爲兩者總額之 12%。其他省份的社倉和義倉,其資料可徵者列於附錄,以資參考。總之,在清代盛世常平倉逐漸擴充時,地方上之社倉或義倉也同時有所發展,只是規模容量大都不及常平倉。

此外,值得一提的是鹽義倉。雍正四年(1726),兩淮鹽商捐三十萬兩在揚州府治建倉儲穀,由雍正皇帝賜名爲鹽義倉,儲穀按常平倉之辦法平糶。[50] 除揚州外,設有鹽義倉之地另有九江和漢口。其他鹽區,如山東和兩浙,則有"按票輸穀"或"發場糶借,收鹽抵款"等辦法。[51] 總之,由於鹽義倉之設置,可見清代有一部分米糧貿易是操在鹽商手中。

社倉和義倉在整個倉儲系統中不如常平倉重要,但是,當清朝末朝,大多數的地方常平倉毀壞不存時,有些地方的民間社、義倉卻更積極地經營。例如,表六所列的是江蘇高郵州義倉在清季歷年的儲穀量和每年增減率。在三十二年中,儲量減少之年佔半數,但其中有四年減少不過百分之五。總而觀之,倉穀減少後總有力求補回之勢,而最後一年之存量仍較最頭一年爲多,可見高郵州義倉之運行是積極有力的。又如湖南瀏陽,同治二年(1863)勸捐成立義倉,儲穀達 40 440 石,較之常平倉未廢時之額儲(33 852 石)猶多。[52] 另外,《山東通志》保留了光緒三十一年(1905)和三十四年(1908)全省常平倉與社倉的實存量,兩者存穀皆已爲數不多(僅一兩萬石),然而常平倉穀竟只有社倉穀之半,可見常平倉衰廢之甚。[53]

---

[48] 《續河南通志》(1767 年版,1914 年重印)卷三四,有各州縣之細數。
[49] 詳見方觀承《畿輔義倉圖》(1753,臺北成文書局影印);參見村松祐次《清代の義倉》,《人文科學研究》第 11 期(1969),頁 77～199。
[50] 《大清會典事例》193:15a～b。
[51] 同上,193:15b～16b,參見《戶部則例》17:25a～b;兩浙鹽商輸銀儲穀事亦見《杭州府志》(1922)69:3b～5a;又《溫州府志》(1865)6:13a,記有永嘉場鹽義倉儲穀一萬石。
[52] 《瀏陽縣志》(1873)7:8～17。
[53] 《山東通志》(1911)84:2b。

表六　江蘇高郵州義倉儲穀

年　份	儲　穀　量　（石）	變　動　率*
1880	4 000	
1881	5 820	.45
1882	8 820	.52
1883	4 657	− .47
1884	8 880	.91
1885	12 490	.76
1886	7 954	− .36
1887	12 605	.58
1888	18 377	.46
1889	13 857	− .25
1890	19 497	.41
1891	19 035	− .02
1892	17 458	− .08
1893	14 318	− .18
1894	17 598	.23
1895	9 670	− .45
1896	6 720	− .31
1897	14 876	1.21
1898	21 554	.45
1899	21 012	− 0.3
1900	17 697	− .16
1901	8 637	− .51
1902	14 467	.68
1903	14 142	− .02
1904	13 421	− .05
1905	17 931	.34
1906	10 104	− .44
1907	13 146	.30
1908	15 011	.14
1909	6 259	− .58
1910	2 840	− .55
1911	9 500	2.35

資料來源：《三續高郵州志》（1922）1：78b～81a。

* 變動率 $= \dfrac{x_t - x_{t-1}}{x_{t-1}}$，x 代表儲穀量，t 代表時間。

清季常平倉既已衰廢，但是糧倉在農業社會中發揮穩定功能之重要性仍是當時政府所不敢忽視的。於是，在光緒年間各地方又有"積穀倉"之勸辦。積穀和保甲與團練成爲當時地方興辦之三件大事，成效如何則因地而異。例如，山東省自光緒七年（1881）開始勸辦，至清末仍然"所存蓋寡".[54] 雲南在光緒十六年至二十四年（1890～1898）共積穀 209 896 石.[55] 而杭州府則自光緒四年（1878）勸辦後，積穀達 363 000 石,[56] 較之雲南一省之數猶多。更多的資料可從地方志中細細鈎稽，但是，可以肯定的是，不論積穀多少，總難恢復常平倉在清代盛世之舊觀。

六、結　論

以上就現有之資料對清代常平倉及其他公共糧倉作一個概括的檢討，可以得到以下的結論：無論是政府或民間設立的公共糧倉，在清代盛世期間都曾有所擴充。它們的功能都是爲了調節農業社會時常發生的波動。不同的是常平倉以調節週期性波動爲主，而以季節性波動之調節爲其自然的副産品，社倉和義倉則以輔助常平倉季節性調節功能爲其主要目的。除了遍設於各地的常平倉和社倉（或義倉）外，清政府爲了地區間之調節，又於若干地方設立一些特別的糧倉。甚至在清季常平倉衰廢後，還有積穀倉之勸辦。總之，公共糧倉穩定農業社會之重要性始終爲政府所重視。

至於清代糧倉儲量之安全意義，應與米糧消費量略作比較才能顯示出來。在《初探》一文中，我們曾用四川省常平倉與社倉之總儲量與人口數加以比較，估計在倉儲量最大時（約十八、十九世紀之交），每人平均存穀量大約僅合每年消費量的 6.25%.[57] 爲了得到較全面的認識，我們取《户部則例》所載之常平倉儲穀量與《嘉慶大清一統志》所載之户口數字作爲比較，列於表七。這兩項資料之優點，在於它們比較完整，而且代表的時間大約相近，大抵是清代常平倉尚盛而未衰時之情況。就省區而言，有兩個現象較爲突出：

[54]　《山東通志》（1911）84：1a。
[55]　《續雲南通志稿》（1898，臺北文海書局影印）卷五五。
[56]　《杭州府志》（1922）69：11b。
[57]　《初探》15。

第一、西南和西北偏遠地區的省份，每人平均儲穀量較大（如貴州
0.422 石，甘肅 0.448 石，陝西 0.297 石）。第二、長江沿岸省份，
每人平均存穀量最少，除四川外，皆不及一斗。這兩個現象很明顯
地反映各地區因交通運輸條件之不同，接觸私人米糧市場之難易有
別，故常平倉之比重亦有所不同。

表七　清代常平倉額儲量最大時之情形，1789 年定額

省　　份	常平倉額儲量 （穀/石）[1]	戶　　數[2]	口　　數[2]	每戶平均 （石）	每口平均（石）
北　部					
直　隸	1 881 598	3 956 950	19 355 679	0.476	0.097
山　東	2 945 000	4 982 191	29 170 919	0.591	0.101
河　南	2 866 499	4 732 097	23 598 089	0.606	0.121
山　西	2 110 031	2 394 903	14 597 428	0.811	0.145
西　北					
陝　西	3 558 504	—	11 976 079	—	0.297
甘　肅	6 892 250[a]	2 909 528	15 377 785	2.37	0.448
東　部					
江　蘇	1 538 000	—	26 457 991	—	0.058
安　徽	1 894.000[b]	—	34 100 980	—	0.056
浙　江	2 926 561	5 066 553	27 411 310	0.578	0.107
中　部					
江　西	1 365 712	4 378 354	23 652 029	0.312	0.058
湖　北	2 091 628[c]	4 314 837	29 063 179	0.485	0.072
湖　南	1 522 682	3 234 517	18 523 735	0.471	0.082
東　南					
福　建[d]	2 934 620	3 377 525	18 546 446	0.869	0.158
廣　東	2 835 413	—	21 558 239		0.132
廣　西	1 294 829	1 279 020	7 429 120	1.012	0.174
西　南					
四　川	3 118 004	7 100 816	28 048 795	0.439	0.111
雲　南	835 246	1 041 522	6 048 116	0.802	.138
貴　州	2 258 496	1 168 884	5 351 551	1.932	0.422
總　　計	44 769 007	—	360 267 470	—	0.124

資料來源：1. 常平倉額儲量，據《戶部則例》(1865) 18: 5b ~ 30a.

2. 戶數與口數，據《嘉慶大清一統志》(臺北，商務，1966)，各卷，所記數字大約爲 1820 年之數。參見 Ping-ti Ho, *Studies on the Population of China*, 1368 ~ 1953 (1959), p. 56.

注：a. 甘肅之額儲爲京斗糧，所儲爲雜糧，參見《戶部則例》17: 20a ~ b。

b. 安徽之額儲，原以米計，以一米二穀折算爲穀。

c. 湖北除穀外，另有米 55 697 石，以一米二穀折算爲穀併入總數。

d. 福建包括臺灣府。

　　就全國而言，每人平均存穀量僅有 0.124 石（以二穀折算一米，則等於米 0.062 石）。這個數額到底是大是小呢？在《初探》一文中我們採用現代學者假定的最低消費量爲標準來估計，似乎並不是最理想的。在此，我們試採用乾隆五年（1740）規定的賑濟標準來作個比較。根據那一年的規定，各省賑濟"大口日給米五合（0.005石），小口日給二合五勺（0.0025 石），多少適中，著爲定例"[58]如果以大小各一口之平均數爲準，則每日需米 0.00375 石，那麼，每人平均存米 0.062 石僅可供 16.5 天的口糧。換言之，清代常平倉儲量在最大時即使全數動用，大約只能維持全國人口食用半個月左右。當然，全國性的饑荒事實上從未發生，但以此衡量各地方之情形，也可想見常平倉之不足以獨力應付嚴重的災荒。

　　那麼，社倉之存量大小又如何呢？既然我們尚未能湊集全國社倉在同一時期的數額，姑且以記載頗爲詳細的陝西武功縣社倉爲例來說明。表八列出武功縣社倉之所在地、戶數、貯穀數及每戶平均貯穀數。以全縣總數而言，社倉貯穀每戶平均 0.308 石（以米計算則爲 0.154 石）。如果每戶平均有三大口二小口，則每日需米共爲0.02 石。那麼，0.154 石的存米僅能維持每戶大小五口 7.7 天的口糧。換言之，社倉之存糧在嚴重災荒時能夠發揮的補苴作用也是非常有限的。

　　若將常平倉與社倉合而觀之，則其總存量最大時大約可以維持全國人口半個月至二十天左右的口糧。換言之，清代公共糧倉的安全存量始終未能達到現代國家所要求的標準。即使如此，就傳統農業社會而言，清代盛世倉儲量的成就仍不可忽視。

---

[58] 《大清會典事例》271: 12b ~ 13a。

表八　陝西武功縣社倉

社倉所在地	戶　數	貯穀數（石）	每戶平均穀數（石）
在 城 鎮	1 994	372	0. 187
貞 元 鎮	2 888	425	0. 147
長 寧 鎮	2 260	635	0. 281
薛 固 鎮	1 982	821	0. 414
普 濟 鎮	2 143	736	0. 343
大 莊 鎮	2 254	621	0. 276
永 安 鎮	1 933	817	0. 423
楊 陵 鎮	2 141	793	0. 370
游 鳳 鎮	1 261	489	0. 388
魏 公 鎮	1 555	577	0. 371
總　　計	20 411	6 291	. 308

資料來源：《武功縣志》（1816）1：8～12。

※ 本文原載《經濟論文》8 卷 1 期，臺北：中央研究院經濟研究所，1980 年。
※ 劉翠溶，美國哈佛大學博士，中央研究院院士、中央研究院臺灣史研究所特
　聘研究員。

附錄:常平、社、義倉儲量比較(選例)

(單位:石)

地 名	常平倉儲量	社倉儲量	義倉儲量	百 分 比 常平倉	社倉	義倉	資 料 來 源
直隸							
永平府	94 000	10 859	31 466	69	8	23	府志(1879)43:3a~15a.
正定府	192 000	58 785	39 949	66	20	14	府志(1762)13:8a~11a.
遵化州	16 026	1 723	5 684	68	7	25	州志(1794)7:24a~25b.
山東							
濟南府	471 000	9 217	4 792	97	2	1	府志(1840)16:5b~13b.
泰安府	114 000	20 572	—	85	15	—	府志(1760)6:12a~13b.
曹州府	203 000	21 935	—	90	10	—	府志(1756)7:56b~58a.
兗州府	169 980	34 018	—	83	17	—	府志(1770)4:7b~35b.
濟寧州	170 300	6 698	—	96	4	—	同上,4:22b,24b,27b,29b.
河南							
河南府	232 503	134 028	—	63	37	—	府志(1779)24:14a~16b.
汝寧府	210 640	41 510	—	84	16	—	府志(1796)8:19a~20b.
山西							
潞安府	121 809	108 105	19 991	49	43	8	府志(1770)9:13b~15b.
大同府	179 810	17 081	10 882	87	8	5	府志(1776,1782)12:7b~59b.
寧武府	97 965	4 591	—	96	4	—	府志(1735)4:15a~16a.
絳州	85 000	39 088	16 525	60	28	12	州志(1765)4:9a.
陝西							
西安府	702 000	80 000	255 337	68	8	24	府志(1779)14:5a~7b.

地名	常平倉儲量	社倉儲量	義倉儲量	常平倉	社倉	義倉	資料來源
鳳翔府	237 000	132 061	—	64	36	—	府志(1766)4:34a~b.
漢中府	228 200	16 913	—	93	7	—	府志(1814)12:1a~33b.
興安府	44 776	39 718	—	53	47	—	府志(1788)11:1~3.
江　蘇							
蘇州府	190 000	72 779	—	72	28	—	府志(1824)15:20b~21b.
松江府	150 000	57 781	—	72	28	—	府志(1817)28:43a~b.
淮安府	163 506	8 840	—	95	5	—	府志(1744)12:71a~72a.
海　州	35 000	7 993	—	81	19	—	州志(1811)17:1b~2a.
安　徽							
徽州府	93 000	17 908	—	84	16	—	府志(1827)3之3:6b~14b.
盧州府	148 000	57 800	—	72	28	—	府志(1885)16:8a~b.
鳳陽府	132 000	49 200	—	73	27	—	府志(1908)12:74b.
泗　州	160 000	38 465	—	81	19	—	州志(1788)5:24b~26a.
浙　江							
平陽縣	50 000	4 900	—	91	9	—	縣志(1925)12:3b~4b. 按此為1767年之數。
青田縣	15 952	1 732	—	90	10	—	縣志(1876)2:62b~63b. 按此為1759年之數。
松陽縣	16 039	7 027	—	70	30	—	縣志(1769)2:32b~34a.
龍泉縣	20 031	5 129	—	80	20	—	縣志(1762)2:18b~19a.
景寧縣	15 967	3 513	—	82	18	—	縣志(1778)4:34a~35b.
江　西							
南昌府	162 091	63 581	—	72	28	—	府志(1873)15:83b~85b.

地　名	常平倉儲量	社倉儲量	義倉儲量	百　分　比 常平倉	社倉	義倉	資　料　來　源
瑞州府	50 200	6 819	—	88	12	—	府志(1873)4:29~30.
贛州府	149 000	72 876	—	67	33	—	府志(1782)18:1b~2a.
南安府	64 000	66 731	—	49	51	—	府志(1868)4:25a~30b.按此爲1767年之數。
湖　北							
漢陽縣	95 769	—	15 632	86	—	14	縣志(1868)8:41a.
黃安縣	10 000	26 056	—	28	72	—	縣志(1870)5:52a.
鍾祥縣	31 000	2 397	—	86	14	—	縣志(1937)7:20a.原額。
應城縣	22 640	21 623	—	51	49	—	縣志(1882)2:16a~17a原額
宜都縣	10 000	5 019	—	67	33	—	縣志(1866)2:3a.
襄陽縣	14 791	5 010	—	75	25	—	縣志(1874)3:12a.
東湖縣	18 000	15 604	—	54	46	—	縣志(1864)11:28b~29a.
湖　南							
長沙縣	72 188	12 127	—	86	14	—	縣志(1817)9:41~44.
湘潭縣	78 600	15 620	—	83	17	—	縣志(1818)17:27~31.
清泉縣	(1)29 000	4 277	—	87	13	—	縣志(1869)4:4~5,(1)爲1750~1760,
	(2)45 427	14 277	—	76	24	—	(2)爲1780~1800,(3)爲1860's之數。
	(3)25 424	19 311	—	57	43	—	
永州府	132 792	79 004	—	63	37	—	府志(1828)7下:42~53.
福　建							
泉州府	529 961	43 282	—	92	8	—	府志(1763)22:1~9.

地　名	常平倉儲量	社倉儲量	義倉儲量	百　分　比			資　料　來　源
				常平倉	社倉	義倉	
古田縣	19 900	3 596	—	85	15	—	縣志(1751)3:49.
仙遊縣	35 568	22 478	—	61	39	—	縣志(1770)20上:1.
福寧府	155 913	17 478	—	90	10	—	府志(1762)11:1～3.
廣　東							
高州府	255 677	39 979	—	65	35	—	府志(1827)5:68.
廉州府	81 269	5 551	—	94	6	—	府志(1833)3:15～18.
南海縣	131 042	9 381	—	93	7	—	縣志(1835)14:24～25.
澄海縣	(1)4 957	1 955	—	72	28	—	縣志(1731)3:5.
	(2)35 555	12 183	—	74	26	—	縣志(1815)14:21.
羅定州	39 566	5 314	—	88	12	—	州志(1731)2:45～50.

論清代中葉廣東行商經營不善的原因

陳國棟

一、前　言

　　過去數十年關於鴉片戰爭以前中國近代經濟史的研究,基本上都環繞著一個問題,那就是如果沒有外國勢力介入,中國是否能够自行發展出現代資本主義的問題。從大陸上通行的術語來説,那就是鴉片戰爭以前,中國有否資本主義萌芽的問題。講到資本主義的萌芽,首要的事,當然要提及商業資本與商人。因爲當時其他形式的資本並不發達。從大陸知名學者傅衣凌的巨著《明清時代商人及商業資本》以及其他中外學者的研究中,我們可以清楚地瞭解,清代的主要商人,依籍貫來分,以徽州(新安)商人、山西商人與福建商人最爲傑出;以其經營事業的地點與内容來分,以兩淮鹽商、廣東行商以及江浙銅商最爲重要。從交易的總量來説,後面這三類商人也擁有最大的規模。在清代中葉(約 1760~1843)兩淮鹽業與江浙洋銅業差不多都由徽州商人與山西商人所操縱,而福建商人則在相當長的一段時間中爲廣東行商的主要來源。

　　關於兩淮鹽商,從何炳棣 1954 年在《哈佛亞洲學報》的一篇文章開始,已經有了許多出色的研究。[1] 而關於江浙洋銅商,在過去數十年中,也有佐伯富、松浦章、大庭脩等日本學者精彩的探討。[2] 至於

---

[1] Ping-ti Ho(何炳棣),"The Salt Merchants of Yang-chou: A Study of Commercial Capitalism in Eighteenth-Century China," *Harvard Journal of Asiatic Studies*, vol. XVII(1954),頁 130~168;參考蕭國亮《清代兩淮鹽商的奢侈性消費及其影響》,《歷史研究》1982 年第 4 期,頁 135~144。

[2] 其中尤以松浦章的研究最爲杰出,例如《乍浦の日本商問屋について——日清貿易における牙行》,《日本歷史》第 305 期(1973 年 10 月),頁 100~115;《唐船乘組員の個人貿易について——日清貿易における別段賣荷物》,《社會經濟史學》41:3(1975 年 10 月),頁 25~46;《長崎貿易における在唐荷主について——乾隆・咸豐期の日清貿易の官商・民商》,《社會經濟史學》45:1(1979 年 6 月),頁 77~95;《中國商人と長崎貿易——嘉慶・道光期を中心に》,《史泉》第 54 期(1980 年 3 月),頁 39~64。最近的研究則有劉序楓《清代前期の福建商人と長崎貿易》,《九州大學東洋史論集》第 16 期(1988 年 1 月),頁 133~160。

有關廣東行商的研究,雖然有汗牛充棟的著作,可是除了梁嘉彬的《廣東十三行考》,外並無更嚴謹深入的成就。大部分的作品都以 H. B. Morse 的 *The Chronicles of the East India Company Trading to China*, 1635 ~ 1834 爲史源。Morse 的書一方面只是英國東印度公司檔案的摘要,另一方面他所參考的材料並不完整。因此,有關行商的研究不但流於印象式,而且也缺乏完整性。[3] 爲了彌補這個缺憾,作者於 1986 ~ 1989 間分別在北美與英國從事有關行商史料的研究,并撰成 *The Insolvency of the Chinese Hong Merchants*, 1760 ~ 1843 一書,本文即爲該書主要論點之詳細摘要,請當行學者多多指教。

本文所使用的原始材料,主要有三個來源:(一) 英國東印度公司檔案;(二) 中國清代檔案;(三) 美國的商業文書及賬册。英國東印度公司檔案有三個系列, 其中兩個系列典藏於英國倫敦的印度辦公室圖書檔案館 (India Office Library and Records), 即 (1) "中日商館檔案" (G/12: Factory Records: China and Japan), 包括了有關廣州貿易的日記 (Diaries) 和議事録 (Consultations) 等等。這批檔案是每一年貿易季節終了, 由東印度公司廣州商館職員謄録寄回倫敦總公司的記録。(2) "中國檔案" (R/10: China Records), 這個系列除了也包含了日記與議事録外, 同時也收録了廣州商館與總公司之間往來的書信。這個系列是廣州商館逐日登録的稿本, 材料的價值當然比前一個高, 因爲前一個系列根本就是從這個系列謄録出來的。由於兩個系列都分別遺失了某些年份, 因此合併使用兩個系列, 對於史實的重建, 自然可收截長補短之效。除了以上兩個系列之外, 美國康乃爾大學的 "華生文庫" (Wason Collection, Cornell University) 亦藏有一份特殊的東印度公司檔案, 即 (3) "馬戛爾尼文

---

[3] H. B. Morse, *The Chronicles of the East India Company Trading to China*, 1635 ~ 1834, 5 vols. (Oxford: Oxford University Press, 1926 ~ 1929); Earl H. Pritchard, *The Crucial Years of Early Anglo-Chinese Relations*, 1750 ~ 1800 (臺北:虹橋書店影印本,1970); *Anglo-Chinese Relations during the Seventeenth and Eighteenth Centuries* (臺北:虹橋書店影印本, 1972); Louis Dermigny, *La Chine et L'Occident: le Commerce á Canton au XVIIIe Siècle*, 1719 ~ 1833, 4 vols. (Paris: S. E. V. P. E. N., 1964)。此外,有兩本博士論文亦處理行商的一般問題,即 Ann Bolbach White, "The Hong Merchants of Canton," University of Pennsylvania, 1967; Dilip Kumar Basu, "Asian Merchants and Western Trade: A Comparative Study of Calcutta and Canton, 1800 ~ 1840", University of California, Berkeley, 1975。

書"（Macartney Documents）。這個系列由二十一冊稿本組成，是東印度公司理事會（Court of Directors）爲 1792～1793 馬戛爾尼出使中國而自公司檔案中整理出來供馬戛爾尼參考的材料。對於前述兩個系列，此一文書亦有補充訊息的功能。

本文所使用的第二組原始材料爲臺北故宮博物院所藏的宮中檔奏摺原件、軍機檔與外紀檔奏摺錄副以及其他相關檔案。這些材料配合 1930 年代故宮博物院出版的清代文獻，如《史料旬刊》、《文獻叢編》、《清代外交史料》等等，可以補充一些英文資料所缺的訊息。

最後一項原始材料則爲美國一些地方歷史學會及博物館所庋藏的商業書信與賬冊。美國自 1784 年獨立成功後開始與中國直接貿易。該國的商人遺留下來許多寶貴的商業文書。這些文書不但保留了中美商人往來的史實，而且對於某些個別行商也不乏深入有趣的刻劃，對於瞭解行商的種種問題有很多助益。由於這類材料分別收藏在不同的地方，作者限於財力與時間未能逐一查閱，僅使用了麻州歷史學會（Massachusetts Historical Society）所藏之各項檔案，並利用了該學會及沙崙（Salem, Massachusetts）的伊塞克斯文物館（Essex Institute）所出版的各種中國貿易（China Trade）書信。不過由於沙崙與波士頓在鴉片戰爭以前在中美貿易上的地位十分重要，本文所得利用的材料其實已具有很高的代表性了。其他一時未能參考的材料對本文的立論影響應是相當有限的。

二、行商經營困難的事實

根據以上各項資料，我們得知從 1760 年廣東行商成立"公行"開始到 1843 年行商制度廢止爲止，前後共八十四年，共有四十七家洋行先後營業（參考表一），這四十七家當中的三十七家在 1771 與 1839 年間陸續停業。平均不到兩年即有一家停止營業。停業的洋行中，有兩家是因爲行商退休，有四家洋行停業的原因不明，有八家因能力不足或涉及官方認定的違法情事而被勒令歇業，另有三家因業主（行商）死亡，後繼無人而關閉。其餘的二十家洋行所以不能繼續營業，都是因爲周轉不靈導致破產的結果（參考表二）。破產的洋行數目因此占停業行商的二分之一以上，而超過全部洋行的五分之二。事實上，除了業主退休的兩家洋行外，所有其他三十五位歇

業的行商，在結束營業的時候，即使形式上沒有破產，負債也都早
已大過資產，繼續營業的可能性已微乎其微了。

表一　行商名稱及年代表，1760～1843

西文稱謂	中文稱謂	姓　名	行名	擔任行商年代	
1.1 Puan Khequa Ⅰ	潘啓官	潘文巖	同文	1760 以前	～1788
1.2 Puan Khequa Ⅱ	—	潘致祥	同文	1788	～1807
2.1 Sweetia	—	顏－－	泰和	1760 以前	～1762
2.2 Yngshaw	瑛　秀	顏時瑛	泰和	1762	～1780
3.1 Ton Suqua	陳壽官	陳－－	廣順	1760 以前	～1760
3.2 Ton Chetqua	—	陳－－	廣順	1760	～1771
3.3 Tinqua	陳汀官	陳－－	廣順	1771	～1776
3.4 Coqua	—	陳－－	廣順	1776	～1778
4.1 Chai Hunqua	—	蔡－－	義豐	1776 以前	～1770
4.2 Sy Anqua	—	蔡－－	義豐	1770	～1775
4.3 Seunqua	—	蔡昭復	義豐	1775	～1784
5.1 Sweequa	蔡瑞官	蔡－－	聚豐	1760 以前	～1761
5.2 Yokqua	—	蔡－－	聚豐	1761	～1771
6.1 Chowqua Ⅰ	—	陳文擴	源泉	1760 以前	～1789
6.2 Chowqua Ⅱ	—	陳－－	源泉	1789	～1792
7.1 Teunqua	—	蔡－－	逢源	1760 以前	～1760
7.2 Munqua	蔡文官	蔡世文	逢源 萬和	1760	～1796
7.3 Seequa	—	蔡－－	萬和	1796	～1797
8.1 Footia	—	張－－	裕源	1760 以前	～1760
8.2 Kewshaw	球　秀	張天球	裕源	1760	～1780
9.1 Ton Honqua	—	陳－－	遠來	1760 以前	～1760
9.2 Conqua	—	陳－－	遠來	1760	～1781
10.1 Geequa	—	葉－－	廣源	1760 以前	～1768
10.2 Teowqua	—	葉－－	廣源	1768	～1775
11.1 Shy Kinqua Ⅰ	石鯨官	石夢鯨	而益	1778	～1790
11.2 Shy Kinqua Ⅱ	—	石中和	而益	1790（1778）	～1795
12.1 Sinqua	—	吳－－	豐泰	1782	～1785
12.2 Eequa	—	吳昭平	豐泰	1785	～1790
13 Geowqua	釗　官	伍國釗	源順	1782	～1798

14	Pinqua	丙　官	楊岑龔	隆和	1782	~1793
15	Seequa	—	—	—	1782	~1784
16. 1	Lunshaw	—	—	—	1782	~1784
16. 2	Conqua	—	—	—	1784	~1786
17	Howqua	—	林時懋	泰來	1784	~1788
18	Chetai	—	李－－		1791	~1791
19. 1	Mowqua I	茂　官	盧觀恒	廣利	1792	~1812
19. 2	Mowqua II	—	盧文錦	廣利	1812	~1835
19. 3	Mowqua III	—	盧繼光	廣利	1835	~1843
20	Yanqua	葉仁官	葉上林	義成	1792	~1804
33. 1	Puiqua	伍沛官	伍秉鈞	怡和	1792	~1801
21. 2	Howqua I	伍浩官	伍秉鑑	怡和	1801 ~ 1826(1843)
21. 3	Howqua II	—	伍元華	怡和	1826	~1833
21. 4	Howqua III	—	伍元薇	怡和	1833	~1843
22	Ponqua	榜　官	倪秉發	達成	1792	~1810
23	Tackqua	—	—		1792	~1794
24. 1	Gnewqua I	侶　官	鄭尚乾	會隆	1793	~1795
24. 2	Gnewqua II	—	鄭崇謙	會隆	1795	~1810
25. 1	Chunqua I	中　官	劉德章	東生	1794	~1824
25. 2	Chunqua II	—	劉承霈	東生	1824	~1827
25. 3	Chunqua III	—	劉　東	東生	1827	~1830
26	Conseequa	崑水官	潘長耀	麗泉	1797	~1823
27. 1	Loqua	黎六官	黎顔裕	西成	1802	~1814
27. 2	Pacqua	黎柏官	黎光遠	西成	1814	~1826
28	Inqua	—	鄧兆祥	福隆	1802	~1810
29	Poonequa	麥觀官	麥覲廷	同泰	1804	~1827
30	Lyqua	周禮官	周信昭	—	1804	~1809
31	Fonqua	方　官	沐士方	萬成	1807	~1809
32. 1	Kinqua I	梁經官	梁經國	天寶	1807	~1837
32. 2	Kinqua II	—	梁承禧	天寶	1837	~1843
33. 1	Fatqua I	發　官	李協發	萬源	1808	~1822
33. 2	Fatqua II	—	李應桂	萬源	1822	~1835
34. 1	Puan Khequa II	—	潘致祥	同孚	1815	~1820
34. 2	Puan Khequa III	—	潘正煒	同孚	1821	~1843

35. 1	Manhop Ⅰ	—	關　祥	福隆	1811	～1828
35. 2	Manhop Ⅱ	—	關成發	福隆	1811	～1828
36. 1	Goqua Ⅰ	謝鰲官	謝嘉梧	東裕	1809	～1826
36. 2	Goqua Ⅱ	—	謝有仁	東裕 東興	1826	～1843
37	Hingtae	—	嚴啓昌	興泰	1830	～1837
38	Minqua	潘明官	潘文濤	中和	1830	～1843
39	Pwanhoyqua	潘海官	潘文海	仁和	1830	～1843
40	Saoqua	—	馬佐良	順泰	1830	～1843
41	Chingqua	—	林應奎	茂生	1830	～1831
42	Tuckune	—	—	1830	～1831
43	Samqua	吳爽官	吳天垣	同順	1832	～1843
44	Tungqua	通　官	王達通	福泉	1832	～1835
45	Footae	—	易元昌	孚泰	1835	～1843
46	Lamqua	—	羅福泰	東昌	1835	～1837
47	Takqua	—	容有光	安昌	1836	～1839

資料來源：Kuo-tung Chen, *The Insolvency of the Chinese Hong Merchants*, 1760 ～ 1843, 南港：中央研究院經濟研究所, 1990。

表二　行商停業年份及停業形式表

	行　　名	停業年份	停業形式
5	聚豐	1771	A
10	廣源	1775	D
3	廣順	1778	B
2	泰和	1780	B*
8	裕源	1780	B*
9	遠來	1781	D
4	義豐	1784	B*
15	Seequa's	1784	D
16	Lunshaw's	1786	C
17	泰來	1788	B
12	豐泰	1790	B*
18	Chetai's	1791	A
6	源泉	1792	B

14	隆和	1793	C
23	Tackqua's	1794	A
11	而益	1795	B*
7	萬和	1797	B
13	源順	1798	B
20	義成	1804	R
1	同文	1807	R
30	Lyqua's	1809	C
31	萬成	1809	B*
22	達成	1810	B*
24	會隆	1810	B*
28	福隆 A	1810	C
26	麗泉	1823	B*
27	西成	1826	B*
29	同泰	1827	B*
35	福隆 B	1828	B*
25	東生	1830	B*
42	Tuckune's	1831	C
41	Chingqua's	1831	C
44	福泉	1835	A
33	萬源	1835	B
46	Lamqua's	1837	C
37	興泰	1837	B*
47	安昌	1839	C

説　明:停業形式欄之符號分別代表如下:

　　A:有關該行一切記載自表中列舉之各年份後不再出現。

　　B:由地方官宣告破產,案情未經奏報中央。

　　B*:由地方官宣告破產,并將案情奏報中央。

　　C:因能力不足或違法情事被地方官勒令歇業。

　　D:因行商死亡而歇業。

　　R:獲得地方官同意而退休。

資料來源:Kuo-tung Chen, *The Insolvency of the Chinese Hong Merchants*, 1760~1843, 南港:中央研究院經濟研究所,1990。

　1843 年以前停業的洋行固然大多遭遇過周轉不靈的困難,僥幸

維持到 1843 年的十家洋行在其結束營業時，除了同孚行（潘正煒）
與怡和行（伍秉鑑）外，其他八家的情況大多也很不好。尤其是其
中的天寶行（梁承禧）與廣利行（盧繼光）在 1843 年時，分別各
自負欠外國商人白銀一百多萬兩，實質上已經是破產了。[4] 從洋行
周轉不靈的情形來看，洋行經營困難的事實是相當顯著的。

　　再從洋行與行商存在的時間長短來看。四十七家洋行中，有十
家開始於 1760 年以前，又有十家維持到 1843 年，這二十家的存在
時間不適合與另外於 1760 與 1843 年間開業、停業的二十七家一起
看。我們分別計算，結果發現 1760 年以前即已存在的十行在 1760
年後，平均各繼續了 25.5 年（最多 48 年，最少 12 年）；維持到
1843 年的十行平均各存在了 26.7 年（最多 52 年，最少 9 年）。此外
的二十七行則平均只各存在 12 年（最多 37 年，最少只有一年）（參
考表三）。若從這二十七家洋行各自的最後一任行商營業的時間來
看，平均則只有 9.5 年（參考表一）。以上這些數字多少也説明了洋
行與行商均難維持相當長時間的營業。

表三　廣東洋行營業時間表

行　　名	開業年代	總年數
1　同文行	1760 以前 ~1807	48 年以上
2　泰和行	1760 以前 ~1780	21 年以上
3　廣順行	1760 以前 ~1778	19 年以上
4　義豐行	1760 以前 ~1784	25 年以上

---

[4] 東印度公司檔案，G/12/262，頁 28，1838/11/28；G/12/263，頁 5～6，1839/05/22；
G/12/248，頁 76，1832/05/15；G/12/248，頁 84，1832/05/21；R/10/29，頁 254～255，
無日期；R/10/29，頁 386，1829/11/20；*The Chinese Repository*，vol. XII（November,
1843），p. 615；H. B. Morse, *The International Relations of the Chinese Empire*，臺北：成文
出版社影印本，1978 年，vol. I, p. 165；Anonymous, *The Chinese Security Merchants in
Canton and Their Debts*，London：J. M. Richardson, 1838, p. 37；J. B. Eames, *The English
in China*，London：Curzon Press reprint, 1974, p. 309；T. F. Tsiang（蔣廷黻），"The Gov-
ernment and the Co-hong of Canton, 1839," *The Chinese Social and Political Science Review*,
vol. XV, no. 4（January, 1932）；W. E. Cheong（張榮洋），*Mandarins and Merchants: Jar-
dine Matheson & Co. , a China Agency of the Early Nineteenth Century*, Scandinavian Insti-
tute of Asian Studies Monograph Series, no. 26, London: Curzon Press, 1979, pp. 96～97；
Yen-p'ing Hao（郝延平），*The Commercial Revolution in Nineteenth Century China: The
Rise of Sino-Western Mercantile Capitalism*, Los Angeles and Berkeley: University of Califor-
nia Press, 1986, p. 308；H. B. Morse, *The Chronicles*, vol. IV, pp. 207, 327；梁嘉彬《廣
東十三行考》，臺中：東海大學，1959 年，頁 165。

5	聚豐行	1760 以前 ~1771	12 年以上
6	源泉行	1760 以前 ~1792	33 年以上
7	逢源、萬和	1760 以前 ~1797	38 年以上
8	裕源行	1760 以前 ~1780	21 年以上
9	遠來行	1760 以前 ~1781	22 年以上
10	廣源行	1760 以前 ~1775	16 年以上
11	而益行	1778 ~1795	18 年
12	豐泰行	1782 ~1790	9 年
13	源順行	1782 ~1798	17 年
14	隆和行	1782 ~1793	12 年
15	Seequa's	1782 ~1784	3 年
16	Lunshaw's	1782 ~1786	5 年
17	泰來行	1784 ~1788	5 年
18	Chetai's	1791 ~1791	1 年
19	廣利行	1792 ~1843	52 年
20	義成行	1792 ~1804	13 年
21	怡和行	1792 ~1843	52 年
22	達成行	1792 ~1810	19 年
23	Tackqua's	1792 ~1794	3 年
24	會隆行	1793 ~1810	18 年
25	東生行	1794 ~1830	37 年
26	麗泉行	1797 ~1823	27 年
27	西成行	1802 ~1826	25 年
28	福隆行 A	1802 ~1810	9 年
29	同泰行	1804 ~1827	24 年
30	Lyqua's	1804 ~1809	6 年
31	萬成行	1807 ~1809	3 年
32	天寶行	1807 ~1843	37 年
33	萬源行	1808 ~1835	28 年
34	同孚行	1815 ~1843	29 年
35	福隆行 B	1811 ~1828	18 年
36	東裕、東興	1809 ~1843	34 年
37	興泰行	1830 ~1837	8 年
38	中和行	1830 ~1843	14 年
39	仁和行	1830 ~1843	14 年
40	順泰行	1830 ~1843	14 年
41	茂生行	1830 ~1831	2 年
42	Tuckune's	1830 ~1831	2 年
43	同順行	1832 ~1843	12 年
44	福泉行	1832 ~1835	4 年

45	孚泰行	1835	~1843	9 年
46	東昌行	1835	~1837	3 年
47	安昌行	1836	~1839	4 年

資料來源：同表一。

　　綜上所述，在整個清代中業，廣東洋行的經營普遍地相當困難，同時大部分的洋行也都不容易維持長時期的營業。這個事實與傳聞中行商的富有可以説是南轅北轍。其實，行商富有的傳聞也不完全是空穴來風。因爲行商的某些事業獲利性確實很高，這予人行商富有的必然推斷。其次，行商的生活方式比一般人奢侈，他們經手的交易價值又很大，政府更從他們手上獲得巨額的關稅與捐輸報效的收入，這些事實在在地予人行商富有的印象。下文便從這幾個方面來檢討行商營收與開支的情形，以便説明何以行商普遍經營困難。必須先説明的一點是以下的探討係以全體行商作爲討論的對象，而不就個別行商的特殊情形另作分析。

三、行商的可獲利性

　　行商普遍經營困難並不意味著行商的事業無利可圖。相反地，他們的可獲利性很高。因爲可獲利性很高，所以儘管失敗的例子層出不窮，廣東洋行中還是出了兩家發大財的商人，即怡和行（伍秉鑑）與同孚行（潘致祥與潘正煒）。就怡和行而言，在 1792 年由伍秉鈞開業時，資產甚微[5]。1798 年，其叔伯伍國釗（源順行）破產時，秉鈞還替他承擔了所有負欠外國商人的債務[6]。秉鈞於 1801 年去世，怡和行由伍秉鑑繼承。到了 1834 年，秉鑑自己估計已擁有 26 000 000 元（墨西哥銀元，下同）的資產，相當於市平白銀18 720 000兩，則怡和行在這三四十年獲利的情形至爲可觀[7]。就同孚行而言，第一位業主潘致祥雖然在 1788 ~ 1807 年間擔任同文行的行商，但同

[5]　東印度公司檔案，G/12/103，頁 39, 1792/09/21："Puiqua is Brother to Geowqua & is supposed to have some capital, but hitherto we know little of him, except occasionally purchasing a few Chops of tea." 引文中之 Puiqua 當作 "Puiqua's father"。

[6]　東印度公司檔案，G/12/119，頁 97, 1798/01/26；G/12/119，頁 117 & 121, 1798/02/06, G/12/119，頁 126 ~ 127, 1798/02/11；G/12/119，頁 129 ~ 130, 1798/02/12。

[7]　William C. Hunter, *The "Fan Kwae" of Canton Before Treaty Days*, 1820 ~ 1844 ,Shanghai: Oriental Affairs, 1938, pp. 29 ~ 31；H. B. Morse, *The Chronicles*, vol. IV, pp. 59, 348。

文行在 1807 年歇業時,潘致祥已經把所有的財產與他的家族分割了,因此他只繼承了部分同文行的資產。潘致祥於 1815 年新開了同孚行,於 1820 年去世。去世時留下的財產已達 10 000 000 元(7 200 000 兩)。潘致祥的兒子潘正煒從 1821 年起繼續經營同孚行,直到 1843 年整個行商制度廢止爲止。數年後,潘正煒的家族所擁有的財産據説更多達 20 000 000 元(14 400 000 兩)。[8] 怡和、同孚兩行都在少數幾十年間累積大量的資財,顯然行商的事業相當地有利可圖。

對整體行商而言,經手中外貿易有利可圖的事實更清楚地反應在商品的獲利性上。我們先就行商與英國東印度公司交易茶葉的情形作一研究,便可證明。

英國東印度公司在 1760～1833 年間爲廣東行商最主要的貿易對手。尤其是 1784 年英國國會通過所謂的"折抵法案"(Commutation Act),將茶葉的進口稅由平均 120% 以上降爲 12.5%,大大鼓勵了茶葉的消費。此後由英國東印度公司出口的茶葉數量便急速增加(參考圖一)。在此年以前,英國公司每年自中國出口的茶葉,平均不到 80 000 擔(一擔等於 100 斤,或 60 公斤)。從 1784～1785 到十八世紀末,每年約輸出 160 000 擔。到了 1810 年以後,平均每年就高達 240 000 擔上下。根據作者在 1989 年第二屆中國近代經濟史會議的一篇小文的研究,[9]行商可以從經手交易的茶葉上,獲得平均每擔四至五兩的利潤。以每擔四兩來説,整個行商團體在 1784 年以前,每年可以從與英國公司的茶葉交易上獲取 320 000 兩銀子的利潤。1784 至 1800 年間,每年的利潤約爲 640 000 兩。1810 年以後則每年高達 960 000 兩。因此,單就與英國東印度公司交易茶葉而言,整個行商團體所能獲得的總利潤是相當可觀的。

不過, 行商與東印度公司交易茶葉, 依雙方契約的規定, 個別

〔8〕 William C. Hunter, *Bits of Old China* , Shanghai: Kelly and Walsh, 1911, pp. 78～80; Lawrence Waters Jenkins, "An Old Mandarin Home," *Historical Collections* (Essex Institute), vol. LXXI, no. 2 (April, 1935), p. 106。Cf. W. E. Cheong(張榮洋), "The Hong Merchants of Canton," *Hong Kong - Denmark Lectures on Science and Humanities* , Hong Kong University Press, 1983, pp. 19～36。關於 1807 年潘致祥與其族人分割同文行資産一事,見東印度公司檔案,*G*/12/273, pp. 101～107, 1821/10/11。

〔9〕 Kuo-tung Chen(陳國棟), "Transaction Practices in China's Export Tea Trade, 1760～1833," *Proceedings of the Second Conference on Modern Chinese Economic History* ,臺北:中央研究院經濟研究所,1989 年,頁 745～770。

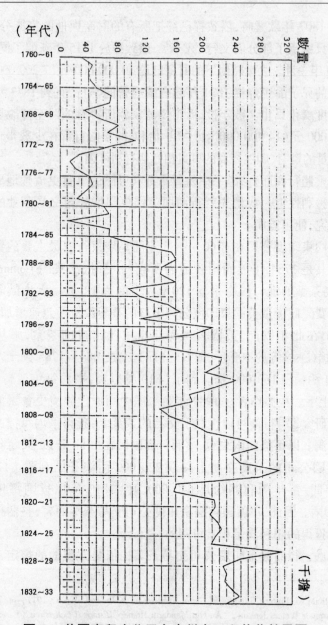

圖一　英國東印度公司自廣州出口之茶葉數量圖

資料來源：Earl H. Pritchard, *The Crucial Years of Early Anglo-Chinese Relations*, 1750～1800 (1936；Taipei：Rainbow-Bridge, 1970 reprint)，p. 395；H. B. Morse, *The Chronicles of the East India Company Trading to China*, vols. Ⅱ, Ⅲ and Ⅳ（Oxford：Oxford University Press, 1926）, *passim*.

行商必須按照其出售給公司茶葉的多寡，等比例地購入公司進口到
中國的英國毛料。由於茶葉與毛料的買賣互爲要件，因此在計算茶
葉利潤時也應該同時考慮經手毛料交易的盈虧問題。一般而言，毛
料的買賣對行商是不利的。毛料的價格，如同茶葉，也是行商與公
司雙方議定的。公司要求的價格往往高於中國市面上的價格。（因爲
公司的成本原本就高於中國的市價，但是爲了平衡中英之間的貿易，
公司又不得不進口毛料到中國。）由於經手茶葉交易的利潤很高，行
商爲了爭取出售茶葉給公司的機會，也就只好在毛料的價格上稍作
讓步。因此，行商將毛料轉手出去的時候，大多都有所虧損。換言
之，把毛料與茶葉的交易合併考慮時，行商的獲利情形就稍爲差些。

表四　茶葉及毛料的獲利率

（%）

交　易　資　料	茶葉單項	茶葉及毛料合併	毛料單項
怡和行代西成行買賣， 1823～1824	19.62	17.20	2.42
西成行自行買賣， 1822～1823	15.38	12.97	2.41
怡和行代同泰、天寶、萬源三行 買賣，1826～1827	16.00	9.44	6.56
廣利行代西成行買賣， 1823～1824	19.62	16.95	2.67
廣利行自行買賣， 1826～1827	16.00	8.97	7.03
東生行代西成行買賣， 1823～1824	19.62	17.20	2.42
東生行代西成行買賣， 1823～1824，另案	11.92	9.51	2.41
平　　　均	16.88	13.18	3.70

資料來源：東印度公司檔案，R/10/28。1828/01/23，pp.175～177。

　　表四爲1823～1827年間幾家行商獲利率的資料，代表一般獲利
的情形。據此，行商若只出售茶葉給公司而不購入毛料，則有平均
16%的利潤。當毛料的交易也納入考慮時，平均獲利率就降到13%。

表四的獲利率是依東印度公司的買入價格計算的。在 1824～1825 一年的交易中,行商總共出售 210 000 擔茶葉給東印度公司,總售價超過 7 500 000 元(5 400 000 兩)。我們即以 13% 的利潤率計算,全體行商當可獲得 702 000 兩左右的利潤。當年英國公司把他們的交易分成大略相等的二十五份。其中怡和行擁有四份,廣利、同孚與東生三行各自擁有三份,西成、福隆、東裕、同泰、天寶與萬源各行則分別擁有兩份交易。依據這些比例來計算,大行商怡和行伍秉鑑可以獲得 112 320 兩的利潤;中行商如同孚行潘正煒可得 84 240 兩;小行商如天寶行梁經國可得 56 160 兩。

一般而言, 行商如果只與英國東印度公司買賣茶葉, 則不但風險不大, 而且可以穩獲相當可觀的利潤。因此, 一個行商如果周轉不靈, 則只有兩種可能:(1)開銷太大,遠非此項交易之利潤所能完全支付;(2)基於某些動機,該行商與英國東印度公司從事茶葉—毛料以外的交易,或者與該公司以外的其他外國商人做生意。以下就依此二方向對行商的開支與經營的情形加以探討。

四、行商的重大支出

過去學術界對於行商經營困難以至於破產的解釋偏重於強調行商的開支過大。這些說法可以分成兩點:其一是說他們的生活侈靡;其二則是說政府及有關的官員剝削他們剝削得太過份。這兩點說法揭示了炫耀性消費與官方的榨取同為行商的重大支出之事實。此外,行商的重大支出尚有一項,那就是維持其營業設施(店面、棧房、雇工等)以及家人或家族的費用。

先說設施及家族的維持費。上節在估計行商經手茶葉交易之利潤時並未把他們的固定成本算進去——這也是當時的商業習慣。所謂的固定成本, 就是維持店面、棧房以及雇用賬房、夥計與工人等的費用。商業上交際應酬的開支也包括在內。至於家族生計的維持,行商的支出也相當可觀。例如十九世紀初仰賴天寶行為生的梁氏家族就有上百家之多。[10] 設施與家族的維持費兩項合併起來,一個大

---

〔10〕 梁氏家傳云:"嘉慶十三年,(梁經國)遂承充洋商。……當洋行盛時, 族鄰待舉火者,百數十家。病者藥之, 急者周之。朋友稱貸, 未嘗不予。"見梁嘉彬《廣東十三行考》,頁 266。

行商每年大約要支出 50 000 ~ 60 000 元,小行商 20 000 元。平均約 40 000 元或 30 000 兩左右。[11] 就整個行商團體而言,一年的支出約 爲 300 000 兩。

其次說到行商的炫耀性消費。這一類支出表現在三方面: (一) 生活方式的侈靡; (二) 個人社會地位的提升; (三) 增進家族成員 向上的社會流動。第一方面關於生活方式侈靡的問題,事實上並不 如一般想像的那麼嚴重。比起兩淮鹽商爭奇鬥富的情況而言,廣東 行商顯得相當保守。他們既不像鹽商一樣大造庭園,也不似某些鹽 商從事種種駭人聽聞的怪癖性收藏或活動。[12] 外國人眼中所見行商 的侈靡行爲主要是後者的筵席。然而,筵席的開銷在中國商場上本 爲不可或缺的項目,再者與宴的外國商人有時候也須分攤部分的費 用。[13] 更重要的是,這些費用已經算在前述的固定成本中,只佔每 行每年平均 30 000 兩當中的一部分,對行商財富的流失,影響應該 不致於太大。

炫耀性支出的第二方面爲行商在提升個人社會地位方面的花費。 行商大都擁有官銜。這些官銜毫無例外地是他們捐錢給政府的回報。 因此,有些學者也將求取官銜以提高行商本人的社會地位視爲一種炫 耀性的消費行爲。其實,在取得官銜一事上,我們必須澄清,行商有時 完全是出於被動的。不管主動或被動,對於在職的行商而言,參與科 舉考試以獲得功名——擔任官員的資格——幾乎是不可能的。只有 經由金錢的媒介,通過"捐納"或"捐輸"的手續,他們才有可能獲得官 銜。所謂"捐納"是政府在國家有特殊財政需要的時候,將某些官銜或 資格訂定一個價目表,讓人民來購買。幾乎所有的行商在開業之初或 開業之前都已透過這種方式取得某種官銜。這種捐官方式花費不大。 普通爲數百兩或數千兩,少時則不過數十兩銀子而已。[14] 因爲價錢

[11] Anonymous, "A Dissertation upon the Commerce of China," in Rhoads Murphey ed. , *Nineteenth Century China: Five Imperialist Perspectives*, Michigan Papers in Chinese Studies, no. 13, Ann Arbor: Center for Chinese Studies, the University of Michigan, 1972, p. 39; 東印度公司檔案, G/12/211, 頁 45, 1818/02/02。

[12] 有關兩淮鹽商的奢侈性行爲, 請參考注〔1〕。類似的行爲在行商身上極少見到。

[13] Josiah Quincy ed. , *The Journal of Major Samuel Shaw, the First American Consul at Canton*, Boston: Crosby & Nichols, 1847, p. 179。

[14] 許大齡《清代捐納制度》, 北京: 燕京大學, 1950 年, 頁 97 ~ 112; 近藤秀樹《清 代の捐納と官僚社會の終末》,《史林》46 卷 2 ~ 4 號 (1963 年 3、5、7 月)。

不高，所以稍有貲財的商人都有能力捐納官銜，[15] 更不用說行商了。"捐輸"實際上是政府向商人要求的一種強迫捐獻。就行商的情況而言，這種要求通常都以全體行商爲對象。政府一次提出一筆數目，然後由全體行商分期來繳納。由於每家行商的交易規模大小不同，他們所個別分攤的捐輸也就有多寡的差別。政府在每次捐輸終了就依個別行商分攤數額的多寡，分別給予不同的官銜或其他獎勵。行商在捐輸上的支出雖然很大，而且隨著時間的下移又有增加的趨勢（參考表五），但是自 1780 年爲始，行商團體就以"行用"的名義，在經手每筆交易時加收一定分量的費用，以應付各類政府對全體行商的需索。捐輸的支出自然也用"行用"來支付。因此，捐輸對於行商既得的利潤並不發生減少的作用。總之，無論捐輸與捐納，行商都因而獲致官銜，然而卻很少影響到他們財富的流失。

表五　行商歷年捐輸總額表，1773～1835

年代	事　　由	數額（銀兩）
1773	四川軍需	200 000
1787	臺灣軍需	300 000
1792	廓爾喀軍需	300 000
1799	湖廣軍需	120 000
1800	川陝軍需	250 000
1801	同　上	75 000 *
	順天（北京）工賑	250 000 *
1803	惠州勦匪	100 000
1804	黃河河工	200 000
	防禦海盜	60 000 *
1806	同　上	100 000 *
1808	南河（黃河）河工	300 000

---

[15] 舉例言之，在一部清代福建省地方行政的參考書《福建省例》中，我們甚至可以看到 1770 年前後，漳州府龍溪縣一個小小的買賣黃麻的牙行商人（柯西銘）和他的兒子（柯冰霜）都有能力捐納。見《福建省例》第五冊，臺北：臺灣銀行，1964 年，頁 611～612。

1809	嘉慶皇帝五旬萬壽	120 000
1811	南河河工	600 000
1814	勦平山東林清之亂	240 000
1818	嘉慶皇帝六旬萬壽	200 000
1819	東河(黃河)河工	600 000
1826	新疆(喀什噶爾)回亂	600 000
1830	新疆回亂	200 000
1832	廣東(連山)苗亂	210 000
1835	興建廣東虎門砲臺	60 000
	總　　　計	5 085 000

＊這幾次捐輸是由廣東行商與廣鹽商合捐來的。依據《廣東十三行考》及《兩廣鹽法志》,在 1808 年以前,這類捐輸皆由行商與鹽商平均分攤。因此,這幾個數字即由總數除以二得來。東印度公司的資料證明這樣的計算是正確的。1801 年行商確實被要求 250 000 兩的工賑捐輸。

資料來源: 梁嘉彬《廣東十三行考》,頁 164 ~ 165, 297 及 281;《粵東省例新纂》,頁 309 ~ 310, 587;外紀檔,嘉慶二十五年二月冊;宮中檔,乾隆 028903 (39/05/19),048289 (51/06/02);宮中檔,嘉慶 000219 (01/02/25),005766 (06/08/01),008450 (07/07/18),011095 (13/閏05/26),011961 附件 (13/09/09),012745 (13/12/14);軍機檔,053987 (道光06/09/28),054007 (道光06/11/05 硃批),061900 (道光 06/09/28),062373 (道光 12/12/24);倫敦公共檔案館 (Public Records Office),外交部檔案, F. O. 233/189, no. 164; T. F. Tsiang (蔣廷黻), "The Government and the Co‑hong of Canton, 1839", *The Chinese Social and Poltical Science Review*, 15:4 (1932 年 1 月), pp. 603, 605; H. B. Morse, *The Chronicles of the East India Company Trading to China*. 1635 ~ 1834. vol. III, p. 167, vol. IV, p. 130。

　　第三點要提到行商爲促進家族成員向上的社會流動而增加的費用。爲了達到這方面的目的,行商應當積極地從事藝文活動、交結文人名士,並且培養子弟參與科舉考試。可是實際這樣做的行商並不多。與同時代的兩淮鹽商不同,廣東行商很少大規模地贊助藝文活動,也不曾造就出多位舉人或進士。事實上,由於大部分的行商很難維持超過本身這一代的經營，因此很少行商有餘力或餘暇去從事藝文活動與教育子弟。在四十七家行商中，只有同文行、同孚行、怡和行與天寶行的成員在這方面略有表現。[16] 這四家行商，除了天寶行以外，都是經營情況極好的行商。

要言之，行商對炫耀性的消費並不像一般想象的那麼熱中。相反地，有些行商，如怡和行的伍秉鑑，更因爲他的儉樸而爲人稱道。[17] 因此，所謂行商爲了彰顯己身或家人而揮霍無度，並不是事實，自然也不足以用來説明他們普遍經營困難的緣由。

影響行商財富的流失以致於周轉困難的最有力的傳統解釋是官府的剝削。事實上，這也確實是造成行商經營困難的一大因素。但是，官府的剝削究竟如何影響行商的經營能力，則值得進一步深入探討。前述捐輸的花費由於行商已透過行用來支付，可以不論。可是有關官員（包括粵海關監督、廣東的地方官及各衙門胥吏）的榨取卻以個別的行商爲對象，從而必須用行商個人的財產來支付。對於一個已經開業的行商，官吏們可以透過兩種方式向他們榨取金錢。其一是藉著將行商羅織到涉外的走私或刑事案件，造成他們種種的不方便與不安，迫使他們不得不花錢賄賂以求免。其二則是純粹的勒索。粵海關監督由於經常要賠補到任前在其他財税職務上對戶部的欠項，對金錢的需要往往十分迫切。[18] 他們又瞭解行商在與英國東印度公司的交易上有著巨額的利潤可得，因此時常强迫行商按照他們與英國公司交易的比例，每年交給監督一筆或多或少的金錢。以上兩種榨取加起來，整個行商團體在十八世紀末葉以後，一年多

---

[16] 1840 年以前，同文行和同孚行的潘氏家族產生過兩位進士（潘有爲、潘正常）、兩位舉人（潘正綿、潘正琛）。怡和行的伍氏家族雖然產生了三位舉人，但是除了伍元芳是自己考取的外，另兩名都是因爲參與捐輸而由皇帝賞賜的。天寶行的梁氏家族則出了一名進士梁綸機（及第後改名梁同新）。見《廣州府志》（1879 版）41/15b～16a, 18b；45/8b, 11b, 13a, 14b；《番禺縣續志》（1871 版）19/13b～14a, 45/5b；Wilfram Eberhard, *Social Mobility in Traditional China*（Leiden：E. J. Brill, 1962），pp. 83～84；東印度公司檔案，G/12/203, p. 182, 1816/10/30。

[17] William C. Hunter, *The "Fan Kwae" of Canton*, pp. 29～30：" He（Houqua, 伍秉鑑）was a person of remarkably frugal habits（as regards his style of living）from choice and from being of a feeble frame of body. "

[18] 參考拙文《清代前期粵海關的利益分配》，《食貨月刊》11 卷 10 期（1982 年 1 月），《清代中葉以後重要税差專由内務府包衣擔任的幾點解釋》，《第二屆中國社會經濟史研討會論文集》，臺北：漢學研究資料及服務中心，1983 年。

達二三十萬兩。不過，粵海關監督也很明白"擇肥而噬"的道理，總是向有錢的行商要得多些，而向周轉困難的行商要得少些，甚至於放過那些極端困難的行商。[19]

表六　行商每年所需最低總周轉金表

(單位：兩)

項　　目	1760～1784	1784～1800	1800～1843
關　　稅	600 000	1 000 000	1 500 000
捐　　輸	80 000	80 000	80 000
夷　　債	—	120 000	120 000
設施及家族費用	300 000	300 000	300 000
官吏榨取		300 000	300 000
小　　計	980 000	1 800 000	2 300 000
與港脚商人結賬	—	2 000 000	4 000 000
總　　計	980 000	3 800 000	6 300 000

資料來源：見本文。

以上粗略地檢討了行商的三大開支，包括了：（一）設施及家族的維持費；（二）所謂炫耀性的消費；（三）官吏的剝削。這三個項目加起來，除去已考慮在成本的部分不算，在十八世紀末十九世紀初每年平均約爲 600 000 兩上下（參考表六）。同一時期整個行商團體可從與英國東印度公司交易茶葉及毛料上，獲得相等規模甚至於更多的利潤。換言之，如果全體行商都將他們的交易限定在與英國公司買賣茶葉及毛料上，則其收支平衡應該不至於發生困難，而其營業應當可以維持下去才對。然而，事實卻與此相反。因爲行商經手的交易對象與内容並不以東印度公司買賣的茶葉及毛料爲限。行商所以必須擴大他們的營業範圍，則是受其資金的規模與周轉的能力的約束所致。下一節即將探討這個問題。

五、行商的資金規模與周轉能力

以上的討論，説明了在特定情況下（只與東印度公司交易兩種商品，且不考慮行商的營運資本），行商的收支至少可以平衡。然而

---

[19] 關於廣東地方官吏剝削行商的事實，詳細的討論見 Kuo-tung Chén, *The Insolvency of the Chinese Hong Merchants*, ch. III, pp. 121～136。

如果把行商經營與資金運作的情形也納入考慮，行商周轉困難的問題就凸顯出來了。以下即將說明，行商由於資本的規模太小，而所需周轉的現金數額太大，加上他們又沒有自由退出這個行業的自由，因此他們不得不採取飲鴆止渴的手段以拖延時日。結果多數的行商到後來都累積了大量的債務，終於不得不因爲周轉困難而失敗。

先說資本的規模太小。東印度公司的檔案以及當時其他外國商人的記載大多證實行商在開業時資本十分有限。一般而言，行商在準備領取執照的時候，手上的資金往往只有四五萬兩之譜，至多的情形也不過是一二十萬兩。[20] 從第一代行商在開業以前所經營的事業，或從其社會關係來看，他們也不可能自籌或募集到更多的資金（參考表七）。

表七　行商開業前社會關係表

行名	開業年份	社會關係
11 而益	1778	某鹽商之姪，無行照商人
12 豐泰	1782	鴉片販子
13 源順	1782	泰和行掌櫃
14 隆和	1782	瓷器商人
15 Seequa's	1782	同文行夥計
16 Lunshaw's	1782	珍珠及珊瑚販子
17 泰來	1784	同文行夥計，無行照商人
18 Chetai's	1791	無行照商人，曾爲 Lunshaw's 合夥人
19 廣利	1792	無行照商人
20 義成	1792	同文行夥計
21 怡和	1792	源順行行東伍國釗之姪
22 達成	1792	源泉行夥計
23 Tackqua's	1792	不詳
24 會隆	1793	無行照商人，隆和行合夥人
25 東生	1794	無行照商人
26 麗泉	1797	同文行行東潘文巖之姪，無行照商人
27 西成	1802	瓷器商人

---

[20] *Ibid.*, ch. IV, "Hong Merchants' Financial Predicaments," pp. 152~162.

28 福隆 A	1802 生絲商人
29 同泰	1804 本人不詳,其合夥人 Youqua 為一生絲商人
30 Lyqua's	1804 絨布商人
31 萬成	1807 其父為一棉花及絨布商人
32 天寶	1808 某行商之夥計,曾經營南洋貿易
33 萬源	1808 廣利行行東盧觀恒之親戚
35 福隆 B	1811 曾為茶商 Ton Anqua 之家僕,後為 Inqua 之合夥人
36 東裕	1809 通事,曾為 Lyqua 之合夥人
37 興泰	1830 其父為一金匠
38 中和	1830 其父為一茶商
39 仁和	1830 其父為粵海關書吏
40 順泰	1830 曾在澳門與外人交易,後與一鴉片販子合夥
41 茂生	1830 不詳
42 Tuckune's	1830 開業後與一鋪商合夥
43 同順	1832 其兄弟為英商 Magniac & Co. 買辦,開業後與一茶商合夥
44 福泉	1832 開業後先與一通事合夥,後與一買辦合夥
45 孚泰	1835 與美商交易之無行照小商人
46 Lamqua's	1835 不詳
47 Takqua's	1836 不詳

資料來源: Kuo-tung Chen, *The Insolvency of the Chinese Hong Merchants*, 1760～1843。

如表七所示,十八世紀後期加入為行商的人,大抵原來就與行商的貿易有些關聯(如已開業行商的伙計、賬房或親戚;或者是依託於行商的無行照商人);十九世紀前期成為行商的人士則原來差不多都是"鋪户"(店鋪老闆)、買辦或通事。由於這些行業都不可能創造大規模的利潤,因此這些人也不太可能從他們的舊行業中累積大量的資本。茲舉興泰行為例。興泰行行東嚴啓昌、嚴啓祥兄弟的資金來自其父親的遺產。他們的父親自十八世紀末年以來即在廣州開設了一家金店,與當時來華貿易的印度港脚商人(country traders)有不少生意上的來往。他在 1820 年代去世。到他去世時,他的金店已經營業了二三十年以上。然而他留給兩兄弟的遺產卻不過四萬兩左右。[21] 這也就是嚴氏兄弟全部資金的來源了。

行商能爲預備開業所籌集的資金本已十分有限。這有限的資金在他們領取執照的時候又立刻被有關的官員（兩廣總督、廣東巡撫、粵海關監督）和其手下人強行取走了其中的一大部分。東印度公司的記錄和其他有關的資料一再地提到每位行商在請領執照的時候都分別被榨取 20 000 至 60 000 兩不等的銀子。因此有不少行商一開始營業就缺乏可供周轉的資金，甚至於一開始就陷入負債的局面。[22]

等到行商真正開始營業以後，他很快地就面臨到需要現金周轉的壓力。這方面的現金需求包括了繳給政府的關稅與捐輸、替已經破產的行商攤還的"夷債"、維持營運設施與家族生計的費用、官吏榨取的款項以及真正的商業周轉。在關稅方面，粵海關每年的總稅收在 1783 ~ 1784 年以前約爲 600 000 兩，從那時候到十八世紀末約爲 1 000 000 兩；十九世紀初年約爲 1 500 000 兩。[23] 這些關稅雖然也包括了一部分廣東本地船舶海上貿易的稅收，但是絕大部分仍是經過行商之手進出口的貿易關稅。捐輸的數目每年多寡不一，攏總說來，自 1773 ~ 1835 年共被要求了 5 085 000 兩；平均每年全體行商要共同付出 80 000 兩（參考表五）。在"夷債"方面，自 1780 年起，清廷要求全體行商承攤歷年破產行商負欠外國商人的債務（此即所謂的"夷債"），行商即以收取行用的方式來支付。但是行用的收取是個別的行商從每筆交易中零星收集的，用來支付夷債時，如同支付捐輸的款項一樣，卻是要整批付出的。因此每次支付夷債時都對行商構成現金需求的壓力。自 1780 年到 1843 年，整個行商團體共負擔了 7 846 000 兩夷債，平均每年約 80 000 兩（參考表八）。至於設施及家族的維持費以及個別行商所需應付的官吏榨取，如前所述，全體行商每年共需付出 600 000 兩。以上所提及的關稅、捐輸、夷債、維持設施及提供家族生計各項，都必須以現金支付。其總數在 1760 至 1784 年間，每年的需要約爲 1 000 000

〔21〕 Anonymous, *The Chinese Security Merchants in Canton and Their Debts*, p. 34; Michael Greenberg, *British Trade and the Opening of China*, 1800 ~ 1842 , Cambridge：Cambridge University Press, 1951, pp. 66 ~ 67。

〔22〕 萬成行的沐士方提供一個顯著的例子。他於 1807 年開業時被官方榨取了 70 000 元（約合 50 000 兩銀子），於是一開業就處於負債的局面。見東印度公司檔案，G/12/ 167，頁 110，1809/06/21，東印度公司廣州特別委員會（Select Committee）致全體行商函件。

〔23〕 梁廷枏《粵海關志》第二冊，臺北：成文書局，清末民初史料叢書，第 21 種，頁 703 ~ 734。

兩;1784～1800 年間約爲 1 800 000 兩;十九世紀上半葉約爲 2 300 000
兩(參考表六)。

表八　行商代破産同業清償之夷債表

(單位:兩)

負債行名	破産年份	數　額*	清償年數	每年金額
泰和行、裕源行	1780	600 000	10	60 000
義豐行	1784	166 000	n. a.	—
豐泰行	1790	255 000	6	42 500
而益行	1795	600 000	6	100 000
萬成行	1809	259 000	3	86 333
達成行、會隆行	1810	1 447 000	10	144 700
麗泉行	1823	372 000	5**	74 400
西成行	1826	475 000	5	95 000
同泰行	1827	86 000	3	28 667
福隆行	1828	792 000	6	132 000
東生行	1830	418 000	3	139 333
興泰行	1837	1 656 000	8.5	194 824
天寶行***	1838	720 000	10	72 000
總　計		7 846 000		

* 以下所列各數均爲整數。

** 前兩年只支付予東印度公司，後三年則包括所有外國債權人。

*** 天寶行並未被正式宣告破産，但政府命令全體行商代爲清償該行債務。

資料來源:《清代外交史料》，道光朝，2/25b～26a；宮中檔，嘉慶 000219
　　　　(01/02/250)；東印度公司檔案，G/12/72，1781/04/25，pp.
　　　　80～81；G/12/72，1781/04/30，p. 83；G/12/98，1790/08/31，
　　　　p. 31；G/12/98，1790/10/03，p. 52；G/12/110，1796/03/22，
　　　　pp. 259～260；G/12/179，1812/02/24，p. 141；G/12/181，1812/
　　　　12/24，p. 78；G/12/189，1814/02/15，p. 127；G/12/274，
　　　　1823/02/01，p. 132；G/12/231，1824/09/01，p. 111；G/12/
　　　　238，1827/07/14，p. 92；G/12/238，1827/07/01，p. 83；G/
　　　　12/236，1827/02/07，p. 530；Anonymous，*The Chinese Security*
　　　　Merchants in Canton and Their Debts (London，J. M. Richardson，
　　　　1838)，p. 17.

　　行商在純粹商品交易以外的支出每年需要 1 000 000 ~ 2 300 000 兩白銀。然而行商自有的資金極其有限。即使他們在開業之初未曾被地方官吏剝削，每家的資本以 100 000 兩計，全體行商的資本總額也不過只有 1 000 000 兩。若把開業之初被地方官吏強行取去的數目去掉，行商真正可用來周轉的資金可就少得可憐了。雖然關稅、捐輸與夷債等款項都可以自其交易中取回，或者可以轉嫁到本國商人身上，可是行商往往得預先墊付。由於行商自有的資金遠不及需要周轉的總數，因此行商除了以各種方式籌款外，也不得不擴大交易的對象與商品的種類，藉著買空賣空的手段，增加現金周轉的速率，挪新掩舊，以應付燃眉之急。因爲這個緣故，行商在商品交易上所需的周轉金也跟著擴大了。

　　先就茶葉的買賣而言。行商每年賣給東印度公司的茶葉總價在 3 000 000 ~ 9 000 000 兩之間。爲了取得這些茶葉，無論是透過事先訂購或是在廣州市場上現地採購，行商都必須在茶葉到手之前先付給茶商及茶行相當高比率的訂金。幸而東印度公司本身爲了確保茶葉的品質與數量，在其手頭資金許可的情形下，也願意墊發訂金給行商（當然，在此情形下行商必須犧牲一部分利潤）。因此，行商在與東印度公司交易茶葉一事上對周轉金的需求倒不是那麼地迫切。但是在其他商品或與其他貿易對手交易時，情況就不同了。行商與印度港腳商人的棉花買賣就是一個顯著的例子。港腳商人自 1784 年以後大量地進口棉花到中國，行商競相購買轉售（參考圖二）。然而他們很少出口中國的商品。因此，行商對港腳商人就有很大的逆差。港腳商人在每年七、八月間來華，而於十二月底以前返航。返航之前行商必須以現金和他們結清債務。這時候行商手上的棉花通常尚未脫手，因而需要大筆現金來周轉。以一擔棉花十兩白銀計算，行商在棉花的交易上所需的現金不下 2 000 000 ~ 4 000 000 兩一年。

　　假定茶葉方面的周轉問題都由東印度公司代爲解決了（實際上行商往往還是得自行設法籌措部分的資金），而且棉花之外也沒有其他商品需要現金周轉（事實上則有此需要），則整個行商團體一年所需的周轉總金額當在 1 000 000 ~ 6 000 000 兩之譜（參考表六）。爲了籌措這些周轉金，行商採取了以下三種方式：（一）擴大交易的對象，增加買賣的商品；（二）向貨幣市場借貸；（三）操作關稅。

數量 （萬擔）

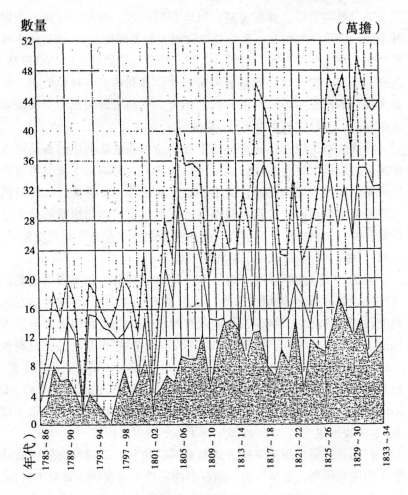

圖二　廣州進口印度棉花數量圖

說　　明：(1) 陰影區域爲英國東印度公司所載運。

　　　　　(2) 中間線條以下區域爲港腳商船所載運。

　　　　　(3) 點線以下區域爲當年總量。

資料來源：H. B. Morse, *The Chroricles of the East India Company Trading to China*, 1635～
1834, vols. II, III & IV, 各處。

　　第一種方式牽涉到行商的經營問題, 表現出來的則是對進口商品不加揀擇地搶購。前文已提及行商若没有周轉的問題, 在僅與東印度公司交易茶葉及毛料的情況下, 至少可以確保收支平衡。但是事實上行商的資金極其有限, 因此不得不以多角化的經營方式, 擴大交易的内容與對象, 以高速度的周轉率來利用有限的資金, 或者根本就是買空賣空，挪新掩舊，以求苟延殘喘。因此，行商不但與其他商人交易（其中最主要的為港腳商人與美國商人），而且也大量購買包括棉花、檀香木、胡椒、人蔘、皮草、鉛錫等在內的進口品，再轉手出售。買賣這些商品的風險較大，獲利的可能性也較差。可是大部分的行商不但不採取審慎的態度，反而常常競出高價來搶購這些商品，越是周轉困難的行商越傾向這種作風。

行商搶購進口商品其實有雙重目的。一則搶購到手的商品可以盡速求售以換取現金來應付迫在眉睫的需要。再則有了商品堆放在棧房裏，場面上比較好看，信用比較容易維持，要借錢比較容易借到，要拖欠債務也比較容易獲得債權人的首肯。然而搶購的結果是個別行商必須付出較高的價格，盡速求現的結果卻是必須壓低售價。一來一往間，行商遂蒙受了巨大的損失。

棉花、人蔘、皮草等進口商品主要是由港腳商人和美國商人載運來華的。如前所述，港腳商人進口大量棉花到中國而出口極少商品。為此，每當港腳商人返航時，行商就得承受極大的周轉壓力。至於美國商人，雖然他們也自中國出口相當數量的茶葉，但是這些交易有很大的一部分屬於賒欠買賣（credit sale）。由於部分美國商人經營不善，以及受到美國本土內政、外交政策（如禁止白銀出口的傑佛生主義 Jeffersonism 和英美之間的 1812 年戰爭）的影響，行商因而招致了很多壞賬，無法收回他們的債權，從而加深了他們的財務困難。[24]

行商籌措資金的第二種方式為直接的借貸。不過行商的借貸往往不能遂其所願。這是因為一則行商同業破產的實例經常發生，行商的一般信用難以建立；再則廣州市面上經常短少白銀，現金的來源就已不足。雖然在 1820 年代以前中國基本上出超，白銀持續地流入廣州一帶，可是這些白銀很快地又透過租稅、捐輸和商品（茶葉等）的購買等途徑迅速地流向內地，因此廣州仍然經常缺銀。在此情形下，行商要向貨幣市場尋求資金便往往不能遂其所願。即令有辦法借得，利息也很高。一般而言，18% 的年利率最為通行。然而一旦有急切短期

---

[24] Frederick D. Grant, Jr., "Hong Merchant Litigation in the American Courts," *The Proceedings*(Massachusetts Historical Society), vol. IC(1987), pp. 43～62, and "The Failure of Li-ch'uan Hong: Litigation as a Hazard of Nineteenth Century Foreign Trade," *The American Neptune* (Peabody Museum of Salem), vol. XLVIII, no. 4 (Fall, 1988), pp. 243～260; John D. Forbes, "European Wars andBoston Trade," *New England Quarterly*, vol. XI(1938).

融資的必要時,行商就不得不承受高達40%的利率。[25]

行商籌措資金的第三種方式爲操作關稅。依據清朝政府的體制,不論進口貨還是出口貨都必須經由行商之手向粵海關繳納關稅。此外,外國進口船隻還得繳納一筆爲數三四千兩的"船鈔"與"規禮"(相當於噸稅和港口服務費),同樣也由行商代辦。這些稅金往往都有數個月到一整年的繳納遲滯期。迫切需要現金的行商往往先打個七折八扣向當事的中外商人預收這些現金來周轉,等到到期後才向粵海關繳納全額。一收一付之間的差額(通常約爲20%~30%)就是挪用這些稅金的代價了。[26]

綜上所述,由於資金微薄而需要周轉的現金數額很大,行商不得不採取種種不利的籌措資金的辦法,結果使得他們的債務也隨之增加。惡性循環的結果,許多行商在破產時,僅僅是負欠外國債權人的債務常常就高達數十萬兩乃至一二百萬兩(參考表八),更不用説他們同時也都拖欠中國政府關稅,積欠中國商人大筆債務了。

六、結　語

由於資金有限與周轉的困難,行商籌措現金的代價十分高昂,遠大於他們的可支配利潤(即商品交易的利潤減去營業設施及行商家族的維持費用,再減去官吏的榨取),因此絕大多數的行商都免不了以破產終結。這種情形當時的中國人也看得很清楚。因此時代越往下走,就越少人肯當行商。十八世紀新任的行商尚有少數是出自自願的,十九世紀的新行商則差不多都是政府強迫爲之了。這也説明了爲什麼十八世紀的新行商大多原來即已從事中外貿易,而十九世紀的新手則多來自廣州城外的小商人或原先地位很低的通事、買辦之流了。

事實上行商除了不易賺錢外,行商個人或其經理人也常常遭受到官吏的人身騷擾。因此不但清白富實的人士不願意充當行商,就是僥

[25]　Michael Greenberg, *op. cit.*, p. 153; G/12/185, p. 267, 1813/09/12. 參考 William C. Hunter, *The "Fan Kwae" of Canton*, p. 24。

[26]　麗泉行、天寶行、萬源行皆以此而享惡名,但是其他行商,如同泰行與福隆行等,也都經常採取這種做法以圖周轉。見東印度公司檔案, G/12/144, p. 60, 1803/05/06; G/12/174, p. 31, 1810/10/29; G/12/185, p. 53, 1813/06/09; G/12/207, p. 5, 1817/03/30; G/12/231, pp. 44~45, 1824/05/13; G/12/231, p. 8, 1824/05/29; Ann Bolbach White, "The Hong Merchants of Canton," pp. 112~113。

幸能賺錢的少數行商也想急流勇退。而行商的子孫更視洋行之業爲
畏途。相反地,地方官則千方百計地想辦法來羅致稍有貲財的人士來
擔任行商,而這些人一旦入其牢籠就設法不讓他們退出。義成行的葉
上林可以説是唯一成功退休的例子。同文行的潘致祥雖然在 1807 年
退休(爲此他付出了 500 000 兩銀子的代價),卻在 1815 年被迫另外
開張了同孚行。當他於 1820 年去世時,他的長子潘正亨就設法規避
政府的命令,拒絶繼任同孚行行商。潘正亨甚至説:"寧爲一隻狗,不
爲行商之首。"[27] 可見得拒絶的意志有多强烈了。可是他的幼弟潘正
煒卻逃不了充當行商的命運。行商中最富有的伍秉鑑三番兩次地想
要退休,都得不到官府的許可 (他雖然在 1826 年時以 900 000 元或
900 000 兩的代價將官府注册的怡和行行商的名字改由他的兒子頂
替,政府仍然要他負擔所有行商一切的責任)。他甚至説他願意把十
分之八的財産 (約 21 000 000 元) 捐給政府,只要求政府允許他結
束怡和行, 安享他所餘下的十分之二的財産 (約 5 000 000 元)。[28]
他的願望未能實現。鴉片戰爭期間, 他的麻煩更多了。而他也已是
個七十歲的老人了。他寫信給一位遠在麻薩諸塞州的美國友人
J. P. Cushing 説他若不是年紀太大, 經不起漂洋過海的折騰,他實在
十分想移居美國。[29] 看來鼎鼎大名的伍浩官不但對洋行的工作失望
了,對整個中國的社會制度也失望了。

　　富有的人不肯當行商,當行商後幸而致富的人也不肯留在他的
行業裏,因此政府只有强迫財力更差的人當行商。這些財力不足的
人當了行商之後,自然要面對嚴重的周轉壓力。然而當事的政府官
員不但沒有協助他們解決財務上的困難,反而無止休地向他們榨取
金錢,加深他們的困難。因此, 對絶大多數的行商而言, 破産根本
是必然的, 早在他們一當行商的時候就已注定了。唯一的差別是能
力稍强的拖得久些, 能力差的早早就破産罷了。

※ 本文原載《新史學》,臺北: 新史學雜誌社, 1 卷 4 期, 1990 年。
※ 陳國棟, 美國耶魯大學博士, 中央研究院歷史語言研究所研究員。

〔27〕　東印度公司檔案,R/10/29, pp. 233～234, 1829/10/05; R/10/27, 1821/03/15,無頁碼。
〔28〕　Ann B. White, "The Hong Merchants of Canton", p. 121.
〔29〕　"Houqua's Letterbook" (Massachusetts Historical Society 所藏稿本), no. 33, 伍秉鑑給
　　　J. P. Cushing 的信函, 1842/12/23。

十八世紀東南沿海米價市場的整合性分析

王業鍵　陳仁義　周昭宏[*]

一、緒　論

　　清代糧價資料的收集和整理,多年來承國内外學術機構的支持,已經進入最後階段,近期内一個相當完整的資料庫當可完成。這是二十世紀以前中國歷史上最爲豐富可靠,且時間上連續最長的經濟數據資料,具有高度學術研究價值。[1] 因爲像這樣豐富而重要的數字資料,地域上涵蓋了中華帝國每一個角落,時間上幾乎長達兩個世紀,在工業化以前的世界各國實屬僅見。這些資料的整理和公開,讓經濟史和相關領域學者有個客觀性的基礎資料,從中可以獲取多方面的訊息。我們從糧價的量化方式、資料的收集過程、記錄下來的一些背景等因素,可以瞭解到資料數值所反映出來的不確定性,無法加以控制。如果以隨機模型來模式化其中的不確定因子,運用統計方法來分析和研究,以獲取客觀性的訊息,同時和歷史性的探索相互印證,是個很值得來嘗試的科學化方法,當有助於推展中國社會經濟史之研究。[2]

* 作者分別爲中正大學數學系和統計科學研究所副教授、中央研究院經濟研究所研究員與中央研究院統計科學研究所研究助理。本文之研究承行政院國科會專題研究計劃（NSC90-2415-H-194-002）和中央研究院主題研究計劃之補助。作者感謝執行編輯吳教授和兩位匿名審稿者惠賜的寶貴建議。

〔1〕 王業鍵(2002),《清代糧價資料庫》,整編中。
〔2〕 全漢昇(1972)《中國經濟史論叢》第 2 册,香港:新亞研究所出版;陳春聲(1992)《市場機制與社會變遷——十八世紀廣東米價分析》,廣州:中山大學出版社;Li, L. M. (2000), Integration and Disintegration in North China's Grain Markets, 1738~1911, *The Journal of Economic History*, Volume 60, Number 3, pp. 665 ~ 699; Skinner, G. M. (1977), Regional Urbanization in Nineteenth-century China, *The City in Late Imperial China*, pp. 212 ~ 249, ed. by G. M. Skinner, Stanford, Stanford University Press; (1980), Marketing Systems and Regional Economies: Their Structure and Development, a paper read at the Symposium on Social and Economic History in China from the Song to 1900, Peking, October 1980, pp. 42 ~ 43; Wang, Y. C. (1990), Food Supply and Grain Prices in the Yangtze Delta in the Eighteenth Century, *China's Market Economy in Transition*, edited by Yung – san Li and Tsui – jung Liu, Taipei: Institute of Economics, Academic Sinica, pp. 423 ~459; (1993), Grain Prices and Market Regions in Qing China, *The 34th International Congress of Asia and North Africa*, Hong Kong, August 23 ~ 28,1 ~ 36.

清朝時期的東南沿海四個省份（江蘇、浙江、福建和廣東），包含了全國經濟精華所在地的長江三角洲和珠江三角洲等地區，這個區域的糧食作物均以稻米爲主，但是由於工商業較爲發達，人口稠密，缺糧也最爲嚴重。不足糧食主要依賴内陸有餘糧省份的四川、湖南、江西、安徽、廣西和臺灣島供應，閩粵兩省也有部分米糧從安南、暹羅等地進口。[3] 這個區域的米價變動可能存在著一種系統性結構，有些地方間的價格互動形態，會依著糧食供需情況、米糧貿易運輸路線和地理位置等特性自然地結合成一些群組，而且在同一群組中的地方間較強互動，會適度地反應在糧價的高相關係數值上。爲了探討清代國内糧價市場的整合情況，我們試著先從東南沿海的米價著手，選取糧價記錄最爲可靠的十八世紀期間，利用米價變動的相關性分析來作初步之市場整合性研究。

根據實際資料的實驗性研究（empirical study）和分析結果，[4] 我們認爲以相關係數值來量化糧價彼此間的互動程度，宜使用年平均值作爲統計分析的原始資料，經由移去趨勢性後的不規則性序列值來估算相關係數值，一來可以消除季節因子的循環性變動；二則地方之間糧食互通有無的運輸時程，所造成的糧價反應延遲現象（time delay）亦可去除或降低；三來米價隨著時間的共趨勢變動可消除。因此，方法一是將原始資料年平均序列值移去線性趨勢因子，分爲相乘（以除法移去）和相加（以減法移去）兩種模式，隨機化的不規則因子即由這些移去後的資料序列值所構成，[5] 藉以計算兩地糧價之統計相關係數值，來測度兩個地方間線性相關性的強弱，如此才能適度地反映出彼此間糧價互動性的大小。此外，我們運用相鄰之年平均糧價的差異序列值，[6] 同樣地來計算兩地糧價之相關係數值，以測度兩個地方間糧價同步地上揚和下降的程度，此爲方法二。基於這些模式化方法，以兩個地方間糧價序列值之相關係數大小，來判斷糧價市場整合性的

---

〔3〕 王業鍵和黃瑩珏（1999）《清中葉東南沿海的糧食作物分佈、糧食供需及糧價分析》，《中央研究院歷史語言研究所集刊》第 70 本第 2 分，頁 363～397。

〔4〕 陳仁義、王業鍵和周昭宏（2000）《十八世紀東南沿海米價的相關性分析》，研究報告，嘉義：中正大學統計科學研究所。

〔5〕 王業鍵和黃國樞（1989）《十八世紀中國糧食供需的考察》，《近代中國農村經濟史論文集》，臺北：中央研究院近代史研究所，頁 271～289。

〔6〕 陳春聲（1992）《市場機制與社會變遷——十八世紀廣東米價分析》，廣州：中山大學出版社。

強弱,已經有了初步的科學量化研究成果。[7] 如果配對的地方總數不大(例如3個地方只有3組配對,5個地方會有10組配對等),經由觀察比較這些少量配對組的相關係數值,根據這些配對組的總數目分配在高、低係數值的相對量,以判斷這些地方間的糧價互動性強、弱。當配對的地方總數量增加時(例如6個地方就有15組配對,10個地方會多到45組配對,20個地方則達到了190組配對等),這種觀察比較法就會越來越困難。因此,我們從實例分析的實驗性研究中,將配對係數值結合成多個地方的相關係數矩陣,再利用矩陣性質和運算轉化成爲單一數值的矩陣指標函數值。

在這篇論文中, 我們運用了兩個指標函數轉化法, 並且加以標準化, 以作爲測度糧價市場整合性之參考指標。我們以王業鍵和黃國樞 (1989)、王業鍵和黃瑩珏 (1999) 之考察結果爲基礎, 將東南沿海四省的州、府爲單位, 依糧食作物分佈、糧食供需情況、米糧貿易運輸路線和地理位置等特性, 結合成10個不同群組, 少則有4個地方或多達20個府爲一群組, 分別作了米價序列值的量化分析。主要的統計分析結果, 可以進一步地支持王業鍵和黃瑩珏的考察研究結論, 即以長江三角洲爲中心, 地理上和交通運輸上愈接近的地區, 市場整合程度愈高。

這些統計分析方法在第2節中分別作了扼要説明。在第3節中, 我們從清代糧價資料庫中, 選取了東南四省内33個地方和鄰省一個府的米價資料, 依照地域的特性等考量, 結合成10個不同群組來加以分析和比較, 同時作科學化的印證研究, 進而推斷這個區域的糧價市場整合性強弱。最後在第4節中作了初步結論。

二、相關性的統計分析法

用來度量兩個隨機變數之間的線性相關程度, 通常是以一個相關係數 (correlation coefficient) 值來表現, 除了可以量化線性相關的強弱, 亦能由正負值來表示其方向性。[8] 實際糧價的變動方式, 常

---

[7] 王業鍵和黃國樞(1989)《十八世紀中國糧食供需的考察》;陳春聲(1992),《市場機制與社會變遷——十八世紀廣東米價分析》;Wang, Y. C. (1993) *The 34th International Congress of Asia and North Africa*。

[8] Hogg, R. V. and A. T. Craig, (1995), *Introduction to Mathematical Statistics*, New Jersey: Prentice Hall.

以分解模型的季節循環性、長期趨勢性和不規則性等因子來探討,[9] 其中季節循環變動是上下振動的曲線形態,而趨勢走向則以線性模型最爲廣泛地被引用。除了依此模型作個別地方的糧價分析之外,兩個地方間糧價的關聯性和互動程度,常以相關係數之量化函數值來表示。作爲統計估算的序列資料值,可能爲原始糧價序列值,除去季節性因子之後序列值、或不規則性因子序列值(即移去季節和趨勢兩因子之後的資料值)。如何評估哪一種序列值最能適度地反映出糧價的互動性,我們從實際糧價的實驗性分析中,[10] 將資料呈現出這三種序列值,分別計算出其相關係數值來作分析與比較,所得到的結果顯示,前兩種的相關係數值沒有多大差異,但是前兩種和第三種序列值的計算結果比較,就有顯著的區別。從這些現象看來,我們可得到初步的結論,即線性趨勢因子對相關係數的計算值影響很大,而非線性的季節循環因子之影響力則不顯著。例如有兩組完全線性趨勢的序列值分別爲 1,2,3,4,5,6,7,8,9,10 和 5.1,5.3,5.5,5.7,5.9,6.1,6.3,6.5,6.7,6.9,雖然成長率相差極大,分別爲 1.0 和 0.2,然而兩個序列的相關係數值是 1.0,爲線性相關的最高係數值,因此,序列值中的線性趨勢因子足夠顯著時,就得移除趨勢因子後才來計算兩者的相關係數值,以正確地反應和估計出彼此的線性相關程度。基於這個初步結論,我們決定使用年平均值作爲原始資料,表爲 y_1,y_2,$\cdots$,y_{t-1},y_t,$\cdots$,y_{n-1},y_n,其間的線性趨勢因子以 $\alpha + \beta t$ 來表示,分別模式化相加(以減法移去)和相乘(以除法移去)兩種形態,移去之後的資料序列值 a_t,b_t,$t = 1$,2,$\cdots$,n,用來估算統計性的相關係數值,以

〔9〕 陳仁義、王業鍵和胡翠華(1999)《十八世紀蘇州米價的時間數列分析》,《經濟論文》27:3,頁 311~334;Abraham, B. and J. Ledolter (1983), *Statistical Methods for Forecasting*, New York: John Wiley; Diebold, F. X. (1998), *Elements of Forecasting*, Cincinnati: International Thomson Publishing; Gaynor, P. E. and R. C. Kirkpatrick (1994), *Introduction to Time – Series Modeling and Forecasting in Business and Economics*, New York: Mc Graw – Hill; Li, L. M. (1992), Grain Price in Zhili Province, 1736~1911, *Chinese History in Economic Perspective*, edited by Thomas G. Rawski and Lillian M. Li, Berkeley: University of California Press, pp. 69~99.;Wang, Y. C. (1990) *China's Market Economy in Transition*;(1992), Secular Trends of Rice Prices in Yangzi Delta, 1638~1935, *Chinese History in Economic Perspective*, edited by Thomas G, Rawski and Lillian M. Li, Berkeley: University of California Press, pp. 35~68.

〔10〕 陳仁義、王業鍵和周昭宏(2000)《十八世紀東南沿海米價的相關性分析》。

測度地方間線性相關的強弱。此外，我們運用相鄰年平均糧價差異值所形成的序列值，以 d_t，$t = 2$，3，$\cdots$，n 表示之，同樣地來計算兩地糧價之相關係數值，藉以測度兩個地方間糧價同步地上揚和下降的程度。因此，我們計算配對的相關係數之三種資料序列值可以整理如下：

(1) a_t，$t = 1$，2，$\cdots$，n 爲加法型，其中 $y_t = (\alpha + \beta t) + a_t$

(2) b_t，$t = 1$，2，$\cdots$，n 爲乘法型，其中 $y_t = (\alpha + \beta t) \times b_t$

(3) d_t，$t = 2$，3，$\cdots$，n 爲差値型，其中 $y_t - y_{t-1} = d_t$。

　　兩個地方所對應之兩個變數間的線性相依，可以透過常用的配對資料値之散佈圖（scatter plot），來觀察其資料點分佈的線性化程度。多個變數間的線性相依，可以將配對而成的兩個變數間散佈圖結合爲配對散佈圖，[11] 在一個圖上同時地呈現出所有配對資料値，似可和相關係數矩陣的列表式形態相互呼應，其中 p 個變數之間的相關係數矩陣可表爲 $R = (r_{ij})_{p \times p}$，$i$，$j = 1$，$2$，$\cdots$，$p$，$r_{ij} = r_{ji}$ 表示兩個變數間的相關係數，其對角線的係數値均爲 $1 = r_{j,j}$。[12] 若以配對組結合成的相關係數矩陣之各個係數値大小，或由配對散佈圖中各個組資料所呈現的線性化程度，來判斷多個地方間的互動性強弱，則配對的地方總數不能太大。例如，3 個地方只有 3 組配對，5 個地方會有 10 組配對等，這些少量的配對組，可以較爲容易地從表、圖中觀察和比較，是否能顯現出全面性的大小係數値及線性化高低，進而判定、評估這些地方互動性的強弱。但是當配對的地方總數量足够大時（例如 8 個地方就有 28 組配對，10 個地方會多到 45 組配對，30 個地方則高達 435 組配對等），這種觀察比較法就會越來越困難。因此，我們試著從整合性統計量著手，把配對相關係數値結合成多個地方的相關係數矩陣，並以矩陣運算轉化爲單一個指標函數値，來量化整體性的相關程度。Rencher[13] 討論了幾種矩陣指標函數，以量化多個隨機變數間的相互關聯性（measure of intercorrela-

〔11〕 Becker, R. A., J. M. Chambers and A. R. Wilks（1988），*The NEW S Language*，New York：Chapman and Hall.

〔12〕 Muirhead, R. J.（1982），*Aspects of Multivariate Statistical Theory*，New York：John Wiley；Rencher, A. C.（1997），*Multivariate Statistical Inference and Applications*，New York：John Wiley.

〔13〕 （1997），*Multivariate Statistical Inference and Applications*，pp. 20~22.

tion)。我們引用了其中的一個指標函數 I_G,[14] 並且提出另外一個指標函數 I_C,[15] 來量化整體相關性,這兩個指標函數都是藉由矩陣的一些性質和基本運算推導出來。[16]

我們將 p 階相關係數矩陣 R 的兩個指標函數分別整理如下:

$$I_G = \left(\frac{(\sum_{j=1}^{p} \lambda_j^2) - p}{p(p-1)} \right)^{\frac{1}{2}}; \qquad I_C = \frac{1}{p}(\lambda_{(p)} - \lambda_{(1)})。$$

其中 p 表示變數或地方總個數,λ_j,$j = 1$,2,$\cdots$,p 代表 p 階相關係數矩陣 R 之特徵值(eigenvalues),相應的特徵向量(eigenvectors)則以 v_j,$j = 1$,2,$\cdots$,p 表示之,兩者的關聯性為 $Rv_j = \lambda_j v_j$,$j = 1$,2,$\cdots$,p,這些特徵值所形成的順序統計量(order statistics)表為 $\lambda_{(1)} < \lambda_{(2)} < \cdots < \lambda_{(p)}$。我們若以地方總數 $p = 2$ 的特殊情況來看,在不失其一般性的情況下,兩個地方間的相關係數值以正值 r 來表示,則相關係數矩陣的兩個特徵值分別為 $\lambda_{(1)} = 1 - r$,$\lambda_{(2)} = 1 + r$,因此可以得到兩個指標函數值均為 $r = I_G = I_C$ 表現出這兩個指標函數在此特殊情況下的一致性。

因為這些特徵值均為非負值,加總起來剛好等於變數總個數,亦即 $p = \sum_{j=1}^{p} \lambda_j$,所以這兩個指標函數值都被標準化為介於 0 與 1 之間。如何以這種指標值來度量相關性強弱,我們先從特殊情況來看,例如,變數間相互獨立或配對相關係數值均為 0,亦即特徵值均為 1,兩個指標函數值則均為 0。由此可以推斷,指標值近乎零時,表示變數間相關性很弱或地方間互動性不強;反之,這些指標值接近壹時,這些變數或地方間有著很強的相依性存在。以上的現象和矩陣性質,很容易地可以從前面提到的特殊情況 $p = 2$ 時得到印證。[16] 因此,這兩個指標函數可以適切地來量化所有變數間的整體性相關

〔14〕 Gleason, T. C. and R. Staelin (1975), A Proposal for Handling Missing Data, *Psychometrika*, 40, pp. 229~252.

〔15〕 陳仁義、王業鍵和周昭宏 (2000)《十八世紀東南沿海米價的相關性分析》。

〔16〕 Chatterjee, S. and B. Price (1977), *Regression Analysis by Example*, New York: John Wiley; Farrar, D. E. and R. R. Glauber (1967), Multicollinearity in Regression Analysis (The Problem Revisited), *Review of Economic Statistics*, 49, pp. 92~107; Heo, T. Y. (1987), *The Comparison of Eigensystem Techniques for Measuring Multicollinearity in Multivariate Normal Data*, *Master's Thesis*, Brigham Young University, Department of Statistics.

〔16〕 一般性質的推導可參考 Muirhead, R. J. (1982), *Aspects of Multivariate Statistical Theory*; Rencher, A. C. (1997), *Multivariate Statistical Inference and Applications*。

程度，亦即可用來測度各個地方間之糧價整體互動性。

若以 p 個地方的糧價一起而直接地呈現在 p 維度空間中，其中每一坐標軸對應著同一個地方的糧價序列值，空間中每一個點或向量代表著同一個時間點的資料值，亦即同一年中 p 個地方糧價之不規則因子所併合（co-ordinated）起來的 p 維度資料值，可以表爲 $(x_{1t}, x_{2t}, \cdots,$ $x_{pt})^T, t = 1, 2, \cdots, n$，其中 n 代表資料點的總數或年的總數，也就是各個序列資料值的長度，空間中的這些點即可構成了 p 維度散佈圖（p-variate scatter plot）。當地方總數 $p = 2$ 的特殊情況下，就是通常用的二維度平面散佈圖，其相關係數矩陣和指標函數性質已在前面有所討論。進一步來看特殊情況下的地方總數 $p = 3$ 時，其中最爲極端的情形，即散佈在三度空間中的所有資料點均集中在一條直線上，亦即其他兩個維度退化成軸長爲零且成直線狀態。因此，3 個配對組的相關係數值均爲 1，其相關係數矩陣的 3 個特徵值則簡化爲 $\lambda_{(1)} = \lambda_{(2)} = 0$，$\lambda_{(3)} = 3$。所以實際資料點在此線性轉換後的空間中，兩個軸長退化爲 0；最大特徵值所相應的第三個軸，則以特徵值之平方根 $\sqrt{3}$（即資料值之標準差）爲度量單位長。亦即這些資料點完全地集中在一度空間的直線上，而且典型資料也會落在中心位置所張開的 1 個單位長度 $\sqrt{3}$ 之範圍內。由此，這兩個指標函數所計算出來的值均爲 $1 = I_G = I_C$，也就是三個變量間達到最強的線性相依狀態。次爲極端的情形，即呈現在三度空間中的所有資料點完全落在二度空間的一個平面上，亦即有一個維度退化成軸長爲零且成平面形態。因此，把三個配對組的不爲零且未必相等之相關係數值分別表爲 r_{xy}, r_{yz}, r_{zx}，相關係數矩陣的三個特徵值則簡化爲 $\lambda_{(1)} = 0, \lambda_{(2)} = 1.5 - 0.5\sqrt{1 + 8r_{xy}r_{yz}r_{zx}} > 0, \lambda_{(3)} = 1.5 + 0.5\sqrt{1 + 8r_{xy}r_{yz}r_{zx}} \geq \lambda_{(2)}$，其中 $-0.125 \leq r_{xy}r_{yz}r_{zx} \leq 1$，所以實際資料點在此線性轉換後的空間中，有一個軸長退化爲 0，其他兩個軸之特徵值相加爲 3，亦即這些資料點完全散佈在二度空間的平面上，由此情況所可求得的兩個指標函數值分別爲 $I_G = \sqrt{(1 + 2r_{xy}r_{yz}r_{zx})/3}, I_C = 0.5 + \sqrt{1 + 8r_{xy}r_{yz}r_{zx}}/6$。進一步假設平面上的兩個未退化特徵值 $\lambda_{(2)} = \lambda_{(3)} = 1.5$ 相等時，即 $r_{xy}r_{yz}r_{zx} = -0.125$，則兩個指標函數值也會變爲相等 $0.5 = I_G = I_C$，亦表現出這兩個指標函數在此種特殊情況下的一致性。

從這些特殊情況的觀察結果看來，我們可以瞭解到，空間散佈圖中的資料點之維度退化程度和整體相依性有關。以此爲基礎，我們進一步來探究一般化的情況，但是從三個維度以上的資料點散佈圖中，人們就沒有辦法以觀察的方式，來瞭解資料點散佈開來的維度退化程度。然而，我們倒是可以利用矩陣運算、向量空間的線性轉換等抽象化數學方法，來決定一些方向軸和相應數值。其中，相關係數矩陣的特徵向量構成了這些方向軸；相應特徵值之平方根則作爲度量各個軸的單位長。例如，在線性轉換後的空間中，高維度散佈圖所呈現的實際資料點，隨機變異性最大的方向，會出現在最大特徵值所對應的特徵向量軸上；投射在此軸上的所有資料點之變異數（variance）就是最大特徵值。因此，實際糧價的隨機分佈、彼此相依性和資料點的維度退化程度等情況，在此線性轉換後的向量空間中，可以更容易地來觀察、分析和比較。透過這些特徵值所轉化的兩個指標函數，進一步用來量化整體性互動程度。

如果我們把指標函數 I_G 轉換成如下的形態：

$$I_G = \left(\frac{\sum_{i=1}^{P} \sum_{j=1}^{P} r_{ij}^2 - p}{p(p-1)} \right)^{\frac{1}{2}} = \left(\frac{\sum_{j=1}^{P} \lambda_j^2 - p}{p(p-1)} \right)^{\frac{1}{2}} 。$$

其中 $R = (r_{ij})_{p \times p}, i, j = 1, 2, \cdots, p$ 是相關係數矩陣，$\mathrm{tr}(R) = \sum_{j=1}^{P} r_{jj}$ 表示矩陣之對角線元素值總和。此外，我們利用了下列的對稱型矩陣性質

$$\sum_{i=1}^{p} \sum_{j=1}^{p} r_{ij}^2 = \mathrm{tr}(R^2) = \sum_{j=1}^{p} \lambda_j^2 。$$

如此可看出這個矩陣指標函數是在量化 $p(p-1)/2$ 個配對組的相關係數值之平均表現，即以這些相關係數值平方和之均值的平方根來表示，是爲第二個動差（moment）的量化形態。[17] 經過了這個轉換，就是要以較少量的 p 個特徵值，來代表較多量的 $p(p-1)/2$ 個配對係數值，也就是在量化所有轉換而成的特徵值（即所有資料點分別投射在各個軸上的變異數）隨機差異性之平均表現。在此背景下，我們提出的指標函數 I_C 則是以最大和最小特徵值之差距來度量隨機差異性，進一步標準化爲零壹之間的數值，用來測度散佈資料點在 p 維度空間中的退化程度，也是歸類爲第二個動差的量化形態。

---

[17] Hogg, R. V. and A. T. Craig, (1995), *Introduction to Mathematical Statistics*, New Jersey: Prentice Hall.

三、糧價的探索考察和科學化印證分析

滿清王朝(1664~1911)有鑒於民食與社會安定之密切關係,而且中國疆土遼闊,各省糧食豐嗇互異。爲了明瞭各地糧食供需狀況,及時調劑,在十八世紀初期建立了全國性糧價奏報制度,由州縣達府、由府達省、由省達朝廷,每月上報轄區內主要糧價。當時各省奏報朝廷的糧價,即省內各府、州主要糧價資料,原始資料相當完整地保存於臺北故宮博物院及北京第一歷史檔案館,加上中國社會科學院經濟研究所的清代後期糧價鈔檔,這是二十世紀以前中國歷史上最爲豐富可靠,而且時間上連續最長的經濟數據資料,具有高度學術研究價值。因爲像這樣豐富而重要的數字資料,地域上涵蓋了中華帝國每一個角落,時間上幾乎長達兩個世紀,在工業化以前的世界各國實屬僅見。這些糧價資料的收集和整理,在中外學術機構持續支持下,現已全部登錄,並在逐步校核整理中,[18]我們現在就以東南沿海四省的米價資料作相關性之實例分析。原始資料表示糧價的單位爲倉石及銀兩(即每倉石價格),記錄至分爲止(例如,每倉石一兩二錢三分),在電腦化的資料檔案中,我們以整數值的每百倉石銀兩價格或每倉石多少分來表示。其中所收集的糧價資料記錄以月爲單位,有高價(high price)與低價(low price)之分。但有些月份原件散失,因此資料不完整是難以避免的問題。我們採用了陳仁義、王業鍵和胡翠華(1999)論文中的遺漏值估計法,也就是以無母數回歸(non-parametric regression)的方法[19]來填補資料遺漏值部分。圖1中呈現了蘇州府(suzhou)從1738~1911年最長時段之中米高價的月爲單位時間序列圖,其間有空白或斷裂處爲資料不完整而少了原始記錄值,圖2則是呈現了蘇州府部分時間的資料,亦即從1741~1760年中米原始記錄高、低價的時間序列圖,其填補好資料遺漏值之後的時間序列圖則顯示在圖3中,橫軸所示年份對應著縱軸所示當年元月份糧價記錄值。

運用糧價資料來作科學化考察和分析,我們以王業鍵和黃瑩珏(1999)中的觀察和研究結論,對於東南沿海四省的糧食作物分佈和糧食供需,考量到各個地方彼此互動性、糧食自給自足程度、人口密度高低、

---

[18]　王業鍵(2002)《清代糧價資料庫》,整編中。

[19]　Simonoff, J. S. (1996), *Smoothing Methods in Statistics*, New York: Springer.

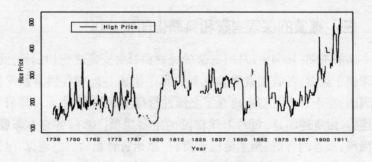

圖 1：1738～1911 年蘇州府中米原始高價序列圖

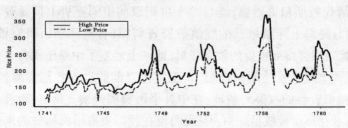

圖 2：1741～1760 年蘇州府中米原始高（實線）、低（虛線）價序列圖

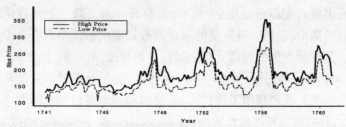

圖 3：1741～1760 年蘇州府中米高（實線）、低（虛線）價遺漏值填補後序列圖

經濟活動情況等方面,將這個區域内的州、府爲單位,依糧食供需情況、米糧貿易運輸路線和地理位置等特性結合成八個群組。在前七個群組中,我們針對有餘、缺糧各州府,自給自足的廣東惠州府以及相鄰的廣西梧州等地方,或依省來區隔,或按照地方的相鄰性、經濟活動的關聯性、米糧轉運中心點等,少則有四個地方或多達二十個府爲一群組,第八群組則完全由自給自足的八個地方所構成。此外,我們根據審稿者的建議,爲了進一步分析研究運輸互通性、地理位置和糧價相關的相對影響程度,特別考慮了四省中糧食自給自足的福建四個府作爲"自足四府"群組——福寧、興化、永春和龍嚴,在自足的八個地方中算是較爲地處孤立、交通不便,和其他地方的互動性較弱;"對照四府"群組則由福建三府

（泉州、漳州、臺灣）和廣東潮州府所組成，爲互通有無的不足、有餘四府，且和自足四府的地理位置極爲接近，總共形成十個群組。根據王業鍵和黃國樞(1989)、王業鍵和黃瑩珏(1999)的觀察研究結果，我們選取組合了這些群組，其相關因素的考量約略描述如下：

（一）常州、松江、蘇州、鎮江：聚集於蘇州的米糧，除了彌補江蘇省的缺糧，其他餘糧經運河、長江、太湖及沿海等水道，分配到各個角落，爲四省糧食的出口總匯，也是全國最大米糧市場。江蘇省內各州、府幾乎都是糧食不足地區，從川、湘、贛、皖四省出口的糧食，或藉由長江水路運至鎮江口，或聚集於蘇州之楓橋，以接濟江蘇省內的常州、松江、蘇州、鎮江等四府，以及轉運到各地，因此四府間的糧食互通程度很高。此一群組可用來印證研究蘇州府也是江蘇省的糧食轉運中心。

（二）蘇州、杭州、湖州、嘉興、寧波和紹興：蘇州是東南四省糧食出口的總匯，聚集於蘇州的米糧，除了彌補江蘇省的缺糧，其他餘糧在蘇州楓橋，經由運河接濟杭州、湖州和嘉興等府的缺糧，此外一路經嘉興而集中於杭州的餘糧，利用省內的水系及運河支流，經由姚江運至缺糧的寧波、紹興二府。這群組可用來印證研究杭州府爲浙江省的糧食轉運中心。

（三）常州、江寧、松江、蘇州、太倉、鎮江、杭州、湖州、嘉興、寧波和紹興：除了含有前一群組的六府之外，多加入江蘇省的五個府。這些府位於江、浙交界的長江三角洲，形成一個全國絲織業和紡織業中心，工商業非常發達，是全國經濟精華的所在地區，人口密度高居全國之冠，成爲嚴重的缺糧地帶。但河湖交集，內外交通都很方便，彼此糧食有無互通程度很高。此一群組是來印證研究蘇、浙兩省的長江三角洲地帶已自成爲一個樞紐地區。

（四）溫州、福州、泉州、漳州、臺灣和潮州：此一群組延伸了三個省份，泉州、漳州是閩省缺糧最爲嚴重的兩府，經年要輸入一百五十萬~二百萬石左右，主要來自臺灣府，經海運輸入，部分從溫州接運補充。福州府常年需進口米糧五十萬石，大致仰賴閩江上游的建寧、邵武、延平三府。此外與漳州接壤的潮州，爲粵省缺糧嚴重地區之一，亦彼此往來接濟米糧。這群組是來印證研究泉州爲福建省的糧食轉運中心。

（五）潮州、廣州、惠州、嘉應、韶州和梧州：供應廣東的米糧貿易路線，其一是西江水路從廣西梧州到廣州和佛山，爲廣東最重要且米糧運輸量最大的一條路線。其二是北江水路，粵北、江西和湖南的餘糧都經由北江運到珠江三角洲。其三是東江水路的雙向運輸，廣州府米糧經東江轉運到惠州、嘉應，東江上游有餘糧的幾個縣府，也常向廣州府供應糧食。其四爲海運水路由廣州轉運到缺糧的潮州府。此一群組可用來印證研究廣東省內缺糧的各府，以廣州爲米糧轉運中心，進而可考察分析珠江三角洲爲中心的糧食供求關係。

（六）蘇州、杭州、泉州和廣州：除了泉州之外，其他三個爲省之首府。四個地方分別是四個省份的糧食轉運中心，缺糧情形也最爲嚴重，各地運來的糧食，不但供應當地消費，而且轉運到其他缺糧地方。四個地方之米價變動最能反應市場機制，此一群組是用來印證研究這四個府是否可爲東南沿海四省最具有代表性的地方。

（七）松江、蘇州、太倉、通州、揚州、鎮江、杭州、嘉興、寧波、紹興、溫州、福州、泉州、漳州、臺灣、潮州、廣州、惠州、嘉應和韶州：這兒含有前一群組的四府之外，並選擇性地加入了長江、珠江水系沿岸和沿海相鄰的相關各府。除了惠州爲自給自足外，其他各府爲糧食不足或有餘地區，共有二十個地方結合爲最大群組，涵蓋了東南沿海的足夠廣泛地區，彼此間經由水運或陸地交通來互通有無，因此可用來印證糧食市場的區域整體互動性。

（八）衢州、處州、福寧、興化、永春、龍巖、惠州和肇慶：這八個府、州構成了東南沿海四省的自足地區，其中福寧府隔著福州府和其他三個相鄰的府、州構成了福建省的這四個自足地區，在福建省內的不足和有餘地區亦分別有四個，三種地區分配最爲平均。此一“自足四府”群組是用來印證自足地區間的彼此互通性較弱，當對照於鄰近的互通性較強地區——泉州、漳州、潮州和臺灣——“對照四府”，比較其糧價相關係數值是否會反映出顯著的較小數值出來。此外，衢州和處州是浙江省兩個自足地區，相鄰的溫州府是有餘地區，主要藉由海運和福建省的福州、泉州等地互通有無；分佈於廣東境內的惠州和肇慶，其自足地區的封閉特性較爲不明顯，因爲其間有東、西江通往鄰近的廣州府，此府正是珠江三角洲的米糧轉運中心。

這一部分米價資料的測試分析，以中米的糧價資料爲主，若是地方所陳報的糧價記錄沒有中米價,則以相近的晚米價代替,期間是選取可靠性較好的 1741~1760 年,[20] 我們對於選定的所有地方米價資料都作了進一步的可靠性檢測(程式化部分可參見賴建助 2000,頁 12~16),將米價記錄值連續達半年以上(7~12 個月)和一年以上(超過 12 個月)不變的出現次數和總月數、不變記錄值最長的月數、米價記錄值遺漏的總月數和比率以及記錄值不變在四個月以下的總月數(我們認爲這部分的米價資料值是較爲可靠的,表一第四行中)等訊息,逐一地列在表一中,作爲評估這段期間各地米價記錄可靠性的參考,後續的分析結果也可能相應地受到影響,因此可作爲我們對於米價資料模式化結論的一些判斷依據。我們對於高、低原始米價資料值都作了可靠性的統計檢測,主要列出了高價的部分,若有兩者不一致的情形,表中括號內同時顯示了低價的結果,從表一中整體看來,二十年的總月數爲二百四十,各府的資料遺漏率幾乎大都在一成以下,除了溫州、福州的高低價和延平的低價部分以外,其他各府、州記錄值較爲可靠部分的比率大多維持在六成以上,其中有三分之一的府、州高達八九成。因此,這段期間的資料可靠度大致上可以接受。

我們使用年平均值作爲原始資料,消除了季節因子的影響,然後將原始資料序列值分別以減法、除法移去線性趨勢因子,以及當年減去前一年的變動值,分別得到了相加、相乘和差值三種模式化的資料序列值,以計算兩地糧價之統計相關係數值,用來測度兩個地方間線性相關性的強弱,並且作整體的相關性分析和比較,我們分別估計了高、低和平均糧價的相關係數值,表二中並列了相加模式(冒號左邊)、相乘模式(冒號右邊)以及差值型(括號中)的部分計算結果。各個群組所結合而成的相關係數值矩陣,其對應的係數矩陣指標值分別列於表三中。從這些數據中我們發現了以下的現象:

● 加、乘模式的估計結果相當一致,相差幾乎都在 0.10 以下。

● 差值型的估計值大都呼應了加乘模式,有相輔相成的作用。

● 矩陣指標值 I_G 比 I_C 較會受到地方總數量的影響。

● 高、低價的估計結果差異大者,可能和糧價資料的可靠性有關。

從表二、三中可以看出,高、低價差距最爲突出的有:

[20] 王業鍵和黃瑩珏(1999)《清中葉東南沿海的糧食作物分佈、糧食供需及糧價分析》。

表一 十個群組中各個地方之資料可靠性檢測

| 地方名稱（英文碼） | 米價種類 | 資料遺漏比率 | 總月數 | 資料值相同的連續月數 | | | | | 連續相同最長月數 |
| | | | | 1~2個月 | 7~12個月 | | 12個月以上 | | |
				總月數	次數	總月數	次數	總月數	
常州（JS340）	中米	0.0458	11	172(176)	1(2)	12(16)	0	0	12 (9)
江寧（JS344）	中米	0.0417	10	172(161)	2(3)	14(28)	0	0	7 (12)
松江（JS345）	中米	0.0417	10	163(154)	3	27(22)	0	0	10 (8)
蘇州（JS346）	中米	0.0417	10	209(173)	1	7	0	0	7
太倉（JS347）	中米	0.0458	11	184(169)	2	18(16)	0	0	9
通州（JS348）	中米	0.0458	11	150(141)	3(2)	22(15)	0	0	8
揚州（JS350）	中米	0.0500	12	191(206)	1(0)	7(0)	0	0	7 (6)
鎮江（JS351）	中米	0.0417	10	187(176)	0(1)	0(8)	0	0	5
處州（ZJ580）	晚米	0.0958	23	194(187)	0	0	0	0	6
杭州（ZJ581）	晚米	0.0958	23	194(187)	0	0	0	0	6
湖州（ZJ582）	晚米	0.1000	24	179(190)	0	0	0	0	6 (5)
嘉興（ZJ583）	晚米	0.1000	24	191(191)	1(0)	8(0)	0	0	8 (6)
衢州（ZJ585）	晚米	0.0958	23	194(187)	0	0	0	0	6
寧波（ZJ586）	晚米	0.0958	23	175(196)	1	11(8)	0	0	11 (8)
紹興（ZJ587）	晚米	0.0292	7	157(172)	4(3)	32(27)	0	0	9 (11)
溫州（ZJ589）	晚米	0.0208	5	139(128)	3	23	0	0	8 (14)
福州（FJ030）	中米	0.0333	8	126(118)	1(8)	9(71)	1(0)	13	13 (11)
福寧（FJ031）	中米	0.1083	26	138(168)	4(0)	30(0)	0	0	8 (6)
建寧（FJ032）	中米	0.1083	26	138(168)	4(0)	30(0)	0	0	8 (6)
龍巖（FJ033）	中米	0.1083	26	138(168)	4(0)	30(0)	0	0	8 (6)
泉州（FJ034）	中米	0.0333	8	184(150)	2(1)	17(7)	0	0	10 (7)
邵武（FJ035）	中米	0.0333	8	147(142)	2(3)	18(23)	0	0	11 (8)
興化（FJ037）	中米	0.1083	26	138(168)	4(0)	30(0)	0	0	8 (6)
延平（FJ038）	中米	0.1042	25	154(107)	1	7(8)	0(1)	0(29)	7 (29)
永春（FJ039）	中米	0.1083	26	138(168)	4(0)	30(0)	0	0	8 (6)
漳州（FJ040）	中米	0.1083	26	147(142)	2(1)	17(7)	0	0	9 (7)
臺灣（FJ041）	中米	0.0375	9	185(178)	2(1)	17(7)	0	0	10 (7)
潮州（GD090）	中米	0.0625	15	220(195)	0(1)	0(11)	0	0	5 (11)
廣州（GD095）	中米	0.0542	13	221(199)	0	0	0	0	6
惠州（GD096）	中米	0.0625	15	204(200)	0	0	0	0	6
嘉應（GD097）	中米	0.0708	17	181(199)	2(0)	16(0)	0	0	9 (6)
韶州（GD104）	中米	0.0623	15	210(202)	0	0	0	0	6 (5)
肇慶（GD108）	中米	0.0708	17	206(201)	0	0	0	0	5
梧州（GX161）	中米	0.0042	1	230(193)	0(1)	0(7)	0	0	5 (7)

説明：表中月數以高價爲準，若高低價出現月數不一致時，則括號內顯示了低價的月數。

表二　一些配對地方的相關係數估計值

地區配對組	高價加:乘（差值型）	低價加:乘（差值型）	平均價加:乘（差值型）	地區配對組	高價加:乘（差值型）	低價加:乘（差值型）	平均價加:乘（差值型）
蘇州、常州	0.97:0.97 (0.98)	0.98:0.96 (0.97)	0.98:0.98 (0.98)	廣州、惠州	0.89:0.87 (0.85)	0.88:0.89 (0.85)	0.93:0.93 (0.90)
蘇州、松江	0.93:0.93 (0.96)	0.90:0.91 (0.91)	0.94:0.94 (0.96)	廣州、嘉應	0.80:0.79 (0.71)	0.83:0.84 (0.75)	0.82:0.82 (0.74)
蘇州、鎮江	0.96:0.96 (0.98)	0.95:0.95 (0.96)	0.96:0.96 (0.98)	廣州、韶州	0.97:0.96 (0.95)	0.92:0.90 (0.90)	0.96:0.95 (0.95)
常州、松江	0.95:0.94 (0.97)	0.93:0.93 (0.95)	0.96:0.96 (0.98)	惠州、嘉應	0.87:0.89 (0.83)	0.86:0.86 (0.84)	0.89:0.90 (0.84)
常州、鎮江	0.95:0.95 (0.98)	0.97:0.97 (0.99)	0.97:0.97 (0.99)	惠州、韶州	0.87:0.85 (0.90)	0.87:0.88 (0.87)	0.90:0.89 (0.91)
松江、鎮江	0.90:0.90 (0.97)	0.94:0.94 (0.95)	0.93:0.93 (0.97)	嘉應、韶州	0.73:0.72 (0.69)	0.71:0.69 (0.68)	0.73:0.71 (0.68)
杭州、湖州	0.93:0.94 (0.97)	0.90:0.90 (0.92)	0.96:0.96 (0.98)	福州、泉州	0.86:0.83 (0.82)	0.32:0.32 (0.21)	0.68:0.62 (0.59)
杭州、嘉興	0.93:0.92 (0.95)	0.91:0.92 (0.92)	0.95:0.95 (0.95)	福州、漳州	0.59:0.59 (0.64)	0.29:0.31 (0.32)	0.51:0.49 (0.56)
杭州、紹興	0.85:0.85 (0.80)	0.91:0.91 (0.90)	0.93:0.93 (0.90)	福州、臺灣	0.70:0.70 (0.71)	0.30:0.29 (0.27)	0.63:0.59 (0.62)
湖州、嘉興	0.97:0.96 (0.97)	0.91:0.90 (0.94)	0.97:0.96 (0.97)	漳州、臺灣	0.70:0.71 (0.61)	0.66:0.64 (0.81)	0.75:0.75 (0.73)
湖州、紹興	0.90:0.90 (0.85)	0.92:0.92 (0.91)	0.94:0.94 (0.91)	泉州、漳州	0.76:0.78 (0.80)	0.79:0.80 (0.86)	0.79:0.81 (0.83)
嘉興、紹興	0.94:0.94 (0.90)	0.89:0.89 (0.93)	0.96:0.95 (0.95)	泉州、臺灣	0.76:0.76 (0.76)	0.85:0.82 (0.83)	0.84:0.81 (0.81)
蘇州、杭州	0.90:0.90 (0.94)	0.89:0.89 (0.90)	0.92:0.91 (0.95)	杭州、泉州	−0.03:0.06 (−0.22)	−0.04:0.07 (−0.11)	−0.04:0.07 (−0.16)
蘇州、泉州	0.00:0.13 (−0.07)	−0.02:0.08 (−0.05)	−0.02:0.10 (−0.06)	杭州、廣州	0.12:0.16 (−0.07)	0.05:0.12 (0.08)	0.08:0.13 (−0.02)
蘇州、廣州	−0.04:0.02 (−0.03)	0.10:0.15 (0.19)	0.01:0.07 (0.06)	泉州、廣州	0.68:0.66 (0.61)	0.79:0.79 (0.72)	0.75:0.74 (0.68)
福州、建寧	0.55:0.64 (0.57)	0.73:0.79 (0.76)	0.71:0.78 (0.73)	梧州、廣州	0.83:0.84 (0.91)	0.81:0.83 (0.79)	0.84:0.84 (0.87)
福州、邵武	0.36:0.49 (0.48)	0.61:0.65 (0.76)	0.55:0.65 (0.68)	梧州、惠州	0.70:0.68 (0.67)	0.72:0.73 (0.67)	0.75:0.74 (0.70)
福州、延平	0.55:0.59 (0.60)	0.78:0.82 (0.80)	0.74:0.78 (0.78)	梧州、肇慶	0.82:0.82 (0.83)	0.74:0.73 (0.67)	0.79:0.79 (0.78)

續表

地區配對組	高價 加:乘 (差值型)	低價 加:乘 (差值型)	平均價 加:乘 (差值型)	地區配對組	高價 加:乘 (差值型)	低價 加:乘 (差值型)	平均價 加:乘 (差值型)
龍巖、永春	0.69:0.66 (0.40)	0.52:0.48 (0.20)	0.69:0.65 (0.42)	潮州、漳州	0.67:0.70 (0.78)	0.70:0.71 (0.72)	0.72:0.75 (0.81)
龍巖、興化	0.71:0.70 (0.61)	0.26:0.21 (0.15)	0.56:0.54 (0.43)	潮州、泉州	0.77:0.75 (0.80)	0.72:0.69 (0.72)	0.78:0.77 (0.83)
龍巖、福寧	0.65:0.64 (0.56)	0.29:0.32 (0.35)	0.65:0.63 (0.54)	潮州、臺灣	0.67:0.63 (0.66)	0.57:0.52 (0.63)	0.75:0.75 (0.69)
永春、興化	0.77:0.75 (0.66)	0.64:0.65 (0.70)	0.73:0.72 (0.71)	漳州、泉州	0.76:0.78 (0.80)	0.79:0.80 (0.86)	0.79:0.81 (0.83)
永春、福寧	0.82:0.81 (0.76)	0.40:0.42 (0.53)	0.73:0.72 (0.76)	漳州、臺灣	0.70:0.71 (0.61)	0.66:0.64 (0.81)	0.75:0.75 (0.73)
興化、福寧	0.71:0.72 (0.63)	0.36:0.38 (0.31)	0.55:0.56 (0.45)	泉州、臺灣	0.76:0.76 (0.76)	0.85:0.82 (0.83)	0.84:0.81 (0.81)
肇慶、廣州	0.95:0.95 (0.93)	0.92:0.92 (0.93)	0.96:0.96 (0.95)	興化、泉州	0.88:0.90 (0.85)	0.94:0.94 (0.91)	0.93:0.94 (0.92)
肇慶、興化	0.60:0.58 (0.37)	0.70:0.69 (0.53)	0.69:0.67 (0.48)	廣州、泉州	0.68:0.66 (0.61)	0.79:0.79 (0.73)	0.75:0.74 (0.68)
處州、溫州	0.80:0.82 (0.82)	0.47:0.48 (0.69)	0.75:0.77 (0.81)	惠州、潮州	0.84:0.83 (0.79)	0.76:0.75 (0.67)	0.83:0.83 (0.74)
興化、福州	0.86:0.85 (0.85)	0.39:0.38 (0.28)	0.76:0.71 (0.68)	龍巖、泉州	0.55:0.55 (0.52)	0.41:0.36 (0.30)	0.54:0.52 (0.49)
溫州、福州	0.34:0.41 (0.45)	0.60:0.64 (0.53)	0.48:0.54 (0.50)	潮州、泉州	0.77:0.75 (0.80)	0.72:0.69 (0.73)	0.79:0.77 (0.83)
處州、興化	0.21:0.26 (0.18)	0.01:0.09 (-0.17)	0.08:0.15 (-0.01)	惠州、龍巖	0.38:0.35 (0.61)	0.36:0.31 (0.30)	0.41:0.37 (0.50)

福州和泉州〔(0.86,0.32):(0.83,0.32):(0.82,0.21)〕、
福州和興化〔(0.86,0.39):(0.85,0.38):(0.85,0.28)〕、
龍巖和興化〔(0.71,0.26):(0.70,0.21):(0.61,0.15)〕、
福州和臺灣〔(0.70,0.30):(0.70,0.29):(0.71,0.27)〕、
永春和福寧〔(0.82,0.40):(0.81,0.42):(0.76,0.53)〕、
以及群組4〔I_G—(0.596,0.505):(0.592,0.498):(0.620,0.522)〕;
I_C—(0.632,0.527):(0.626,0.514):(0.654,0,543)、
和自足四府〔I_G—(0.727,0,434):(0.714,0.430):(0.612,0.417);
I_C—(0.753,0,494):(0.738,0.490):(0.656,0.479)〕。
中括號裏的加、乘、差值三模式依序以冒號隔開，各模式的小

括號左邊爲高價、右邊爲低價估計值，這些大差距的府、州均出現在福建省，似乎可以從可靠性檢測的表一中得到一些訊息，其中的數字顯示出，我們評估的福州府米價之可靠度在五成左右（126/240或118/240），而低價部分，記錄值連續達半年以上不變（7～12個月）的次數有八次之多，佔有比率高達三成（71/240），其次是福寧、龍巖、興化和永春等自足區的低價部分，我們評估的可靠度只有五成七五（138/240），或許這一部分的異常分析結果和資料值可靠度有關，因此，我們所運用的糧價可靠性檢測方法是有其必要性的。其他的配對組之中，高、低價相關係數估計值之間有顯著差別的，或許也透露著一些有用的資訊，例如，使用清代糧價的記錄值來作一些統計分析和判斷，高、低價序列值在市場互動性的敏感度反應上，或有其差異性，抑或有不同程度的準確度，這些問題和相關的訊息，我們正在作進一步的探討和研究。

表三　1741～1760 年東南沿海四省的十個群組之矩陣指標估計值

群組別	高價部分		低價部分		平均價部分	
	指標值 I_G	指標值 I_C	指標值 I_G	指標值 I_C	指標值 I_G	指標值 I_C
	加:乘 （差值型）	加:乘 （差值型）	加:乘 （差值型）	加:乘 （差值型）	加:乘 （差值型）	加:乘 （差值型）
1	0.941:0.940 (0.973)	0.949:0.947 (0.975)	0.942:0.944 (0.955)	0.950:0.952 (0.967)	0.958:0.958 (0.976)	0.964:0.964 (0.981)
2	0.849:0.856 (0.872)	0.870:0.875 (0.891)	0.873:0.875 (0.885)	0.893:0.894 (0.896)	0.874:0.876 (0.910)	0.891:0.893 (0.923)
3	0.878:0.880 (0.905)	0.888:0.889 (0.913)	0.876:0.870 (0.916)	0.886:0.880 (0.923)	0.904:0.904 (0.935)	0.912:0.911 (0.940)
4	0.596:0.592 (0.620)	0.632:0.626 (0.654)	0.505:0.498 (0.522)	0.527:0.514 (0.543)	0.587:0.575 (0.602)	0.612:0.597 (0.632)
5	0.784:0.775 (0.757)	0.812:0.803 (0.786)	0.769:0.766 (0.707)	0.796:0.794 (0.737)	0.811:0.802 (0.762)	0.835:0.827 (0.791)
6	0.465:0.463 (0.469)	0.463:0.483 (0.499)	0.487:0.494 (0.483)	0.449:0.488 (0.465)	0.485:0.486 (0.483)	0.462:0.489 (0.487)
7	0.548:0.553 (0.577)	0.471:0.497 (0.472)	0.542:0.540 (0.553)	0.468:0.477 (0.487)	0.563:0.565 (0.570)	0.482:0.504 (0.488)
8	0.523:0.519 (0.453)	0.538:0.538 (0.470)	0.449:0.440 (0.409)	0.456:0.454 (0.402)	0.516:0.510 (0.452)	0.526:0.526 (0.454)
自足 四府	0.727:0.714 (0.612)	0.753:0.738 (0.656)	0.434:0.430 (0.417)	0.494:0.490 (0.479)	0.654:0.640 (0.567)	0.688:0.674 (0.632)
對照 四府	0.723:0.724 (0.737)	0.743:0.744 (0.761)	0.719:0.703 (0.766)	0.759:0.743 (0.789)	0.762:0.758 (0.786)	0.786:0.778 (0.805)

　　差值型的估計結果和加、乘型相當一致,不過似乎對於極高、極低或者負的相關係數值有加強作用,例如,常州和鎮江(0.95~0.97)推高到 0.99、杭州和泉州(-0.04~0.07)降低到 -0.22、第一群組的矩陣指標值(0.940~0.964)提升到 0.981、第八群組的低價指標值(0.440~0.456)下降到 0.402 等等。這或許是差值型所度量的同步現象,是否隱含著共同趨勢性,有待進一步探討。此外,指標函數 I_c 似乎比 I_c 容易受到群組中地方總數的影響,從表 3 中所列出的相關係數矩陣的指標函數值來看,例如,共有二十個府、州的第七群組包含著只有四個府的第六群組,I_c 值分別爲高價的〔(0.548, 0.465):(0.553, 0.463):(0.577, 0.469)〕和低價的〔(0.542, 0.487):(0.540, 0.494):(0.553, 0.483)〕,I_c 值則分別爲高價的〔(0.471, 0.463):(0.497, 0.483):(0.472, 0.499)〕和低價的〔(0.468, 0.449):(0.477, 0.488):(0.487, 0.465)〕,中括號裏表列了加、乘、差值三模型以冒號隔開,各模型的小括號裏左邊爲第七群組而右邊爲第六群組之指標估計值。左、右兩群組指標值相差的大(I_c)、小(I_c)似乎反映著兩個矩陣指標函數的特性,在解讀方面有相輔相成之效,或許我們可以說上例的第六群組中已經對應到了第七群組中最強和最弱之相關組合(相當小的 I_c 差異值),而全面性的整體互動量化值,得採用含有二十個府州的第七群組之 I_c 值較爲適宜,因爲其中的地理位置相近之互通府、州,或大或小的相關性數值比較容易從 I_c 中貢獻出來。

　　爲了簡化以下的討論和說明起見,從表 2、3 中所引用的數據以括號中的差值型爲主。首先我們來看這個區域所涵蓋的長江和珠江兩大三角洲,第三群組(0.905~0.940)所涵蓋的長江三角洲,要比第五群組(0.707~0.791)的珠江三角洲高出一些,從史實記載中亦可瞭解到長江三角洲地區的互通程度明顯地比較強。此外,兩者均遠比第七群組(0.472~0.577)的整個東南沿海地區超出很多,由此,這或可印證兩大三角洲算是各自成爲一個樞紐地區,而兩個三角洲地區間的關聯性則不強(蘇泉、蘇廣、杭泉、杭廣等配對均有負的相關係數值出現)。此外,第三群組涵蓋了第一群組的四個地方,指標函數估計值則比第一群組(0.955~0.981)小,顯然地可以印證地理位置愈接近的地區,互動的程度愈高。

　　至於米糧轉運中心的分析印證部分,可以從第一群組(0.955~

0.981)、第二群組(0.872～0.923)和第五群組(0.707～0.791)的高指
標值看來,或可説明印證了蘇、杭、廣三府成爲省内轉運中心之重要程
度。其中廣州和廣西梧州的相關係數值高達0.79～0.91,進一步可印
證廣東的最重要且爲最大米糧運輸路線,是由廣西梧州經西江水路到
廣州。至於泉州府的部分,可以從第四群組(0.522～0.654)的指標值
不高看來,福建省内缺糧的地方較少,缺、餘糧地區的互通方式不完全
以泉州爲中心,其中福州是由省内建寧、延平、邵武和江西的餘糧來補
足(Wang 1986),而福州和三個地方間的相關係數值分別列於表2中,
其和相鄰的建寧、延平二府之係數值(0.57～0.80)較高,然而與隔開
的邵武之相關係數值(0.48～0.76)則明顯地低了一些,不過把四個地
方合在一起的相關係數矩陣,估算出來的矩陣指標值則達到了0.603～
0.839,互通程度算是很高。我們以泉州爲中心來看,互通性較強的地
方,有泉州和漳州(0.80～0.86)、泉州和臺灣(0.76～0.83)、泉州和潮
州(0.72～0.83)的高相關係數值,其結合而成的相關係數矩陣之指標
函數值爲"對照四府"的0.737～0.805,因此,這四個地方的互動程度
也是很高。從這些相關係數和其矩陣指標值看來,福建省内米糧的互
通性可以分爲兩區,福州首府和建寧、延平、邵武之間,似乎可以自成
一個較爲封閉的獨立區,而泉州和漳州、臺灣以及和省外潮州、廣州等
地的互動性強,則形成另外一個較爲開放的區域。

　　擴展到整個東南沿海四省的大區域來看,第六群組的四個地方含
在第七群組的二十個府當中,矩陣指標值顯示的是第七群組(0.472～
0.577)比第六群組(0.465～0.499)略高,但彼此差距很小,因此第六
群組的四個米糧轉運中心似乎就具有足夠的代表性。值得注意的是
估計出此大、小兩母體係數之統計量,其隨機分配的自由度參數是決
定於群組中地方個數和樣本資料總數。從指標函數估計值看來,東南
沿海四省之整體相關性,只能歸類爲中等的互動程度,若把整個區域
一分爲二,以長江和珠江三角洲爲中心,則兩個小區域内的互動程度
顯然地比較強。因此,我們的主要分析結果正好可以進一步地支持王
業鍵和黄瑩玨的考察研究結論:"十八世紀的中國二個樞紐地區——
長江三角洲和珠江三角洲——經濟上關聯尚弱。但是,糧食不足地區
與有餘地區之間的地域分工與經濟交流至爲明顯,各個經濟大區市場
關聯性高低各異,但並非孤立。就我們所考察的地區來看,大致可以

説,以長江三角洲爲中心,地理上和交通運輸上愈接近的地區,市場整合程度愈高。"

自給自足地區所形成的第八群組,涵蓋著資料可靠性較弱的福寧、龍巖、興化和永春等地方之高價部分,進一步作對照比較時,温州和福州的資料可靠性亦較低,因此後續的自足地區之分析和比較對照是以低價部分的計算結果爲主。首先是來比較封閉性較强的福建四府,龍巖、永春和興化緊鄰在一起,和福寧府間隔著福州府,形成了福建"自足四府",地理位置相近且互動强的不足地區有潮州、漳州和泉州,也是緊鄰在一起,隔著海是有餘地區臺灣府之餘糧供應著三府,形成了自足四府對照組——"對照四府"。低價部分的自足四府之係數矩陣指標值(0.417～0.479)遠比對照四府(0.766～0.789)來得小,即使是資料可靠性較差的高價部分之自足四府(0.612～0.656)也是比對照四府(0.737～0.761)來得低一些;擴大到整個第八群組的所有自給自足地區,低價部分的係數矩陣指標值(0.402～0.409)依然是小於20個府州的第七群組(0.487～0.553)。此外,我們選擇了廣東省的肇慶和福建省的興化成爲自足一組,作爲對照一組是廣東的廣州府和福建的泉州府;並且選擇了浙江省的處州和福建省的興化成爲自足二組,作爲對照二組的是浙江的温州府和福建的福州府;最後選擇了福建省的龍巖和廣東省的惠州爲自足三組,作爲對照三組則以福建的泉州府和廣東的潮州府來比較。這些州、府的配對相關係數值,我們依序排列如下:

> 肇慶和廣州 (0.93)、興化和泉州 (0.91)、廣州和泉
> 州 (0.73)、潮州和泉州 (0.73)、處州和温州 (0.69)、
> 泉州和潮州 (0.67)、肇慶和興化 (0.53)、温州和福州
> (0.53)、龍巖和泉州 (0.30)、惠州和龍巖 (0.30)、興化
> 和福州 (0.28)、處州和興化 (−0.17)。

因此,自足一組的係數值 (0.53) 顯然地比對照一組 (0.73) 來得小;自足二組的係數值 (−0.17) 比起對照二組 (0.53) 顯著地小;自足三組的係數值 (0.30) 也是比對照三組 (0.73) 顯著地小。從這些統計數據的對照比較和分析,我們可以印證互通性較弱的自足地區——自足四府、肇慶和興化、處州和興化、惠州和龍巖,其相關係數值顯著地小於相鄰近的互通性較强地區——對照四府、廣州和泉州、温州和福州、潮州和泉州。

四、結　論

我們以相關性的統計分析，來探討清代糧價市場的整合性，透過科學化方法所得到的客觀性數據，來和歷史性的研究考察結論相互印證，從東南沿海四省的米價資料中，選取較爲可靠的十八世紀時期之記錄值作整合性的統計分析，以相關係數矩陣和轉化的指標函數，來模式化整體性的相關程度和區域內地方間的互通性。這些初步的研究分析結果，相當程度地可以印證歷史性的考察結論。

以兩個地方間之相關係數值來判斷市場的整合性強弱，已經有了初步的科學量化研究成果，[21] 但是受限於配對的地方總數不大，通常經由觀察比較這些少量配對組的相關係數值，根據這些配對組的總數目分配在高、低係數值的相對量，以判斷這些地方間的糧價互動性強、弱。當配對的地方總數量大到一個程度以後（例如20個地方會多達190組配對），這種觀察比較法就會越來越困難。因此，我們從整合性統計量分析著手，把配對相關係數值結合成多個地方的相關係數矩陣，利用矩陣的基本性質和運算，轉化爲兩個標準化矩陣指標函數，使其對應的單一數值介於零與壹之間，用來量化這些地方糧價所呈現的互動性、同步性或相依性之強弱。透過糧價的實例分析，我們來探討十八世紀時期的東南沿海四省米價市場，是否已有高度的整合性和互動性，從兩個指標函數所得到的分析數據中，相當程度地反映出區域內的糧價市場整合性。雖然以同一組資料序列值的三種模式化所估計出來的兩個指標函數值未必相等，但是透過多組資料的分析比較之後，兩個指標函數所排列出來的大小順序頗爲一致。此外，我們在這段印證研究的過程中，藉由配對相關係數值所結合而成的相關係數矩陣，續經其中的特徵值轉化爲兩個矩陣指標函數，似乎可以透過抽象化數學思維來觀想：糧價序列值所呈現的高維度資料點散佈圖中，依稀地訴說著整體性互動程度，抑或已呼應出資料點散佈開來的維度退化情況。此外，兩個轉化的

---

[21]　王業鍵和黃國樞(1989)《十八世紀中國糧食供需的考察》；王業鍵和黃瑩玨(1999)《清中葉東南沿海的糧食作物分佈、糧食供需及糧價分析》；陳春聲(1992)《市場機制與社會變遷——十八世紀廣東米價分析》；Wang, Y. C. (1992), Secular Trends of Rice Prices in Yangzi Delta, 1638~1935, *Chinese History in Economic Perspective*；Wang, Y. C. (1993) *The 34th International Congress of Asia and North Africa*。

指標函數，或"同中有異"、或"異中有同"地描繪著另類的相依和相攜，有待進一步研究。

　　東南沿海地區的糧食作物分佈和糧食供需之考察研究，王業鍵和黃瑩玨（1999）已經有了初步的研究成果，我們以此爲基礎，將區域內的一些代表性州、府，依糧食供需情況、米糧貿易運輸路線和地理位置等特性結合成十個群組，少則有四個地方或多達二十個府爲一群組，分別作了統計性的量化分析比較，主要的分析結果正好可以進一步地支持王業鍵和黃瑩玨的考察研究結論："十八世紀的中國兩個樞紐地區——長江三角洲和珠江三角洲——經濟上關聯尚弱。但是，糧食不足地區與有餘地區之間的地域分工與經濟交流至爲明顯，各個經濟大區市場關聯性高低各異，但並非孤立。就我們所考察的地區來看，大致可以說，以長江三角洲爲中心，地理上和交通運輸上愈接近的地區，市場整合程度愈高。"此外，從糧食自足的地區來看，直觀上認爲比較封閉地區間的互通性會相對地較弱，科學化糧價序列值之相關係數的表現又是如何呢？

　　我們進而選取了地理位置相鄰近且互通性較強的對照組來作比較研究，從統計數據中分析了糧價較爲可靠的低價部分之結果顯示，"互通性較強的糧食不足、有餘地區之糧價相關係數值和係數矩陣指標值，顯著地高於地理位置相當、散佈一致的自足地區"。基於這些初步的分析結果，我們認爲運用糧價記錄的相關係數值和係數矩陣指標函數值，來印證地區間的互動程度、糧食的供需情況和糧價波動的同步狀態等，進而探討糧價市場的整合程度，是個具體可行的科學化研究法。

參考文獻

　　王業鍵(2002)《清代糧價資料庫》，整編中。

　　王業鍵和黃瑩玨(1999)《清中葉東南沿海的糧食作物分佈、糧食供需及糧價分析》，《中央研究院歷史語言研究所集刊》第 70 本第 2 分，頁 363～397。

　　王業鍵和黃國樞(1989)《十八世紀中國糧食供需的考察》，《近代中國農村經濟史論文集》，臺北：中央研究院近代史研究所，頁 271～289。

　　全漢昇(1972)《中國經濟史論叢》第 2 冊，香港：新亞研究所出版。

陳春聲(1992)《市場機制與社會變遷——十八世紀廣東米價分析》,廣州:中山大學出版社。

陳仁義、王業鍵和胡翠華(1999)《十八世紀蘇州米價的時間數列分析》,《經濟論文》27:3,頁 311~334。

陳仁義、王業鍵和周昭宏(2000)《十八世紀東南沿海米價的相關性分析》,研究報告,嘉義:中正大學統計科學研究所。

賴建助(2000)《清代糧價資料之遺漏值估計》,中正大學數理統計研究所碩士論文。

Abraham, B. and J. Ledolter (1983), *Statistical Methods for Forecasting*, New York: John Wiley.

Becker, R. A. , J. M. Chambers and A. R. Wilks (1988), *The NEW S Language*, New York: Chapman and Hall.

Chatterjee, S. and B. Price (1977), *Regression Analysis by Example*, New York: John Wiley.

Diebold, F. X. (1998), *Elements of Forecasting*, Cincinnati: International Thomson Publishing.

Farrar, D. E. and R. R. Glauber (1967), Multicollinearity in Regression Analysis (The Problem Revisited), *Review of Economic Statistics*, 49, pp. 92~107.

Gaynor, P. E. and R. C. Kirkpatrick (1994), *Introduction to Time-Series Modeling and Forecasting in Business and Economics*, New York: Mc Graw – Hill.

Gleason, T. C. and R. Staelin (1975), A Proposal for Handling Missing Data, *Psychometrika*, 40, pp. 229~252.

Heo, T. Y. (1987), *The Comparison of Eigensystem Techniques for Measuring Multicollinearity in Multivariate Normal Data*, Master's Thesis, Brigham Young University, Department of Statistics.

Hogg, R. V. and A. T. Craig, (1995), *Introduction to Mathematical Statistics*, New Jersey: Prentice Hall.

Li, L. M. (1992), Grain Price in Zhili Province, 1736~1911, *Chinese History in Economic Perspective*, edited by Thomas G. Rawski and Lillian M. Li, Berkeley: University of California Press, pp. 69~99.

Li, L. M. (2000), Integration and Disintegration in North China's Grain Markets, 1738 ~ 1911, *The Journal of Economic History*, Volume 60, Number 3, pp. 665 ~ 699.

Muirhead, R. J. (1982), *Aspects of Multivariate Statistical Theory*, New York: John Wiley.

Rencher, A. C. (1997), *Multivariate Statistical Inference and Applications*, New York: John Wiley.

Simonoff, J. S. (1996), *Smoothing Methods in Statistics*, New York: Springer.

Skinner, G. M. (1977), Regional Urbanization in Nineteenth – century China, *The City in Late Imperial China*, pp. 212 ~ 249, ed. by G. M. Skinner, Stanford, Stanford University Press.

Skinner, G. W. (1980), Marketing Systems and Regional Economies: Their Structure and Development, a paper read at the Symposium on Social and Economic History in China from the Song to 1900, Peking, October 1980, pp. 42 ~ 43.

Wang, Y. C. (1986), Food Supply in Eighteenth – Century Fukien, *Late Imperial China* 7. 2, pp. 80 ~ 117.

(1990), Food Supply and Grain Prices in the Yangtze Delta in the Eighteenth Century, *China's Market Economy in Transition*, edited by Yung – san Li and Tsui – jung Liu, Taipei: Institute of Economics, Academic Sinica, pp. 423 ~ 459.

(1992), Secular Trends of Rice Prices in Yangzi Delta, 1638 ~ 1935, *Chinese History in Economic Perspective*, edited by Thomas G, Rawski and Lillian M. Li, Berkeley: University of California Press, pp. 35 ~ 68.

(1993), Grain Prices and Market Regions in Qing China, *The 34th International Congress of Asia and North Africa*, Hong Kong, August 23 ~ 28, 1 ~ 36.

※ 本文原載《經濟論文叢刊》30 卷 2 期,臺北:臺灣大學經濟學系,2002 年。
※ 王業鍵,美國哈佛大學博士,中央研究院院士、中央研究院歷史語言研究所兼任研究員。